普通高等教育"十二五"规划教材

财政与金融

主　编　周海燕
副主编　雷晓莉　王惠凌

中国水利水电出版社
www.waterpub.com.cn

内 容 提 要

本书是根据高等教育教学需求编写,力求全面、系统地介绍财政与金融的基础知识、基本理论和相关实务。注重理论与实际结合,紧密联系经济社会的实际现象和问题。全书共分十五章,即财政导论、财政收入、税收、国债、财政支出、购买性支出与转移性支出、国家预算、金融概论、货币与货币制度、信用与利息、金融市场、金融机构体系、货币供求与通货膨胀、国际金融及财政金融的宏观调控。

为便于学生理解和培养其自学能力,本书在每一章末还提供了知识链接、案例分析和习题等扩充性资料。

全书内容逻辑紧凑,布局合理,不仅适合于应用型本科教育,还可以作为高职高专、成人教育的教材,另外还可作为财政与金融专业从业人员的学习资料。

图书在版编目(CIP)数据

财政与金融/周海燕主编. —北京:中国水利水电出版社,2012.1(2016.10重印)
普通高等教育"十二五"规划教材
ISBN 978-7-5084-9434-0

Ⅰ.①财… Ⅱ.①周… Ⅲ.①财政金融-高等学校-教材 Ⅳ.①F8

中国版本图书馆CIP数据核字(2012)第010676号

书 名	普通高等教育"十二五"规划教材 **财政与金融**
作 者	主编 周海燕 副主编 雷晓莉 王惠凌
出版发行	中国水利水电出版社 (北京市海淀区玉渊潭南路1号D座 100038) 网址:www.waterpub.com.cn E-mail:sales@waterpub.com.cn 电话:(010)68367658(营销中心)
经 售	北京科水图书销售中心(零售) 电话:(010)88383994、63202643、68545874 全国各地新华书店和相关出版物销售网点
排 版	中国水利水电出版社微机排版中心
印 刷	北京瑞斯通印务发展有限公司
规 格	184mm×260mm 16开本 18.75印张 445千字
版 次	2012年1月第1版 2016年10月第6次印刷
印 数	15001—18000册
定 价	**38.00元**

凡购买我社图书,如有缺页、倒页、脱页的,本社营销中心负责调换
版权所有·侵权必究

前言

财政与金融是国家宏观经济调控的两大工具,在经济中发挥着重要的作用。近几年世界经济风云变幻,中国财政与金融政策也发生了一系列变革。为反映中国财政与金融体制改革的最新成果和动态,满足高等院校经济管理类专业的教学需要,特编写此教材。

本书分别从财政与金融两方面入手。财政部分主要阐述财政的含义、职能与作用,使读者对财政有宏观了解,在此基础上学习财政收入、财政支出等内容,并对税收和国债这两种主要财政收入来源、购买性支出和转移性支出以及国家预算进行重点阐述。金融部分以其几大构成要素:金融的对象——货币、金融的方式——信用、金融活动主体与中介机构以及金融市场作为研究的主要内容和主线,并从宏微观两个层面对金融活动进行分析。最后,对财政与金融两个政策工具在国家经济调控中配合使用的必要性、可行性及协调方式进行深入分析。全书内容前后相联,层层递进,有很强的逻辑性。此外,本书还具有以下特点:

(1) 内容覆盖面广,知识体系完整。本书涵盖了财政与金融的主要理论与知识,能满足不同层次学生学习需要。

(2) 注重理论与实际结合。书中每章都引用了大量现实案例,引导读者运用相应的理论分析和思考,从而将理论与实践有机结合。

(3) 阅读材料丰富,形式多样,生动活泼。每章以"本章导语"引出所要学习的内容,"知识目标"和"技能目标"明确学习要求,从而使读者在学习中更有针对性;为激发学习兴趣和求知欲望,正文前安排了"案例导入";为使读者能将理论应用于实践,课后有"案例分析";另外,为扩大知识面,每章末插入了"知识链接"。

(4) 深入浅出,通俗易懂。本书理论部分,尽量规避过多专业术语和枯燥难懂的理论叙述,而是采用通俗的语言,并引用实际案例帮助读者理解并掌握财政与金融的概念和理论。

总之，全书内容紧凑，逻辑严谨，布局合理，不仅适合于高等院校经济管理类专业学生使用，还可作为财政与金融专业从业人员的学习资料。

本书的结构框架、写作思路和统稿由周海燕承担。各章分工为：第一章～第四章由重庆南方翻译学院雷晓莉撰写，第五、第十一、第十二章由重庆科技学院周海燕撰写，第六、第七章由天津大学仁爱学院周璐撰写，第八～第十章由重庆城市管理职业学院王惠凌撰写，第十三章由新疆大学科技学院孙庆刚撰写，第十四章由新疆交通职业技术学院李怡雯撰写，第十五章由新疆大学科技学院李翔撰写。全书由周海燕任主编，雷晓莉、王惠凌任副主编。

本书编写过程中参考了大量的文献、资料和网站，甚至直接引用了一些他们的研究成果，在此向引文的作者表示真诚的感谢。

在本书编写中我们力求完美，但限于编者水平，书中难免有不妥之处，望广大读者批评指正，不胜感激。

编 者

2011 年 11 月

目 录

前言

第一章 财政导论 1
第一节 财政概述 2
第二节 财政的职能与作用 3
习题 9

第二章 财政收入 11
第一节 财政收入的概念与分类 12
第二节 财政收入规模 15
习题 19

第三章 税收 21
第一节 税收概述 21
第二节 税收制度 25
第三节 中国现行主要税种 29
习题 39

第四章 国债 41
第一节 国债概述 42
第二节 国债市场 45
第三节 国债管理 46
习题 51

第五章 财政支出 54
第一节 财政支出概述 55
第二节 财政支出规模分析 61
第三节 财政支出效益分析 65
习题 68

第六章 购买性支出与转移性支出 70
第一节 购买性支出 71

第二节　转移性支出 ··· 83
　　习题 ··· 91

第七章　国家预算 93
　　第一节　国家预算概述 ··· 94
　　第二节　国家预算的编制、执行和国家决算 ·· 100
　　第三节　财政赤字 ·· 105
　　习题 ··· 114

第八章　金融概论 118
　　第一节　金融的概念及其发展 ·· 119
　　第二节　金融的功能和定位 ··· 124
　　习题 ··· 133

第九章　货币与货币制度 135
　　第一节　货币的概述 ·· 136
　　第二节　货币制度 ·· 140
　　习题 ··· 151

第十章　信用与利息 153
　　第一节　信用 ·· 154
　　第二节　利息与利息率 ··· 157
　　习题 ··· 165

第十一章　金融市场 168
　　第一节　金融市场概述 ··· 168
　　第二节　货币市场 ·· 173
　　第三节　资本市场 ·· 178
　　习题 ··· 186

第十二章　金融机构体系 188
　　第一节　金融机构体系概述 ··· 188
　　第二节　商业银行 ·· 193
　　第三节　中央银行 ·· 199
　　第四节　中国金融机构体系 ··· 207
　　习题 ··· 212

第十三章　货币供求与通货膨胀 213
　　第一节　货币需求 ·· 214
　　第二节　货币供给 ·· 218
　　第三节　货币供求均衡 ··· 222
　　第四节　通货膨胀和通货紧缩 ·· 225
　　习题 ··· 231

第十四章 国际金融 ·········· 233
第一节 外汇与汇率 ·········· 234
第二节 国际收支 ·········· 243
第三节 国际金融市场 ·········· 251
第四节 国际金融机构 ·········· 257
习题 ·········· 260

第十五章 财政金融的宏观调控 ·········· 264
第一节 宏观调控概述 ·········· 265
第二节 财政政策 ·········· 269
第三节 货币政策 ·········· 278
第四节 财政政策与货币政策配合 ·········· 285
习题 ·········· 288

参考文献 ·········· 290

第一章 财政导论

本章导语

我国的市场经济改革带来的发展和繁荣是有目共睹的,但市场经济不是万能的,在诸如国防、基础教育、公共卫生、环境、社会保障、基础设施建设等公共消费的公共物品,或者那些单个企业无力承担的社会工程,单个经济部门无利可图而不愿涉及的公益领域,以及关系到社会整体利益和长远利益的建设项目等,市场不会自发地提供,而只能由政府来供给。

> **知识目标:**
> - 了解财政的产生及财政概念的演变
> - 理解财政的含义
> - 掌握财政的职能和作用
>
> **技能目标:**
> - 能够列举财政现象
> - 能够运用财政职能分析相关经济问题

案例导入:

材料一

地铁作为城市交通的动脉,以其安全可靠、方便快捷、环保舒适的优势,成为许多大城市缓解交通拥堵的重要手段。但我国地铁的建设投入大,综合平均造价为6亿~8亿元/公里,成本回收周期长,使很多城市望而却步,望"铁"兴叹。国家财政资金的投入使中国地铁建设得到飞速发展。

(数据来源:中国交通技术网)

材料二

谁来拯救你?——中国守法奶农

受三鹿影响,中国国内奶制品厂商纷纷停产整顿,善良的奶农看着牛奶卖不出去,只好倒掉,掩面哭泣。关键时刻是谁出手来挽救这个局面呢?中央财政紧急拨付了奶农临时救助补贴资金3亿元,重点支持内蒙古、辽宁、河北、山西、山东、河南6个奶业主产省(自治区)特别困难的倒奶农。

(资料来源:新华网)

材料三

国家财政扶持的雨露计划是目前各项扶贫措施中直接面向和支持贫困劳动力的专项扶贫

措施。"十一五"期间，为实施雨露计划，中央和地方共投入培训资金46亿元，其中用于劳动力转移培训34亿元，641万人受训；用于农业实用技术培训6.8亿元，700多万人受训。

（资料来源：人民网）

案例评析：

从以上三个材料，可以看出国家财政在支持基础设施建设、改善人民生活质量及促进国民经济平稳运行等方面起到了非常重要的作用。

第一节 财 政 概 述

对于"财政"一词我们并不陌生，在现实生活中，也常常遇到一些财政现象和财政问题。但财政是如何产生的？"财政"一词是如何演变的？财政的确切含义是什么？本节对这些问题进行一一介绍。

一、财政的产生

财政是人类社会发展到一定阶段的产物，以生产力和生产关系不断发展为基础，以国家的出现为前提，是一个历史范畴、分配范畴，也是一个经济范畴。在原始社会，几乎没有剩余产品，没有生产资料私有制，没有阶级和国家，因此也没有财政。随着社会生产力的发展和剩余产品的出现，促进了私有制和阶级的产生，随之产生了国家。国家为了实现其职能，凭借政治权力和生产资料的所有权参与社会产品的分配，即财政分配。因此，在具备了经济条件和政治条件的情况下，财政也随之产生。

二、财政概念演变

财政一词出现在13～15世纪，源自拉丁文Finis，原指结算支付款项、结算支付期限。16世纪财政一词传入法国，意为公共收入。17世纪演变为专门指国家理财。19世纪进一步阐明指国家及一切公共团体的理财，并相继传入欧洲其他国家，使用英文finance一词，因其原意泛指一切财务，为了加以区别，一般对国家的财政收支惯用public finance（公共财务）表示。19世纪末，日本引进public finance的词义，同时借用中国的两个汉字"财"与"政"，从而产生财政一词。

中国古代称财政为"国用"、"国计"、"度支"、"理财"等，还有"治粟内史"、"大农令"、"大司农"一类词。据考证，清光绪二十四年（1898年）在戊戌变法"明定国事"诏书中有"改革财政，实行国家预算"的条文，这是政府文件中最初使用"财政"一词。光绪二十九年（1903年）清政府设财政处，整顿财政，为官方用财政名称之始。"财政"一词的使用，是当时维新派在引进西洋文化思想指导下，间接从日本"引进"的。20世纪40年代中华书局出版的《辞海》对"财政"一词作如下解释："财政谓理财之政，即国家或公共团体以维持其生存发达之目的，而获得收入、支出经费之经济行为也。"显然，这种解释也是从英文public finance译为中文引入的概念。社会主义市场经济体制下我国对财政进行了重新认识。

三、财政的含义

（一）什么是财政

初学财政，可以从日常生活中的"财政现象"来理解财政的概念。在日常生活中常常可以遇到一些财政现象和财政问题，可以说，国民经济的各部门、各企事业单位甚至每个人都与财政有着密切的关系。

比如，保证一个国家的安全稳定，必须要有国防、军队、公安、司法上的开支；国民经济中的一些重要的公共设施的建设，比如规模宏大的水库、电站、港口、铁路等都是国家投资兴建的；还有非生产部门，像机关、学校、科研单位、医院主要靠财政拨款来维持和发展。每年为了维持国家各项庞大的开支，政府就要依法向企业、单位和公民征税，国有企业还要向国家上缴利润，当税收、利润不足以抵补开支时，国家还要向社会发行政府债券等。

以上这些都是财政现象。在这些财政现象中，国家所从事的活动都属于国家职能的范畴。

所谓财政是指以国家为主体的资金分配活动。讲具体一点就是国家为实现其职能的需要，凭借政治权力及财产权利对一部分国内生产总值（GDP）进行分配和再分配的经济活动。

（二）财政的要素

1. 财政分配的主体

国家或政府是财政分配的主体，其他社会组织、经济组织、文化组织、企业、事业单位其本身所进行的分配活动，不属于财政分配活动，只有以国家为主体的分配活动，才是财政分配活动。这里所讲的分配，既包括生产要素的分配，通常指资源配置；也包括生产成果的分配，即对单位和个人的收入分配的安排和调整。

2. 财政分配的客体

财政分配的对象是社会产品，社会产品的价值由三部分组成：①生产资料耗费的补偿价值（C）；②劳动力再生产价值（V）；③剩余产品价值（M）。其中，剩余产品价值是财政收入的主要来源，这是由财政产生的经济条件所决定的。至于其集中多少财政收入主要取决于一国的经济发展水平、收入分配制度和社会公共需要等多种因素。

3. 财政分配的目的

财政分配的目的即国家或政府为什么要进行财政分配？国家（政府）的职能主要包括政治、经济和社会三大职能，政治职能即向社会提供安全、有序的政治环境；经济职能即使国家强大、人们生活水平不断提高；社会职能即最大限度地满足公民社会经济福利和提高公民素质。为此，财政分配的目的只能是保证满足政府履行其职能的需要，而这些需要属于社会公共需要，它不同于私人个别需要，它们是社会全体成员作为一个整体所提出来的需要，只能由公共财政给予供给。

4. 财政的分配形式

在不同的社会经济发展阶段，财政的分配形式与各个阶段的生产力发展水平相一致，即与各个阶段的经济发展水平相一致。具体来讲，在自然经济中采取以实物、力役为主，货币为辅的形式；在商品经济中则采取以货币为主，实物为辅的形式；在商品经济高度发达阶段，财政分配全部实现货币化。

第二节　财政的职能与作用

财政的职能问题是指财政作为一个经济范畴所固有的功能。它回答的问题是："财政是干什么的？"或者说"财政应当干什么？"市场经济下较为一致的看法是财政具有三种职能：资源配置职能、收入分配职能、经济稳定的职能。财政职能具体运用的效果，就表现为财政的作用。

一、财政的职能

（一）资源配置职能

1. 资源配置职能的概念和目标

所谓资源配置职能是指通过财政收支活动及相应财政政策的制定、调整与实施，对有限的资源在不同用途、不同使用者之间进行配置。资源可以理解为包括人力资源、财力资源、物力资源在内的整个经济资源。

因为资源的稀缺性使我们必须合理配置资源，因为只有合理配置资源，才能按照有利于经济发展和社会进步的比例把资源配置到各种不同的用途上去；才能把有限的资源，分配到合理的使用方向和那些使用效率高的使用者手中，形成合理的产业经济结构、地区经济结构、技术经济结构。

2. 资源配置职能的必要性

市场在资源配置中一般起着基础性作用。如果是完全竞争的市场，应当说通过市场配置资源能达到最佳状态。但由于市场失灵的存在，市场自发形成的配置，不可能实现资源合理配置状态，因而需要政府介入，在市场失灵的领域进行资源配置。

3. 资源配置职能的主要内容和手段

（1）调节资源在政府部门和非政府部门之间的配置。这里的政府部门是指分配与使用财政资金的部门，凡不在这个范围之内的，均称为非政府部门，包括企业和个人。根据财政配置的范围和所需要的财力，来科学确定财政收入占国民生产总值的比重，从而符合高效的资源配置原则。

（2）调节资源在政府部门内部的配置。直接表现在财政支出结构方面。因此，必须合理安排财政支出方向，优化财政支出结构，确保教育、公共卫生、环境保护、社会保障、科技进步、农业发展等方面投入。

（3）合理安排政府投资规模、结构。政府投资要退出一般竞争性生产领域，确保公共设施和基础设施投资比重适度增长，以解决公共设施和基础设施"滞后"对经济形成的瓶颈制约问题。

（4）运用财政收支政策，间接调节社会投资方向。通过政府投资、税收、公债、补贴等手段在一定程度上能够引导社会资源在不同地区和不同部门之间的流动，对市场机制配置资源起到指导、修正和补充的作用，从而有助于提高社会总体的资源配置效率。

（5）提高财政配置本身的效率。努力降低配置成本，降低消耗，提高配置质量。

（二）收入分配职能

1. 收入分配职能的概念和目标

所谓财政的收入分配职能，是指政府通过取得财政收入和安排财政支出，对国民收入进行重新分配和调整，达到社会认为"公平、公正"的分配状态。

收入分配的目标是实现公平分配。公平分配包括经济公平和社会公平两个层次。经济公平是市场经济的内在要求，强调的是要素投入与要素收入相对称；个人的劳动投入与劳动报酬相对称。我国现行政策明确规定要实行按劳分配和按要素分配相结合的分配原则，应该说符合市场经济的要求。社会公平是指将收入差距维持在现阶段社会各阶层居民所能接受的范围内。

2. 收入分配职能的必要性

无论是西方财政学家还是我国的财政理论工作者都这样认为，由市场机制决定分配，并不一定十分符合公平的原则，各种机会的不均等必然造成收入分配不均等。因此，政府通过税收和转移支付等手段来矫正因自发的市场机制的盲目性而造成的分配不公的状况，是十分必要和迫切的。具体说来有以下原因：

(1) 市场机制给予人们的报酬是以所谓"生产能力"和"贡献"为标准的。"生产能力不同"，"贡献"不同，收入也就不同。由于市场对于"无生产能力"和"生产能力"差的人并不给予照顾，所以需要政府负起责任。以财政转移支付，补助以及减免税等办法增加这部分人的收入。而对于高收入的人应给予调节，以达到社会分配公平。

(2) 有产者收入多于无产者收入。由于要素收入不等形成收入分配不公。无产者只有工资收入，有产者另有财产收入，财产越多则收入越高，并进一步积累扩大经营增加更多私人财富，这样造成了贫富悬殊。这种越来越大贫富悬殊需要政府进行调整，防止两极过度分化，激化社会矛盾。

(3) 垄断势力存在和信息不对称引发各种经济机会不均等。垄断者能获得超额利润，信息不足的人往往造成投资失利甚至破产。所以在不同行业和企业工作人员收入分配差距很大，这就需要政府来调节。

总之，市场机制造成的收入分配不公状态，需要政府运用财政手段调整。政府也完全有能力来纠正市场缺陷产生的分配不公，如对垄断价格干预，提供市场信息，创造经济机会均等的条件。

3. 收入分配职能的主要内容和手段

(1) 政府税收调节企业收入和个人收入。税收是调节收入分配的主要手段，通过税收调节公司的利润水平；通过个人所得税调节个人的劳动收入和非劳动收入，使之维持在一个合理的差距范围内；通过资源税调节由于资源条件和地理条件而形成的级差收入；通过遗产税、赠与税调节个人财产分布；通过消费税调节个人的实际收入水平等。

(2) 规范工资制度。这里是指国家预算拨款的公务员工资及相似的事业单位职工的工资。凡应纳入工资范围的收入都应纳入工资总额，取消各种明补和暗补，提高工资的透明度；实现个人消费品的商品化，取消变相的实物工资；适当提高工资水平，建立以工资收入为主、工资外收入为辅的收入制度。在规定公务员和事业单位人员的工资构成、等级、增长制度时，要使之与企业职工工资形成较合理的比例，从而符合经济公平。

(3) 建立政府转移支付制度。通过对低收入的地区和家庭给予补贴，使每个地区的社会成员获得基本的生活条件和福利条件。

(三) 经济稳定的职能

1. 经济稳定职能的概念与目标

所谓经济稳定职能，是指通过不同时期财政政策的制定、实施和调整，使整个社会经济保持良好的发展状态，以此达到充分就业、物价稳定、国际收支平衡和经济增长的宏观经济政策目标。

2. 经济稳定职能的必要性

（1）全方位地依靠市场，往往出现经济波动的状况。例如，失业、通货膨胀、经济周期性危机，通过市场机制不能解决，只有通过财政金融手段和政府政策调整才能解决。

（2）全方位地依靠市场，总供求失衡。市场经济体制下人们消费性偏好和流动性偏好，加上信息不对称，往往造成资源盲目流动，导致经济总量和经济结构深层次矛盾，造成总供求关系失衡，需要政府采取相应的政策和措施才能解决总供求失衡问题。

3. 经济稳定职能的主要内容和手段

（1）运用财政政策，调节社会总供给和总需求平衡。当总需求大于总供给时，财政实行紧缩政策，减少支出，增加税收或同时并举；当总需求小于总供给时，财政可以实行适度放松政策，增加支出和减少税收或两者同时并举。

（2）运用财政收支活动中的制度性因素，对经济发挥"自动"稳定的作用。在收入方面，主要是指实行累进所得税制。当经济过热时，企业和居民收入增加，累进所得税会自动随之增加，税收的增长幅度超过国民收入增长幅度，从而可以抑制经济过热；当经济萧条时，企业和居民收入下降，适用税率相应降低，税收的降低幅度超过国民收入降低的幅度，从而可以刺激经济复苏和发展。

（3）通过合理安排财政收支结构，促进经济结构的优化。例如通过投资、补贴和税收等多方面的安排，加快农业、能源、交通运输、邮电通信等公共设施的发展，消除经济增长中的瓶颈，并支持第三产业的兴起，加快产业结构的转换，保证国民经济稳定与高速发展的最优结合。

二、财政的作用

（一）有效地调节资源配置

在市场经济条件下，市场在资源配置中起基础性作用，但仅靠市场来配置资源有自发性、盲目性和滞后性的弱点，会导致资源浪费和经济波动，所以必须加强国家的宏观调控。财政是国家宏观调控的一种重要的经济手段，人力资源和物力资源的配置决定了资金的流向和流量的不断调整，社会主义财政作为资金配置的枢纽，它通过对资金的分配以弥补市场的不足。例如，国家财政投入巨资建设的西电东送、西气东输、青藏铁路、南水北调等新世纪重大工程，如果没有国家的宏观调控，光靠市场调节，这些项目不可能顺利实施。

（二）促进经济的发展

财政的经济建设支出，直接促进了经济的发展，特别是财政对能源、原材料、交通等基础工业、基础设施的投资，为国民经济的迅速发展创造了条件；通过财政促进经济总量和结构的调整，以实现国民经济的持续、健康、稳定发展。例如，通过财政支出，促进总需求和总供给的平衡，实现物价稳定；通过财政投资，扩大经营规模，增加就业，通过失业救济金的发放，刺激需求，促进经济发展。

（三）促进科、教、文、卫事业的发展

大力发展科学、教育、文化、卫生事业是实现经济持续、快速发展的基础。因为，经济的发展靠科学、科学的进步靠人才、人才的培养靠教育。随着知识经济时代的到来，科技越来越成为经济发展的重要决定因素，世界市场上的竞争，很大程度上就是人才的竞争。发展科学、教育、文化、卫生事业，必须依靠财政的大力支持。因为这些事业单位不同于企业，它们或者没有经济收入，或者经济收入有限，必须依靠财政的大力支持。

（四）促进人民生活水平的提高

人民的生活状况，一方面取决于财富的多少，另一方面取决于财富分配的状况。因此，财政对人民生活水平的影响包括两方面：一是财政支持经济建设，为生活水平的提高打下基础；二是财政通过调节社会分配，以利于实现共同富裕。如果大量社会财富被少数人享用，大多数人处于贫困状态，难以说明人民生活水平高。由于市场机制的作用，收入差距拉大是必然趋势，这一趋势如果任其扩大，将不利于社会的稳定，最终也将影响效率的提高。财政在实现社会公平方面发挥着重要作用，例如，通过个人所得税，限制过高收入，通过社会保障支出，保证低收入者最基本的生活需要。在效率优先、兼顾公平，最终实现共同富裕的原则下，财政为促进经济发展、提高人民生活水平，发挥了积极的作用。

（五）巩固国家政权的保证

雄厚的财政实力可以有效地调节和处理人民内部矛盾，建立起强大的国防，巩固国家政权，保卫国家独立和领土完整，实现人民的安居乐业。

【知识链接】

社 会 公 共 需 要

人类社会的需要尽管有多种多样，但从最终需要来看无非有两大类：私人需要和社会公共需要。在现代市场经济条件下，由市场提供私人物品用于满足私人个别需要，由代表政府的公共部门提供公共物品用于满足社会公共需要。那么，什么是社会公共需要呢？

1. 社会公共需要的概念

社会公共需要是指向社会提供安全、秩序、公民基本权利和经济发展的社会条件等方面的需要。满足社会公共需要的物品就是公共物品（或称公共产品），即它不是通过市场提供或者通过市场提供但不能令人满意的物品。

2. 社会公共需要的特征

（1）满足社会公共需要的产品（公共产品）其效用具有不可分割性。这种产品是向整个社会提供的，不能将其分割成几个部分分别归某个人或集团消费，如国防、卫生防疫等，与私人产品相区别，衣服、粮食分割到某个人身体才能体现效用。

（2）满足社会公共需要的产品具有消费上的非排他性。某个集团或某个人享用这种产品并不排斥其他集团和个人享用这种产品，因此这种产品不付费或少付费，如航海中的灯塔、国道等；而私人产品付费后他人不能消费，如某人买一瓶啤酒，排斥其他人消费这瓶酒。

（3）满足社会公共需要的产品取得方式上具有非竞争性。增加一个消费者不会引起总的生产成本的增加，即多一个消费者所引起的边际成本为零；而私人产品增加一个多一份成本。

【案例 1-1】

弥补市场缺陷，配置社会公共资源

按生产要素贡献分配收入是对资源配置效率的激励，但市场机制是不会对公共部门充分分配资源的。比如，与广大人民群众利益密切相关的外交、国防、安全、一般行政等部门，政府只能将通过税收等形式获得的收入直接进行资源配置，以弥补市场配置资源的不足。这是财政最主要的功能。

市场资源分配不足的部门，主要是含有所谓外部效应或者外部效益的部门，这些部门资源运作的结果，其效益不仅仅表现在本部门，而且不同程度地表现到其他部门甚至全社会。国家财政必须区分外部效应的程度和层次来确定公共资源配置的方式和力度。以教育为例，它是带有很大外部效应的部门，其中按层次划分，最具有公共性、外部效应最强的是义务教育。对卫生事业也要有所区分，公共卫生如防疫、公共环境的卫生，具有最强的外部性。计划生育作为基本国策，也有很强的外部性。医疗要区分为基本医疗和其他医疗，采取不同的分配政策。当前医疗资源的分配最大难题是信息不完善、不对称，要有针对性地进行医疗改革。

市场配置资源过程中，会产生个人之间、地区之间的分配差异。从国家统一和社会稳定角度出发，世界各国都通过一些相关政策对收入分配进行调节。从市场经济发展的一般情况看，不论是物流的效率，信息的效率，还是市场需求方面的效率，都会导致产业的聚集，特别是向中心城市、向城市带聚集，使基本公共服务能力在各地区之间趋向于均衡，基本工具就是一般转移支付和专项转移支付。一般转移支付是计算各个地区标准财政收入和标准财政支出，两者之间的差额通过上级的转移支付给予一定比例的补助。我国从1995 年开始实施一般性转移支付制度，2005 年一般性转移支付达到 1200 亿元，再加上民族地区、工资发放等财力性的转移支付，共计 3000 多亿元，弥补基本公共服务能力缺口47.8％。专项转移支付是指定具体用途的，一般来说地方也要配套投入，如用于基础设施、义务教育的特定项目，它也有均衡各地公共服务能力的作用。

对个人来说也有收入分配不平等问题。我们鼓励通过诚实劳动、合法经营，让一部分人先富起来。激励机制是劳动力和其他生产要素按照贡献参与分配，虽然分配的结果有差异，但相对是合理的。要不要进行再分配调节？似乎还没有一个国家说不要调节，只是调节的力度各有不同，一般采用累进的个人所得税制度进行调节。我国实施了一些收入分配调节政策，如实行累进个人所得税制度，对低收入群体实行居民最低生活保障制度等。

（资料来源：财政信息网）

【案例分析】

资源配置职能是财政的首要职能，收入分配职能也是财政的重要职能。

本案例首先分析了我国财政的资源配置职能，指出我国当前财政资源配置职能体现在对公共部门分配资源（如外交、国防、安全、一般行政等部门），以及对市场资源分配不足的部门，即含有外部效应或者外部效益的部门分配资源。财政在配置资源的同时，连带也发挥了收入再分配的功能，包括：利用一般转移支付和专项转移支付工具实现基本公共服务能力在各地区之间趋向于均衡；运用累进个人所得税制度、社会保障制度等，实现居民收入分配社会公平。

习 题

一、单项选择题

1. 生产力的发展，剩余产品的出现是财政产生的（　　）。
   A. 物质基础　　　B. 政治条件　　　C. 历史范畴　　　D. 社会需要
2. 从社会产品的价值构成来看，财政收入主要来自（　　）。
   A. $C+V$　　　B. V　　　C. M　　　D. C
3. 财政的资源配置职能的目标是（　　）。
   A. 公平　　　B. 效率　　　C. 公平与效率兼顾　　　D. 调控
4. 在市场经济中，在资源配置中起主导作用的是（　　）。
   A. 计划　　　B. 市场　　　C. 企业　　　D. 财政
5. 内在稳定器中的税收调节是指（　　）。
   A. 税收减免的自动调节　　　B. 课税对象的自动调节
   C. 累进税率的自动调节　　　D. 纳税人的自动调节
6. 财政分配的客体是（　　）。
   A. 国家　　　B. 企业　　　C. 个人　　　D. 社会产品
7. 财政的本质是以（　　）为主体的分配关系。
   A. 国家　　　B. 企业　　　C. 个人　　　D. 金融机构
8. 通过增加财政收入或减少财政支出以抑制社会总需求的政策，通常称为（　　）。
   A. 扩张性财政政策　　　B. 中性财政政策
   C. 紧缩性的财政政策　　　D. 无法确定

二、多项选择题

1. 在市场经济体制下，财政的职能有（　　）。
   A. 资源配置职能　　B. 稳定物价职能　　C. 调节监督职能　　D. 收入分配职能
   E. 经济稳定职能
2. 财政的要素包括（　　）。
   A. 财政分配主体　　B. 财政分配客体　　C. 财政分配形式　　D. 财政分配目的
3. 以下属于公共产品的是（　　）。
   A. 住房　　　B. 高等教育　　　C. 国防　　　D. 食品
   E. 法律设施
4. 财政收入分配职能的主要内容有（　　）。
   A. 调节产业结构　　　B. 调节地区结构
   C. 调节企业的利润水平　　　D. 调节个人的收入水平
   E. 调节政府与非政府的收入结构
5. 我国财政政策的目标是（　　）。
   A. 稳定价格　　　B. 收入合理分配

C. 社会生活质量逐步提高　　　　　D. 经济增长

E. 国际收支平衡

6. 财政分配的目的是（　　）。

A. 满足国家职能需要　　　　　　B. 满足政府职能需要

C. 满足社会成员需要　　　　　　D. 满足社会公共需要

三、简答题

1. 什么是财政？财政的要素包括哪些？
2. 简述财政的职能及各自的目标。
3. 财政的作用是什么？

四、分析题

查阅我国基尼系数的有关资料。针对我国贫富差距较大的问题，分析可以运用哪些收入分配政策方式来进行调节。

第二章 财 政 收 入

本 章 导 语

财政作为以国家为主体的分配活动包括两个阶段：①国家凭借政治权力或生产资料的所有权占有一定的社会产品的过程，即财政收入阶段；②国家按照一定的政治经济原则，将占有的社会产品用于社会生产和生活的过程，即财政支出阶段。

在商品货币经济条件下，财政收入作为一个过程，它是财政分配的第一阶段，即组织收入、筹集资金的阶段；财政收入作为一定量的资金，它是国家占有的以货币表现的社会产品的价值。

知识目标：
- 了解财政收入的含义、财政收入的形式、财政收入规模的含义
- 理解财政收入的不同分类
- 掌握影响财政收入规模的因素

技能目标：
- 运用所学财政收入理论与知识，分析我国财政收入构成的合理性
- 运用所学财政收入理论与知识，分析我国财政收入规模的合理性

案例导入：

强劲增长的财政收入，为"用之于民"提供了支撑、夯实了底气

我国的财政收入近年来连续快速增长。"家底"厚了，表明国家综合经济实力在不断提高，自然令人欣喜。然而，对于广大百姓来说，更为关心的是财政的钱将要花在哪儿。当前，促进经济发展方式转变、提供更多社会保障和公共服务、增加中低收入群体的收入……方方面面都离不开财政的真金白银。如何看待财政收入的大幅增长？如何将财政的钱用在"刀刃"上？如何使财政支出的账本更透明？

近年来，全国财政收入保持了强劲增势：从2005年财政收入超过3万亿元，2008年跃上6万亿元，再到2010年突破8万亿元，年均增长达20%。不断增加的财政收入，为保障和改善民生提供了坚实的财力支撑。财政部公布的最新数据显示：2010年，全国财政支出89575亿元，比上年增加13275亿元，增长17.4%。其中，教育支出12450亿元，比上年增长19.3%；医疗卫生支出4745亿元，增长18.8%；社会保障和就业支出9081亿元，增长19.4%；住房保障支出2358亿元，增长30.7%；农林水事务支出8052亿元，增长19.8%。环境保护支出2426亿元，增长25.4%。

今年，中央财政将进一步加大投入，优先保障和改善民生。在养老保障方面，新型农村社会养老保险试点继续扩大，全国40%的县将纳入试点范围；企业退休人员养老金在六连增的基础上，月人均基本养老金水平再增加140元。在医疗保障方面，"新农合"和城镇居民基本医疗保险，年人均财政补助标准由120元提高到200元，90%以上的城乡居民都将享有基本医疗保障。在住房保障方面，大幅度增加财政资金投入，全国开工建设保障性住房将达1000万套。

(资料来源：人民日报2011年2月14日)

案例评析：

在改善公共卫生、义务教育、社会保障以及各项社会事业等社会公共需要方面，在提高农村、欠发达地区和城市中低收入居民的公共服务水平方面，财政收入起到了非常重要的作用。财政收入的大幅增长为政府大力改善民生提供了财力保障。

第一节 财政收入的概念与分类

为了研究影响财政收入的各种因素，寻找增加财政收入的途径和加强对财政收入的管理，需要对财政收入进行不同的分类。

财政收入分类的必要性源于财政收入的复杂多样性，长期以来，各国财政学者都十分重视对财政收入的分类。

一、财政收入概念

财政收入是指政府为履行其职能、满足财政支出的需要，通过一定渠道和形式集中占有的一部分社会产品。在货币经济条件下，这种社会产品表现为一定数量的货币资金。

财政收入为财政支出提供了资金来源，是实现财政支出的前提条件，是国家为行使其职能、满足社会公共需要的财力保障。同时，组织财政收入的过程，也是处理国家与各方面物质利益关系过程，是政府宏观调节经济的重要手段。

二、财政收入的分类

（一）按财政收入形式分类

财政收入形式是指政府取得财政收入的具体方式，即政府采用什么样的方式取得财政收入。在现代，财政收入形式虽因各国的社会经济状况不同而存在一定的差异，但基本上包括了税、利、费、债四种主要的形式。

1. 税收收入

税收收入是指国家为了实现其职能，凭借政治权力，依靠国家税法规定从企业和个人无偿取得的财政收入。它具有强制性、无偿性、固定性三大基本特征，是征收面最广、最稳定可靠的财政收入形式，也是我国最主要的财政收入形式。

2. 债务收入

债务收入是指国家凭借其信用，采取有借有还、还本付息的信用方式，从国内、国外取得的财政收入。它是用来弥补国家财政开支不足或进行大规模经济建设，动员筹集财政资金的一种形式。它包括：国内发行的各种公债，向国外政府、国际组织和商业银行的借款等。在现代社会里，公债因具有有偿性、自愿性、灵活性和广泛性等基本特征，并具有弥补财政赤字、调剂国库余缺、筹集财政资金、平衡国际收支和调控经济运行等多种功能，已成为一种不可缺少的重要的财政收入形式。

3. 国有资产收益

国有资产收益也称为国有资产经营收入。国家以国有资产所有者身份，凭借财产权力取得的各项财政收入，即上缴利润、租金、股息、红利和权益转让等形式所取得的收益。

4. 政府收费

政府收费是指国家机关及其授权单位为特定事由向直接责任人或受益者收取的费用。政府收费有两种：①以服务为事由的收费，如路、桥等公用设施的使用、政府出版物的出售及为企业定向培训、开拓市场等特殊服务的收费，可称为服务性收费；②以管理为事由的收费，包括证照签发及注册登记费、公有资源占用特许权费、特殊产业监管费和环保收费四大类，可称之为管理性收费。

5. 其他收入

其他收入是指上述四项收入之外的政府各项收入，比较常见的有罚没收入和对政府的捐赠等。

（二）按照财政收入来源经济成分分类

我国经济结构是以国有经济为主体的多种经济成分并存的经济结构，由国有经济、集体经济、个体经济和其他经济成分共同构成，这种结构必然反映到财政收入上来。不同经济成分对财政收入产生不同的影响。我国财政收入始终是以国有经济为最主要的收入来源。

按经济成分分类是为了研究财政收入的所有制来源构成，研究财政收入来自于各经济成分的比重。研究财政收入的所有制构成，是国家制定财政政策，正确处理国家同各种经济成分之间的财政关系的依据。

（三）按财政收入来源经济部门分类

国民经济的部门结构可以从两个角度来划分：①指传统意义上的国民经济结构，如工业、农业、建筑业、交通运输业、商业等；②指现代意义上的产业结构，即第一产业、第二产业和第三产业。传统的国民经济部门结构和产业结构互有交叉，但其涵义都不相同，产业结构的划分是以满足人们不同层次的需要为出发点。一般认为：第一产业是包括以农业为主的、直接与自然相联系的经济部门；第二产业是以制造业、建筑业等为主的加工工业经济部门；第三产业是以商业、金融、保险业、运输业、服务业等为主的经济部门。

我国财政收入主要来自于第二产业，近年来，由于我国采取了以工业为主体，大力发展商业等第三产业的发展战略，财政收入的部门结构从发展趋势来看，工业呈相对下降趋势，而商业等部门上升较快。

以财政收入来源的经济部门为标准分类，可以随时监控来自三个产业财政收入结构的合理程度，并及时作出正确的调整。

（四）按财政收入的管理方式分类

依据财政收入的不同管理要求，可分为预算内财政收入和预算外财政收入。预算内财政收入是指列入政府一般预算中的财政收入；预算外财政收入即为置于政府一般预算以外单独管理的财政收入。

按照财政收入的预算管理方式分类，有助于掌握财政资金的全貌，理解我国财政收入占GDP比重比较低的原因。

（五）按财政收入的管理权限分类

依据财政收入的管理权限，可将财政收入分为中央财政收入和地方财政收入。中央财政收入是指根据预算法律规定和财政管理体制要求，由中央政府筹集和使用的财政收入。地方财政收入是指根据预算法律规定和财政管理体制要求，由地方政府筹集和使用的财政收入。

按照收入的管理权限分类，有助于分析研究财政收入的纵向结构及其发展变化规律，了解中央政府和地方政府的财政地位，协调中央与地方的财政关系，调动各级政府积极性，保证各级政府职能正常发挥。

表 2-1　　　　　　　　　　2011年中央财政收入预算表　　　　　　　　单位：亿元

项　目	2010年执行数	2011年预算数	其中：成品油税费改革增收	预算数为上年执行数的（%）
一、税收收入	30967.48	33807.00	2141.00	109.2
国内增值税	13497.42	14563.00	273.00	107.9
国内消费税	2567.80	4434.00	1634.00	172.7
进口货物增值税、消费税	7391.07	7995.00	95.00	108.2
出口货物退增值税、消费税	-5865.90	-6708.00		114.4
营业税	232.10	245.00		105.6
企业所得税	7173.40	7605.00		106.0
个人所得税	2234.18	2390.00		107.0
城市维护建设税	7.79	147.00	139.00	1887.0
印花税	949.68	245.00		25.8
其中：证券交易印花税	949.68	245.00		25.8
船舶吨税	20.10	21.00		104.5
车辆购置税	989.75	970.00		98.0
关税	1769.95	1900.00		107.3
其他税收收入	0.14			
二、非税收入	1704.51	2053.00	59.00	120.4
专项收入	198.88	277.00	59.00	139.3
行政事业性收费	368.61	418.00		113.4
罚没收入	31.61	33.00		104.4
其他收入	1105.41	1325.0		119.9
中央财政收入	32671.99	35860.00	2200.00	109.8
调入中央预算稳定调节基金	1100.00	505.00		45.9
支出大于收入的差额	1800.00	7500.00		416.7

注　数据来源：中华人民共和国财政部网站。

表2-1为2011年中央财政收入预算表，清晰地说明了中央财政收入的来源，公布了2011年国内各种税收的预算收入和各项非税收入的预算数据，并公布了2010年的执行数。

第二节 财政收入规模

财政收入的规模是衡量国家财力和政府行使职能范围的重要指标。从历史上看，保证财政收入持续稳定增长始终是世界各国的主要财政目标。

一、财政收入规模含义

财政收入规模是指一定时期内（通常为1年）财政收入的总水平。可以从两个指标来描述：财政收入绝对量和财政收入相对量。

财政收入绝对量，是指在一定时期内各种财政收入的总数量，即财政总收入；财政收入相对量是指在一定时期内一国的财政收入占国内生产总值或国民生产总值的比重，它更能反映财政规模真实的变化趋势及存在的问题。

二、财政收入规模影响因素分析

谋求财政收入的增长，通常是一国政府财政活动的重要目标之一，尤其是在公共需求范围日益扩大的现代社会，保证财政收入增长更为各国政府所重视。但财政收入能有多大规模，能以何种速度增长，不是或不完全是以政府的意愿为转移的，它受各种经济和社会因素的制约和影响。这些因素主要有以下3个。

（一）经济发展水平和生产技术水平

经济发展水平和生产技术水平是决定财政收入规模的基础，两者之间是源和流的关系：前者是源，后者是流，源远则流长。一国的经济发展水平主要表现在人均占有GDP（国内生产总值）上，它表明一国生产技术水平的高低和经济实力的强弱，反映一国社会产品丰富程度及经济效益的高低，是形成财政收入的物质基础。一般来说，随着经济发展水平的不断提高，国民收入不断增长，该国的财政收入规模也会不断扩大。

技术进步对财政收入规模的影响可从两个方面来分析：①技术进步加快了生产速度、提高了生产质量，增加了国民收入，从而使财政收入的增长有了充分的财源；②技术进步降低了物耗比例，提高了人均产出比率和社会剩余产品价值率。由于财政收入主要来自剩余产品价值，所以技术进步对财政收入规模的影响更为明显和直接。

（二）收入分配政策和制度

在经济发展水平和生产技术水平既定的条件下，政府的分配政策在很大程度上制约着财政收入规模，所以即使在经济发展水平相同的国家，财政收入规模也存在着较大的差异。在经济发展水平一定的条件下，财政收入规模取决于两个因素：①国民收入分配政策，它决定剩余产品价值占整个社会产品价值的比例，进而决定财政分配对象的大小；②财政分配政策，它决定剩余产品价值中财政收入所占的比例，从而决定财政收入规模的大小。

政府的国民收入分配政策和分配制度包括工资制度、税收制度、国有企业利润分配政策和制度等，决定 GDP 在国家、企业和居民个人之间的分割比例，是影响财政收入最直接的因素。分配制度改革影响到国家与企业、中央与地方之间的利益分配。因此，政府的分配政策和分配制度对财政规模的影响具有关键性的作用。

（三）价格因素

由于财政收入是在一定价格体系下形成的货币收入，与价格有着密切的关系。因此，价格水平发生变化必然会影响财政收入规模。要了解和掌握财政收入的实际规模及其增长情况，就必须把财政收入增长率与物价上涨率放在一起进行对比分析。这样就有以下几种情况：①财政收入增长率高于物价上涨率，名义财政收入和实际财政收入都增长；②财政收入增长率低于物价上涨率，名义财政收入增长而实际财政收入下降；③财政收入增长率与物价上涨率大体一致，名义财政收入增长，实际财政收入不增不减。

三、我国财政收入规模的变化趋势分析

我国的转轨时期是指 1978 年经济体制改革以来的时间，在此期间我国财政收入规模的变化主要体现在两个方面，即绝对数和相对数的变化。

（一）我国财政收入规模的绝对变化

1978 年到 2009 年我国财政收入的规模随着经济的不断增长而增长，发生了翻天覆地的变化。由 1978 年的 1132.26 亿元到 2009 年的 68518.30 亿元，扩大了 60 倍。回顾 31 年的发展历程，我国财政收入绝对数的增长又可以分为三个阶段：第一阶段是水平徘徊阶段，财政收入由 1978 的 1132.26 亿元上升至 1982 的 1212.33 亿元，年均增长率仅为 1.72%；第二阶段是缓慢发展阶段，财政收入由 1982 的 1212.33 亿元上升至 1992 年的 3483.37 亿元，年均增长率为 11.11%；第三阶段是高速增长阶段，财政收入由 1992 年的 3483.37 亿元上升到 2009 年的 68518.30 亿元，年均增长率为 19.15%。

（二）我国财政收入规模的相对变化

1978 年以来，在我国财政收入绝对数上升的同时，相对数也经历了一个先降后升的变化过程。1995 年以前表现为不断下降的趋势，从 1996 年开始回升的趋势。1978～1995年，财政收入的相对数由 31.06% 下降为 10.27%，17 年间每年下降 1 个多百分点。1995年到现在为止，呈现平稳上升的趋势，相对数由 10.27% 上升到 20.43%。

表 2-2 为我国财政收入总额及财政收入占国内生产总值的比重。

表 2-2　　　　我国财政收入总额及财政收入占国内生产总值的比重

年　份	财政收入（亿元）	国内生产总值（亿元）	财政收入占 GDP 比重（%）
1978	1132.26	3645.2	31.06
1980	1159.93	4545.6	25.51
1985	2004.82	9016	22.23
1990	2937.1	18667.8	15.73
1991	3149.48	21781.5	14.45
1992	3483.37	26923.5	12.93

第二节 财政收入规模

续表

年　份	财政收入（亿元）	国内生产总值（亿元）	财政收入占 GDP 比重（%）
1993	4348.95	35333.9	12.3
1994	5218.1	48197.9	10.82
1995	6242.2	60793.7	10.27
1996	7407.99	71176.6	10.4
1997	8651.14	78973	10.95
1998	9875.95	84402.3	11.7
1999	11444.08	89677.1	12.76
2000	13395.23	99214.6	13.5
2001	16386.04	109655.2	14.94
2002	18903.64	120332.7	15.7
2003	21715.25	135822.8	15.98
2004	26396.47	159878.3	16.51
2005	31649.29	183217.4	17.27
2006	38760.2	211923.5	18.28
2007	51321.78	257305.6	19.94
2008	61330.35	300670	20.39
2009	68518.30	335353	20.43

注　数据来源：《中国统计年鉴（2010）》。

（三）我国财政收入规模变化的原因分析

1. 我国财政收入规模绝对数变化的原因分析

我国改革开放以来财政收入的快速增长有以下几个原因：

（1）得益于国民经济的迅速发展和生产技术水平的提高。在财源扩大的基础上，财政收入迅速增加。

（2）价格变动也是引起财政收入增加的一个不容忽视的因素：①随着价格总水平的上升，财政收入会同比例地增长，表现为财政收入的虚增；②我国采用了累进税制，"档次爬升"效应使得财政收入有所增加。此外，分配政策和分配制度也会对财政收入有一定的影响。

2. 我国财政收入规模相对数变化的原因分析

1978年以后我国经济体制改革，生产力得到了巨大的解放，表现为 GDP 的高速增长。在1978~1995年这一时期，我国两次放权让利，在处理国家与企业之间的利润分配关系时向企业倾斜。我国的"利改税"是1994年完成的，80年代还处在"利改税"的中前期，那时的"国企"利润是财政收入的重要来源，"国企"留利多了，上缴自然也就少了，还有些国有企业运行状况不佳，因此财政收入占 GDP 比重下降。再加上这一时期税务部门征管不严,偷税漏税现象严重,这都是造成财政收入在GDP中的比重下降的原因。1994年,中国进行了根本性的税收制度改革,初步建立了较为规范的财政预算收入体系,有效地阻止了财政预算收入占GDP比重持续下滑的势头。1995年以后我国经济进入了飞速发展的时期,以税收为主的预算内财政收入快速增长。

【知识链接】

国有资产的类型

1. 经营性国有资产

经营性国有资产是指国家作为出资者在企业中依法拥有的资本及其权益。具体地说,经营性国有资产,指从事产品生产、流通、经营服务等领域,以盈利为主要目的,依法经营或使用,其产权属于国家所有的一切财产。

2. 行政事业性国有资产

行政事业单位国有资产是指由行政事业单位占有、使用的,在法律上确认为国家所有、能以货币计量的各种经济资源的总和。包括:国家拨给行政事业单位的资产、行政单位按照国家政策规定运用国有资产组织获得的而形成的资产,以及接收捐赠和其他经法律确认为国家所有的资产。

3. 资源性国有资产

资源性国有资产指国家拥有的土地、森林、矿藏等资源。

【案例2-1】

财政收入首超8万亿元

我国财政收入首次超过8万亿元大关。财政部发布,2010年1～12月累计,全国财政收入83080亿元,比上年增加14562亿元,增长21.3%。其中,财政收入中的税收收入73202亿元,增长23%;非税收入9878亿元,增长9.8%。据此计算,税收收入仍占我国财政收入的主体,2010年占比为88%。

针对财政收入的快速增长,财政部解释说,首先是因为经济较快增长,为财政收入增长奠定了税源基础,特别是与税收关联度较高的经济指标增长较快。其次,财政部表示,价格水平上涨也推高增速。2010年居民消费价格指数CPI和工业品出厂价格指数PPI,分别上涨3.3%和5.5%,带动以现价计算的相关税收增长。此外,全年汽车旺销带动车辆购置税、汽车消费税等大幅增长。除了经济运行方面的原因,财政部表示,2009年全国财政收入增长11.7%,基数相对较低,也相应抬高了2010年收入增幅。

统计局发布,我国2010年的GDP增速为10.3%,同期的财政收入增速已经是GDP的两倍多。北京天则经济研究所学术委员会主席张曙光、中共中央党校校委研究室副主任周天勇都表示,我国税收、财政收入增速过快,这种增速应该得到控制。

(资料来源:新京报2011年1月21日)

【案例分析】

财政收入如此之高的增长速度使得国家实力大大增强,也从一个侧面反映出我国经济发展取得的巨大成就。然而，我们需要一些深层次的思考：是不是财政收入越多越好？

财政收入来源主要是税收收入和各种收费收入，也就是说财政收入归根结底来源于经济生产中的一次分配。在这个分配过程中，如果财政收入拿走得过多，那么其他分配要素必然就少，劳动者、企业所得必然减少，最终消费者必然要承担大部分转移到商品价格中的税费成本。

习　题

一、单项选择题

1. 目前我国财政收入最主要的形式是（　　）。
   A. 税收　　　　B. 债务收入　　　C. 国有资产收入　　D. 其他收入
2. 增加财政收入的根本途径是（　　）。
   A. 增加生产　　B. 提高税率　　　C. 厉行节约　　　　D. 增加企业收入
3. 最能保证财政收入稳定性的收入形式是（　　）。
   A. 税收　　　　B. 国有资产收益　C. 债务收入　　　　D. 规费收入
4. 将税收划分为中央税和地方税的分类标准是（　　）。
   A. 税收缴纳　　　　　　　　　　B. 课税标准
   C. 税收管理权限　　　　　　　　D. 税收与价格的关系
5. 罚款是政府的一种（　　）收费。
   A. 专项筹集性　B. 事业服务性　　C. 行政管理性　　　D. 行为特许性
6. 国家依据所有权取得的收入是（　　）。
   A. 税收　　　　B. 债务收入　　　C. 国有资产收入　　D. 其他收入
7. 国家按信用原则取得的收入是（　　）。
   A. 税收　　　　B. 债务收入　　　C. 国有资产收入　　D. 其他收入
8. 制约财政收入规模的根本性因素是（　　）。
   A. 税率标准　　B. 纳税人数量　　C. 经济发展水平　　D. 居民收入水平

二、多项选择题

1. 按取得财政收入的形式分类，通常将财政收入分为（　　）。
   A. 税收收入　　B. 国有资产收益　C. 债务收入　　　　D. 利息收入
   E. 收费收入
2. 影响财政收入规模的因素主要是（　　）。
   A. 征收机构　　B. 经济发展水平　C. 收入分配政策　　D. 税种多少
   E. 价格
3. 在我国经济体制转轨过程中，国民收入分配发生了重大变化，主要体现在（　　）。
   A. 财政收入额下降　　　　　　　B. 财政收入占国民收入比例下降
   C. 国有企业留利下降　　　　　　D. 居民收入增长
   E. 预算外资金增长
4. 我国的经营性国有资产收入形式有（　　）。
   A. 利息　　　　B. 租金　　　　　C. 利润　　　　　　D. 股利

5. 与税收相比，公债所具有的不同特点是（　　）。
A. 强制性　　　　　B. 自愿性　　　　　C. 无偿性　　　　　D. 有偿性

三、简答题
1. 简述财政收入的分类。
2. 影响财政收入规模的因素有哪些？

四、分析题
查阅相关数据，分析我国财政收入规模和财政收入结构合理性问题。

第三章 税 收

本 章 导 语

税收是各国政府筹集财政收入的主要形式,在许多国家,税收占财政收入的比重已超过了90%,成为财政收入最重要的来源。本章主要介绍税收的类型、税收制度的基本要素和我国现行的主要税种。

> **知识目标:**
> - 了解税收的概念与特征、税收的分类方法
> - 理解税收的作用、税收制度构成的基本要素
> - 掌握我国现行的主要税种
>
> **技能目标:**
> - 能够对我国现行主要税种的税收制度进行区别
> - 对我国现行主要税种的应纳税额会进行计算

案例导入:

我国财政收入主要来自税收

我国财政收入首次超过8万亿元大关。财政部发布,2010年1~12月累计,全国财政收入83080亿元,比上年增加14562亿元,增长21.3%。其中,财政收入中的税收收入73202亿元,增长23%;非税收入9878亿元,增长9.8%。据此计算,税收收入仍占我国财政收入的主体,2010年占比为88%。具体来看,有几个税种超过平均增速,如消费税增长27.5%。财政部称,是因为2009年成品油税费改革和提高烟产品消费税税率,2010年前几个月有翘尾增收因素,以及汽车销量大幅增长带动消费税增加。其次,受固定资产投资平稳较快增长等因素带动,相关行业营业税增长23.8%。此外,个人所得税增长22.5%,超过整体增速,财政部称,这是受居民收入增加以及加强征管等因素的影响。另外,2010年货物的大幅进口也致使进口环节的增值税、消费税、关税,均超过整体增速。

(资料来源:新京报2011年1月21日)

案例评析:

从财政收入总量的结构来看,税收收入是我国财政收入的主要来源。在经济高速增长的背景下,财政收入得到持续高速增长。特别是税收收入增长持续高于同期GDP增长,成为推动财政收入增长的主要原因。

第一节 税 收 概 述

税收是历史上最早出现的一个财政范畴,它是在奴隶社会伴随着国家的产生而产生

的，只要国家不消亡，税收在任何社会制度下都是不可缺少的，并且，随着人类社会的不断发展，其作用会显得日益重要。那么什么是税收呢？税收的类型有哪些？

一、税收的概念及特征

（一）税收的概念

税收是指国家为实现其职能凭借其政治权力，依照法律规定的标准和程序，强制、无偿地向纳税人征收货币或实物的活动。

当前，税收是各国政府筹集财政收入的主要形式，在现代经济生活中，税收几乎渗透到社会生活中的每一个角落。因此，税收已越来越受到人们的关注和重视。

随着经济的发展和国家职能的扩大，税收不仅是国家取得财政收入的一种手段，而且也是国家用以加强宏观调控的重要经济杠杆。

（二）税收的特征

1. 强制性

税收的强制性是指国家依据法律征税，而并非一种自愿交纳，纳税人必须依法纳税，否则就要受到法律的制裁。正是由于税收具有强制性的特征，从而使税收能够成为各国政府取得财政收入最普遍、最可靠的一种形式。

2. 无偿性

税收的无偿性即国家在征税以后，纳税人所有的这部分财产转移给国家所有，形成国家财政收入，不再返还给原纳税人，也不向纳税人支付任何报酬。由于税收是无偿性征收的，纳税人才会把纳税看成是额外负担，从而产生逃税、避税行为。因此，必须用法律强制的手段来保证税收的征收。

3. 固定性

国家以法律的形式明确规定税收的纳税主体、征收对象和税率等基本要素，即通过税法把对什么征税、对谁征税和征多少税预先固定下来，不仅纳税人必须严格依法按时足额申报纳税，而且国家也只能依法定程序和标准征税。

税收的上述三个特征是统一的整体，缺一不可，只有同时具备这三个特征才构成税收。无偿性是税收这种分配活动本质的体现；强制性是税收无偿性征收的强有力的保障；固定性是无偿性和强制性的必然要求。这三个特征是税收区别于其他财政收入范畴的基本标志，也是鉴别财政收入是否是税收的基本标准。

二、税收的作用

（一）税收是国家组织财政收入的主要形式和工具

税收在保证和实现财政收入方面起着重要的作用。由于税收具有强制性、无偿性和固定性，因而能保证收入的稳定；同时，税收的征收十分广泛，能从多方筹集财政收入。

（二）税收是国家调控经济的重要杠杆之一

国家通过税种的设置以及在税目、税率、加成征收或减免税等方面的规定，可以调节社会生产、交换、分配和消费，促进社会经济的健康发展。

（三）税收具有维护国家政权的作用

国家政权是税收产生和存在的必要条件，而国家政权的存在又依赖于税收的存在。没有税收，国家机器就不可能有效运转。同时，税收分配不是按照等价原则和所有权原则分配的，而是凭借政治权力对物质利益进行调节，体现国家支持什么、限制什么，从而达到维护和巩固国家政权的目的。

（四）税收具有监督经济活动的作用

国家在征收税款过程中，一方面要查明情况，正确计算并征收税款；另一方面又能发现纳税人在生产经营过程中，或是在缴纳税款过程中存在的问题。国家税务机关对征税过程中发现的问题，可以采取措施纠正，也可以通知纳税人或政府有关部门及时解决。

三、税收的种类

税收制度的主体是税种，当今世界各国普遍实行由多个税种组成的税收体系。在这一体系中各种税既有各自的特点，又存在着多方面的共同点。因此，有可能从各个不同的角度对各种税进行分类研究。按某一种标志，把性质相同的或近似的税种归为一类，而与其他税种相区别，这就是税种分类。按照不同的分类标志，税种的分类方法一般有以下几种。

（一）按征税对象分类

按照这个标准，我国税种大体可分为流转税、所得税、资源税、财产税和行为税五大类。这是税种最基本和最主要的分类方法，也是国际上常用的分类方法。

1. 流转税

对流转额的征税简称流转税，或商品和劳务税。它是对销售商品或提供劳务的流转额征收的一类税收。这个流转额既可以是指商品的实物流转额，也可以是指商品的货币流转额。商品交易是一种买卖行为，如果税法规定卖方为纳税人，商品流转额即为商品销售数量或销售收入；如果税法规定买方为纳税人，商品流转额即为采购数量或采购支付金额。非商品流转额是指各种社会服务性行业提供劳务所取得的业务或劳务收入金额。按销售收入减除物耗后的增值额征收的增值税，也归于流转税一类。

我国当前开征的流转税主要有：增值税、消费税、营业税和关税。

2. 所得税

对所得额的征税简称所得税。税法规定应当征税的所得额，一般是指下列方面：

（1）有合法来源的所得。合法的所得大致包括生产经营所得（如利润等），提供劳务所得（如工资、薪金、劳务报酬等），投资所得（如股息、利息、特许权使用费收入等）和其他所得（如财产租赁所得、遗产继承所得等）四类。

（2）纳税人的货币所得，或能以货币衡量或计算其价值的经济上的所得，不包括荣誉性、知识性的所得和体质上、心理上的所得。

（3）纳税人的纯所得，即纳税人在一定时期的总收入扣除成本、费用以及纳税人个人的生活费用和赡养近亲的费用后的净所得。这样，使税负比较符合纳税人的负担能力。

（4）增强纳税能力的实际所得，例如利息收入可增加纳税人能力，可作为所得税的征收范围；而存款的提取，就不应列入征税范围。

总的来说，所得税是对纳税人在一定时期（通常为一年）的合法收入总额减除成本费用和法定允许扣除的其他各项支出后的余额，即应纳税所得额征收的税。

我国当前开征的所得税主要有：企业所得税、个人所得税。

3. 资源税

对资源的征税是对开发、利用和占有国有自然资源的单位和个人征收的一类税。征收这类税有两个目的：①为了取得资源消耗的补偿基金，保护国有资源的合理开发利用；②为了调节资源级差收入，以利于企业在平等的基础上开展竞争。

我国对资源的征税主要有：城镇土地使用税、耕地占用税、资源税、土地增值税。

4. 财产税

对财产的征税是对纳税人所拥有或属其支配的财产数量或价值额征收的税。包括对财产的直接征收和对财产转移的征收。开征这类税收除为国家取得财政收入外，对提高财产的利用效果、限制财产的不必要的占有量有一定作用。

我国对财产的征税主要有：房产税、契税、车辆购置税、车船税。

5. 行为税

对行为的征税也称行为税，它一般是指以某些特定行为为征税对象征收的一类税收。征收这类税，或是为了对某些特定行为进行限制、调节，使微观活动符合宏观经济的要求；或只是为了开辟地方财源，达到特定的目的。这类税的设置比较灵活，其中有些税种具有临时税的性质。

我国对行为的征税主要有：印花税、城市维护建设税。

(二) 按税收管理和使用权限分类

税收按其管理和使用权限划分，可分为中央税、地方税、中央与地方共享税。这是在分级财政体制下的一种重要的分类方法。通过这种划分，可以使各级财政有相应的收入来源和一定范围的税收管理权限，从而有利于调动各级财政组织收入的积极性，更好地完成各级财政的任务。

1. 中央税

中央税是由中央政府征收、管理并使用的税，如我国的关税、消费税等。

2. 地方税

地方税是归地方政府征收、管理并使用的税，如我国的营业税、个人所得税等。

3. 中央与地方共享税

中央与地方共享税是归中央和地方政府共同享有，并按一定比例分成的税，如我国的增值税、资源税、证券交易税（现为印花税的一个税目）等。

(三) 按税收与价格的关系分类

1. 价内税

凡税收构成价格组成部分的税收称为价内税，其价格＝成本＋利润＋税金。现行的消费税、营业税等属于价内税。

2. 价外税

凡税收是价格之外的附加额的税收称为价外税，其价格＝成本＋利润。

价内税，有利于国家通过对税负的调整，直接调节生产和消费，但往往容易造成对价格的扭曲。价外税与企业的成本核算和利润、价格没有直接联系，能更好地反映企业的经营成果，不致因征税而影响公平竞争，同时，不干扰价格对市场供求状况的正确反映，因此，更适应市场经济的要求。

(四) 按税负是否易于转嫁分类

税收按其负担是否易于转嫁，可分为直接税和间接税。所谓税负转嫁是指纳税人依法缴纳税款之后，通过种种途径将所缴税款的一部分或全部转移给他人负担的经济现象和过程，它表现为纳税人与负税人的非一致性。

1. 直接税

由纳税人直接负担的税收为直接税。在这种情况下纳税人即负税人，如所得税、遗产税等。

2. 间接税

可以由纳税人转嫁给负税人的税收为间接税，即负税人通过纳税人间接缴纳的税收，如增值税、消费税、营业税、关税等。

（五）按计税标准分类

税收按其计税依据的不同，可分为从价税和从量税。

1. 从价税

从价税是以征税对象的价值量为标准计算征收的税收。税额的多少将随着价格的变动而相应增减。

2. 从量税

从量税是按征税对象的重量、件数、容积、面积等为标准计算征收的税收。从量税具有计算简便的优点，但税收收入不能随价格高低而增减。

除上述主要分类外，还有一些其他分类方法。例如在我国按征收机关划分，税收可分为工商税系、关税税系和农业税系三大类。又如，按缴纳形式分，税收可分为力役税、实物税和货币税。按税收的用途分，税收可分为一般税和目的税。

第二节 税 收 制 度

税收的类型是多种多样的，对每种税种的征收都要严格地按照税收制度来进行。那么，需要对税收制度的基本要素进行理解和掌握。

一、税收制度的含义

一个国家的税收制度，是指国家以法律形式规定的各种税收法律、法规的总称，或者说是国家以法律形式确定的各种课税制度的总和。税收制度是取得收入的载体，主要包括国家的税收法律和税收管理体制等。从法律角度看，一个国家的税收制度是指在既定的管理体制下设置的税种以及与这些税种的征收、管理有关的，具有法律效力的各级成文法律、行政法规、部门规章等。从税收制度的形式来看，一个国家的税收制度，可按照构成方法和形式分为简单型税制及复合型税制。结构简单的税制主要是指税种单一、结构简单的税收制度；而结构复杂的税制主要是指由多个税种构成的税收制度。

在现代社会中，世界各国一般都采用多种税并存的复税制税收制度。一个国家为了取得财政收入或调节社会经济活动，必须设置一定数量的税种，并规定每种税的征收和缴纳办法，包括对什么征税、向谁征税、征多少税以及何时纳税、何地纳税、按什么手续纳税、不纳税如何处理等。

二、税收制度的基本要素

在任何一个国家里，不论采用什么样的税收制度，构成税种的要素都不外乎以下几项:纳税人、课税对象、税率、纳税环节、纳税期限、减税、免税和法律责任。

(一) 纳税人

纳税人是纳税义务人的简称,是税法规定的直接负有纳税义务的法人和自然人,法律术语称为课税主体。纳税人是税收制度构成的最基本的要素之一,任何税种都有纳税人。从法律角度划分,纳税人包括法人和自然人两种。法人是指依法成立并能以自己的名义行使权力和负担义务的组织。作为纳税人的法人,一般系指经工商行政管理机关审查、批准和登记,具备必要的生产手段和经营条件,实行独立经济核算并能承担经济责任,能够依法行使权利和义务的单位、团体。作为纳税人的自然人,是指负有纳税义务的个人,如从事工商营利经营的个人、有应税收入或有应税财产的个人等。

(二) 课税对象

课税对象又称征税对象,是税法规定的征税的目的物,法律术语称为课税客体。课税对象是一个税种区别于另一个税种的主要标志,是税收制度的基本要素之一。每一种税都必须明确规定对什么征税,体现着税收范围的广度。例如,我国增值税的课税对象是货物和应税劳务在生产、流通过程中的增值额;所得税的课税对象是企业利润和个人工资、薪金等项所得;房产税的课税对象是房屋等。

一般来说,不同的税种有着不同的课税对象,不同的课税对象决定着税种所应有的不同性质。国家为了筹措财政资金和调节经济的需要,可以根据客观经济状况选择课税对象。正确选择课税对象,是实现税制优化的关键。

与课税对象相关的有税目、税源与计税依据三个概念。

1. 税目

税目是税法中规定的应当征税的具体物品、行业或项目,是征税对象的具体化,它反映了具体的征税范围,体现了征税的广度。不是所有的税种都规定税目,有些税种征税对象简单、明确,没有另行规定税目的必要,如企业所得税。有的税种征税对象比较复杂,一般要先分大类,在类别之下再分税目、子目、细目,如营业税、消费税。凡是无税目的税种均有统一的税率,凡是有税目的税种,均无统一税率。规定税目首先是为了明确具体的征税范围,规定征的广度。列入税目的就是应税产品或项目,没有列入税目的就不是应税的产品或项目,这样征税的界限就十分明确。其次,通过规定各种税目,可以对不同的产品或项目制定高低不同的税率,体现国家税收政策。

2. 税源

税源与课税对象虽有密切联系,但不是同一概念。课税对象是指对什么东西征税,而税源则是指税收的经济来源,税源大小体现着纳税人的负担能力。有的税种税源与课税对象是一致的,比如个人所得税的课税对象和税源都是个人所得。但也有不一致的情况,例如,增值税的课税对象是应税的货物或劳务,而税源则是包含在销售额中的纯收入;房产税的课税对象是房产,税源则是房产收益或房产所有人的收入。

3. 计税依据

计税依据又称为税基,是指计算应纳税额的根据,计税依据是课税对象在数量上的具体化。不同税种的计税依据是不同的,如我国增值税的计税依据一般是货物和应税劳务的增值额,企业所得税的计税依据是企业的利润所得。有些税的课税对象和计税依据是一致的,如所得税中的应税所得额既是课税对象,又是计税依据;有些税的课税对象和计税依据是不一致的,如房产税的课税对象是房产,它的计税依据则是房产的价值或租金。

(三) 税率

税率是应纳税额与课税对象之间的比例,是计算应纳税额的尺度,它体现征税的深度。税率的设计,直接反映着国家的有关经济政策,直接关系着国家的财政收入的多少和纳税人税收负担的高低,是税收制度的中心环节。我国现行税率大致可分为3种。

1. 比例税率

实行比例税率,对同一征税对象不论数额大小,都按同一比例征税。比例税率的优点表现在:同一课税对象的不同纳税人税收负担相同,能够鼓励先进,鞭策落后,有利于公平竞争;计算简便,有利于税收的征收管理。但是,比例税率不能体现能力大者多征、能力小者少征的原则。

比例税率在具体运用上可分为以下几种:

行业比例税率:即按不同行业规定不同的税率,同一行业采用同一税率。

产品比例税率:即对不同产品规定不同税率,同一产品采用同一税率。

地区差别比例税率:即对不同地区实行不同税率。

幅度比例税率:即中央只规定一个幅度税率,各地可在此幅度内,根据本地区实际情况,选择、确定一个比例作为本地适用税率。

2. 定额税率

定额税率是税率的一种特殊形式。它不是按照课税对象规定征收比例,而是按照征税对象的计量单位规定固定税额,所以又称为固定税额,一般适用于从量计征的税种。如我国现行资源税种,盐的税率规定为:固体盐为10～60元/吨,液体盐为2～10元/吨。定额税率的优点是:从量计征,不是从价计征,有利于鼓励纳税人提高产品质量和改进包装,计算简便。但是,由于税额的规定同价格的变化情况脱离,在价格提高时,不能使国家财政收入随国民收入的增长而同步增长,在价格下降时,则会限制纳税人的生产经营积极性。

在具体运用上又分为以下几种:

地区差别税额:即为了照顾不同地区的自然资源、生产水平和盈利水平的差别,根据各地区经济发展的不同情况分别制定的不同税额。

幅度税额:即中央只规定一个税额幅度,由各地根据本地区实际情况,在中央规定的幅度内,确定一个执行数额。

分类分级税额:把课税对象划分为若干个类别和等级,对各类各级由低到高规定相应的税额,等级高的税额高,等级低的税额低,具有累进税的性质。

3. 累进税率

累进税率按征税对象数额的大小,划分若干等级,每个等级由低到高规定相应的税率,征税对象数额越大税率越高,数额越小税率越低。采用累进税率时,表现为税额增长速度大于征税对象数量的增长速度。它有利于调节纳税人的收入和财富,通常多用于所得税和财产税。累进税率对于调节纳税人收入,有特殊的作用和效果,所以现代税收制度中,各种所得税一般都采用累进税率。累进税率因计算方法和依据的不同,又分以下几种:

全额累进税率:即对征税对象的金额按照与之相适应等级的税率计算税额,在征税对象提高到一个级距时，对征税对象金额都按高一级的税率征税。

超额累进税率：简称超累税率，是把征税对象的数额划分为若干等级，对每个等级部分的数额分别规定相应税率，分别计算税额，各级税额之和为应纳税额，超累税率的"超"字，是指征税对象数额超过某一等级时，仅就超过部分，按高一级税率计算征税。

全率累进税率：它与全额累进税率的原理相同，只是税率累进的依据不同。全额累进税率的依据是征税对象的数额，而全率累进税率的依据是征税对象的某种比率，如销售利润率、资金利润率等。

超率累进税率：它与超额累进税率的原理相同，只是税率累进的依据不是征税对象的数额而是征税对象的某种比率。

在以上几种不同形式的税率中，全额累进税率和全率累进税率的优点是计算简便，但在两个级距的临界点税负不合理，可能出现税负增加超过所得额增加的不合理现象；超额累进税率和超率累进税率的计算比较复杂，但累进程度缓和，税收负担较为合理。

（四）纳税环节

纳税环节是商品从生产领域到消费领域的流转过程中，税法规定应当缴纳税款的环节。任何税种都要确定的纳税环节，有的比较明确、固定，有的则需要在许多流转环节中选择确定。如对一种产品，在生产、批发、零售诸环节中，可以选择只在生产环节征税，称为一次课征制；也可以选择在两个环节征税，称为两次课征制；还可以实行在所有流转环节都征税，称为多次课征制。在我国现行税制中，消费税只在生产环节征税（金银首饰、钻石及钻石饰品除外，它们的纳税环节为零售环节），而增值税在生产、批发、零售等环节都要征税。

（五）纳税期限

纳税期限指纳税人按照税法规定缴纳税款的期限。各种税都明确规定了税款的交纳期限，纳税期限是税收"固定性"特征的重要表现。

（六）附加、加成和减免

纳税人负担的轻重主要是通过税率的高低来调节的，但除此之外，还可以通过附加、加成和减免等措施来调整。

1. 附加和加成

附加和加成是属于加重纳税人负担的措施。

（1）附加。附加是地方政府在正税之外，附加征收一部分税款。通常把按国家税法规定税率征收的税款称为正税，而把正税以外征收的附加称为副税。

（2）加成。加成是对特定纳税人的一种加税的措施，有时为了实现某种限制政策或调节措施，对特定的纳税人实行加成征税。加一成等于加正税税额的10%，加二成等于加正税税额的20%，以此类推。

2. 减免

属于减轻纳税人负担的措施有：减税和免税、起征点和免征额。

（1）减税和免税。减税就是减征部分税款，免税就是免交全部税款。减免税是给予纳税人鼓励和照顾的措施。

（2）起征点。起征点是税法规定的课税对象开始征税时应达到的一定数额。课税对象未达到起征点的不征税，但达到起征点时，全部课税对象都征税。

（3）免征点。免征点是指课税对象中免于征税的数额。

税法具有严肃性，而税收制度中关于附加、加成和减免税的有关规定则把税收的法律严肃性和必要的灵活性密切地结合起来。

（七）违章处理

违章处理是对有违反税法行为的纳税人采取的惩罚措施，包括加收滞纳金、处理罚款、送交人民法院依法处理等。违章处理是税收强制性在税收制度中的体现，纳税人必须按期足额的缴纳税款，凡有拖欠税款、逾期不缴税、偷税逃税等违反税法行为的，都应受到制裁（包括法律制裁和行政处罚制裁等）。

第三节 中国现行主要税种

我国现行的税收制度是在1994年全面税制改革的基础上确立的。随着经济全球化和中国经济的发展，我国税收制度一直在进行不断的改革和完善。我国现行的税种有18个，本节对现行主要税种进行介绍。

一、增值税

（一）概念

增值税是以商品生产流通和提供劳务所产生的增值额为征税对象的一种流转税。所谓增值额是指企业或个人在生产经营过程中新创造的那部分价值，即在一定时期内，企业或个人销售产品或提供劳务所取得的收入扣除当初购进商品或劳务时所支付资金的差额。

（二）增值税的类型

各国在实行增值税时，外购扣除项目各有不同，主要表现在固定资产价值的扣除上。所以，按各国对固定资产的不同处理方法，增值税可分为三种类型。

1. 生产型增值税

对购进固定资产价值不允许做任何扣除。

$$增值额 = 销售收入 - 外购中间产品及劳务支出 = 折旧 + 工资 + 租金 + 利息 + 利润 \tag{3-1}$$

其税基与国民生产总值GNP一致，所以称之为生产型增值税，这种类型的增值税对固定资产所含税额部分存在重复征税问题。

2. 收入型增值税

对购进固定资产价款，只允许抵扣当期应计入产品成本的折旧部分。

$$增值额 = 销售收入总额 - 外购中间产品 - 固定资产折旧 = 工资 + 租金 + 利息 + 利润 \tag{3-2}$$

其税基等于国民收入，所以称之为收入型增值税，相对于生产型增值税而言，它能达到消除重复征税的弊端。

3. 消费型增值税

对当期购入的用于生产应税产品的固定资产，允许从当期增值额中一次扣除。

$$\text{增值额} = \text{销售收入} - \text{外购中间产品及劳务} - \text{同期购入的固定资产价值} \quad (3-3)$$

其税基仅限于消费资料价值,而固定资产价值不在课税之列,因此称之为消费型增值税。是三种类型中最简便,最能体现增值税优越性的类型。

至于一个国家采用何种类型的增值税,取决于该国家的经济政策和财政状况。目前我国已采用消费型增值税。

(三) 增值税制

1. 增值税的征税范围

征税范围一般规定:为销售或进口的货物、提供加工、修理修配劳务。

2. 增值税的纳税人

增值税的纳税人,在中华人民共和国境内销售货物、提供加工、修理修配劳务(以下简称应税劳务)以及进口货物的单位和个人,为增值税纳税人;单位租赁或承包经营的,以承租人或承包人为纳税人。增值税纳税人分为一般纳税人和小规模纳税人。

小规模纳税人的标准:①从事货物生产或者提供应税劳务(为主)的纳税人,年应税销售额不大于50万元;②除①以外的纳税人,年应税销售额不大于80万元。

一般纳税人的标准:年应税销售额超过小规模纳税人标准的增值税纳税人。

3. 增值税税率

(1) 一般纳税人。一般纳税人,税率主要分为以下几种:

零税率,出口货物;

低税率13%,主要适用纳税人销售或进口下列货物:粮食,食用植物油;自来水、暖气、冷气、热水、煤气、石油液化气、天然气、沼气、居民用煤炭制品;

基本税率17%,适用大部分产品。

(2) 小规模纳税人。小规模纳税人,增值税适用征收率主要为3%。

4. 增值税应纳税额的计算。

(1) 一般纳税人的应纳税额计算

$$\text{应纳税额} = \text{当期销项税额} - \text{当期进项税额} \quad (3-4)$$

"当期进项税额"是指纳税人购进货物或接受应税劳务所支付的增值税额,由纳税人购进货物或应税劳务时向卖方支付。"当期进项税额"在当期进货发票(增值税专用发票)上已注明。

"当期销项税额"是纳税人销售货物或提供应税劳务时,按照当时销售额和适用税率计算并向购买方收取的税额。其计算公式为:

$$\text{销项税额} = \text{当期销售额} \times \text{税率} \quad (3-5)$$

(2) 小规模纳税人应纳税额计算。小规模纳税人销售货物或者应税劳务,按照销售额和征收率计算应纳税额的简易办法,并不得抵扣进项税额。应纳税额计算公式:

$$\text{应纳税额} = \text{销售额} \times \text{征收率} \quad (3-6)$$

如果销售额中含增值税税额,应将含税的销售额转为不含税销售额,即:

$$\text{不含税销售额} = \text{含税销售额} / (1 + \text{税率}) \quad (3-7)$$

二、消费税

（一）概念

消费税是以一些特定的消费品和消费行为的流转额作为课税对象的各种税收的统称。消费税是在对货物普遍征收增值税的基础上，选择少数消费品再征收的一个税种，主要是为了调节产品结构，引导消费方向，保证国家财政收入。

（二）消费税制

1. 消费税的征税范围

我国消费税征税范围包括14大类商品，分为以下五类：

（1）一些过度消费会对人身健康、社会秩序、生态环境等方面造成危害的特殊消费品，如烟、酒及酒精、鞭炮、焰火。

（2）奢侈品或非生活必需品，如贵重首饰、化妆品、珠宝玉石、高尔夫球及球具等。

（3）高能耗及高档消费品，如小轿车、摩托车、高档手表、游艇。

（4）不可再生和替代的稀缺资源消费品，如成品油、木制一次性筷子、实木地板。

（5）具有一定财政意义的产品，如汽车轮胎。

2. 消费税的纳税人

消费税的纳税人是我国境内生产、委托加工和进口《中华人民共和国消费税暂行条例》规定的应税消费品的单位和个人。

3. 消费税的税目和税率

见表3-1。

表3-1　　　　　　　　消费税税目税率（税额标准）表

税　目	征　收　范　围	计税单位	税率（税额标准）
一、烟			
1. 第一类卷烟	包括每标准条（200支）调拨价格在70元（不包括增值税）以上的卷烟、进口卷烟和国家规定的其他若干类卷烟	标准箱（5万支）	150元+销售额×56%
2. 第二类卷烟	包括每标准条（200支）调拨价格不足70元（不包括增值税）的卷烟	标准箱（5万支）	150元+销售额×36%
3. 雪茄烟	包括斗烟、莫合烟、烟末、水烟、黄红烟丝等		36%
4. 烟丝			30%
二、酒和酒精			
1. 粮食白酒和薯类白酒		斤或者500毫升	0.50元+出厂价格×20%
2. 黄酒		吨	240元
3. 第一类啤酒	每吨出厂价格在3000元（不包括增值税）以上的、娱乐业、饮食业自制的	吨	250元
4. 第二类啤酒	每吨出厂价格不足3000元（不包括增值税）的	吨	220元
5. 其他酒	包括糠麸白酒、其他原料白酒、土甜酒、复制酒、果木酒、汽酒、药酒等		10%
6. 酒精	包括工业酒精、医用酒精和食用酒精		5%

续表

税　目	征　收　范　围	计税单位	税率（税额标准）
三、化妆品	包括香水、香水精、香粉、口红、指甲油、胭脂、眉笔、唇笔、蓝眼油、眼睫毛、高档护肤类化妆品和成套化妆品		30%
四、贵重首饰和珠宝玉石			
1. 金、银首饰和钻石、钻石饰品			5%
2. 其他贵重首饰和珠宝玉石			10%
五、鞭炮、焰火			15%
六、成品油			
1. 汽油	包括车用汽油、航空汽油和启动汽油		
（1）无铅汽油		升	1.0元
（2）含铅汽油		升	1.4元
2. 柴油	包括轻柴油、重柴油、农用柴油和军用柴油	升	0.8元
3. 航空煤油	包括除汽油、柴油、煤油、溶剂油以外的各种轻质油	升	0.8元
4. 石脑油	包括进口石脑油	升	1.0元
5. 溶剂油		升	1.0元
6. 润滑油	包括以石油为原料加工的矿物性润滑油，矿物性润滑油基础油	升	1.0元
7. 燃料油	包括用于电厂、船舶锅炉、加热炉、冶金和其他工业炉的燃料油	升	0.8元
七、汽车轮胎	包括各种汽车、挂车、专用车和其他机动车使用的内胎、外胎		3%
八、摩托车			
1. 排气量不超过250毫升的			3%
2. 排气量超过250毫升的			10%
九、小汽车			
1. 乘用车	不超过9个座位		
（1）排气量不超过1.0升的			1%
（2）排气量超过1.0升，不超过1.5升的			3%
（3）排气量超过1.5升，不超过2.0升的			5%
（4）排气量超过2.0升，不超过2.5升的			9%
（5）排气量超过2.5升，不超过3.0升的			12%
（6）排气量超过3.0升，不超过4.0升的			25%
（7）排气量超过4.0升的			40%
2. 中轻型商用客车	10个座位至23个座位		5%

续表

税　目	征　收　范　围	计税单位	税率（税额标准）
十、高尔夫球及球具	包括高尔夫球、高尔夫球杆、高尔夫球包（袋）		10%
十一、高档手表	包括销售价格（不包括增值税）在1万元以上的各类手表		20%
十二、游艇			10%
十三、木制一次性筷子			5%
十四、实木地板	包括各类规格的实木地板、实木指接地板、实木复合地板和用于装饰墙壁、天棚的侧端面为榫、槽的实木装饰板		5%

4. 消费税应纳税额的计算

消费税采取从价定率和从量定额两种办法计征，其税基为含消费税而不含增值税的销售价格。

（1）从价定率计算消费税的计算公式。

$$消费税应纳税额 = 应税销售额 \times 税率 \qquad (3-8)$$

上述公式中的销售额为不含增值税的销售额。若含有增值税，在计算消费税时，首先要算出不含税的销售额，其换算公式为：

$$不含税销售额 = 含税销售额 / (1 + 征收率) \qquad (3-9)$$

（2）从量定额计算消费税的计算公式。

$$消费税应纳税额 = 销售数量 \times 单位税率 \qquad (3-10)$$

三、营业税

（一）概念

营业税是对在我国境内提供应税劳务、转让无形资产或销售不动产的单位和个人，就其所取得的营业额征收的一种税。营业税属于流转税制中的一个主要税种。

（二）营业税制

1. 营业税的征税范围

在我国境内提供应税劳务、转让无形资产或销售不动产等经营行为，境内保险机构为出口货物提供的保险劳务取得的收入暂免税。加工和修理修配劳务属于增值税的征税范围，因此不属于营业税的应税劳务。

2. 营业税的纳税人

凡在我国境内提供《中华人民共和国营业税暂行条例》所规定的应税劳务、转让无形资产或销售不动产的单位和个人。

3. 营业税税率

见表 3-2。

表 3-2　　　　　　　　　　　营业税税目和税率表

税　　目	征　收　范　围	税率（%）
一、交通运输	陆路运输、水路运输、航空运输、管道运输、装卸运输	3
二、建筑业	建筑、安装、修缮、装饰及其他工程作业	3
三、金融保险业	金融、保险	5
四、邮电通信业	邮政、电信	3
五、文化体育业	文化业、体育业	3
六、娱乐业	歌厅、舞厅、卡拉 OK 歌舞厅、音乐茶楼、台球、高尔夫球、保龄球、游艺	5～20
七、服务业	代理业、旅店业、饮食业、旅游业、仓储业、租赁业、广告业及其他服务业	5
八、转让无形资产	转让土地使用权、专利权、非专利技术、商标权、著作权、商誉	5
九、销售不动产	销售建筑物及其他土地附着物	5

4. 营业税应纳税额的计算

$$应纳营业税税额 = 营业额(销售额) \times 适用税率 \qquad (3-11)$$

四、关税

（一）概念

关税是指一个国家或地区的海关对经过其关境或国境的进出口商品征收的一种税。

关境又称"税境"，国境是一个主权国家的领土范围，二者大部分情况下一致。但存在关税同盟、自由港、保税区时二者不一致：国境内设自由港、保税区时，关境小于国境；几个国家结成关税同盟时，关境大于国境。

根据商品流向分，关税分为进口关税与出口关税。征收关税的主要目的是为了保护本国经济发展。因此各国一般只对进口商品征收关税，很少对出口商品征收关税。

（二）关税制

1. 关税的征税范围

关税的征税对象是进出我国国境的货物和物品，是以进出关境的货物或物品的流转额为征税对象的税。货物是指贸易性商品；物品包括入境旅客随身携带的行李和物品、个人邮递物品、各种运输工具上的服务人员携带进口的自用物品、馈赠物品以及其他方式进入我国关境的个人物品。

2. 关税纳税人

《海关法》规定，进口货物的关税纳税人是进口货物的收货人，出口货物的关税纳税人是出口货物的发货人。"进口货物的收货人"和"出口货物的发货人"应当是依法取得对外贸易经营权，并进口或者出口货物的法人或者其他社会团体。

此外，根据《海关法》规定，在海关监管货物的保管期间非因不可抗力造成海关监管货物损毁或者丢失，负责保管该海关监管货物的人应当为关税纳税人。

3. 关税税率

按照征收对象或商品流向，关税主要分为进口关税和出口关税。

（1）进口关税。进口关税按差别待遇或税率的高低不同，主要分为最惠国税和普通税。最惠国税主要适用于签订了包含最惠国待遇条款的贸易协定的国家和地区之间的商品贸易；普通税主要适用于未签订包含最惠国待遇条款的贸易协定的国家和地区之间的商品贸易。

（2）出口关税。为了利于提高本国商品的竞争能力，利于扩大出口，因此出口国对本国大多数出口商品都不征收出口关税或征收极低的出口关税。但对少数国内紧缺、限制出口的资源性产品征收出口关税。

4. 关税应纳税额计算

关税的征收方法主要有从量税、从价税等征收方法。

（1）从量税。从量税是以商品的计量单位为标准所征收的关税。计量单位有重量、数量、容积、长度、面积等，其中，商品的量大多以重量为基础计征。

$$从量税额 = 商品量 \times 单位应征税 \quad (3-12)$$

（2）从价税。从价税是以商品的价格为标准计征的关税。

$$从价税额 = 商品的完税价格总额 \times 从价税率 \quad (3-13)$$

其中，商品的完税价格是指经海关审定的作为计征关税标准的商品的价格。

五、企业所得税

（一）企业所得税的概念

企业所得税是对我国境内企业的生产经营所得和其他所得征收的一种税。我国从2008年1月1日开始正式实施的《中华人民共和国企业所得税法》统一了内、外资企业所得税制度。

（二）企业所得税制

1. 企业所得税征税对象

企业所得税的征税对象是纳税人的生产经营所得、其他所得和清算所得，包括于中国境内、境外的所得。

生产经营所得，是指从事制造业、采掘业、交通运输业、建筑安装业、农业、林业、畜牧业、渔业、水利业、商品流通业、金融业、保险业、邮电通信业、服务业，以及国务院、财政、税务部门确认的其他营利事业取得的合法所得；还包括卫生、物资、供销、城市公用和其他行业的企业，以及一些社团组织、事业单位开展多种经营和有偿服务活动，取得的合法经营所得。

其他所得，是指纳税人取得的股息、利息、租金、转让各类资产收益、特许权使用费，以及营业外收益等所得。

清算所得，是指纳税人按照章程规定解散或破产，以及其他原因宣布终止时，其清算终了后的清算所得。

2. 企业所得税纳税人

企业所得税纳税人是指在中华人民共和国境内的企业和其他取得收入的组织。除个人独资企业、合伙企业不适用企业所得税法外，在我国境内，企业和其他取得收入的组织为企业所得税的纳税人，依照法律规定缴纳企业所得税。企业所得税的纳税人分为居民企业和非居民企业。

居民企业，是指依法在中国境内成立，或者依照外国（地区）法律成立但实际管理机构在中国境内的企业。

非居民企业，是指依照外国（地区）法律成立且实际管理机构不在中国境内，但在中国境内设立机构、场所的，或者在中国境内未设立机构、场所，但有来源于中国境内所得的企业。

3. 企业所得税税率

我国企业所得税实行比例税率。

（1）基本税率为25%。适用于居民企业和在中国境内设有机构、场所且所得与机构、场所有关联的非居民企业。

（2）低税率为20%。适用于在中国境内未设立机构、场所，或者虽设立机构、场所但取得的所得与其所设机构、场所没有实际联系的非居民企业。适用于符合条件的小型微利企业。

（3）低税率为15%。适用于国家需要重点扶持的高新技术企业。

4. 企业所得税应纳税额的计算

$$应纳企业所得税额 = 应纳税所得额 \times 税率 \qquad (3-14)$$

$$应纳税所得额 = 收入总额 - 准予扣除项目金额 \qquad (3-15)$$

六、个人所得税

（一）个人所得税概念

个人所得税是对个人（即自然人）取得的应税所得征收的一种税。它是世界各国普遍开征的一个税种。

（二）个人所得税制

1. 个人所得税的纳税人

个人所得税的纳税人有两类：①在中国境内有住所，或者虽无住所而在境内居住满一年，并从中国境内和境外取得所得的个人；②在中国境内无住所又不居住或者无住所而在境内居住不满一年，但从中国境内取得所得的个人。

2. 个人所得税的征税范围

下列各项个人所得，应纳个人所得税：

（1）工资、薪金所得，指个人因任职或者受雇而取得的工资、薪金、奖金、年终加薪、劳动分红、津贴、补贴以及与任职或者受雇有关的其他所得。

（2）个体工商户的生产、经营所得，指：

1）个体工商户从事工业、手工业、建筑业、交通运输业、商业、饮食业、服务业、修理业以及其他行业生产、经营取得的所得。

2）个人经政府有关部门批准，取得执照，从事办学、医疗、咨询以及其他有偿服务活动取得的所得。

3）其他个人从事个体工商业生产、经营取得的所得。

4）上述个体工商户和个人取得的与生产、经营有关的各项应纳税所得。

（3）企事业单位的承包经营、承租经营所得，指个人承包经营、承租经营以及转包、转租取得的所得，包括个人按月或者按次取得的工资、薪金性质的所得。

(4) 劳务报酬所得,指个人从事设计、装潢、安装、制图、化验、测试、医疗、法律、会计、咨询、讲学、新闻、广播、翻译、审稿、书画、雕刻、影视、录音、录像、演出、表演、广告、展览、技术服务、介绍服务、经纪服务、代办服务以及其他劳务取得的所得。

(5) 稿酬所得,指个人因其作品以图书、报刊形式出版、发表而取得的所得。

(6) 特许权使用费所得,指个人提供专利权、商标权、著作权、非专利技术以及其他特许权的使用权取得的所得;提供著作权的使用权取得的所得,不包括稿酬所得。

(7) 利息、股息、红利所得,指个人拥有债权、股权而取得的利息、股息、红利所得。

(8) 财产租赁所得,指个人出租建筑物、土地使用权、机器设备、车船以及其他财产取得的所得。

(9) 财产转让所得,指个人转让有价证券、股权、建筑物、土地使用权、机器设备、车船以及其他财产取得的所得。

(10) 偶然所得,指个人得奖、中奖、中彩以及其他偶然性质的所得。

(11) 经国务院财政部门确定征税的其他所得。

个人取得的所得,难以界定应纳税所得项目的,由主管税务机关确定。

个人取得的应纳税所得,包括现金、实物和有价证券。所得为实物的,应当按照取得的凭证上所注明的价格计算应纳税所得额;无凭证的实物或者凭证上所注明的价格明显偏低的,由主管税务机关参照当地的市场价格核定应纳税所得额。所得为有价证券的,由主管税务机关根据票面价格和市场价格核定应纳税所得额。

3. 个人所得税的税率

(1) 工资、薪金所得,适用3%~5%的七级超额累进税率。税率表见表3-3。

表3-3　　　　　　　　　　工资、薪金所得项目税率表

级 数	全月应纳税所得额	税率(%)	速算扣除数
1	不超过1500元的部分	3	0
2	超过1500元至4500元的部分	10	105
3	超过4500元至9000元的部分	20	555
4	超过9000元至35000元的部分	25	1005
5	超过35000元至55000元的部分	30	2755
6	超过55000元至80000元的部分	35	5505
7	超过80000元的部分	45	13505

(2) 个体工商户生产、经营所得及对企事业单位的承包经营、承租经营所得,适用5%~35%的五级超额累进税率,见表3-4。

(3) 酬劳所得,适用20%的比例税率,并按应纳税额减征30%,实际税率为14%。

(4) 劳务报酬所得,适用比例税率,税率为20%。对劳务报酬所得一次收入畸高的,可以实行加成征收,具体办法由国务院规定。

(5) 特许权使用费所得,利息、股息、红利所得,财产租赁所得,财产转让所得,偶然所得和其他所得,适用比例税率,税率为20%。

表3-4　个体工商户生产、经营所得及对企事业单位的承包经营、承租经营所得税率表

级 数	全月应纳税所得额	税率（%）	速算扣除数
1	不超过15000元的部分	5	0
2	超过15000元至30000元的部分	10	750
3	超过30000元至60000元的部分	20	3750
4	超过60000元至100000元的部分	30	9750
5	超过100000元的部分	35	14750

4. 个人所得税应纳税额计算

这里仅介绍工资、薪金所得应纳税额的计算。

工资、薪金所得应纳税额的计算公式为：

$$应纳税额 = 应纳税所得额 \times 适用税率 - 速算扣除数 \quad (3-16)$$
$$应纳税所得额 = 每月工资、薪金 - 3500 \quad (3-17)$$

其中，个人缴付的基本养老保险费、基本医疗保险费、失业保险费、住房公积金、从纳税义务人的应纳税所得额中扣除。

【知识链接】

税收的沿革与完善

税收是一个古老的财政范畴，因而它与财政的产生与发展几乎是一致的。从世界各国税收的发展来看，税收经历了一个从简单到复杂、从低级到高级的发展过程。无论是从税收的法制程度、税制结构上看，还是从征纳形式上看，税收都处于不断的演化之中，表现出一种不断发展完善的趋势。例如，税收法制程度的发展就经历了自由贡献时期——承诺时期——专制课征时期——立宪课税时期这样的过程。

此外，税收的名称也在发展变化。税收在历史上曾经有过许多名称，特别是在我国，由于税收历史悠久，名称尤为繁多。但是使用范围较广的主要有贡、赋、租、税、捐等几种。贡和赋是税收最早的名称，它们是同征税目的、用途相联系的。贡是向王室进献的珍贵物品或农产品，赋则是为军事需要而征收的军用物品。税这个名称始于"初税亩"，是指对耕种土地征收的农产物，即所谓"税以足食，赋以足兵"。但我国历史上对土地征收的赋税长期称之为租，租与税互相混用，统称为租税，直至唐代后期，才将对官田的课征称为租，对私田的课征称为税。捐这个名称早在战国时代已经出现，但长期都是为特定用途筹集财源的，带有自愿性。当时，实际上还不是税收。明朝起捐纳盛行，而且带有强制性，成为政府经常性财政收入，以致捐和税难以划分，故统称为捐税。总之，税收的名称在一定程度上反映了当时税收的经济内容，从一个侧面体现了税收的发展。

【案例3-1】

个人所得税起征点调整历程

15年来，我国个税法经历了多次改革。

1999年，个税法第四条第二款"储蓄存款利息"免征个人所得税项目删去，而开征

了个人储蓄存款利息所得税;

2002年个税收入实行中央与地方按比率分享;

2005年通过决议于2006年将免征额从800元上调至1600元;

2007年6月进行第四次修正,第十二条修改为:"对储蓄存款利息所得开征、减征、停征个人所得税及其具体办法,由国务院规定";

2007年12月决议从2008年3月将免征额提升至2000元;

2009年取消"双薪制"计税办法;

2011年4月,国务院提请十一届全国人大常委会第二十次会议初次审议的个人所得税法修正案草案,起征点从现行的2000元提高至3000元;

2011年6月30日下午十一届全国人大常委会第二十一次会议表决通过了全国人大常委会关于修改个人所得税法的决定。根据决定,个税起征点将从现行的2000元提高到3500元,超额累进税率次级从九级改为七级,第1级税率由5%降低到3%。

(资料来源:深圳晚报2011年7月1日)

【案例分析】

在现行税制下,个税征收普遍表现为"穷人税高,富人税低",使得通过个税调节收入分配的功能大打折扣。

近年来,我国物价水平大幅上涨,工资的实际消费水平不断下降。如何发挥个税调节贫富差距、推进国民收入分配结构调整的作用,减轻中低收入群体税收负担,成为社会关注的焦点。为加强税收对收入分配的调节作用,进一步减轻中低收入者的税收负担,有必要对个人所得税法进行修改,提高工资薪金所得减除费用标准,调整工资薪金所得税率级次级距。

习 题

一、单项选择题

1. 在我国税收收入中,目前占比重最大的是（　　）。
A. 流转税　　　　B. 收益税　　　　C. 资源税　　　　D. 财产税

2. 下列属于直接税的税种是（　　）。
A. 营业税　　　　B. 增值税　　　　C. 个人所得税　　D. 关税

3. 税法中规定的直接负有纳税义务的单位和个人是（　　）。
A. 纳税人　　　　B. 负税人　　　　C. 扣缴义务人　　D. 纳税担保人

4. 我国现行税收制度建立于（　　）。
A. 1984年　　　　B. 1992年　　　　C. 1994年　　　　D. 1996年

5. 关税是对（　　）我国关境的货物和物品征收的税。
A. 进入　　　　　B. 出口　　　　　C. 进出　　　　　D. 流入

6. 按计税依据分类,可将税收分为（　　）。
A. 从价税与从量税　　　　　　　　B. 价内税与价外税
C. 直接税与间接税　　　　　　　　D. 国内税与涉外税

7. 最能保证财政收入稳定性的收入形式是（　　）。

A. 税收　　　　　　B. 国有资产收益　　C. 债务收入　　　　D. 规费收入

8. 下列税种中，属于流转税类的是（　　）。

A. 营业税　　　　　B. 契税　　　　　　C. 土地增值税　　　D. 印花税

9. 将税收分为直接税与间接税时采用的分类标准是（　　）。

A. 课税对象　　　　B. 计税依据　　　　C. 税负能否转嫁　　D. 税收收入归属权

10. 从公平原则出发，所得税最适合采用的税率是（　　）。

A. 比例税率　　　　B. 全额累进税率　　C. 超额累进税率　　D. 定额税率

11. （　　）是税收制度的中心环节。

A. 税率　　　　　　B. 税法　　　　　　C. 纳税人　　　　　D. 征税对象

二、多项选择题

1. 税收的基本特征包括（　　）。

A. 无偿性　　　　　B. 强制性　　　　　C. 社会性　　　　　D. 固定性

E. 补偿性

2. 下列税种中属于商品课税的是（　　）。

A. 增值税　　　　　B. 消费税　　　　　C. 企业所得税　　　D. 关税

3. 我国增值税的纳税人包括（　　）。

A. 生产销售货物的单位和个人　　　　B. 提供加工劳务的单位和个人
C. 提供修理劳务的单位和个人　　　　D. 提供修配劳务的单位和个人

E. 进口货物的单位和个人

4. 我国现行税率分为（　　）。

A. 比例税率　　　　B. 定额税率　　　　C. 全额累进税率　　D. 超累税率

E. 定量税率

5. 增值税一般纳税人的税率有（　　）。

A. 低税率6%　　　　　　　　　　　　B. 基本税率为17%
C. 低税率为13%　　　　　　　　　　 D. 出口适用零税率

三、简答题

1. 如何理解税收的一般特征？
2. 税收有哪些分类方法？
3. 企业取得哪些所得应当缴纳企业所得税？
4. 个人取得哪些所得应当缴纳个人所得税？

四、分析题

我国的增值税由生产型增值税转变为消费型增值税，分析转变的原因。

第四章 国　　债

本 章 导 语

国家债券,作为我国经济生活中的一种筹资手段,它对聚集社会闲散资金、调整社会资金结构、发展生产有着重要的作用。但由于国债是以偿还为条件的信用活动,因此,利用债券集资必须有一定的限度。本章主要介绍国债的含义、特征和作用;国债的类型和功能;国债的发行和偿还、国债规模等内容。

知识目标:
- 了解国债的含义和特征
- 理解国债的功能、国债市场
- 掌握国债的发行价格、方式和偿还方式

技能目标:
- 运用衡量国债规模的指标,分析我国国债规模的合理性
- 能综合运用国债知识,分析国债对社会经济的影响

案例导入:

中国六年安排 19 亿元国债资金建设骨干农产品批发市场

中国国家发展和改革委员会于 2008 年 7 月 2 日发布的信息显示,2003 年以来中国连续六年安排专项国债资金共 19 亿元,扶持全国 550 家骨干农产品批发市场信息和质量检测系统建设,取得了显著成效。

发展改革委表示,由于中国农业生产组织化程度低,千家万户生产的鲜活农产品只有通过农产品批发市场才能送达到消费者手中。因此,在今后相当长一段时期内,农产品批发市场仍将是中国农产品流通的主要渠道。

据介绍,利用 19 亿元专项国债资金,中国在这些骨干农产品批发市场基本建立了以电子统一结算为基础的农产品批发市场信息系统,实现了传统批发市场经营管理的信息化。

此外,这笔资金还完善了农产品批发市场食品质量检验检测设施,为消费者筑起了一道食品安全防线,同时形成了全国骨干农产品批发市场网络,完善了农产品现代化流通体系,并带动 300 亿元社会资金投入到市场建设,促进了市场升级改造上档次。

发展改革委表示,下一步中国将按照建立现代农产品流通体系的目标,继续加快农产品批发市场升级改造步伐,改善市场硬件设施条件,促进农产品批发市场健康发展。

(资料来源:中国新闻网)

案例评析：

政府通过发行国债，将社会闲散资金筹集到一起，可以弥补财政收入的不足。国家使用这些资金用于基础设施建设，在今后年度必将带动经济的大幅度增长。

第一节 国债概述

发行国债也是国家财政收入的形式，但它具有与税收不同的特征与功能。经过几个阶段的发展，国债形成了多种类型的复合体系。

一、国债的含义与特征

（一）国债的含义

国债是国家为了满足实现其职能对资金的需要，在有偿的条件下，从国内外筹集资金时所形成的债务。具体来讲，国债是指中央政府在国内外发行债券或向外国政府和银行借款所形成的国家债务。

理解国债概论需要注意以下几点：

（1）国债的债务人主体是一国的中央政府。各级地方政府举借的债通常称为地方债，国债和地方债同属于公债，所有个人和企业举借的债统称为私债。

（2）国债所筹集的是财政资金，而非一般的投资资金、经营资金或其他资金。

（3）国债是一种特殊的财政范畴。国债的担保物，并不像私债那样是财产或收益，而是中央政府的信誉。

（二）国债的特征

1. 自愿性

自愿性是指国债的发行或认购是建立在认购者自愿承受基础上的。买与不买、或购买多少，完全由认购者视其具体情况自主决定。

2. 有偿性

有偿性是指通过发行国债筹集的财政资金，国家必须作为债务按期偿还，除此之外，还应按事先规定的条件偿付利息。

3. 灵活性

国债的发行与否及发行多少，一般完全由政府依据财政收支的状况灵活加以确定，并非通过法律形式预先规定。

国债的上述三个特征是密切相关的。国债的自愿性决定于国债的有偿性，因为如果是无偿的话就谈不上自愿认购。而国债的自愿性和有偿性，又决定和要求发行上的灵活性，否则，如果连年发行固定的国债，其结果或者一部分推销不出去而需要派购，或者筹措的资金处于闲置状态不能发挥效益。自愿性、有偿性和灵活性是统一的，只有同时具备这三个特性的财政范畴才能构成国债，缺一不可。

二、国债的发展历史

国债的产生离不开商品经济和信用经济的发展，如果社会上没较为充裕的闲置资金，国债就成为无源之水。国债制度是在私债的基础上发展和演变而来的，产生于奴隶社会，到了封建社会，借债规模有所扩大，但发展十分缓慢，加快发展是在商品经济和信用经济高度发达的资本主义社会。

在今天，国债的发展早已远远超出了发达的资本主义国家的范围。不管社会制度怎样，不论经济发展水平如何，包括社会主义国家以及发展中国家在内的几乎所有国家，无不将国债作为政府筹集财政资金的重要形式和发展经济的重要杠杆。

新中国成立以后，我国的国债发行分为三个阶段：

第一阶段是1950～1954年，当时为了保证仍在进行的革命战争的供给和恢复国民经济，发行了总价值约为302亿元的"人民胜利折实公债"。

第二阶段是1954～1958年，为了进行社会主义经济建设分五次发行了总额为3546亿元的"国家经济建设公债"。

第三阶段是1979年实行改革开放政策以后，从理论上矫正了所谓"既无内债，又无外债，是社会主义的优越性"的错误思想，积极完善国债制度，科学地确定国债规模，并按照社会主义市场经济的要求，不断地强化国债的作用，已经取得重大的成就。

三、国债的类型

（一）按发行的期限不同，可分为短期、长期、中期国债

短期国债是指偿还期在1年以内的国债，主要是为了调剂国库资金周转的临时性余缺，并具有较大的流动性。

中期国债是指发行在1～10年之内的国债。中期国债由于期限较长，政府可以相对稳定地使用债务收入，因而在目前各国发行的国债中占有重要的地位。我国建国以后发行的国债，中期国债占有很大的比例。

长期国债是指发行期在10年以上的国债。发行长期国债对政府是比较有利的，可以使政府在更长时期内支配财力，但持有者的收益将受到币值和物价的影响。

（二）按发行的地域不同，国债可分为国内国债与国外国债

政府在国内发行的国债称为国内国债。国内国债的债权人多为本国的企事业单位、金融机构和居民个人，其还本付息均以本国货币支付。发行国内国债表示本国资源在不同用途之间的转移，它不改变国内资源的总量，但发行过多，容易造成国内资金紧张，利率上扬。

国外国债是政府在国际金融市场上发行的国债或以契约形式向国外取得的借款。国外国债的债权人为外国政府、国际金融机构、外国商业银行、外国企业或个人等，其还本付息用外币支付。发行国外国债会导致资源在国家之间转移，进而影响到国内资源总量的增减变化，发行失度会引起国际收支的不平衡，甚至会使一国陷入严重的债务危机，在政治、经济上受制于债权国，如南美、东欧、非洲的一些国家就是如此。

（三）按国债的流动性，国债可分为可转让国债与不可转让国债

可转让国债又称为上市国债，它是指债券可以在证券市场上公开买卖的国债。目前世界各国发行的国债多是可转让国债，它之所以受欢迎，是因为认购者在资金周转困难时可以随时出售，具有较强的灵活性。

不可转让国债又称为非上市国债，它是指债券不可以在市场上公开买卖的国债。由于这种国债不具有流通性，推销余地较窄，所以在各国国债总额中所占的比重不大。

(四) 按券面形式，国债可分为凭证式国债与记账式国债

凭证式国债是一种以国债收款凭证作为债权债务载体的储蓄债券。这种国债不可转让流通，没有二级市场的风险，安全可靠，可记名、挂失，适合于个人投资者购买。持券人如需变现，可到原购买网点提前兑现。提前兑现的凭证式国债除偿还本金外，利息按实际持有天数及相应的利率档次支付。此外，还要按本金收取 0.2% 的手续费。正常到期兑付时，不收取手续费。

记账式国债券可上市，有二级市场风险，通过电脑网络系统发行、流通、转让、兑付，投资风险强，适合于机构投资人，大部分采取贴现发行方式。该债券在发行期内认购，不收取手续费，发行期结束后进行交易，则收取 0.2% 的手续费。2002 年起该债券也可在银行柜台购买。

(五) 按利息的支付方式分为零息国债、附息国债与贴现国债

零息国债：国债到期时随本金一起一次性支付利息。

附息国债：按票面利率每一年（或半年）支付一次利息，一般票面上附有息票，剪息票附息，无纸化发行可凭证券账户在规定附息日领取利息。

贴现国债：券面上不含利息或附有息票，以低于票面额发行，按票面额偿还，发行价格与票面额的差额，即为所得利息。

四、国债的功能

(一) 弥补财政赤字

通过发行国债弥补财政赤字，是国债产生的主要动因，也是现代国家的普遍做法。用国债弥补财政赤字，实质是将不属于国家支配的资金在一定时期内让渡给国家使用，是社会资金使用权的单方面转移。政府也可以采用增税和向银行透支的方式弥补财政赤字。以发行国债的方式弥补财政赤字，一般不会影响经济发展，可能产生的副作用也较小。这是因为：①发行国债只是部分社会资金的使用权的暂时转移，一般不会导致通货膨胀；②国债的认购通常遵循自愿的准则，基本上是社会资金运动中游离出来的资金，一般不会对经济发展产生不利的影响。当然，也不能把国债视为医治财政赤字的灵丹妙药。因为：①财政赤字过大，形成债台高筑，最终会导致财政收支的恶性循环；②社会的闲置资金是有限的，国家集中过多往往会侵蚀经济主体的必要资金，从而降低社会的投资和消费水平。

(二) 筹集建设资金

弥补财政赤字是从平衡财政收支的角度说明国债的功能，筹集建设资金是从财政支出或资金使用角度来说明国债的功能。国债是政府在正常收入形式以外，筹集资金用于经济建设的一种重要手段。我国 1987 年开始发行重点建设债券和重点企业建设债券（其中包括电力债券、钢铁债券、石油化工债券），国债资金的用途很明确，就是用于基础产业的投资。

(三) 调节经济

国债是对 GDP 的再分配，反映了社会资源的重新配置，是财政调节的一种重要手段。这部分财力用于生产建设，将扩大社会的积累规模，改变既定的积累与消费的比例关系；用于消费，则扩大社会的消费规模，使积累和消费的比例向消费一方偏移；用于弥补财政

赤字，就是政府平衡社会总供给和社会总需求关系的过程；短期国债可以作为中央银行进行公开市场操作，是其调节货币流通量的重要手段。

第二节 国 债 市 场

国债市场由国债发行市场和国债流通市场组成，它为国债的发行、交易、偿还提供了畅通渠道。

一、国债市场的组成

国债市场是国债发行市场和国债流通市场的总称。国债市场是证券市场的重要组成部分，发达市场经济国家都有健全的国债市场。我国在建立健全社会主义市场经济的过程中，也必须健全和完善国债市场。

（一）国债的发行市场

国债发行市场是国债发行与推销的市场，是国债进入市场的关口，又称一级市场，是国债交易的初始环节。国债发行市场由政府、中介机构和国债投资者三方组成。国债发行市场的职能是完成国债发行，使中央财政通过该市场筹措到所需要的资金，为投资者提供投资并获取收益的机会。一级市场以自愿、平等、互利的债权契约关系为依托，其表现形式是市场化的发行方式和科学合理的发行条件。

（二）国债流通市场

国债流通市场又称为国债二级市场，是一级市场国债认购者转让所认购国债的市场，是国债交易的第二环节。其职能是为已发行国债提供一个再次出售的机会，由此促成一种流动性，使国债持有者在需要资金时能够卖出国债收回资金，并向新的投资者提供投资选择的机会。

（三）国债发行市场与流通市场相辅相成

1. 发行市场是流通市场的前提和基础

任何种类的国债，都必须在发行市场上发行，否则政府就无法实现预定的筹资计划，投资者也就无处认购国债。发行市场上国债的发行要素，如发行条件、发行方式、发行时间、发行价格、发行利率等，对交易市场上国债的价格及流通性都会产生重大影响。

2. 流通市场是国债顺利发行的重要保证

国债流通性的高低，直接影响和制约着国债的发行。国债在流通过程中的转让价格、收益率及其变化，对新国债的发行起反作用。在发行条件一定的情况下，流通中的国债价格高、收益率低，新国债发行比较容易；反之亦然。发达、活跃的流通市场是国家进行宏观调控的理想场所，当流通中的国债收益率偏高时，中央银行可以适当购进，以改变供求关系，使其价格上扬，收益率下降，为新券的发行创造良好的条件。

3. 发行市场和交易市场是一个有机的整体

理想的国债市场体系既有利于降低发行成本、又有助于投资者降低变现成本，这就要求国债的发行与交易市场有机地衔接起来，实现发行与交易一体化。我国要建立合理的国债市场体系，关键也就在于逐步实现国债发行机制与交易机制的一体化。

二、国债交易类型

我国国债交易市场包括场内交易市场和场外交易市场两部分。

(一) 场内交易

场内交易是指在证券交易所进行的债券买卖,又称交易所交易。场内交易中交易所作为债券交易的组织者,本身不参加债券的买卖和价格的决定,只是为债券买卖双方创造条件,提供服务,并进行监管。在证券交易所内部,其交易程序都要经证券交易所立法规定,其具体步骤明确而严格。

(二) 场外交易

场外交易,是指在证券交易所以外的证券公司柜台进行的债券交易。柜台交易的债券多为未在交易所挂牌上市的债券,但也包括一部分上市债券。

在场外交易中,证券经营机构既是交易的组织者,又是交易的参与者,买卖双方能面对面进行议价。

三、国债交易方式

国债的交易方式可分为现货交易、回购交易、期货交易。

(一) 现货交易

现货交易,也称现金现货交易,是指买卖双方同意在国债成交时立即办理交割,或在很短的时间内办理交割的一种交易方式。

(二) 回购交易

回购交易,指债券出券方和购券方在达成一笔交易的同时,规定出券方必须于一定时期后以双方约定的价格再从购券方那里购回原先售出的那笔国债,并以商定的利率(价格)支付利息。

(三) 期货交易

期货交易,指国债成交后,并不马上交割,而是买卖双方按契约规定的价格和时间,在将来某一时间进行交割结算的交易。

第三节 国 债 管 理

国债发行是国债运行的起点和基础环节,因此必须制定科学合理的发行条件和发行方式;国债规模存在一个适度的问题,在这一适度规模上,国债功能可以得到最充分的发挥。

一、国债的发行

国债的发行指国债由政府售出或被投资者认购的过程。它是国债运行的起点和基础环节,其核心是确定国债的发行条件和国债的发行方式。

(一) 国债的发行条件

国债的发行条件是指国家对所发行的国债及其与发行有关的诸方面以法律形式所作的明确规定。

1. 国债的面额

国债面额是国家债券上标明的金额。它是在确定发行规模和发行对象的基础上,为方便推销，在尽可能降低发行成本的前提下而设计的。

2. 国债的利率

国债利率是衡量国债投资者的投资收益的重要指标。

(1) 国债计息的方法。

单利计息：不管国债期限长短，债券利息仅按本金计算；

复利计息：在债券到期之前，按一定期限（如一年）将所生利息加入本金，再计算利息，逐期滚算。

(2) 影响国债利率的因素。

国债投资者关心较多的是投资收益，通俗讲，就是购买国债与银行存款和其他投资相比合不合算。所以国债利率的高低是否恰当，既与财政负担密切相关，又对国债的发行产生重要的影响。

国债利率的确定一般考虑的因素有金融市场借贷利率、国家信用程度、社会资金供求状况、国债的期限长短。国债利率与市场利率同方向变动，反映市场利率的变化；国债是国家信用的主要形式，国债发行利率与国家信用程度呈反方向变动；国债利率还应反映社会资金的供求状况，如果社会资金的供给量充裕，国债出售走俏时，利率可相应定低，而当社会资金供给紧缺，国债推销受阻时，可以相应调高国债利率，以刺激购买者投资；国债利率还与国债期限长短有关，一般来说，期限长的债券利率高，期限短的债券利率低。

(二) 国债的发行价格

国债发行价格是指国债发行时卖给投资者的价格。一般来说，国债的发行价格按其与国债的面额的关系，可分为平价发行、溢价发行和折价发行三种。

1. 平价发行

平价发行是指国债的发行价格与国债的面额相等。例如，国债面额为 100 元，发行价格也是 100 元，所以又称等价发行。

2. 溢价发行

溢价发行是指国债发行价格高于国债的票面额。例如，100 元面额的国债，以 101 元出售，所以又称超价发行。

3. 折价发行

折价发行是指国债的发行价格低于国债的票面额。例如，100 元面额的国债，以 98 元出售，所以又称减价发行。

为什么会出现三种不同的国债发行价格呢？这是因为市场利率处于不断变化的状态之中。而在一般情况下，国债利率确定时是按当时市场利率来确定的，国债票面利率确定后，无论今后市场行情如何变化，政府都应按票面所决定的利率计算和支付持券人的利息。但是由于从国债票面利率的确定到国债的实际发行需要经过一段时间准备。这样，国债票面利率与市场利率就可能出现差异。

在国债实际发行时：

票面利率等于市场利率，则国债就按票面额发行，即平价发行；

票面利率大于市场利率，则国债可按高于面额的价格发行（以降低筹资成本）即溢价发行；

票面利率小于市场利率，国债则必须按低于面额的价格发行，以利于推销，即折价发行。

(三) 国债的发行方式

市场经济国家发行国债主要采取以下几种方式。

1. 公募拍卖方式

公募拍卖方式是由财政部或其委托的其他部门在金融市场上通过公开招标发行国债的方式。它主要适用于中短期国家债券，特别是国库券的推销。

招标方式是通过投标人的直接竞价来确定价格（利率）水平。按投标人报价高低进行排列，或从高价排到低价，或从低利率排到高利率，国家从高价（低率）选起，依次配售，直到达到需要发行的数额为止。因此所确定的价格恰恰是供求决定的市场价格及市场利率水平。

这种方式在具体运用上有分以下几种：

（1）价格拍卖。国债利率固定不变，认购者对价格投标，既可高于面值，也可低于面值。推销机构按出价从高向低依次出售，额满为止。

（2）收益拍卖。固定债券的出售价，认购者对债券利率进行投标。推销机构根据投标利率的高低，从低到高依次出售，额满为止。

（3）常规拍卖。又分为常规价格拍卖和常规收益拍卖。即推销机构根据预定国债发行量决定中标者的名单后，各个中标者要按投标时自报价格（常规价格拍卖）或利率（常规收益拍卖）来认购国债。因而适用于认购者的发行条件不一致的情况。

（4）统一拍卖。也可分为统一价格拍卖和统一收益拍卖。与前者不同的是，推销机构决定中标者的名单后，所有中标者都按投标时最后一个中标者自报的价格或利率。因而适用于发行条件是一致的情况。

2. 承购包销方式

先由发行人（财政部）和承销人（一般为大的金融机构）签订承购包销合同，承购全部国债，然后再向社会推销的方式。日本、加拿大、德国等发达国家多采用这种方式推销国债。以日本为例，由其大藏省与辛迪加集团签订承购包销合同，由于辛迪加集团的成员都是大证券公司和银行，他们对市场情况非常了解，为了分销国债，他们要求较低的价格和较高的利率，而发行人也总是要求高价格和低利率，以便降低发行成本，因此两者之间的讨价还价也常常能确定一个接近市场水平的价格或利率。我国1991年开始承购包销。

3. 连续经销方式

推销机构受托在金融市场上设专门的柜台经销国债的方式。主要适用于不可转让的国债，特别是中长期的储蓄债券的推销，如我国的凭证式国债。

4. 直接销售方式

由财政部直接与认购者谈判出售国债的推销方式。认购者仅限于有组织的机构投资者，主要适用于某些特殊类型的国债推销，如我国的财政债券。

二、国债的偿还

（一）买销法

国家直接从市场上按市价买回国债而了却债务的方法。在国债允许流通和买卖的情况下可以采取这种方法，它可以起到调节市场货币流通量的作用。

（二）抽签法

抽签法有两种：一种是定期抽签法，另一种是一次抽签法。前者是指国家根据某种国债的偿还年限及比例，按国债的号码定期分次抽签以确定每年偿还一部分国债的方法；后者是指在国债第一次偿还之前，把归还期内所有国债按债券号码一次抽签以确定每年偿还一部分国债的方法。我国1950年发行的国债和1981~1984年发行的国库券，都采用抽签法偿还。

（三）一次偿还法

国家债券到期后一次还本付息的方法。我国1985年以后发行的国债券大部分采用这种方法。

（四）调换偿还法

调换偿还法是指政府发行新国债来换回国债持有者手中的旧国债而注销债务的方法。对于政府而言，它的债务数量并没有减少，只是债务期限延长了而已；对于投资者而言，其债权人的地位未变，增加的只是新债权。

三、国债规模

（一）国债规模的概念

一个国家在每一特定时期的特定条件下，存在着某种适度国债规模，即在这一规模上，国债功能可以得到最充分的发挥，对经济生活的正面积极作用最大，相对而言其负面不利作用最小。

（二）国债规模的影响因素

在现实经济中，影响或决定国债规模的因素是多层次、多方面的。一个国家在不同的历史时期维持经济良性发展的债务规模是不同的，同一历史时期不同国家所需的合理的债务规模也是不同的。从宏观上看，国债规模的大小受到许多经济条件的约束和影响，这其中既包括经济总量及其经济水平，又包括国家财政状况、国债发行对象的承受能力、政府的政策取向等因素。

1. 国债管理水平

国债规模决定于国家对国债规模的承受能力和偿还能力，并最终决定于国债使用方向、使用结构、使用效率与效益。合理的国债使用及其产生的良好效益是国家对国债规模的偿债能力的支撑，是保持国债适度规模的关键所在。因此，国债使用效率与效益不仅决定国家对国债的最大承受能力和偿付能力，而且决定国债规模年度适度增长率。

2. 社会应债能力

在市场信用证券多样化和应债人一定时期内可支配收入相对有限的前提下，应债人在多种信用证券中选择购买国债，客观上存在一定的限度。也就是说，应债人购买国债虽然是资金使用权让渡，且有国家信用和国债收益率的支撑，但认购者的认购能力、认购量受认购者可支配收入及其他信用证券投资的资金分散的影响,存在一个客观的限度。因此,国债信用的安全性、可靠性、收益的稳定性决定了人们认购国债的积极性,而应债人应债能力的有限性及可支配资金使用的分散性决定了客观上存在国债规模的一定限度。

(三) 评价国债规模的指标体系

1. 财政承债能力指标

(1) 国债依存度。它是指当年的国债收入与中央财政支出的比例关系,用公式表示为:

$$国债依存度 = 当年国债发行额 / 当年中央财政支出额 \qquad (4-1)$$

该指标着眼于国债的流量,反映当年中央财政支出对债务收入的依赖程度。国际公认的中央财政债务依存度为 25%~30%。

(2) 国债偿债率。它是指当年的国债还本付息额与中央财政收入的比例关系,用公式表示为:

$$国债偿债率 = 当年还本付息额 / 当年中央财政收入额 \qquad (4-2)$$

该指标反映由于国债引起的财政负担,数值越高,表明偿债能力越差。发达国家的该指标一般低于 10%。大多学者认为我国的国债偿债率应控制在 8%~10%。

2. 社会应债能力指标

(1) 国债负担率。它是指当年国债累计余额与当年 GDP 的比例关系,用公式表示为:

$$国债负担率 = 当年国债余额 / 当年 GDP \qquad (4-3)$$

该指标是反映国民经济总体应债能力和国债规模最重要的指标之一。国际上一般以欧盟《马斯特里赫特条约》规定的 60% 作为警戒水平。

(2) 国债借债率。它是指当年国债发行额与当年 GDP 的比例关系,用公式表示为:

$$国债借债率 = 当年国债发行额 / 当年 GDP \qquad (4-4)$$

该指标反映的是一国经济总量对新增国债的承担能力,国债借债率与赤字率有一定的关联。由于目前各国政府都存在巨额的国债,政府发行国债不仅要弥补赤字,很大一部分还要用于旧债的偿还,由此国债借债率要远远大于赤字率。国际上一般以欧盟《马斯特里赫特条约》规定的 10% 作为警戒水平。

【知识链接】

特别国债和普通国债的区别

2007 年 6 月 29 日,全国人大常委会表决决定,批准发行 1.55 万亿元特别国债购买外汇。财政部将发行的 1.55 万亿元特别国债,用于购买约 2000 亿美元外汇,作为即将成立的国家外汇投资公司的资本金。发行的特别国债为 10 年期以上可流通记账式国债,票面利率根据市场情况灵活决定。

那么,特别国债和普通国债有什么区别呢? 一是时间上的差异,一般国债收入与支出有一定的时间间隔,而特别国债收入与支出同时进行,即收即支;二是用途上的差异,一般国债的收入或用于偿还到期国债的本息或用于弥补财政赤字,特别国债则专款专用,只用于增补四大国有专业银行的资本金。

【案例 4-1】

2010年国债发行或接近2万亿元

统计显示，2009年我国共发行国债16418亿元，扣除年内到期10072亿元，2009年国债净融资额为6346亿元，为去年的5.12倍。2008年我国国债净增额为1239亿元。

具体来看，本年度的新发国债中，记账式国债的发行金额累计为12718亿元，凭证式（含储蓄式）国债发行金额合计3700亿元。此外，今年中央财政还代发了2000亿元地方政府债券。

国债发行量大增主要源于金融危机冲击下所实施的扩张性财政政策。为应对金融危机，国务院于2009年11月提出了两年4万亿的投资刺激计划，其中国家承担1.18万亿元，2008年四季度、2009年和2010年新增投资分别为1040亿元、4875亿元和5885亿元。在此基础上，全国人大2009年安排中央财政赤字7500亿元，比上年增加5700亿元；同时创新性地安排地方政府发行2000亿元债券。

由于我国国债的基本功能是弥补财政赤字，以平衡财政收支，因此可从财政赤字的角度来对2010年的国债发行量做出相应的预估。在此基础上，分析人士表示，由于积极财政政策的延续，2010年中央财政赤字规模仍将继续提高，国债净增量也会相应高于今年。

由于2010年中央投资项目所需资金规模要大于2009年，中央财政赤字规模也会大于2009年。按原刺激计划，2010年中央投资为5885亿元，加上2009年尚未投完的375亿元，2010年中央投资将达到6260亿元。正常年份中央的财政预算赤字规模一般在2000亿～3000亿元，而2009年和2010年实行的刺激性政策是在正常年份基础上额外增加的投资，因此2010年的赤字规模大约应在8000亿～9000亿元，比2009年多出500亿～1500亿元。加上2010年各类国债到期量合计约1万亿元，预计2010年国债的发行量为1.86万亿元。

(资料来源：中国证券报2009年12月23日)

【案例分析】

20世纪90年代后期以来，为了克服我国经济的疲软走势，我国采用了扩张性（积极）的财政政策，而大量发行国债是扩张性财政政策中必不可少的政策工具，也是我国扩张性财政政策中主要依赖的政策工具，急剧增长的国债规模也自然会引起人们的担心，是否会增加财政债务负担及偿债风险。所以在推行积极财政政策大量发行国债的同时，要考虑适度国债规模的问题。

习 题

一、单项选择题

1. 国债最基本的功能是（　　）。
   A. 弥补赤字　　　B. 筹集资金　　　C. 调节经济　　　D. 公平分配
2. 在我国，国债利率的制定主要依据是（　　）。
   A. 市场利率　　　B. 银行利率　　　C. 政府信用　　　D. 社会资金供求状况
3. 国债产生的直接动因是（　　）。

A. 信用发达　　　B. 经济发展需要　　C. 弥补税收不足　　D. 货币不足

4. 国债负担率这个指标的正确表达式是（　　）。

A. $\dfrac{当年国债发行额}{当年财政支出} \times 100\%$　　　　B. $\dfrac{当年国债发行额}{当年 GDP} \times 100\%$

C. $\dfrac{当年还本付息额}{当年财政支出} \times 100\%$　　　　D. $\dfrac{国债累积余额}{当年 GDP} \times 100\%$

5. 国债市场按构成可分为（　　）。

A. 发行市场和流通市场　　　　B. 发行市场和交易市场
C. 流通市场和交易市场　　　　D. 一级市场和初级市场

6. 我国国债分为可流通国债和不可流通国债，不可流通国债是指（　　）。

A. 凭证式国债　　B. 记账式国债　　C. 有纸国债　　D. 企业债券

7. 政府在发行国债时，规定各种号码国债的不同偿还期限，由认购者自由选择，这种国债偿还法称为（　　）。

A. 买销偿还法　　B. 比例偿还法　　C. 抽签偿还法　　D. 轮次偿还法

8. 国债偿债率是指年度国债还本付息额与（　　）的比率。

A. 年度 GNP　　B. 年度 GDP　　C. 年度财政收入　　D. 年度财政支出

9. 一般来说，长期债券期限在（　　）。

A. 1 年以上，3 年以下　　　　B. 3 年以上
C. 5 年以上　　　　　　　　　D. 10 年以上

10. 债务负担率是衡量国债规模适度与否的一个重要指标，它是指（　　）。

A. 当年国债发行额与当年国内生产总值的比率
B. 国债余额与当年国内生产总值的比率
C. 当年国债发行额与当年财政收入的比率
D. 国债余额与当年财政收入的比率

二、多项选择题

1. 决定国债适度规模的因素主要有（　　）。

A. 国家的偿债能力　　　　　B. 国家的基建规模
C. 认购者的负担能力　　　　D. 国债的使用方向、结构与效益

2. 我国国债的功能主要表现为（　　）。

A. 弥补财政赤字　　　　　B. 筹集建设资金
C. 调节企业财务收支　　　D. 调节经济运行

3. 国债的基本特征是（　　）。

A. 自愿性　　B. 固定性　　C. 有偿性　　D. 灵活性
E. 强制性

4. 公债的发行价格主要有（　　）。

A. 平价发行　　B. 溢价发行　　C. 折价发行　　D. 贴现价发行

5. 当前我国国债的发行主要采取（　　）方式。

A. 行政性摊派　　B. 柜台交易　　C. 承购包销　　D. 招标发行

E. 定向募集

三、简答题

1. 简要说明国债的分类。
2. 简述国债的功能。
3. 简述影响国债规模的因素有哪些以及如何影响的。

四、分析题

运用衡量国债规模的指标,分析我国国债规模的合理性。

第五章 财政支出

本章导语

财政支出能反映政府履行其职能而支出时所涉及的事项和费用。一国财政支出的变化表明该国政府履行的重点职能及其变化趋势，不同的支出结构对经济的影响不同，因此理论界一直注重对财政支出的结构、规模和经济效益的分析。本章主要讲述财政支出的结构及其影响因素、财政支出规模的相关理论及财政支出效益分析方法。

知识目标：
- 了解财政支出范围，掌握财政支出分类与结构
- 理解财政支出规模扩张理论，掌握影响财政支出规模的因素
- 理解财政支出效益的内涵，掌握财政支出效益评价方法

技能目标：
- 能解释财政支出分类与财政支出结构
- 能运用财政支出扩张理论分析一国财政支出规模状况
- 能应用财政支出效益评价方法对财政支出效益进行评价

案例导入：

2011年3月7日，十一届全国人大四次会议在梅地亚两会新闻中心举行记者会，财政部部长谢旭人就财政政策和有关问题回答记者提问。

谢旭人说，保障和改善民生是财政工作的重中之重，在今年的预算安排以及财政政策的制定中也进一步体现了这一点。

他说，今年中央财政用在与人民群众生活直接相关的教育、医疗卫生、社会保障和就业、住房保障、文化方面的支出达到10510亿元，比上年增长18.1%，其中教育、医疗卫生、社会保障和就业支出将分别比上年增长16.3%、16.3%、16.6%，保障性安居工程支出1030亿元，增长34.7%，文化体育与传媒支出增长18.5%。

谢旭人说，同样与民生密切相关的农业水利、交通运输和环境保护等支出也有大幅度增加。中央财政对地方的税收返还和一般性转移支付大部分也将用于民生开支。上述几方面民生支出合计将占中央财政支出的三分之二左右。

谢旭人介绍说，今年将集中财力办几件保障和改善民生的大事。一是全面落实国家中长期教育改革和发展规划纲要，加大教育投入力度，提高教育资金使用效率；二是大力支持医药卫生体制改革，提高医疗服务和保障水平；三是加大保障性安居工程投入力度，推进公共租赁房、廉租房建设和农村危房及城市棚户区改造；四是支持加快建立覆盖城乡居民的社会

保障体系，将新型农村社会养老保险试点范围由全国约 24% 的县扩大到 40% 的县，并将试点地区城镇无收入居民纳入保障范围，企业退休人员月人均基本养老金水平提高 140 元左右，提高城乡最低生活保障标准，调整优抚对象等人员抚恤和生活补助标准；五是推动文化事业发展；六是加强农业农村基础设施建设。

(资料来源：《经济日报》2011 年 3 月 8 日)

案例评析：

财政支出活动是政府行使其职能的主要途径，考察政府财政支出的结构变化、规模变化能较客观准确地反映出政府职能的变化。一般来说，财政支出规模会影响财政支出结构的调整，而一定的财政支出结构决定了财政支出是否合理，也决定了政府通过财政支出完成政府职能的情况。

第一节 财政支出概述

财政支出是一种由政府进行的资源优化配置，使资源在使用时获得最大效益。财政支出的作用如何充分发挥，其中一重要因素就是财政支出结构。财政支出结构简单说就是政府财政支出总额中各种具体支出的基本内容和各类支出所占的比例。

一、财政支出的含义

(一) 财政支出的定义

财政支出，我们可以把它看作名词也可以看作是动词，当名词理解时，它是指由国家掌握并集中安排使用的资金；当动词理解时，它是指国家安排使用资金满足政府和社会发展需要的各种活动过程。

概括地说，财政支出是国家各级政府在一定时期为实现其职能通过财政收入所集中的财政资金进行再分配的经济过程。

在理解财政支出概念时，要注意以下几个方面：

(1) 财政支出主体是各级政府。
(2) 财政支出的来源主要是财政收入。
(3) 财政支出的目的是政府为履行其职能。

(二) 财政支出的范围

我国财政学各流派过去很少涉及财政支出范围，其所以如此，主要是计划经济条件下，公有经济占绝对优势地位。因为在公有经济一统天下的情况下，政府支出是公共支出，企业、事业支出也是公共支出，划分政府财政支出范围意义不大。改革开放以后，一些中国学者都意识到必须改变国家包揽一切的局面，于是借用了西方公共财政理论的分析框架。

公共财政理论对财政支出范围有明确的理论界定，即把全部社会产品按消费受益范围划分为三个部分。在消费过程中具有非竞争性和非排斥性的产品为公共产品，应由政府提供；在消费过程中具有竞争性和排斥性的产品为私人产品，应由私人提供；凡产品具有非竞争性，但又具有排斥性，或者具有不充分的非竞争性和非排斥性的为混合产品，应根据不同情况衡量效率与公平决定由政府提供还是由私人提供。也就是说，国家财政应提供公共产品和部分混合产品。依据这一理论，一般国家财政支出的范围主要包括以下几个方面。

1. 国家行政管理与国防经费开支

国家行政管理与国防经费开支主要包括政权机构、司法机构、军事武装机构等为维持其机构运转并能行使其职能所需的费用。这部分支出对于保障国家安全、社会稳定和政权巩固等都具有重要意义。其具体支出可分为：人员费用，即为保证公务人员和政府雇员行使其职责而开支的费用；基建费用，即机构办公场所和固定资产购置等相关的费用支出；公用费用，作为政府提供公共物品所需的费用开支；国防支出，即一国政府为维护国家主权与领土完整，用于国防建设、国防科研事业、军队建设等军事开支。

2. 公共事业经费开支

公共事业经费开支主要是国家财政用于科技、教育、文化、卫生等领域的经费开支。

（1）科技支出。科技支出是指用于科研院所的各项科研经费支出。

（2）教育支出。教育支出是指用于发展各类教育事业的经费开支，具体包括公办的中央或地方各部门所属的高等院校、专科院校、职业技术学院、中小学等所需经费。

（3）文化支出。文化支出指用于发展文化艺术活动、提高人民文化水平和丰富人们精神生活所需的经费开支，例如：文化部门所属的纪念馆、图书馆等经费以及开展各种文化艺术活动所需的经费。

（4）卫生支出。卫生支出指用于卫生事业的各项开支，主要有公共卫生服务和公费医疗的各项费用，具体包括卫生部门所属的医院、门诊等机构所需费用。

除上述支出以外还包括体育事业、广播电视事业、文物、档案、地震、海洋等事业的费用支出。

3. 社会保障经费开支

社会保障是国家体现公平与效率，保证社会经济稳定、协调发展，依法强制在社会成员中开展的，由生、老、病、死、伤、残等导致生活困难的救济和帮助的相关制度和措施。主要包括社会救济、社会保险、社会福利和社会优抚等。

（1）社会救济。社会救济是指公民在其收入低于贫困线以下或因自然灾害及发生其他不幸事故导致生活困难时，国家和社会按法定标准向其提供满足最低生活需要的一种帮助制度和措施。

（2）社会保险。社会保险是国家通过立法形式，采取强制手段，通过国民收入分配的再分配，对法定受保人遭受未来年老、疾病、工伤、残疾、失业、死亡等风险而丧失或减少收入时给予其本人和家属一定物质帮助以满足其基本生活需要的制度。

（3）社会福利。社会福利一般指国家、社会及企事业组织为全体成员普遍提供的资金和服务，旨在保证一定的生活水平和尽可能提高生活质量的一种社会保障形式。

（4）社会优抚。社会优抚是国家和社会按照相关规定，对法定的优抚对象提供确保一定生活水平的资金和服务，带褒扬、优待和抚恤性质的特殊的社会保障形式。

【知识链接】

2011 年收支预算总表、财政拨款支出预算情况

2011 年收支预算总表　　　　　　　　　　　　　　　　　　　单位：万元

2011 年收入		2011 年支出	
项目	预算数	项目	预算数
一、财政拨款收入	7,873.78	一、一般公共服务	10,362.20
二、事业收入	3,194.21	二、社会保障和就业	577.22
三、事业单位经营收入		三、住房保障支出	255.00
四、其他收入	105.00		
本年收入合计	11,172.99	本年支出合计	11,194.42
用事业基金弥补收支差额	26.43	结转下年	10.00
上年结转	5.00		
收入总计	11,204.42	支出总计	11,204.42

注　数据来源：中华人民共和国财政部网站。

关于国务院发展研究中心 2011 年部门预算的说明：

一、国务院发展研究中心部门预算基本情况

国务院发展研究中心是直属国务院的政策研究和咨询机构。主要职责是研究国民经济、社会发展和改革开放中的全局性、综合性、战略性、长期性、前瞻性以及热点、难点问题，为党中央、国务院提供政策建议和咨询意见。

国务院发展研究中心部门预算编制范围包括国务院发展研究本级和 3 个二级预算单位。

二、2011 年收支预算情况

国务院发展研究中心 2011 年收入总预算 11,204.42 万元。其中：财政拨款 7,873.78 万元，事业收入 3,194.21 万元，其他收入 105 万元，上年结转 5 万元，用事业基金弥补收支差额 26.43 万元。

国务院发展研究中心 2011 年支出总预算 11,204.42 万元。其中按支出功能划分：一般公共服务 10,362.20 万元，社会保障和就业 577.22 万元，住房保障支出 255 万元。

三、2011 年财政拨款预算情况

2011 年国务院发展研究中心财政拨款支出预算 7,873.78 万元，与 2010 年部门预算执行数相比增加 24.4%。其中：

（1）一般公共服务预算数为 7046.56 万元，比 2010 年执行数增加 1611.27 万元，增长 29.6%，主要是我单位研究经费及一次性办公用房装修费增加。

（2）外交 2011 年比 2010 年减少 100%，主要是 2010 年外交合作研究项目已完成。

(3) 科学技术 2011 年比 2010 年减少 100%,主要是 2010 年科学技术研究项目已完成。

(4) 社会保障和就业 577.22 万元,比 2010 年执行数增加 86.59 万元,增长 17.7%,主要是退休人员增加及其规范津贴补贴支出增加。

(5) 住房保障支出 250 万元,比 2010 年执行数减少 7.01 万元,减少 2.7%,主要是住房公积金和购房补贴支出减少。

四、主要支出内容

(1) 一般公共服务,主要用于国务院发展研究中心在职人员的人员支出和公用支出,以及各种课题研究项目、网络信息系统运行与维护、一次性办公用房装修等方面的支出。

(2) 社会保障和就业支出,主要用于国务院发展研究中心离退休人员的工资支出。

(3) 住房保障支出,主要用于国务院发展研究中心按照国家有关规定为职工缴纳住房公积金、发放提租补贴和购房补贴支出。

(资料来源:http://www.drc.gov.cn/drc_budget_2011.html)

二、财政支出分类与结构

(一) 财政支出的分类

财政支出的分类是按照某个标准,将财政支出进行划分并归集。财政支出名目繁多,如果不进行分类,则不便了解财政支出的规模、结构和特点,从而也不便把握财政支出的方向和财政支出存在的问题。对财政支出进行适当分类有利于正确安排和有效使用财政资金,提高财政支出的整体效益,有利于社会公众了解政府财政状况。

1. 按是否与商品和服务相交换分类

按财政支出是否与商品和服务相交换,财政支出分为购买性支出和转移性支出。

购买性支出也称有偿支出,即政府以有偿购买的方式取得为实现国家各种职能所需的商品和劳务的支出。包括政府日常行政活动所需商品和服务支出,也包括政府各部门的投资性活动购买商品和服务支出。以上两个目的形成财政支出时,政府和其他经济主体一样,是通过等价交换的方式完成,体现的是市场性活动。

转移性支出也称无偿支出,是政府将一部分财政资金无偿转移给居民、企业和其他受益者而不获得等价的商品或劳务的支出。它表现为资金无偿的和单方面的转移。这部分支出包括公债利息支出、社会保险、社会救济等方面的支出。

这种分类方式不论在西方国家还是我国都是重要的分类方式,国家进行财政支出管理时常以此为依据,其具体内容将在第六章中进行详细介绍。

2. 按财政支出与政府职能的关系分类

政府职能,亦称行政职能,是国家行政机关依法对国家和社会公共事务进行管理时应承担的职责和所具有的功能。政府职能主要包括:政治职能、经济职能、文化职能和社会职能等。

按政府职能可将财政支出主要分为行政管理支出、经济建设支出、社会文教支出、国防支出和其他支出等五类。

(1) 行政管理支出。行政管理支出包括用于国家行政机关、事业单位、公安机关、检察机关、司法机关及驻外机构的各种经费开支。

(2) 经济建设费支出。经济建设费支出包括基本建设支出、国有企业流动资金支出、地质勘探支出、国家物资储备支出、工业交通部门基金支出、商贸部门基金支出等。

（3）社会文教费支出。社会文教费支出包括科学事业费和卫生事业费支出，例如：通信、广播、地震、海洋等事业支出。

（4）国防支出。国防支出主要包括各种武器和军事设备支出、军事人员补给支出、有关军事的科研支出、对外军事援助支出、民兵建设事业费支出及用于实行兵役制的公安、边防、武警部队和消防队伍的各种经费等支出。

（5）其他支出。其他支出主要包括债务支出、政策性补贴支出。

3. 从财政支出的用途分类

从社会总产品的初次分配和再分配的角度考查财政支出的用途。初次分配中财政支出可以分为补偿性支出、积累性支出和消费性支出；再分配中财政支出可以分为投资性支出和消费性支出。

补偿性支出是指用于补偿生产过程中消耗掉的生产资料方面的支出。积累性支出主要包括基本建设支出、流动资金支出、国家物资储备支出、生产性支农支出等。消费性支出是政府直接在市场上购买并消耗商品和服务所形成的支出。

投资性支出，也称为财政投资或公共投资，是以政府为主体，将其财政资金用于国民经济各部门的一种集中性、政策性投资。

（二）财政支出的结构及其影响因素

1. 财政支出结构

财政支出结构是指财政支出总额中，各类支出的组合以及各类支出在支出总额中所占的比重。它反映了政府活动的范围和方向，是国家调节经济与社会发展和优化经济结构的重要杠杆。财政支出结构表现为各类支出的集合和比例，呈现的是一定的数量关系，实质上它反映政府配置社会资源的重点和方向。换句话说，财政支出结构是政府职能实现在量上的体现。

2. 财政支出结构的影响因素

（1）政府职能。根据马克思主义基本原理，财政分配源于政府职能，财政是政府履行职能的重要经济基础。因此，财政支出与政府职能有着直接联系，财政支出结构取决于政府职能范围。如前所述，政府职能一般包括：政治职能、经济职能、文化职能和社会职能等。在国家和地方发展的不同时期，政府发展的重点会有不同侧重，其具体的体现就是财政完成不同职能的支出分布。

（2）经济发展阶段。财政支出结构的发展变化与经济发展密切相关。美国经济学家马斯格雷夫对不同国家不同发展阶段的支出情况进行大量比较研究之后，认为在经济发展的各个不同阶段，财政支出的构成是不同的。在经济发展的早期阶段，为了给投资创造一个良好的环境，政府必须提供交通、水利、通讯等方面的基础设施，因此，这个时期基础设施等方面的公共投资支出比率较高。到了经济发展的中期阶段，政府已为社会提供了大量的便于资本积累的基础设施，从而这方面的公共投资支出的比重就会有所下降。但是由于市场失灵的问题日趋突出，阻碍了经济趋于成熟，为了对付市场失灵，政府加强了对经济的干预，政府这方面的支出就会增加。当经济进入成熟阶段后，随着人均收入的提高，衣、食、住等基本需要方面的消费支出在整个消费支出中的份额会随着人均收入的上升而下降，资源可能更多地被用于满足更高层次需要，如教育、卫生、保健、安全、福利、娱乐等，因而，该时期公共消费支出的比重会提高。此外，伴随着经济的增长，将会出现日益复杂的社会经济组织，要求政府提供各种管理服务来协调和处理经济增长所引起的各种矛盾和问题，如交通拥堵、环境污染、反托拉斯等，这将引起政府各种管理支出的增加，从而整个公共消费支出迅速增长。

(3) 财政支出规模。财政支出规模与财政支出结构之间密切联系，相互影响。财政支出规模的大小影响财政支出是否能够满足提供公共物品和服务的需要，直接影响财政支出结构的变化。可以说，财政支出总量的扩大是确保财政支出结构合理化的重要条件。

一般来看，随着生产力水平提高，国家财力增强，财政支出总量规模扩大，财政支出结构中的社会福利部分就相应增加，比重加大，从而引起财政支出结构变化。

【案例 5-1】
1940 年后美国国防支出（军费）总额及占财政支出和 GDP 的比例一览

1940 年，虽然第二次世界大战已经打了几年了，但是美国还没有卷入战争，因此，当年美国军费支出仅有 16.6 亿美元，占联邦政府财政支出的 17.5%，占 GDP 的比重仅为 1.7%。

1941 年，苏德战争爆发，12 月美日太平洋战争爆发，美国卷入二战之中。因而，从 1941 年开始，战争状态下美国军费支出急剧膨胀。1941 年军费支出额 64.4 亿美元，比 1940 年增长 2.9 倍。1942 年军费支出达到 256.6 亿美元，比上年增长 3.0 倍，1943 年继续增长到 667 亿美元，同比增长 1.6 倍，1944 年达到 791 亿美元，同比增长 18.7%。到了 1945 年，虽然战争还在继续，但大局已定，因而该年军费增长降到了个位数，仅上涨了 4.8%，但是总额却达到了 830 亿美元。

战争结束后，美国开始大幅削减军费，1946 年降至 427 亿美元，降幅达到 48.6%，1947 年进一步降至 128 亿美元，比上一年下降了 70%，1948 年甚至降至百亿美元以下，仅有 91 亿美元，占 GDP 的比重才 3.5%。

1949 年，东西方冷战开始后，美国开始逐渐增加军费支出。由于 1948 年的柏林危机，1949 年美国军费比上年上涨了 44.4%，之后的 1950 年虽然仅上涨了 4.4%，但是随着朝鲜战争的爆发及美军卷入朝鲜战争，美国军费又开始了大幅度增加。1951~1953 年间，美国军费上涨幅度依次为 71.7%、95.6% 和 14.6%。朝鲜停战协定签订后，美国开始削减军费开支，连续三年军费负增长。在整个 20 世纪 50 年代，美国军费占 GDP 的比重基本保持在 10% 以上。

20 世纪 60~70 年代，由于美苏争霸及越南战争的影响，美国军费占 GDP 的比重前期保持在 7%~10% 之间，后期由于力不从心，实行战略收缩，撤出越南后，军费占 GDP 的比重降至 5% 左右。

20 世纪 80 年代，里根政府上台后，开始对苏采取强硬政策，以逼迫苏联进行军备竞赛来拖垮苏联的经济，因而，开始大幅度增加军费开支。从 1979~1983 年间，连续 5 年保持两位数的军费增长，直到 1989 年，始终保持军费正增长态势。终于将苏联经济拖垮，引发了苏联一系列的社会经济问题,导致苏联最终解体。在80年代,虽然美国军费连年增长,但是其占GDP的比重维持在4%~6%之间,而苏联为了保持甚至超过美国军费总额,其军费占GDP的比重不得不长年保持在15%~23%左右,以致经济不堪重负。

冷战结束,苏联解体后,老布什政府和克林顿政府时期,基本以发展经济为主,因而军费基本呈削减趋势,直至小布什政府上台后,为了实行先发制人的反恐战争,军费又开始大幅度上涨,其中有4年军费增长达到两位数。

(资料来源:http://bbs.tiexue.net/post_4265510_1.html)

【案例分析】

国防是典型的公共物品,国防支出是一国政府为维护国家主权与领土完整,用于国防建设、国防科技事业、军队正规化建设及战时的作战费用等军事支出。

国防支出是非生产性支出,不会直接增加生产资料和消费品,因而表现为社会资源的净消耗。国防支出的规模与结构反映一国的国力、国策和国防建设的方针政策。

国防支出的规模一般受国家经济实力、国家领土范围、国际局势、物价水平等因素影响和制约。

国防支出在一定程度上影响经济增长和发展。主要表现在两个方面:①国防支出保障国家安全,维护经济增长和发展的外部环境,有利于经济发展;②国防支出减少了投资及消费可以利用的资源,阻碍经济增长的效率。国防支出增加,导致社会总投资减少,从而削减其他方面的公共支出。

第二节 财政支出规模分析

财政支出的规模是否适当,不仅影响政府职能的实现,而且直接影响社会资源配置的优化程度,财政支出过大或过小都不利于经济的发展。因此,研究财政支出规模是研究财政支出效益的基础。财政支出规模有绝对指标和相对指标两种方法度量,财政支出规模是否适当受多种因素影响。

一、财政支出规模度量指标

财政支出规模,是指一定时期内,政府安排和使用财政资金的数量,它反映政府的职能和活动范围及政府对经济和社会的干预程度。度量财政支出规模的指标有两种:一种是绝对指标,另一种是相对指标。

(一)绝对指标

财政支出的绝对指标是一国在一定时期内(一般为一个财政年度)财政支出的货币价值绝对数。通常财政支出绝对数越大,政府活动范围越大,政府对经济、社会干预程度越大。各年度的财政支出绝对值与财政收入绝对值相比可以反映一国这段时期财政赤字情况。但这一指标不能反映财政支出在社会总资产中所占的比重,因而不能反映政府在整个社会经济发展中的地位。绝对指标一般采用本国货币计量,没有考虑汇率变动与通货膨胀等因素对支出总量的影响,因此这一指标缺乏横向的国际比较性,也缺乏纵向的年度比较性。

(二)相对指标

财政支出的相对指标是指财政支出与其他宏观经济指标的比值。

(1) 财政支出与财政收入的比值是分析财政支出规模的基础，可以反映财政收入和财政支出规模是否基本一致，从而看出一国财政支出是否大致遵循量入为出的原则。

(2) 财政支出与国民生产总值（GNP）或国内生产总值（GDP）的比值反映政府部门占用社会经济总资源的比重，能较好表明一个国家财政支出对经济影响的重要程度。

(3) 财政支出与人口数量的比值是人均财政支出。人均财政支出反映国民从政府公共支出中所得的平均公共产品和服务水平，即国民享受的平均公共福利。

(4) 中央与地方财政支出占全国财政支出的比重。这组指标反映政府间财政关系，由两个指标构成，一是中央财政支出占全国财政支出的比重，这个指标可考察中央政府对全国财力分配的影响程度，体现国家运用财政分配来实现全国社会经济目标中的宏观调控能力。另一个指标是地方财政支出占全国财政支出的比重，这一指标反映地方政府获得的财政权力大小。

不同的财政支出相对指标对于分析财政支出不同目的都有重要作用，更便于进行横向和纵向的比较。

二、财政支出规模扩张主要理论

（一）瓦格纳法则

德国经济学家阿道夫·瓦格纳（Adolgh Wagner）于19世纪80年代对欧美、日本等国家18世纪～19世纪近百年的财政支出进行研究，提出"财政支出不断增长法则"，当国民收入增长时，财政支出会以更大比例增长（图5-1）。随着人均收入水平的提高，财政支出占GNP的比重将会提高，这就是财政支出的相对增长，后人称之为"瓦格纳法则"（Wagner's Law）。

瓦格纳认为，导致财政支出增长的因素分为政治因素和经济因素。所谓政治因素，是指随着经济的工业化，扩张中的市场与这些市场中的当事人之间的关系会更加复杂，市场关系的复杂化引起了对商业法律和契约的需要，并要求建立司法组织执行这些法律。这样就需要把更多的资源用于提供治安和法律设施。所谓经济因素，是指工业的发展推动了都市化的进程，人口的居住将密集化，由此将产生拥挤等外部性问题。这样就需要政府进行管理与调节工作，需要政府不断介入物质生产领域，因而形成了很多公共企业。此外，瓦格纳把对于教育、娱乐、文化、保健与福利服务的公共支出的增长归因于需求的收入弹性，即随着实际收入的上升，这些项目的公共支出的增长将会快于GDP的增长。

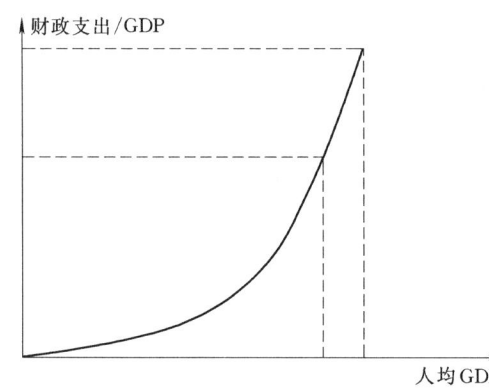

图 5-1 瓦格纳法则

（二）阶梯渐进增长论

1961年，英国经济学家皮考克（A. T. Peacock）和威斯曼（J. Wisemen），考察英国1890～1955年间财政支出状况后，提出了"阶梯渐进增长"理论，对瓦格纳的研究方法作了重要的补充。皮考克和威斯曼认为财政支出是受可利用税收收入拉动的。在经济发展的正常时期，由于经济增长，政府税收会相应增长，支出规模也随之扩大。同时，在经济和社会正常发展时期社会稳定、居民安定，除财政支出的正常增长外，难以额外的增加或大幅度的增加，因为这时纳税人对其所处环境满意，不愿意在增加纳税成本的情况下，获得额外的公共产品提供。但是，社会发生战争、饥荒或危机等突变时，人们为了摆脱困境，其"可容忍纳税水平"会提高。这时，政府的支出水平有可能大规模地上升，从而原先的渐进趋势被打破，新的较高的预算水平代替了原来较低的税收和支出水平，使整个财政支出在渐进的过程中呈现出一个上升的"阶梯"。社会恢复安定后，人们要求政府做更多的事，解决以前所忽视的重要问题，从而促使人们支持扩大财政支出规模，由此，出现新的"可容忍纳税水平"。因此，社会突变过去以后，财政支出水平虽然会有所下降，但不会低于原先的趋势水平，呈现出一种"阶梯"形渐进发展趋势如图 5-2 所示。

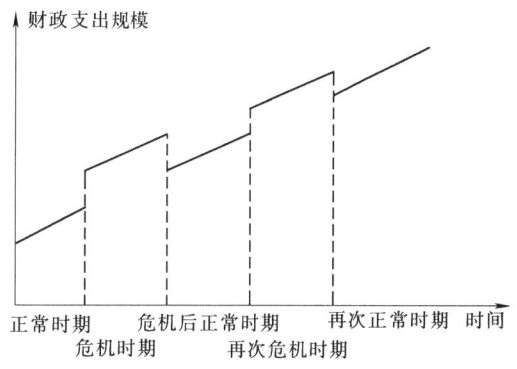

图 5-2 财政支出"阶梯"形渐进发展趋势

（三）非均衡增长理论

美国经济学家鲍莫尔对财政支出增长的原因分析，从公共部门平均劳动率偏低入手。他将国民经济分为两个部门：生产率不断提高的部门和生产率提高缓慢的部门。由于技术变革的速度不同，后者的增长速度慢于前者，而不同部门工资支付相同，且随着生产率提高相应上调。那么生产率提高慢的部门产品成本会相对上升，生产率不断提高的部门的产品成本会相对下降。这种情况下，如果消费者对生产率提高慢的部门产品富有弹性，该部门产品产量将减少或停产，要维持这些部门产品在整个国民经济中的比重，就必须使生产力涌入这些部门。为维持两类部门均衡增长，政府部门支出会增加，同时也会导致整个经济增长率的下降，为缓解这种情况，只有由政府扶持，因而财政支出会进一步扩大。

三、影响财政支出规模的因素

（一）政治因素

政府是财政支出的主体，其目的之一是履行政治职能。国际国内政治稳定性和政治体制的行政效率都对财政支出规模产生重要的影响。

国际国内政治问题终会转化为国内的经济问题，为了化解政治问题产生的影响，各国政府必须增加财政支出，从而加重财政支出压力。政治体制行政效率提高有利于节约财政支出，从而缩减财政支出规模。例如一国政府机构臃肿、人浮于事、效率低下，经费开支一定增加。

（二）经济因素

经济因素影响财政支出规模主要因为：

（1）国家干预经济的需要。各国为实现其宏观经济目标，即充分就业、物价稳定、经济增长和国际收支平衡，会对经济进行影响和干预，从而增加财政支出规模。

（2）社会经济发展与财政支出规模有着相互促进的关系。主要表现在：①经济水平提高可以为财政支出规模扩大提供基础,经济不增长,财政收入无法提高,从而财政支出也成了无源之水;②经济增长要求国家加强宏观调控、提高服务水平等,因此财政支出规模相应增长。

(三)社会因素

社会因素包括人口状况、社会福利、城镇化建设等这些都会影响财政支出规模。人口状况主要包括:人口数量、人口素质等。人口数量增加对社会公共需求会相应增加,从而扩大财政支出规模。人口素质的提高要求政府扩大学校、医疗和福利设施的需求,从而扩大财政支出规模。社会福利的改善是缓解社会矛盾的有效手段,各国政府都通过财政支出结构调整和财政支出规模的增加来提高社会福利水平。

四、我国财政支出规模分析

改革开放以来我国财政支出规模的绝对指标和相对指标见表5-1所示。

表5-1　　　　　　　　　改革开放后中国财政支出规模

年份	财政支出(亿元)	财政支出/财政收入	财政支出/GDP	财政支出/人口	中央财政支出比重(%)	地方财政支出比重(%)
1978	1122	0.991	0.308	116.561	47.4	52.6
1980	1229	1.059	0.270	124.512	54.3	45.7
1985	2004	1.000	0.222	189.323	39.7	60.3
1990	3084	1.050	0.165	269.738	32.6	67.4
1991	3387	1.076	0.155	292.429	32.2	67.8
1992	3742	1.074	0.139	319.362	31.3	68.7
1993	4642	1.067	0.131	391.674	28.3	71.7
1994	5793	1.110	0.120	483.354	30.3	69.7
1995	6824	1.093	0.112	563.404	29.2	70.8
1996	7938	1.072	0.112	648.588	27.1	72.9
1997	9234	1.067	0.117	746.930	27.4	72.6
1998	10798	1.093	0.128	865.495	28.9	71.1
1999	13188	1.152	0.147	1048.447	31.5	68.5
2000	15887	1.186	0.160	1253.481	34.7	65.3
2001	18903	1.154	0.172	1481.113	30.5	69.5
2002	22053	1.167	0.183	1716.815	30.7	69.3
2003	24650	1.135	0.181	1907.496	30.1	69.9
2004	28487	1.079	0.178	2191.510	27.7	72.3
2005	33930	1.072	0.185	2594.910	25.9	74.1
2006	40422	1.043	0.191	3075.132	24.7	75.3
2007	49781	0.970	0.193	3767.606	23	77
2008	62593	1.021	0.208	4713.222	21.3	78.7

注　资料来源:《中国统计年鉴》(2009)。

1978～2008年间我国财政支出的绝对数快速上升。其主要原因在于，改革开放以来，国民经济迅速发展和生产技术水平提高，使财政收入的快速增长。

从财政支出/财政收入这组数据看，改革开放以来只有1985年和2007年没有财政赤字，大多数财政年度都表现为收不抵支。这说明虽然我国财政收入增长较快，但财政收支紧张的矛盾仍然比较突出。

财政支出/GDP这一指标并非如一般国家渐进增长，我国是呈现U字形走势。财政支出占GDP的比重从1978年的30.8%下降到1995年的11.2%，1996以后财政支出规模又逐年上升。这一特征是由于我国经济处于转轨时期所至。在转轨初期，政府的放权让利导致政府资源配置能力下降，而且资源配置职能变迁引起财政支出的下降幅度大于政府分配职能和调节职能增加引起财政支出上升幅度。

随时着我国财政支出总量上升，我国人均财政支出从1978年的116.561上升为2008年的4713.222，增长了近40倍，这说明我国公民从政府财政支出中获得的平均公共产品和服务水平在不断提高，人民福利水平不断上升。

考察中央和地方财政所占比重，这组数据反映了我国中央与地方财政的关系。20世纪80年代以来，在全国范围内普遍实行了各种形式的财政地方承包制，中央财政和地方财政开始"分灶吃饭"。到1990年前，中央财政的比重一般保持在30%左右。1994年，分税制改革以后，在支出划分方面有一定改变。中央财政主要承担国家安全、外交和中央国家机关运转所需要经费，协调地区经济发展，实施宏观调控所必需的开支以及由中央直接管理的事业发展支出。地方财政主要承担本地区政权机关运转所需要的支出以及本地区经济、事业发展所需要的支出。因此，地方财政支出比重有上升的趋势。

第三节 财政支出效益分析

财政效益是财政管理中的核心问题，效益原则是安排财政支出的首要原则。西方许多学者从不同侧面对财政效益的分析方法已进行过深入的研究，形成了几个比较有代表性的分析方法：成本—效益分析法、最低费用选择法、公共劳务收费法等，这些方法各有利弊，适用于不同的范围。

一、财政支出效益

效益是效和益的组合，"效"就是效用、效果和效率等；"益"就是收益、利益和获益等。效益可解释为有效率的收益，它反映投入或所用的经济资源与产出或所得的经济成果之间的关系。财政支出效益是财政支出数量与财政支出的结果之间的对比关系。

财政支出从经济效益来说与微观主体支出效益是一致的，都是"少花钱，多做事，做好事"。但由于政府还具有宏观调控的职能，其支出效益便与微观经济主体支出效益相比有其自己的特点：①财政支出侧重于社会效益而对经济效益考虑得较少，也就是说，财政支出可以不盈利或微利，但要保证有较高的社会效益；②财政支出的来源主要是国家预算资金或利用政府身份融资，因此财力雄厚，资金成本相对微观主体资金成本低，支出对象可以是一些大型项目和长期项目。正因为财政支出项目的复杂性决定了衡量财政支出效益的标准具有多样性，效益评价适用方法的使用也因项目性质、特征和目标的不同而不同。

二、财政支出效益分析方法

财政支出效益分析方法就是在对财政支出效益进行评价中采用的具体工具和方法。由于财政支出的多样性和复杂性,在衡量财政支出效益时要定性分析与定量分析相结合,不同的项目根据其性质采用合适的评价方法才能提高评价的科学性和准确性。目前,比较主流的财政支出效益分析方法有以下几种。

(一)成本—效益分析法

成本—效益分析法20世纪30年代产生于美国,现已广泛应用于许多国家的政府财政支出管理中,对减少预算支出决策的随意性和决策失误,提高财政资金的使用绩效发挥着很大的作用。

成本—效益分析法是将一定时期内项目的总成本与总效益进行对比分析的一种方法,通过多个预选方案进行成本效益分析,选择最优的支出方案。具体做法主要包括以下四个步骤:①确定一系列可供选择的方案;②确定每种方案的最终结果,也就是各方案所需要的投入量和可能实现的产出量;③对每一种投入和产出进行估价;④加总每个项目的所有成本和收益,以估算项目的总获利能力,从中选出费用最少、效益最大的方案则为最优方案。

成本—效益分析法是西方绩效评价的主流评价方法,但只适用于成本和收益都能准确计量的项目评价,如公共工程项目等。缺点是对于成本和收益都无法用货币计量的项目则无能为力。

(二)最低费用选择法

最低费用选择法又称最低成本法,起源于美国,是一种不完整的成本—效益分析法,是成本—效益分析法的补充。它只有成本—效益分析中的成本费用的计算和分析,而没有效益的计算和分析。这种方法的具体步骤是:①根据政府确定的建设目标,提出多种备选方案;②以货币为统一尺度,分别计算出备选方案的各种有形费用并予以加总;③按费用的高低排出顺序,以供决策者选择。

最低费用选择法确定财政支出项目的步骤与成本—效益分析法大体一致,主要的区别在于前者不用货币单位来计量备选的财政支出项目的社会效益,只计算每项备选项目的有形成本,并以成本最优作为决策准则。

最低费用选择法的优点是简化了效益量化的计算,适用于成本易于计算而效益不易计量的财政支出项目。如:文化、卫生、军事、政治等,所提供的商品或劳务常常不能进入市场交换,因而无法用货币计量其社会效益,只能计算每个项目的有形成本,这类财政支出项目适合于用这种方法进行分析。最低费用选择法作为支出项目的事前评价较为有效,而作为支出后评价的方法则不一定全面。

(三)公共劳务收费法

公共劳务收费法是西方市场经济国家分析财政支出效益的方法之一。公共劳务是指政府为行使其职能开展的各项工作,如:军事、行政、城市基础设施建设等。公共劳务收费法是把商品买卖原则运用到一部分公共劳务的供给和使用,通过制定和调整公共劳务的价格,使公共劳务被最有效、最节约地使用,从而提高财政支出效益。

公共劳务收费法的目标是提高财政支出效益,这一点与前述两种方法是一致的,不同之处在于此法是通过定价和收费的方法达到提高效益的目的，而不是在已确定项目中选择最优的。

政府可以免费、低价、平价和高价四种价格向公众提供公共劳务。免费和低价提供公共劳务可以使公众最大限度使用，从而使其社会效益最大化。这种定价策略适用于那些从国家利益出发，要求全国范围普遍使用，而公众尚不能全部自觉使用的公共劳务，例如：义务教育，强制免疫等。这种政策容易导致公众浪费使用公共劳务。平价提供公共劳务可以一定程度上补偿政府提供公共劳务中所消费的人、财、物。这种定价策略适用于那些从国家利益出发，而公众不需鼓励便会自觉使用的公共劳务，例如：公路、铁路、医疗等。如此定价可以促使公众节约公共劳务，并能为公共劳务的进一步发展提供物质基础。高价提供公共劳务可以有效限制公共劳务的使用，还可为国家财政提供收入。这种定价策略适用于从国家利益出发，必须限制使用的公共劳务，例如：价格不断走高的自来水和能源等。

【知识链接】

财政之要在于支出效果

按照 16 世纪法国思想家让·布丹的说法，财政乃是国家的神经。神经如果不正常，肌体功能就会紊乱，不能正常发挥作用，损害身体健康。作为国家神经的财政，如果不够正常，就会造成社会运行的紊乱，损害社会肌体的健康。

财政的问题，主要是财政的收和支的问题。正常的财政，在收的方面要取之有度，避免损伤民力；在支的方面要用得其所，为增进公共利益服务。

在财政收入方面，有一种观点认为财政收入越高，国家对财富的控制越强，国力也就越强。这种观点缺乏历史经验的支持，实际上，财政收入越高并不意味着国力越强。

以 18 世纪中期的英国和中国为例，英国 1750 年财政收入是 920 万镑，大清帝国乾隆十八年（1753）的财政收入是 4069 万两（不计 400 多万石漕粮等实物收入），按 1 英镑值中国银子 3 两计算，英国财政收入只有中国的 70% 光景，但是不是说大清帝国的国势就一定超过强过英国呢？

1750 年的英国，正在工业革命前夕，国势蒸蒸日上，社会发展正在酝酿着强劲的前进趋势，国力在欧洲已处于领先地位，在与欧洲各国的战争中胜多败少。此时的大清帝国虽然达到了"康乾盛世"的鼎盛时期，但社会发展的趋势却是停滞不前，处于"万马齐喑"的状态，国内矛盾积累越来越多，官民冲突日趋激烈。如果仅就财政收入而言，大清帝国自然高于英国，要算经济总量，大清帝国也高于英国，但就国力而言，恐怕很难说一定比英国强，若就发展潜力而论更是远逊英国。

如果说大清帝国和英国是两种社会类型，财政缺乏可比性，那么社会情况相近的英、法两国的比较较有说服力，但比较的结论也不支持财政收入高国力就强的观点。1680 年，英国财政收入是 212 万镑，法国是 480 万镑；1750 年，则分别是 920 万镑和 1420 万镑。可见从 1680 年到 1750 年，法国财政收入一直超过英国，但法国的国力却未见得就比英国强盛。这个时期的英国已完成政治革命，为经济革命奠定了雄厚的基础，社会进步明显，发展潜力无限；而法国正在大革命的前夕，社会危机重重，发展潜力远不如英国明显。这个时期中英法两国的战争，也以英国的胜算面为大一些。

财政问题的关键其实不在财政收入数额，而在财政支出的实际效果。以鸦片战争前夕的中英双方军费支出为例，1834年英国陆军军费6493925镑，海军军费4503910镑，合计共10997835镑，占财政支出总额53441955镑的大约20%。而当年的大清帝国军费，大约是2000万两银子，占国家财政支出的约50%。

从财政支出的效果而言，英国用一年450余万镑、不足9%的财政支出建立了世界第一强的海军，而大清帝国一年花费2000余万两银子建立的军队却根本就没有战斗力。大清帝国养了80万军队，但军队腐败，训练废弛，装备落后，在十几年后都被太平天国起义军打得几乎没有还手之力，需要依靠曾国藩、李鸿章组织的湘军、淮军才挽回危局，可见其财政支出的效果极低，与英国相比根本就不能相提并论。

此外，据茅海建先生的研究，第一次鸦片战争中方军费用了约3000万两银子，而英方只用了大约421万镑（约值中国银子1263万两），相当于中方的40%。结果却是英方全胜，也可以看出英国的财政支出效果远高于大清政府。

不仅如此，1894年甲午战争之时，大清帝国的财政收入大致是日本的两倍，结果还是战败了。如果历史经验还有借鉴价值，那么可以得出的结论是，财政收入总额不完全代表国力，财政收入越高也不一定意味着国力就越强盛，关键的问题还是在于财政支出的实际效果。

国家财政是从社会汲取财富，这些财富如果用于提升公共产品的品质、推动经济的发展、用财政手段调节社会公平、建设强大的国防力量等，那么财政收入增加未必不是好事。如果财政支出不为这些目的，而是被贪污腐败、铺张浪费所虚耗，用而不得其所，所起效果极差，那就肯定不是好事，只会导致社会运行神经紊乱，对社会进步有害而无益。

（资料来源：新京报2010年7月3日）

习 题

一、单项选择题

1. 财政支出按经济性质分类，可分为（　　）。
A. 经济建设费和社会文教费　　　　B. 转移性支出和购买性支出
C. 有偿拨款和无偿拨款　　　　　　D. 中央支出和地方支出

2. 在经济发展的成熟阶段，财政支出中的（　　）急剧增长。
A. 国防　　　　　　　　　　　　　B. 政府投资
C. 行政管理　　　　　　　　　　　D. 教育、保健及福利支出

二、多项选择

1. 以下属于中央政府投资范围的是（　　）。
A. 为全国公民提供，而且受益在整个国家的范围内分布较为均匀的公共产品的投资，如国防方面的投资
B. 全国性的能源、交通运输、邮电、科教文卫等基础设施投资
C. 关系国计民生的重大生产建设项目投资，包括农业、基础工业和高新技术产业等重点产业投资

D. 对具有"负外部效益"开放性特点的地方性公共产品和服务，中央政府要给予一定的投资补助

E. 为稳定经济而进行的投资

2. 在市场经济条件下，政府投资不具备的特点是（　　）。

A. 可以在一切领域发挥作用

B. 通常不进入竞争性领域

C. 通常在竞争性领域中发挥作用

D. 一般不向有明显经济效益的项目投资

E. 只能是对市场投资行为的补充

3. 衡量财政支出效益的方法主要有（　　）。

A. 成本效益分析法　　　　　　B. 最小成本法

C. 最低费用选择法　　　　　　D. 公共定价法

三、分析题

结合我国改革开放以来财政支出占GDP的变化分析影响财政支出规模的因素有哪些？

第六章 购买性支出与转移性支出

本 章 导 语

政府干预经济的过程,主要是通过财政分配活动来实现的,而财政支出活动是这一过程的重要环节。根据财政支出的性质,可以分为购买性支出和转移性支出。本章主要研究购买性支出和转移性支出的相关内容。

> **知识目标:**
> - 了解购买性支出和转移性支出的含义及其基本构成内容
> - 理解各类支出的经济性质及影响因素
> - 掌握分析各类支出规模、结构变动的基本思维方法
>
> **技能目标:**
> - 能解释购买性支出和转移性支出的含义
> - 能写出购买性支出和转移性支出的基本构成内容
> - 能应用一定的方法分析各类支出规模和结构的变化

案例导入:

2010年全国财政支出89575亿元,比上年增加13275亿元,增长17.4%。分中央地方看,中央财政支出48323亿元,其中,中央本级支出15973亿元,比上年增加717亿元,增长4.7%;对地方税收返还和转移支付32350亿元,比上年增加3786亿元,增长13.3%。地方财政用地方本级收入以及中央税收返还和转移支付资金安排的地方本级支出73602亿元,比上年增加12558亿元,增长20.6%。2010年,全国财政支出结构得到进一步优化,重点支持了教育、医疗卫生、社会保障和就业、住房保障、文化等民生方面的支出,加大了对"三农"的投入力度。主要支出项目情况如下:教育支出12450亿元,比上年增加2012亿元,增长19.3%;医疗卫生支出4745亿元,比上年增加751亿元,增长18.8%;社会保障和就业支出9081亿元,比上年增加1475亿元,增长19.4%;住房保障支出2358亿元,比上年增加553亿元,增长30.7%;农林水事务支出8052亿元,比上年增加1331亿元,增长19.8%;交通运输支出5488亿元,比上年增加840亿元,增长18.1%;环境保护支出2426亿元,比上年增加492亿元,增长25.4%;城乡社区事务支出5980亿元,比上年增加1046亿元,增长21.2%;资源勘探电力信息等事务支出3497亿元,比上年增加617亿元,增长21.4%;公共安全支出5486亿元,比上年增加742亿元,增长15.6%;科学技术支出3227亿元,比上年增加482亿元,增长17.6%;一般公共服务支出9353亿元,比上年增加1191亿元,增长14.6%;国债付息支出1845

亿元，比上年增加354亿元，增长23.7%。

（资料来源：人民网）

案例评析：

上面的数据显示了2010年我国财政支出的一个总体情况。可以看出财政支出主要运用在公共产品和服务领域，是为了满足社会共同需要而进行。通过上面的数据，可以看出财政支出的主要构成、各构成部分的规模以及财政支出重点项目。

第一节 购买性支出

购买性支出是按照财政支出的经济性质标准，相对于转移性支出而言的，它是政府作为市场经济主体的一种市场性购买行为，遵循等价交换的原则。

一、购买性支出及其特点

购买性支出，是政府用于购买商品和劳务的支出，包括购买政府进行日常政务活动所需要的商品与劳务的支出（即消费性支出）和购买政府进行投资所需要的商品与劳务的支出（即投资性支出）。具体来看，包括国防支出、行政管理支出、文教支出等消费性支出和基础产业、农业等投资性支出。

购买性支出的特点可以概括为以下几个方面：①有偿性，在发生这类支出时，政府同其他经济主体一样，通过支付货币资金，从市场上获取所需的商品和劳务；②等价性，政府在市场上获取商品和劳务时，也遵循等价交换的原则，政府支付一定数量的资金即获得价值相等的商品和劳务，这与市场上其他经济主体之间的交易活动没有区别，都遵循市场的等价交换原则；③消耗性，政府支出的资金换来的商品和劳务，将会在履行其各项职能的过程中被消耗掉，可见，政府的购买性支出会直接消耗掉一部分的社会资源。

二、购买性支出内容

根据购买性支出的目的和用途，又可以将其进一步分为消费性支出和投资性支出。

（一）消费性支出

消费性支出是指政府购买其进行日常政务活动所需要的商品与劳务的支出，主要包括国防支出、教育支出、行政支出、文化支出等。

就其本质而言，消费性支出是社会性的，是为了全社会的成员服务的，是全社会的成员共同享有的。消费性支出是政府执行其职能的保证，一国政府要满足公民安全保障，文化教育，医疗保健等需求，同时，维持政府的正常运转，也需要相应资金的支出。具体来说，消费性支出主要体现在以下几个方面。

1. 行政支出

行政支出是财政用于国家各级权力机关、行政管理机关和外事行使其职能所需的各项费用支出。它是一种纯消费性开支，是财政支出中重要的经常性支出项目，是各级政府履行社会管理职责的物质保障，是政府向社会公众提高公共服务的经济基础。

（1）行政支出的性质。国家行政管理部门属于非生产部门，不直接创造物质财富，所需经费依靠财政收入。因而，行政管理支出从性质上来说，具有一定的特殊性。

1）公共性。政府的行政管理活动是面向全社会的，为全社会成员提供公共产品和服务的，并不是以营利为目标的。

2) 消耗性。行政支出属于非生产性的社会消费性支出，在为全社会成员提供公共产品和服务时，将发生一定的支出，引起对社会产品或劳务的消耗。

3) 稳定性。政府所要履行的职责在一定时期内具有相对的稳定性，因而，政府机构的设置、人员的配备等也具有相对的稳定性，维持政府正常运转所需的经费，即行政管理支出相对也是稳定的。

(2) 行政支出的内容。根据中国政府预算收支科目表（2002年），行政管理支出主要有：行政管理费，比如人大经费、政府机关经费、政协经费、共产党机关经费、民主党派机关经费、社会团体机关经费；外交外事支出，比如外交指出、国际组织支出及偿付外国资产支出、地方外事费、对外宣传经费、边境联检费；武装警察部队支出，比如内卫部队、边防部队、消防部队等经费支出；公检法司支出，包括公安支出、国家安全支出、法院支出、检察院支出、司法支出及监狱支出等。

此外，行政支出按支出对象不同，可分为人员经费和公用经费；按支出的用途不同，可分为基本工资、补助工资、其他工资、职工福利费、社会保障费、公务费、设备购置费、修缮费、业务费等。

(3) 行政支出的规模变化。改革开放后，中国的行政支出规模基本上体现为迅速的膨胀。在1978~2005年的28年间，中国行政支出由1978年的49.09亿上升到了2005年的4835.43亿元，净增长98.5倍，年均增长率达到18.77%，从近几年的数据来看，2002年的增长率达到了35.58%。

与财政支出的增长速度相比，行政支出增长速度超过财政支出增长的速度，财政支出从1978年的1122.09亿元到2005年的33930.28亿元，净增长30.2倍，远远小于行政支出的增长。从表6-1中可以看出来，除了1985年以外，行政支出占财政支出的比重基本呈现逐年上升的趋势，直到1997年后，开始有所下降，2002年又开始回升。从行政支出占GDP的比重来看，基本上呈现缓慢上涨的趋势。通常情况下，GDP越高，意味着可供财政分配的资金就越多，为财政支出提供了有力的保障。行政支出占GDP的比重体现了一个国家非经济费用支出的负荷能力和负担水平。

表6-1　　　　　　　　　　中国行政支出的规模（1978~2005年）

年份	行政管理费		全国财政支出			GDP	
	金额（亿元）	增长率（%）	金额（亿元）	比重（%）	增长率（%）	金额（亿元）	比重（%）
1978	49.09		1122.09	4.37		3645.00	1.35
1979	57.24	16.60	1281.79	4.47	14.23	4063.00	1.41
1980	66.79	16.68	1228.83	5.44	−4.13	4546.00	1.47
1981	70.88	6.12	1138.41	6.23	−7.36	4892.00	1.45
1982	81.60	15.12	1229.98	6.63	8.04	5323.00	1.53
1983	102.20	25.25	1409.53	7.25	14.60	5963.00	1.71
1984	125.23	22.53	1701.02	7.36	20.68	7208.00	1.74
1985	130.58	4.27	2004.25	6.52	17.83	9016.00	1.45

第一节 购买性支出

续表

年份	行政管理费		全国财政支出			GDP	
	金额（亿元）	增长率（%）	金额（亿元）	比重（%）	增长率（%）	金额（亿元）	比重（%）
1986	168.03	28.68	2204.91	7.62	10.01	10275.00	1.64
1987	179.33	6.72	2262.18	7.93	2.60	12059.00	1.49
1988	220.89	23.18	2491.21	8.87	10.12	15043.00	1.47
1989	261.86	18.55	2823.78	9.27	13.35	16992.00	1.54
1990	303.10	15.75	3083.59	9.83	9.20	18668.00	1.62
1991	343.60	13.36	3386.62	10.15	9.83	21781.00	1.58
1992	424.58	23.57	3742.20	11.35	10.50	26923.00	1.58
1993	535.77	26.19	4642.30	11.54	24.05	35334.00	1.52
1994	729.43	36.15	5792.62	12.59	24.78	48198.00	1.51
1995	872.68	19.64	6823.72	12.79	17.80	60794.00	1.44
1996	1040.80	19.26	7937.55	13.11	16.32	71177.00	1.46
1997	1137.16	9.26	9233.56	12.32	16.33	78973.00	1.44
1998	1326.77	16.67	10798.18	12.29	16.94	84402.00	1.57
1999	1525.68	14.99	13187.67	11.57	22.13	89677.00	1.70
2000	1787.58	17.17	15886.50	11.25	20.46	99215.00	1.80
2001	2197.52	22.93	18902.58	11.63	18.99	109655.00	2.00
2002	2979.42	35.58	22053.15	13.51	16.67	120333.00	2.48
2003	3437.68	15.38	24649.95	13.95	11.78	135823.00	2.53
2004	4059.91	18.10	28486.89	14.25	15.57	159878.00	2.54
2005	4835.43	19.10	33930.28	14.25	19.11	183217.00	2.64

注　数据来源：中华人民共和国国家统计局。

（4）行政支出规模的影响因素。影响行政支出规模的因素比较多，而且相互之间的作用也较为复杂，将其归纳起来，主要因素有以下几个：

1）经济发展水平。随着社会经济发展水平不断提高，行政支出也会相应增长。德国经济学家瓦格纳提出过行政经费膨胀法则，即政府的行政开支会随着城市化进程加快而走高。当城市化进程进行到一定程度，或者是城市化之后，行政费用就会开始下降。而我们国家现在正处于城市化进程发展中，行政支出也随之走高。

2）财政收支水平。行政支出是通过对财政收入的再分配而形成的，因此，财政收入的状况直接影响到财政支出，而行政支出作为财政支出中重要的一个部分，也会受到财政收入的影响。从另一方面来说，行政支出的增长是财政支出增长的动因。

3）物价指数水平。在经济发展的过程中，随着经济的增长，通常会伴随着不同程度的通货膨胀。物价指数的上涨，各种商品和劳务的价格也会上涨，这就使得政府购买商品和劳务的费用会增加。

4）国家行政机构的设置。国家各级行政管理机关的开支是行政支出的一个主要构成部分。通常情况下，国家行政机构设置臃肿，人员超编，会引起行政支出的膨胀，而简化国际行政机构设置，精简人员，则可以减少行政支出。

5）行政部门运作的效率。通常情况下，行政部门运作效率越高，即意味着其产出/投入比越高，在产出一定的前提下，效率越高，就代表越少的投入，这个产出可以看做行政机构处理各种事务的工作量，而投入就代表了行政支出。可见，高效的行政部门运作效率能够减少行政支出。

2. 国防支出

国防支出是指国家预算用于国防建设和保卫国家安全的支出，包括国防费、国防科研事业费、民兵建设以及专项工程支出等。

按照公共产品理论，国防属于纯粹的公共产品，与行政支出一样，由政府提供，经费源于财政收入。因此，国防支出同行政支出一样，具有公共性和消耗性的特点。但是，由于国防支出与国际国内形势变动密切相关，并且受到一定技术条件的制约，所以，国防支出具有波动性的特点。

(1) 国防支出的内容。一般来说，国防支出可分为直接国防支出和间接国防支出。直接国防支出是指国家预算中的国防支出，包括军事人员的经费与训练费、武器装备和军事活动器材的购置费、军事活动经费、军事科学研究与试验经费、军事工程设施的建筑费、军事院校教育经费等；间接国防支出是指包括国家预算其他科目中具有国防性质的支出内容，包括西方发达国家政府预算中的国际事务支出、宇宙航空及其技术支出、退伍军人的福利与服务支出、国防公路系统支出、国债利息支出等。

国防支出按支出的目的，可划分为维持支出和投资支出。维持支出主要用于维持军队的稳定和日常活动，提高军队的战备程度，是国防建设的重要物质基础，包括军事人员经费、军事活动维持费等。投资支出主要用于提高军队的武器装备水平，包括武器装备的研制费、采购费、军事工程建设费等。

国防支出按兵种，可分为国防部队支出、战略部队支出、陆军支出、海军支出、空军支出、武警部队支出和预备役、后备役部队支出。

国防支出按项目，可分为人员生活支出、活动维持费、装备支出三个部分。

(2) 国防支出的规模。从国防支出的绝对规模来看，改革开放后，逐年下降，直到1982年，我国的国防支出的总量开始逐年增长。如表6-2所示，国防支出1978年为167.84亿元，而到了2006年，国防支出达到了2979.38亿元，净增长17.6倍。从国防支出增长率来看，并不是逐年持续增长，而是有一些波动的，从1983年开始呈上涨趋势，在1994年达到29.34%，之后，又呈现为波动的状态。

从国防支出占财政收入的比重来看，除了个别年份（在1990~1992年间有所回升），该指标大体上呈现下降的趋势，到2006年，达到7.37%。还可以通过表6-2分析，国防支出增长与财政收入增长的关系，可见，1989~1994年间，国防支出的增长比率大于财政支出的增长比率，而1995年开始，国防支出的增长比率基本上小于财政支出的增长比率。

从国防支出占GDP的比重来看，改革开放后，该指标逐年下降，在1979~1985年间，下降的速度较快，这主要是由于改革开放后GDP增长的速度较快引起的，而从1986

年开始，虽然国防支出账GDP的比重大体上也呈现下降趋势，但下降的速度明显减缓。

表6-2　　　　　　　　　　中国国防支出的规模（1978～2006年）

年份	国防支出		全国财政支出			GDP	
	金额（亿）	增长率（%）	金额（亿）	比重（%）	增长率（%）	金额（亿）	比重（%）
1978	167.84		1122.09	14.96		3645.00	4.60
1979	222.64	32.65	1281.79	17.37	14.23	4063.00	5.48
1980	193.84	-12.94	1228.83	15.77	-4.13	4546.00	4.26
1981	167.97	-13.35	1138.41	14.75	-7.36	4892.00	3.43
1982	176.35	4.99	1229.98	14.34	8.04	5323.00	3.31
1983	177.13	0.44	1409.53	12.57	14.60	5963.00	2.97
1984	180.76	2.05	1701.02	10.63	20.68	7208.00	2.51
1985	191.53	5.96	2004.25	9.56	17.83	9016.00	2.12
1986	200.75	4.81	2204.91	9.10	10.01	10275.00	1.95
1987	209.62	4.42	2262.18	9.27	2.60	12059.00	1.74
1988	218.00	4.00	2491.21	8.75	10.12	15043.00	1.45
1989	251.47	15.35	2823.78	8.91	13.35	16992.00	1.48
1990	290.31	15.45	3083.59	9.41	9.20	18668.00	1.56
1991	330.31	13.78	3386.62	9.75	9.83	21781.00	1.52
1992	377.86	14.40	3742.20	10.10	10.50	26923.00	1.40
1993	425.80	12.69	4642.30	9.17	24.05	35334.00	1.21
1994	550.71	29.34	5792.62	9.51	24.78	48198.00	1.14
1995	636.72	15.62	6823.72	9.33	17.80	60794.00	1.05
1996	720.06	13.09	7937.55	9.07	16.32	71177.00	1.01
1997	812.57	12.85	9233.56	8.80	16.33	78973.00	1.03
1998	934.70	15.03	10798.18	8.66	16.94	84402.00	1.11
1999	1076.40	15.16	13187.67	8.16	22.13	89677.00	1.20
2000	1207.54	12.18	15886.5	7.60	20.46	99215.00	1.22
2001	1442.04	19.42	18902.58	7.63	18.99	109655.00	1.32
2002	1707.78	18.43	22053.15	7.74	16.67	120333.00	1.42
2003	1907.87	11.72	24649.95	7.74	11.78	135823.00	1.40
2004	2200.01	15.31	28486.89	7.72	15.57	159878.00	1.38
2005	2474.96	12.50	33930.28	7.29	19.11	183217.00	1.35
2006	2979.38	20.38	40422.73	7.37	19.13	211923.00	1.41

注　数据来源：中华人民共和国国家统计局。

(3) 国防支出规模的影响因素。国防支出规模的变化波动较大，其影响因素也是比较多样的。概括起来，主要有以下几个因素：

1) 国家的地域范围。一般来说，国家的地域范围越广，相应的边防线也就越长，为了保护国家领土和主权不受侵犯，国家用于疆土保护的支出也会越多。

2）国际政治形势。国际政治形势对国防支出的影响非常明显，当国际局势紧张，军事对峙或战争爆发时期，为了增强自己的军事实力，必然会投入大量的人力、物力、财力以扩军备战，这就意味着巨额的国防支出。当国际政局相对稳定后，通常会进行相应的裁军，国防支出也相应减少。

3）国家的综合实力。国防支出的资金来源于财政收入，与国民经济创造的价值息息相关。因此，国防支出的金额大小从一个侧面反映了国家的综合实力，反过来，国家的综合实力制约着国防支出的数额。

4）军事现代化的程度。随着科学技术的不断发展，国防领域的各种军事技术也发生了变革，军事的发展由人力密集型向科技密集型转换，而科技的研究和发展，都需要大量资金的投入，因此，国防支出随着军事现代化程度的不断提高也不断地增加。

3. 文教科卫支出

文教科卫支出，是指财政用于文化、教育、科学、卫生等事业发展的经费支出的统称。文教科卫支出是具有较强的外部正效应，是为社会的共同利益和长远利益服务的，向社会公众提供一定的产品或服务。文教科卫等事业单位是非物质生产部门，不直接生产物质产品，具有非生产性的特点。为了提供服务需要消耗社会的商品和劳务，表现出了文教科卫支出的消耗性。

（1）教育支出。所谓教育支出，是指政府用于教育事业方面的财政支出，一国教育的发达程度、全社会用于教育的投入水平，常常是衡量一个国家国民素质和文化程度的主要标准。教育支出在国家财政支出中占有重要的地位。

财政部门在安排教育支出时，主要有三种方式：①对学生提供补助，这一方式体现在普及义务教育方面，这一阶段的经费主要由财政负担；②对低收入家庭提供补助，通过对低收入家庭提供补助，能够提供家庭的购买能力，但是，这种补助方式，不能够保证补助的部分被用于教育；③对学校提供补助，通过对学校提供一定的补助，以降低学校向教育者收取的学费等。

1993年，中共中央、国务院联合印发了《中国教育改革发展纲要》，提出要"逐步提高国家财政性教育经费支出占国民生产总值的比例，本世纪末达到4%"。十几年来，中国一直朝着这个目标努力，教育支出的规模也发生着变化。

我国教育经费的来源，主要以财政投入为主，国家财政性教育经费占全部教育经费的60%以上，从国家财政性教育经费的增长率来看，并不是持续增长的，而是有较大的波动，但是，从国家财政性教育经费的绝对数上来看，从2000年的2562.61的亿元到2009年的10437.54的亿元，一直处于持续增长的状态。国家财政性教育经费占国家财政支出的比重略有波动，总体上呈下降的趋势。从国家财政性教育经费占GDP的比重来看，基本上是上升趋势，尽管国家财政性教育经费的总量在逐年增加，但其支出水平仍旧相对较低，与1993年《纲要》提出的4%还有一段距离，更低于联合国教科文组织所提出的到2000年世界各国的教育经费支出占GDP的比例应达到6%的目标。根据世界银行《2000/2001年世界发展报告》的数据，政府教育投入占GDP的比重1997年全世界平均水平为4.8%，低收入国家为3.3%，中等收入国家为4.8%，高收入国家为5.4%，可见，中国政府教育的支出水平远低于世界平均水平,若按照在校学生人均数据来比较,显然差距更大,见表6-3。

表6-3　　　　　　　中国国家财政性教育经费的规模(2000~2008年)

年份	教育经费(亿元)	国家财政性教育经费			全国财政支出		GDP	
		金额(亿元)	增长率(%)	比重(%)	金额(亿元)	比重(%)	金额(亿元)	比重(%)
2000	3849.08	2562.61		66.58	15886.50	16.13	99215.00	2.58
2001	4637.66	3057.01	19.29	65.92	18902.58	16.17	109655.00	2.79
2002	5480.03	3491.40	14.21	63.71	22053.15	15.83	120333.00	2.90
2003	6208.27	3850.62	10.29	62.02	24649.95	15.62	135823.00	2.84
2004	7242.60	4465.86	15.98	61.66	28486.89	15.68	159878.00	2.79
2005	8418.84	5161.08	15.57	61.30	33930.28	15.21	183217.00	2.82
2006	9815.31	6348.36	23.00	64.68	40422.73	15.70	211923.00	3.00
2007	12148.07	7122.32	12.19	58.63	49781.35	14.31	265810.31	2.68
2008	14500.74	9010.21	26.51	62.14	62592.66	14.39	314045.43	2.87

注　数据来源:中华人民共和国国家统计局。

从教育经费总体构成上来看,除了占60%以上的国家财政性教育经费外,其他多渠道教育经费投入格局基本形成。其中,收取的学费和杂费占的比重比较大,并且其比重上升的速度也较快,由2000年的15.45%上升到2005年的18.45%,在2006年由于学费和杂费的增加慢于教育经费总额的增加,因而其比重略有减小。此外,社会团体和公民个人办学经费也增长得比较快,占教育经费的比重由2000年的2.23%增长到2006年的5.59%,见表6-4。

表6-4　　　　　　　中国教育经费的构成(2000~2006年)

年份	教育经费(亿元)	国家财政性教育经费所占比重(%)	社会团体和公民个人办学经费所占比重(%)	社会捐资和集资办学经费所占比重(%)	学费和杂费所占比重(%)	其他教育经费所占比重(%)
2000	3849.08	66.58	2.23	2.96	15.45	12.78
2001	4637.66	65.92	2.76	2.43	16.08	12.81
2002	5480.03	63.71	3.15	2.32	16.84	13.98
2003	6208.27	62.02	4.17	1.68	18.06	14.05
2004	7242.60	61.66	4.80	1.29	18.59	13.65
2005	8418.84	61.30	5.37	1.11	18.45	13.77
2006	9815.31	64.68	5.59	0.92	15.82	4.29

注　数据来源:中华人民共和国国家统计局。

(2)科研支出。科研支出也称为科技支出,是指财政在科学技术研究方面的专项支出,按照中国财政支出的划分标准,科技支出包括科技三项费用、科学事业费、科研基建费及其他科研事业费。科技三项费用,是指国家为支持科技事业发展而设立的新产品试制费、中间试验费和重大科研项目补助费;科学事业费,是指预算中由科技部归口管理的科学事业费,以及中国科学院系统的科学事业费;科研基建费,是指科研事业单位基本建设工程及设备更新费。

科学研究可分为基础性科学研究和应用性科学研究。基础性科学研究的价值难以用金钱来估计,具有外部性,但是由于基础科学研究的成果一般交易性差等特征,难以从市场中获得必要的资金支持,因而,对于这一类科研活动,就需要政府给予必要的资金支持。而应用性科学研究往往直接导致新产品、新工艺的发明,具有商业开发价值,因而,能够从私人部门得到资金支持。

从表 6-5 可以看出,科技经费筹集额从 2001 年的 2598.40 亿元开始,一直处于持续增长的状态,到了 2008 年,达到 9123.80 亿元,净增长达到 3.5 倍。其中,企业资金所占的比重较大,超过了 50%,并且呈逐年上涨的趋势。政府资金虽然从绝对数额上来看是逐年增加的,但其所占的比重却呈现下降的趋势。

表 6-5　　　　　　　　　　中国科研经费的构成（2001～2008 年）

年份	科技经费筹集额（亿元）	政府资金		企业资金		金融机构贷款	
		金额（亿元）	比重（%）	金额（亿元）	比重（%）	金额（亿元）	比重（%）
2001	2589.40	656.40	25.35	1458.40	56.32	190.80	7.37
2002	2938.00	776.20	26.42	1676.70	57.07	201.90	6.87
2003	3459.10	839.30	24.26	2053.50	59.37	259.30	7.50
2004	4328.30	985.50	22.77	2771.20	64.03	265.00	6.12
2005	5250.80	1213.10	23.10	3440.30	65.52	276.80	5.27
2006	6196.70	1367.80	22.07	4106.90	66.28	374.30	6.04
2007	7695.15	1703.55	22.14	5189.48	67.44	384.31	4.99
2008	9123.80	1902.00	20.85	6370.50	69.82	405.20	4.44

注　数据来源：中华人民共和国国家统计局。

从表 6-6 可以看出,科技经费筹集额绝对数量是增加的,增长的速度也比较快,但是增长率并不是持续上升的,而是波动性比较大。科技经费和全国财政支出相比,所占的比重是逐年上升的,只是在 2008 年有所下降。而科技经费占 GDP 的比重也是持续上涨的,只是在 2006 年略有波动,这体现了科技支出和 GDP 之间一定的正相关关系,科技在国民经济中发挥着巨大的作用。改革开放以来,中国越来越认识到科学技术进步是国民经济发展的重要动力,一再强调科技的地位,这也促进了科技支出的增加。

表 6-6　　　　　　　　　　中国科研经费的规模（2001～2008 年）

年份	科技经费筹集额		全国财政支出		GDP	
	金额（亿元）	增长率（%）	金额（亿元）	比重（%）	金额（亿元）	比重（%）
2001	2589.40		18902.58	13.70	109655.00	2.36
2002	2938.00	13.46	22053.15	13.32	120333.00	2.44
2003	3459.10	17.74	24649.95	14.03	135823.00	2.55
2004	4328.30	25.13	28486.89	15.19	159878.00	2.71
2005	5250.80	21.31	33930.28	15.48	183217.00	2.87

续表

年份	科技经费筹集额		全国财政支出		GDP	
	金额（亿元）	增长率（%）	金额（亿元）	比重（%）	金额（亿元）	比重（%）
2006	6196.70	18.01	40422.73	15.33	211923.00	2.92
2007	7695.15	24.18	49781.35	15.46	265810.31	2.89
2008	9123.80	18.57	62592.66	14.58	314045.43	2.91

注　数据来源：中华人民共和国国家统计局。

（3）卫生支出。卫生支出，是指用于医疗、卫生、保健服务方面的支出。在中国，卫生支出主要包括政府预算卫生支出、公费医疗经费、社会卫生支出等。

卫生服务可以分为医疗服务和公共卫生服务两个部分。医疗服务是指一般性疾病的治疗和享受性保健服务，接受服务的对象是个人，如医院、诊所等，具有私人产品的性质，即谁看病谁付钱。而公共卫生服务主要是为社会提供公共服务，如卫生防疫、流行性疾病的预防等，它们着眼于整个社会成员的身心健康，这些服务具有外部性，资金需求量也比较大，私人一般不可能也不愿意提供这类服务，因而，公共卫生服务所需要的经费主要有政府财政提供。

众所周知，"身体是革命的本钱"，良好的身体状况是完成学习、工作的基本保障。自新中国成立以来，一直推行"预防第一"的卫生战略，财政卫生支出的绝对规模也不断扩大，从表6-7可以看出，从1999年的4178.6亿元增加到2007年的11289.48亿元。从构成来看，居民个人卫生支出所占的比重较大，直到2001年以后才开始逐年下降，其次是社会卫生支出，再次是政府预算卫生支出，这两项占卫生总费用的比重从2001年以后开始逐年增长。

表6-7　　　　　　　　中国卫生经费的构成（1999～2007年）

年份	卫生总费用（亿元）	政府预算卫生支出		社会卫生支出		居民个人卫生支出	
		金额（亿元）	比重（%）	金额（亿元）	比重（%）	金额（亿元）	比重（%）
1999	4178.60	640.90	15.80	1064.60	28.30	2473.10	55.90
2000	4586.60	709.50	15.50	1171.90	25.50	2705.20	59.00
2001	5025.90	800.60	15.90	1211.40	24.10	3013.90	60.00
2002	5790.00	908.50	15.70	1539.40	26.60	3342.10	57.70
2003	6584.10	1116.90	17.00	1788.50	27.20	3678.70	55.80
2004	7590.30	1293.60	17.00	2225.40	29.30	4071.40	53.60
2005	8659.90	1552.50	17.90	2586.40	29.90	4521.00	52.20
2006	9843.30	1778.90	18.10	3210.90	32.60	4853.50	49.30
2007	11289.48	2297.10	20.35	3893.72	34.49	5098.67	45.16

注　数据来源：中华人民共和国国家统计局。

从表6-8可以看出，卫生支出的绝对规模是逐年增加的，但是其增长率处于上下波动的状态。从卫生支出占全国财政支出的比重来看，是逐年下降的。从卫生支出占GDP的比重来看，也是呈现出逐年下降的状态，只是在2003年略有小幅上升，但2004年又下降了,并且低于 2002 年的水平。

表 6-8　　　　　　　　　　中国卫生经费的构成 (1999～2007 年)

年份	卫生总费用 (亿元)		全国财政支出		GDP	
	金额 (亿元)	增长率 (%)	金额 (亿元)	比重 (%)	金额 (亿元)	比重 (%)
1999	4178.60		13187.67	31.69	89677.00	4.66
2000	4586.60	9.76	15886.50	28.87	99215.00	4.62
2001	5025.90	9.58	18902.58	26.59	109655.00	4.58
2002	5790.00	15.20	22053.15	26.25	120333.00	4.81
2003	6584.10	13.72	24649.95	26.71	135823.00	4.85
2004	7590.30	15.28	28486.89	26.64	159878.00	4.75
2005	8659.90	14.09	33930.28	25.52	183217.00	4.73
2006	9843.30	13.67	40422.73	24.35	211923.00	4.64
2007	11289.48	14.69	49781.35	22.68	265810.31	4.25

注　数据来源:中华人民共和国国家统计局。

尽管卫生经费的绝对数额是逐年增加的,但是占 GDP 的比重仍然很低,而卫生经费中政府投入水平也和世界平均水平有较大的差距,而且中国医疗卫生支出的公平性也很差。2000 年,世界卫生组织对 194 个成员国医疗卫生公平性的评价中,中国排名倒数第四。就人均卫生支出来看,差距也非常大。联合国报告显示,从 1999 年到 2005 年间,中国人均公共卫生支出占 GDP 的份额比例约为 2%,这一比例不仅低于发达国家,也低于阿富汗、柬埔寨等国家。

(4) 文化支出。文化支出,是指财政用于全体社会成员文化事业的支出。中国财政的文化支出包括文化事业支出、出版事业费、广播电视事业费和文物事业费等。文化事业支出,指文化部和地方文化部门的事业费;出版事业费,指新闻出版署和地方出版事业系统的事业费;广播电视费,指广播、电视系统的事业费;文物事业费,指国家文物局和地方文物系统的经费。同教育、科技和卫生一样,文化产品根据其效益可以分为私人产品、准公共产品、公共产品。准公共产品和公共产品常常涉及全身会成员的利益,如公共图书馆、博物馆、文化馆等。这类文化产品具有较强的外部性,能够影响人们的思想和行为,对社会的稳定和发展有很大的影响,因而,由财政资金进行支付。

(二) 投资性支出

在现代社会经济发展与社会总投资之间有着密不可分的关系,而社会总投资根据主体不同,可以分为政府投资和非政府投资两个部分。政府投资即财政投资,是指以政府为主体,将其从社会产品或国民收入中筹集起来的财政资金用于国民经济各个部门的一种政策性投资支出,是政府财政支出的重要组成部分;非政府投资,是指以私人为主体的投资。

为了弥补市场失灵,政府投资为全体公民提供生产和生活必要的基础性的设施,这体现了政府投资性支出的公共性。而政府的这些投资,是以社会效益最大化为目标的,具有非营利性。政府的资金丰富,有能力投资于大型项目和长期项目,从全局出发,这充分地体现了政府投资的战略性。

1. 基础建设投资

(1) 基础产业的概念与特点。基础产业有广义和狭义之分,狭义的基础产业是指社会经济活动的基础设施和基础工业,广义的基础产业除了上述基础设施和基础工业外,还包括一些提供无形产品和服务的部门,比如文化、教育、卫生、科学等部门。基础产业是一国经济运行的基础,决定着工业、农业、商业等直接生产活动的发展水平。基础产业投资是政府财政用于基础设施、基础工业等的支出,是政府投资性支出的主要内容之一。

基础产业和其他产业相比,具有不同的特征。基础产业为整个生产过程提供"共同生产条件",作为共同生产条件的固定资产,不能被某个单个生产者独家使用,亦不能被出售者作为商品一次性地将其出售给使用者,不是独占性地处在某个特殊的生产过程中,而这正好说明了基础产业具有公共产品的一般特性。基础产业大都属于资本密集型行业,无论是基础设施还是基础工业,都需要大量的资本投入,而且建设周期长,回收投资的时间往往需要很多年,这就使得私人投资往往不愿意介入,或者无法由私人投资来完成,因此只能依靠国家财政提供资金。

(2) 基础产业投资的内容。基础产业投资的重点领域主要是以下几个方面:

1) 基础设施。20世纪90年来以来,基础设施一直是我国政府主动进行产业结构调整的重点投资领域。当前,我国基础设施整体水平依然不高,交通运输状况比较落后,公路的数量和质量都有欠缺,尤其是西部。城市公共设施也不能很好地满足人们生产、生活需要。基础设施是国民经济的重要组成部分,在今后一段时期,将是政府投资性支出的一个重点领域。

2) 高新技术产业。高新技术产业是一个国家未来竞争力和国际地位的决定因素。在新时代,以信息技术产业、生物技术产业、新材料产业为代表的高技术产业迅速成长。高新技术产业已成为当前经济发展的强劲动力,其发展水平,决定着一个国家在世界中的地位和发展前景。因此,这也是政府投资性支出的一个重点领域。

(3) 基础产业投资的方式。投资关键的问题是投资方式,它不仅直接关系到投资效率,还决定着投资的资金来源。公共基础产业一般是由政府来组织供给、投资和经营的,但是,单一的政府投资难于满足灵活多样的公共产品的需求,因此,产生了各种投资方式。不同的投资、经营方式,实际上意味着有不同的成本补偿方式。基础产业的投资方式主要有:

1) 直接投资方式。直接投资方式根据投资性质可以分为非经营性投资和经营性投资。非经营性的直接投资是指政府直接进行基础产业投资,免费向公众提供,政府承担全部的成本。这是最基本的也是最传统的一种政府投资方式。它适宜于那些公众普遍受益,且受益额大体相等的基础设施项目。经营性投资的直接投资即政府只提供投资贷款,由私人部门按商业方式投资和经营。它适宜于那些受益对象不够普遍、具有排他性且适宜私人部门经营的一般性基础设施和基础工业项目。这时,项目成本补偿实际来源于提供项目服务的价格。

2) 间接投资方式。间接投资方式,即政府只提供投资贷款,由私人部门按商业方式投资和经营。它适宜于那些受益对象不够普遍、具有排他性且适宜私人部门经营的一般性基础设施和基础工业项目。这时,项目成本补偿实际来源于提供项目服务的价格。

3) BOT方式。BOT是英文Build - Operate - Transfer的缩写，通常直译为"建设—经营—转让"。BOT实质上是基础设施投资、建设和经营的一种方式，以政府和私人机构之间达成协议为前提，由政府向私人机构颁布特许，允许其在一定时期内筹集资金建设某一基础设施并管理和经营该设施及其相应的产品与服务。

2. 农业投资

(1) 农业投资的概念及特点。农业投资，是指财政用于扶持、发展农业方面的支出。财政的农业支出包括农业基本建设支出、支援农村生产支出、农林水利气象等部门事业费支出、农业科技三项费用支出、农村救济及其他支出等。农业是国民经济的基础，对于国民经济的发展具有重要意义。农业生产为人们提供了基本的生产条件，为其他生产活动提供了基础，是工业化的起点和基础，具有非常重大的意义。

农业投资相对于其他财政投资来说，对农业的投资是以立法形式存在的，这使得农业投资具有相对的稳定性，而且，对于农业的财政投资范围有明确的界定。农业投资虽然重要，但是一般农业占财政支出的比重比较低。

(2) 农业支出的规模。从表6-9中可以看出，支农支出在1980年和1981年呈现下降的趋势，除了这两年外，均是呈增长的趋势，从1978年得76.95亿元到2006年的2161.35亿元，净增长率达到28.1倍，不过增长的速度波动比较大，在2004年，增长率高达49.25%，而2003年仅有2.92%。从支农支出占全国财政支出的比重来看，虽然在个别的年度有所上升，但大体上呈现的仍然是下降趋势。

表6-9　　　　　　　　　　中国支农支出的规模（1978～2006年）

年份	支农支出		全国财政支出	
	金额（亿元）	增长率（%）	金额（亿元）	比重（%）
1978	76.95		1122.09	6.86
1979	89.97	16.92	1281.79	7.02
1980	82.12	−8.73	1228.83	6.68
1981	73.68	−10.28	1138.41	6.47
1982	79.88	8.41	1229.98	6.49
1983	86.66	8.49	1409.53	6.15
1984	95.93	10.70	1701.02	5.64
1985	101.04	5.33	2004.25	5.04
1986	124.3	23.02	2204.91	5.64
1987	134.16	7.93	2262.18	5.93
1988	158.74	18.32	2491.21	6.37
1989	197.12	24.18	2823.78	6.98
1990	221.76	12.50	3083.59	7.19
1991	243.55	9.83	3386.62	7.19
1992	269.04	10.47	3742.2	7.19
1993	323.42	20.21	4642.3	6.97

续表

年份	支农支出		全国财政支出	
	金额（亿元）	增长率（%）	金额（亿元）	比重（%）
1994	399.70	23.59	5792.62	6.90
1995	430.22	7.64	6823.72	6.30
1996	510.07	18.56	7937.55	6.43
1997	560.77	9.94	9233.56	6.07
1998	626.02	11.64	10798.18	5.80
1999	677.46	8.22	13187.67	5.14
2000	766.89	13.20	15886.5	4.83
2001	917.96	19.70	18902.58	4.86
2002	1102.70	20.13	22053.15	5.00
2003	1134.86	2.92	24649.95	4.60
2004	1693.79	49.25	28486.89	5.95
2005	1792.40	5.82	33930.28	5.28
2006	2161.35	20.58	40422.73	5.35

注　数据来源：中华人民共和国国家统计局。

第二节　转移性支出

转移性支出，是指政府按照一定方式，把一部分财政资金无偿地，单方面转移给居民和其他收益者的支出。本节主要阐述了转移性支出的含义、特点，重点介绍了转移性支出的构成内容。

一、转移性支出及其特点

转移性支出，是指政府按照一定方式，把一部分财政资金无偿地，单方面转移给居民和其他受益者的支出，主要有补助支出、捐赠支出和债务利息支出，它体现的是政府的非市场型再分配活动。在财政支出总额中，转移性支出所占的比重越大，财政活动对收入分配的直接影响就越大。

根据转移性支出的定义，可以看出，政府在将财政资金转移给居民和其他受益者时，并未得到任何补偿，只是价值的单方面转移，这体现了转移性支出的无偿性。而转移性支出不形成新的社会产品，而只是把市场经济中形成的收入分配格局重新加以调整，不增加经济总量，可见，这种影响具有间接性。

转移性支出主要包括社会保障支出和财政补贴支出。

二、转移性支出的内容

（一）社会保障支出

1. 社会保障的概述

（1）社会保障制度和社会保障支出。社会保障制度是指依据一定的法律和规定，对公民在暂时或者永久性失去劳动能力以及由于各种原因生活发生困难时给予物质帮助,用以保障居民的最基本的生活需要的一种保障制度。

社会保障支出,是指财政用于社会保障方面的支出。社会保障支出和社会保障制度息息相关,社会保障制度不同,社会保障支出也有很大的差别。

(2) 社会保障的特征。社会保障作为一种经济保障形式,具有以下几个特征:

1) 社会性。社会保障的实施主体是政府,目的是满足全体社会成员的基本生活保障,社会保障的范围应该覆盖整个社会,顾及到每一个社会成员。

2) 强制性。社会保障为全体社会成员提供,但每人从社会保障中所获得的收益与支付并不相同,这就有可能使有些社会成员不参与社会保障,这显然不利于社会的整体利益。因此,以立法的形式来强制实施。

3) 福利性。社会保障的目的是保障社会成员最基本的生活,目的是造福社会,而非出于营利目的,这也是社会保障区别与商业保障的一个重要特征。

2. 社会保障的内容

各国的社会保障制度在特定的历史条件下是不同的,改革开放以来,我国积极推进社会保障制度改革,并取得了显著的成效。目前,我国社会保障制度还处于不断完善的时期,具体来看,主要包括以下几个方面:

(1) 社会保险。社会保险,是指国家通过立法建立的一种社会保障制度,目的是使劳动者因年老、失业、患病、工伤、生育而减少或丧失劳动收入时,能从社会获得经济补偿和物质帮助,保障基本生活,是社会保障制度的核心组成部分。从社会保险的项目内容看,它是以经济保障为前提的。一切国家的社会保险制度,不论其是否完善,都具有强制性、社会性和福利性这三个特点。按照我国劳动法的规定,社会保险项目分为养老保险、失业保险、医疗保险、工伤保险和生育保险。社会保险的保障对象是全体劳动者,资金主要来源是用人单位和劳动者个人的缴费,政府给予资助。依法享受社会保险是劳动者的基本权利。

1) 养老保险。养老保险是国家和社会根据一定的法律和法规,为解决劳动者在达到国家规定的解除劳动义务的劳动年龄界限,或因年老丧失劳动能力退出劳动岗位后的基本生活而建立的一种社会保险制度。目前,我国的养老保险包括三个部分:

(a) 基本养老保险。基本养老保险是按国家统一的法规政策强制建立和实施的社会保险制度。企业和职工依法缴纳养老保险费,在职工达到国家规定的退休年龄或因其他原因而退出劳动岗位并办理退休手续后,社会保险经办机构向退休职工支付基本养老保险金(也称为"退休金")。基本养老保险由基础养老金和个人账户养老金组成。基本养老金主要目的在于保障广大退休人员的晚年基本生活。

(b) 企业补充养老保险。企业补充养老保险是指由企业根据自身经济实力,在国家规定的实施政策和实施条件下为本企业职工所建立的一种辅助性的养老保险。它居于多层次的养老保险体系中的第二层次,由国家宏观指导、企业内部决策执行。企业补充养老保险由劳动保障部门管理,单位实行补充养老保险,应选择经劳动保障行政部门认定的机构经办。企业补充养老保险的资金筹集方式有现收现付制、部分积累制和完全积累制三种。企业补充养老保险费可由企业完全承担,或由企业和员工双方共同承担,承担比例由劳资双方协议确定。企业内部一般都设有由劳资双方组成的董事会,负责企业补充养老保险事宜。

(c) 个人储蓄性养老保险。职工个人储蓄性养老保险是我国多层次养老保险体系的一个组成部分,是由职工自愿参加、自愿选择经办机构的一种补充保险形式。由社会保险机构经办的职工个人储蓄性养老保险,由社会保险主管部门制定具体办法,职工个人根据自己的工资收入情况,按规定缴纳个人储蓄性养老保险费,记入当地社会保险机构在有关银行开设的养老保险个人账户,并应按不低于或高于同期城乡居民储蓄存款利率计息,以提倡和鼓励职工个人参加储蓄性养老保险,所得利息记入个人账户,本息一并归职工个人所有。职工达到法定退休年龄经批准退休后,凭个人账户将储蓄性养老保险金一次总付或分次支付给本人。职工跨地区流动,个人账户的储蓄性养老保险金应随之转移。职工未到退休年龄而死亡,记入个人账户的储蓄性养老保险金应由其指定人或法定继承人继承。

2) 失业保险。失业保险是指劳动者由于非本人原因暂时失去工作,致使工资收入中断而失去维持生计来源,并在重新寻找新的就业机会时,从国家或社会获得物质帮助以保障其基本生活的一种社会保险制度。

根据我国《失业保险条例》规定,失业保险基金由城镇企业事业单位、城镇企业事业单位职工缴纳的失业保险费、失业保险基金的利息、财政补贴和依法纳入失业保险基金的其他资金四个部分构成。

3) 医疗保险。医疗保险是为补偿疾病所带来的医疗费用的一种保险。职工因疾病、负伤、生育时,由社会或企业提供必要的医疗服务或物质帮助的社会保险。中国的医疗保险采取社会统筹与个人账户相结合的模式。

4) 工伤保险。工伤保险,又称职业伤害保险,是通过社会统筹的办法,集中用人单位缴纳的工伤保险费,建立工伤保险基金,对劳动者在生产经营活动中遭受意外伤害或职业病,并由此造成死亡、暂时或永久丧失劳动能力时,给予劳动者及其实用性法定的医疗救治以及必要的经济补偿的一种社会保障制度。这种补偿既包括医疗、康复所需费用,也包括保障基本生活的费用。

5) 生育保险。生育保险是社会保险的其中一项,是国家通过立法,对怀孕、分娩女职工给予生活保障和物质帮助的一项社会政策。其宗旨在于通过向职业妇女提供生育津贴、医疗服务和产假,帮助他们恢复劳动能力,重返工作岗位。我国生育保险待遇主要包括两项:一是生育津贴,用于保障女职工产假期间的基本生活需要;二是生育医疗待遇,用于保障女职工怀孕、分娩期间以及职工实施节育手术时的基本医疗保健需要。

(2) 社会救助。社会救助也称为社会救济,是指国家对于遭受灾害、失去劳动能力的公民以及低收入的公民给予特殊救助,以维持其最低生活水平的一项社会保障制度。社会救助主要是对社会成员提供最低生活保障,其目标是扶危济贫,救助社会脆弱群体,对象是社会的低收入人群和困难人群。社会救助体现了浓厚的人道主义思想,是社会保障的最后一道防护线和安全网。中国的救助体系主要包括城乡居民最低生活保障、灾害救助、关爱救助三个方面。

(3) 社会福利。社会福利是指国家依法为所有公民普遍提供旨在保证一定生活水平和尽可能提高生活质量的资金和服务的社会保障制度。社会福利有广义和狭义之分，广义的社会福利是指提高广大社会成员生活水平的各种政策和社会服务，旨在解决广大社会成员在各个方面的福利待遇问题。狭义的社会福利是指对生活能力较弱的儿童、老人、母子家庭、残疾人、慢性精神病人等的社会照顾和社会服务。中国的社会福利主要是狭义的社会福利，即针对特定的社会成员提供的福利。

（4）优抚安置。

1）社会优抚。社会优抚是中国社会保障制度的重要组成部分，中国《宪法》第45条规定，"国家和社会保障残废军人的生活，抚恤烈士家属，优待军人家属"。保障优抚对象的生活是国家和社会的责任。社会优抚制度的建立，对于维持社会稳定，保卫国家安全，促进国防和军队现代化建设，推动经济发展的社会进步具有重要的意义。

2）社会安置。社会安置是指国家和社会根据有关法律制度的规定，对军人和义务兵等提供就业和服务的社会保障制度。根据《中华人民共和国兵役法》和《退伍义务兵安置条例》等法律法规的规定，社会安置的内容主要包括：为城镇退役士兵安排就业岗位，对自谋职业的发给一次性经济补助并给予优惠政策扶持；对农村退伍义务兵，在生产、生活和医疗等方面的困难视不同情况予以解决；机关、团体、企事业单位招工时，在同等条件下优先录用退伍军人等。

3. 社会保障支出的规模

从表6-10中可以看出，在1978～2006年，社会保障支出的绝对数额除了1980年、1982年和1992年比上一年有所下降外，其他年份都变现为增长的状态，不过增长的速度并不稳定，波动比较大。从社会保障支出占全国财政支出的比重来看，在1978～1995年，比重大体上略有上涨，但是并不明显，而从1996年开始，到2002年，比重的增长是很明显的，说明国家财政将更多的部分用于了社会保障方面，从2003～2006年，比重基本上在一定范围内小幅波动，没有明显的上升或下降。从社会保障支出占GDP的比重来看，从1979～1995年，一直是下降的，从1996年开始有所上升，直到2002年，2003～2006年，社会保障支出的规模表现相对稳定并没有体现出明显的下降和上升，基本在2%上下波动。

表6-10　　　　　　　中国社会保障支出的规模（1978～2006年）

年份	社会保障支出		全国财政支出		GDP	
	金额（亿元）	增长率（%）	金额（亿元）	比重（%）	金额（亿元）	比重（%）
1978	18.91		1122.09	1.69	3645	0.52
1979	22.11	16.92	1281.79	1.72	4063	0.54
1980	20.31	−8.14	1228.83	1.65	4546	0.45
1981	21.72	6.94	1138.41	1.91	4892	0.44
1982	21.43	−1.34	1229.98	1.74	5323	0.40
1983	24.04	12.18	1409.53	1.71	5963	0.40
1984	25.16	4.66	1701.02	1.48	7208	0.35
1985	31.15	23.81	2004.25	1.55	9016	0.35

续表

年份	社会保障支出		全国财政支出		GDP	
	金额（亿元）	增长率（%）	金额（亿元）	比重（%）	金额（亿元）	比重（%）
1986	35.58	14.22	2204.91	1.61	10275	0.35
1987	37.40	5.12	2262.18	1.65	12059	0.31
1988	41.77	11.68	2491.21	1.68	15043	0.28
1989	49.60	18.75	2823.78	1.76	16992	0.29
1990	55.04	10.97	3083.59	1.78	18668	0.29
1991	67.32	22.31	3386.62	1.99	21781	0.31
1992	66.45	−1.29	3742.2	1.78	26923	0.25
1993	75.27	13.27	4642.3	1.62	35334	0.21
1994	95.14	26.40	5792.62	1.64	48198	0.20
1995	115.46	21.36	6823.72	1.69	60794	0.19
1996	182.68	58.22	7937.55	2.30	71177	0.26
1997	328.42	79.78	9233.56	3.56	78973	0.42
1998	595.63	81.36	10798.18	5.52	84402	0.71
1999	1197.44	101.04	13187.67	9.08	89677	1.34
2000	1517.57	26.73	15886.5	9.55	99215	1.53
2001	1987.40	30.96	18902.58	10.51	109655	1.81
2002	2636.22	32.65	22053.15	11.95	120333	2.19
2003	2655.91	0.75	24649.95	10.77	135823	1.96
2004	3116.08	17.33	28486.89	10.94	159878	1.95
2005	3698.86	18.70	33930.28	10.90	183217	2.02
2006	4361.78	17.92	40422.73	10.79	211923	2.06

注　数据来源：中华人民共和国国家统计局。

（二）财政补贴

1. 财政补贴的概述

（1）财政补贴的含义。财政补贴，是指国家财政为了实现特定的政治经济和社会目标，根据客观需要，向企业或个人提供的一种补偿。财政补贴是国家财政通过对分配的干预，调节国民经济和社会生活的一种手段，目的是为了支持生产发展，调节供求关系，稳定市场物价，维护生产经营者或消费者的利益。在一定时期内适当运用财政补贴有益于协调政治、经济和社会中出现的利益矛盾，起到稳定物价、保护生产经营者和消费者的利益、维护社会安定，促进有计划商品经济发展的积极作用。但是，价格补贴范围过广，项目过多，也会带来弊端。它使价格关系扭曲，掩盖各类商品之间的真实比价关系；加剧财政困难，削弱国家的宏观调控能力；给以按劳分配为原则的工资制度改革带来不利影响；不利于控制消费，减少浪费，提高经济效益。

(2) 财政补贴的特点。财政补贴作为一种特殊的财政分配形式，与其他分配形式相比，有以下特点：

1) 政策性。财政补贴源于一定时期特定的国家政策，其产生和取消都和国家的政策密切相关，严格地按照国家政策执行。

2) 可控性。国家财政补贴政策是根据客观的需要制定的，国家可以通过政策的调整，灵活地掌握补贴的对象，补贴的金额、补贴的方式等，从而实现对经济的调控。

3) 时效性。国家财政补贴政策制定受当时的政治环境、社会环境、经济环境等各方面的影响，这就决定了该政策的适用范围以及存在的条件，随着时间的推移，环境的变换，国家也会对财政补贴政策做出相应的调整。

2. 财政补贴的分类

中国目前的财政补贴，内容复杂，可以从不同的角度进行分类。按财政补贴与社会经济运行过程来看，可以分为生产环节补贴、流通环节补贴和消费环节补贴；按财政补贴的对象来看，可以分为企业补贴与个人补贴；按补贴的方法形式来看，可以分为实物补贴和货币补贴；按补贴的隶属关系来看，可以分为中央财政补贴和地方财政补贴。我们重点来看一下按照国家预算来进行分类。

(1) 价格补贴。价格补贴也称为政策性补贴，是指国家为安定城乡人民的生活，由财政向企业或居民支付的与人民生活必需品和农业生产资料的市场价格政策有关的补贴，主要包括农副产品价格补贴、农业生产资料价格补贴、日用工业品价格补贴和矿产品价格补贴。

(2) 企业亏损补贴。企业亏损补贴，是指国家在企业产生亏损时，为了维持企业生存而给予的财政补贴。企业产生亏损的原因可以分为经营性亏损和政策性亏损。原则上，国家财政对于企业的补贴只应该是政策性补贴部分，但是由于我国企业的经营性亏损和政策性亏损混杂在一起，很难区分，而且，国有企业所占比重也很大，所以，无论是企业的经营性亏损还是政策性亏损，都得到了国家的财政补贴。

(3) 财政贴息。财政贴息是政府提供的一种较为隐蔽的补贴形式，即政府代企业支付部分或全部贷款利息，其实质是向企业成本价格提供补贴。财政贴息是政府为支持特定领域或区域发展，根据国家宏观经济形势和政策目标，对承贷企业的银行贷款利息给予的补贴。

财政贴息主要有两种方式：财政将贴息资金直接拨付给受益企业；财政将贴息资金拨付给贷款银行，由贷款银行以政策性优惠利率向企业提供贷款，受益企业按照实际发生的利率计算和确认利息费用。

3. 财政补贴的规模

从表 6-11 中可以看出，财政补贴的绝对数额整体上是增加的，但是，有不少年份也体现为下降，并且，增长的速度也极不一致，波动的范围相对较大，这和财政补贴的性质有很大的关系，因为财政补贴本身的政策性就很强。从财政补贴支出占全国财政支出的比重来看，也有一些年份是上升的，不过这并不影响整体上的下降趋势。从社会保障支出占 GDP 的比重来看，基本的变动形式和财政补贴支出占全国财政支出的比重相似，一些年份略有上升，但整体上还是呈下降的趋势。

第二节 转移性支出

表 6-11　　　　　　　　中国卫生经费的构成（1978~2006 年）

年份	政策性补贴支出 金额（亿元）	政策性补贴支出 增长率（%）	全国财政支出 金额（亿元）	全国财政支出 比重（%）	GDP 金额（亿元）	GDP 比重（%）
1978	11.14		1122.09	0.99	3645	0.31
1979	79.20	610.95	1281.79	6.18	4063	1.95
1980	117.71	48.62	1228.83	9.58	4546	2.59
1981	159.41	35.43	1138.41	14.00	4892	3.26
1982	172.22	8.04	1229.98	14.00	5323	3.24
1983	197.37	14.60	1409.53	14.00	5963	3.31
1984	218.34	10.62	1701.02	12.84	7208	3.03
1985	261.79	19.90	2004.25	13.06	9016	2.90
1986	257.48	-1.65	2204.91	11.68	10275	2.51
1987	294.60	14.42	2262.18	13.02	12059	2.44
1988	316.82	7.54	2491.21	12.72	15043	2.11
1989	373.55	17.91	2823.78	13.23	16992	2.20
1990	380.80	1.94	3083.59	12.35	18668	2.04
1991	373.77	-1.85	3386.62	11.04	21781	1.72
1992	321.64	-13.95	3742.2	8.59	26923	1.19
1993	299.30	-6.95	4642.3	6.45	35334	0.85
1994	314.47	5.07	5792.62	5.43	48198	0.65
1995	364.89	16.03	6823.72	5.35	60794	0.60
1996	453.91	24.40	7937.55	5.72	71177	0.64
1997	551.96	21.60	9233.56	5.98	78973	0.70
1998	712.12	29.02	10798.18	6.59	84402	0.84
1999	697.64	-2.03	13187.67	5.29	89677	0.78
2000	1042.28	49.40	15886.5	6.56	99215	1.05
2001	741.51	-28.86	18902.58	3.92	109655	0.68
2002	645.07	-13.01	22053.15	2.93	120333	0.54
2003	617.28	-4.31	24649.95	2.50	135823	0.45
2004	795.80	28.92	28486.89	2.79	159878	0.50
2005	998.47	25.47	33930.28	2.94	183217	0.54
2006	837.30	-16.14	40422.73	2.07	211923	0.40

注　数据来源：中华人民共和国国家统计局。

【知识链接】

财 政 投 融 资

　　财政投融资是指政府为实现一定的产业政策和财政政策目标，通过国家信用方式把各种闲散资金，特别是民间的闲散资金集中起来，统一由财政部门掌握管理，根据经济和社会发展计划，在不以盈利为直接目的的前提下，采用直接或间接贷款方式，支持企业或事业单位发展生产和事业的一种资金活动。

财政投融资是一种政策性投融资，它不同于一般的财政投资，也不同于一般的商业性投资，而是介于这两者之间的一种新型的政府投资方式。

财政投融资作为市场经济条件下政府配置资源的重要实现途径，在促进经济有效增长、调整和改善经济结构、强化宏观调控能力等方面都具有独特的功效。我国财政投融资起源于20世纪50年代，进入80年代以后得到迅速发展。但随着我国市场经济的日渐完善和公共财政框架的逐步确立，原有财政投融资体制的问题日益突出，使得对其进行改革的必要性和紧迫性大大增强。

【案例6-1】

美国的社会保险税

社会保险税，也称为社会保障税，是为社会保障制度筹集资金的重要方式。1935年8月14日美国国会通过《社会保障法案》，并签署成为法律。新法案设立了社会保险计划，旨在为65岁或更老的退休工人提供一个持续的收入。《社会保障法案》为美国市民指定社会保障号码，并从1937年1月开始征收社会保险税。经过几十年的发展演变，美国的社会保险税的地位日益重要。到目前为止，社会保险税收入在联邦政府的收入中仅次于个人所得税，占37%左右，居第二位。目前，美国的社会保险税实施的模式是针对承保对象和承保项目来设置的，它不是单一的税种，一般由工薪税、失业保险税、个体业主税、铁路员工退职税组成。

(1) 工薪税。它是美国的主体税种，目的是为老年人筹措退休金和医疗保险而设立的。纳税人为雇主和雇员，课税对象为工资和薪金；税率分为雇主税率和雇员税率；与个人所得税不同，工薪税是对工资和薪金的总数课征，没有宽免扣除，但工薪税有最大税基限制，即只对年工资薪金收入中的一部分课征。

(2) 保险税。它是联邦政府为各州政府弥补失业保险的不足而课征的。纳税人为雇主，课税对象是雇主支付给雇员的工资薪金。

(3) 业主税。它是为个体业主（除医生外）的养老、伤残及医疗保险而设立的。纳税人为单独从事经营活动的个体业主，课税对象是个体业主经营事业的纯收入，税率为雇员和雇主工薪税的之和。由于其身兼两重身份，故允许有一定的扣除。

(4) 铁路员工退职税。它是为铁路人员和铁路公司员工筹措退休费而征收的税。纳税人为雇主和雇员，征税对象是雇员领取的工资和雇主发放的工资。

(5) 社会保险税收入实行基金式管理。美国的社会保障被称为信托基金，意味着保证了领取者未来稳定的收入。如美国这些年来，将4.5万亿美元投入信托基金，4.1万亿美元用于津贴补助支出。其余的在信托基金中用作储备，用于将来生育高峰时期（21世纪早期）的那代人到了退休年龄时，对社会保障制度产生巨大需求时的津贴支付。

（资料来源：http://finance.hnuc.edu.cn/czx/article.asp?articleid=1491）

【案例分析】

从美国社会保险税的产生和发展以及现行社会保险税来看，其社会保险税是针对承保对象和承保项目来设置，考虑了不同社会成员与不同项目的特点，既体现了一定的区别与针对性，也达到了对绝大多数人提供社会保障的目的，美国的社会保障制度及对社会保险税收入实行基金式管理的做法应当说均具有一定的借鉴意义。

习　题

一、单项选择题

1. 购买政府进行日常政务活动所需要的商品与劳务的支出属于（　　）。
   A. 消费性支出　　B. 转移性支出　　C. 投资性支出　　D. 保障性支出
2. 由于受自然条件的影响，是农业生产具有（　　）。
   A. 产出与需求的波动较大　　　　B. 产出波动大，需求变化不大
   C. 产出波动大，需求变化大　　　D. 产出与需求的波动较小
3. 下面行业中的基础产业是（　　）。
   A. 教育业　　B. 农业　　C. 建筑业　　D. 金融保险业
4. 对于建设周期长、投资数额大的农业投资项目应当由（　　）供应资金。
   A. 农业内部积累　　B. 银行信贷　　C. 国外资金　　D. 政府拨款
5. 下列特性中，不属于行政支出性质的是（　　）。
   A. 公共性　　B. 消耗性　　C. 稳定性　　D. 单向性
6. 我国教育经费的来源，主要来自于（　　）。
   A. 财政投入　　　　　　　　B. 社会团体捐赠
   C. 公民个人办学　　　　　　D. 向学生收取的学杂费

二、多项选择题

1. 目前，基础产业项目投资的重点领域有（　　）。
   A. 基础设施　　B. 夕阳产业　　C. 高新技术产业　　D. 房地产业
2. 影响国防支出规模的因素有（　　）。
   A. 国家的地域范围　　　　　B. 国际政治形势
   C. 国家的综合实力　　　　　D. 军事现代化的程度
3. 财政部门在安排教育支出，主要方式有（　　）。
   A. 对教育管理机构提供补助　　B. 对学生提供补助
   C. 对低收入家庭提供补助　　　D. 对学校提供补助
4. 我国科研经费筹集额主要来自于（　　）。
   A. 企业资金　　B. 国外资金　　C. 政府资金　　D. 金融机构贷款
5. 基础产业的投资方式主要有（　　）。
   A. 直接投资方式　　B. 间接投资方式　　C. BOT投资方式　　D. 自主积累方式
6. 社会保障作为一种经济保障形式，主要特征有（　　）。
   A. 波动性　　B. 社会性　　C. 福利性　　D. 强制性
7. 社会保险，是指国家通过立法建立的一种社会保障制度，主要包括（　　）。
   A. 养老保险　　B. 生育保险　　C. 医疗保险　　D. 失业保险
8. 财政补贴按照国家预算来进行分类可以分为（　　）。
   A. 财政贴息　　B. 价格补贴　　C. 企业亏损补贴　　D. 失业补贴

三、分析题

财政部部长谢旭人向全国人大常委会作关于2010年中央决算的报告时指出，全国1.3亿名农村义务教育阶段学生全部享受免除学杂费和免费教科书政策。

谢旭人在讲到2010年预算执行效果时指出，农村义务教育经费保障机制进一步完善，中西部地区约1228万名农村义务教育阶段家庭经济困难寄宿生获得生活费补助。免除2900多万名城市义务教育阶段学生的学杂费。家庭经济困难学生资助政策体系不断健全，449万名普通高校学生、482万名普通高中学生和1136万名中等职业学校学生获得资助。免除440万名中等职业学校家庭经济困难学生和涉农专业学生学费。

此外，在努力保障和改善民生方面，还落实了更加积极的就业政策，全年城镇新增就业1168万人。新型农村社会养老保险试点覆盖面达到24%。连续第六年提高企业退休人员基本养老金水平，继续提高城乡低保补助标准、优抚对象等人员抚恤和生活补助标准。调整自然灾害生活救助项目，提高补助标准。建立孤儿基本生活保障制度。城镇职工基本医疗保险、城镇居民基本医疗保险、新型农村合作医疗保险的最高支付限额，分别提高到当地职工年平均工资、城镇居民可支配收入、全国农民人均纯收入的6倍以上。新型农村合作医疗参合人数、城镇居民基本医疗保险参保人数分别达到8.35亿人和1.95亿人，财政补助标准提高到每人每年120元。支持向城乡居民免费提供9类基本公共卫生服务，重大公共卫生服务项目加快实施。公立医院改革试点在部分城市启动。保障性安居工程进展顺利，全国保障性住房和棚户区改造住房基本建成370万套，农村危房改造和游牧民定居工程加快推进等。

（资料来源：http://www.mof.gov.cn/zhengwuxinxi/caijingshidian/xinhuanet/201106/t20110628_567647.html）

根据上述资料，分析在所提出的财政支出中各项目的构成情况如何，以及带来的影响。

第七章 国 家 预 算

本 章 导 语

为了提高资源的使用率,有效防止在财政资金管理上的浪费,必须以法律、制度的形式对财政收支加以控制,于是,产生了国家预算。国家预算是一国政府的财政收支计划,具有法律的约束力。本章主要研究和阐述了国家预算的基本相关问题、国家预算的编制与执行、国家决算以及财政赤字。

知识目标:
- 了解国家预算的产生与发展、作用
- 理解国家预算体系、国家预算的编制与执行以及国家决算
- 掌握国家预算的含义、特征、种类以及财政赤字的计算和平衡

技能目标:
- 能解释国家预算的含义、特征
- 能写出国家预算体系、国家预算的编制与执行以及国家决算
- 能应用一定的方法计算财政赤字

案例导入:

改革开放以来,随着社会主义市场经济体制的逐步建立和完善,我国政府的职能、活动范围发生了重大变化,财政的职能也应相应进行调整。如何合理调整财政的职能,充分发挥其在提供公共服务、调节收入分配、促进经济稳定增长方面的积极作用,如何建立起适应社会主义市场经济要求的有中国特色的公共财政框架,切实做到依法行政、依法理财,成为摆在我们面前的重大课题。1994年的分税制财政体制改革,从收入方面初步理顺了中央与地方间的分配关系,增强了中央财政的宏观调控能力。但是,在财政支出管理方面,旧体制所造成的预算不够统一、规范,预算软约束,财政支出效益不高等问题却日益突出,具体表现在:①预算编制内容不完整;②预算编制程度不细化;③预算资金使用效益不高。

审计署代表国务院在第九届全国人民代表大会常务委员会第十次会议所作的《关于1998年中央预算执行情况和其他财政收支的审计工作报告》(1999年6月)和全国人大常委会《关于加强中央预算审查监督的决定》(1999年12月25日通过),分别针对中央财政预算管理中存在的问题,就进一步改进和规范中央预算编制工作提出了明确的要求,拉开了我国部门预算改革的序幕。

自此，财政部决定以贯彻全国人大的要求为契机，从改革预算编制方法着手，逐步推进我国预算管理改革。1999年7月24日，财政部向国务院报送了《关于落实全国人大常委会意见改进和规范预算管理工作的请示》。经国务院批准，财政部在广泛征求部门意见的基础上，提出了《关于改进2000年中央预算编制的意见》，开始着手实施部门预算改革。

（资料来源：中华人民共和国财政部网站）

案例评析：

上述的引例，介绍了国家预算管理改革的背景。国家预算作为经济管理的一个手段，有着重要的作用，它也随着经济环境、经济形势的变化和社会的发展而变化。当现行的国家预算制度不再适合当前经济发展和社会进步的需要时，就会出现变革，产生新的适应新形势、新环境的预算制度。

第一节 国家预算概述

国家预算是一国政府的财政收支计划，具有法律的约束力。本节主要阐述了国家预算的含义、产生与发展、特征、作用，并对国家预算体系进行了介绍。

一、国家预算的概念

国家预算是国家管理社会经济事务、实施宏观经济调控的主要手段之一，从具体形式上看，它是一国政府在一个预算年度内的财政收支计划，是国家权力机构批准的法律文件；从形式上看，国家预算就是按一定标准将财政收入和财政支出分门别类地列入特定表格，人们可以通过这些表格了解政府的财政活动；从内容上看，政府预算反映政府集中支配的财力来源、规模和使用方向；从作用上看，通过国家预算决定了政府活动的范围、方向以及国家政策；从实际内容来看，国家预算的编制是对财政收支的计划安排或编制财政收支平衡表，预算执行时财政收支的筹集和使用过程，预算的年终决算，只是国家预算执行情况的总结。

国家预算也称政府预算，是政府的基本财政收支计划。财政是国家为了实现其职能的需要，对一部分社会产品进行分配和再分配的活动，是国家配置资源的重要方式和调控社会经济运行的重要手段，是确保国家赖以存在的基本条件。

二、国家预算的产生

（一）国家预算的发展历程

现代国家预算产生于英国。11世纪以前的英国，已经进入农奴社会，国家和国家的财政活动也同时存在着。但英国中央政府的行政范围一直是十分狭小的，财政支出主要用于军事和应付紧急事件，而财政收入则主要来源于大贵族的捐赠。这时，国家的财政收支活动还不是经常进行的，没有完善的财政制度和确定的执行机构，更没有国家预算。13~14世纪之间，由于人口的增加、手工业的发展、城市的形成和商业的繁荣，不少大商人和手艺师逐渐成为新的富有阶层。他们向王室交纳重金和特税换取国王的特权许可状，以确立他们在行业内的垄断地位，而这些重金和特税，成为王室巨大的财政来源。同一时期，英国也处于战争状态，王室为了战争经费而继续疯狂敛财，这加深了王室和贵族间的矛盾。为了对国王财政权力进行限制，1215年，英国贵族迫使国王签署了《大宪章》，确立了法律过于王权的基本原则，为议会制度奠定了基础。按照《大宪章》的规定，除了王室政府的正常收入以外，一切额外义捐，无论是租税还是力役，不经过由僧侣和大贵族、大地主所组成的权力机构——大议事会的批准，国王都不得擅自征收。而且，还规定：除非得到本人同意，否则国王无权支配任何人的个人财产和自由权力。议会通过法律形式，形成了对王权的制约力量。《大宪章》的问世，成为现代国家预算开始萌芽的标志。

15世纪末，出现了新兴资产阶级，从16世纪开始，新兴资产阶级的经济力量不断增强，为了维护自身的权益，摆脱对封建国王的捐献义务，新兴资产阶级就利用自己手中的财富联合广大劳动群众反封建的力量，与封建王朝展开了激烈的斗争。标志着世界近代史开端的英国资产阶级革命在1640年爆发，这场革命导致了财政方面的一系列变化。1678年，确定了王室政府执行其职能所需要的财政支出，必须由代表资产阶级利益的下议院批准。1688年，确定了国王的支出总额必须由国会批准，王室年俸由议会决定，国王的私人支出与政府的财政支出必须分开，不得混同。1689年，通过了《权力法案》，重申不经议会批准，王室政府不得强迫任何人纳税或其他缴纳，还规定了征税收入和使用预算支出都必须经过议会批准，并采用按年分配收支，在年前做出收支计划，提请议会审批和监督的办法。到17世纪末期，由于王室政府的财政收入和支出都受到了限制，国王的私人支出也和国家的财政支出区分开来，国家预算基本形成了。1760年，英王乔治三世为了增加王室经费，以交出王室的世袭财产收入为代价，换取了由下议院审批的对王室的年度财政拨款。从此，资产阶级因而控制了国家的全部财政收入和支出。

1816年，英爱综合基金的形成，使全国财政收支统一于唯一的综合基金，使英国出现了世界上第一个完整的、现代意义上的国家预算。

欧美其他资本主义国家的政府预算制度确立较晚，一般是在18、19世纪中建立了资产阶级政权后才形成的。我国在夏朝就出现了国家，伴随着国家的出现产生了国家财政，而我国的政府预算直到1911年，即光绪年间，才出现。

(二) 国家预算产生及发展的原因

国家预算产生的直接原因是新兴资产阶级与封建君主进行的政治经济斗争，可以说是政治民主化的产物。

(1) 国家预算产生的直接推动力量围绕着国家财政问题而展开的阶级斗争，是由社会生产关系的总和即经济基础的变化引起的，对国家预算的产生起了决定性的作用。

(2) 随着生产力和社会分工的发展，经济活动之间的联系日益紧密，和与此相应的国家职能的演变，客观上使得财政分配的规模越来越大，分配关系越来越复杂，这也要求实行有计划的财政分配，要求国家预算的产生。

(3) 商品经济的充分发展，货币成为一切生产、分配、交换和消费活动的控制器，整个社会再生产过程都是以货币作为媒介的，是现代国家预算产生的必要条件。

三、国家预算的特点与作用

(一) 国家预算的特点

国家预算作为一个独立的财政范畴，是国际财政发展到一定历史阶段的产物，具有以下的特点。

1. 计划预测性

国家预算是一定时期收入与支出的数字估算表,最明显地表现为年度预算收支计划。国家通过编制预算可以对预算收支规模、收入来源和支出用途做出事前的设想和预计。在编制预算时,要根据对社会经济发展的预计,预测能收取到多少收入,根据社会管理和发展的需要安排支出。当客观经济形势发生意想不到的变化,原来预计能取得的收入和安排的支出已不可能实现时,就要及时对预算进行调整。

2. 法定性

国家预算不同于一般意义上的预算,一般意义上的预算由当事人自行决定即可,国家预算的编制和确定都必须依照一定的法律程序进行。我国宪法和《预算法》明确规定:各级人民代表大会有审查批准本级预算的职权。各级预算确定的各项收支指标经国家权力机关审查批准后下达,具有法律强制性,各级政府、各部门、各单位都必须严格贯彻执行,非经法定程序,不得改变。政府编制的预算只能称草案,只有经过权力机关批准后,预算才得以成立。

3. 完整性

国家预算是政府的基本财政收支计划,一般地说,政府所有的收入和支出都必须纳入。我国由于历史的原因和管理的需要,目前还有相当一部分政府收支没有纳入预算。

4. 年度循环性

预算年度指预算收支的起讫时间,通常为一年。政府预算必须是未来一段时期内的计划,不能三天两头向权力机关报批。只要国家存续,就需要不停地进行收支活动,以维持其正常运转,实现其职能。但为了方便核算和管理,人们往往要设定一定的时段,这种时段一般以一年为界。这种时段在企业为会计年度,在国家预算上称为预算年度。各国的预算年度并不完全一样,预算年度根据起讫时间分为历年制和跨年制两种形式。历年制是按照公历计,从公历1月1日起,到12月31日止,我国采用的就是历年制。跨年制主要考虑国会会期、税收与工农业经济的季节以及宗教和习俗等因素,有的是从每年的4月1日起至第二年的3月31日止,有的是从每年7月1日起至第二年的6月30日止。

5. 公开性

由于国家预算的收入和支出都与人民群众的关系极为密切,因此一般要求其公开透明。无论是权力机关的审查批准过程,还是批准以后的预算,以及预算的执行情况都应当向社会公开,让社会公众了解财政收支状况,并接受公众监督。预算作为公开性的法律文件,内容必须明确,以便全社会公众及其代表能理解、审查。

(二)国家预算的作用

现代的国家预算不仅是国家分配资金的重要手段,而且发挥着越来越重要的宏观调控的功能和作用,概括起来,主要体现在下面的几个方面。

1. 国家分配资金的主要手段

财政分配职能需要由财政部门运用政府预算、税收、财政投资、财政补贴、国有企业上缴利润等一系列分配手段来实现,但是国家财政参与国民收入的分配和再分配活动主要是通过国家预算进行的。国家预算收入来源和支出用途全面反映国家财政的分配活动,体现国家集中性财政资金的来源规模、去向用途、在一定程度上反映国民经济和社会发展规模、比例、速度和效益。

2. 反映政府的活动范围和方向

预算上的一收一支,绝不仅仅是数字的排列,它必然要反映在政府的各项活动上。从预算收入安排上看,每一笔收入都必须落实到项目上,在某一个收入项目上增多少收入,减多少收入,能反映出政府的政策取向。如在2004年的预算中,确定减征农业税,就反映出国家要通过减轻种粮农户的负担来鼓励农民种粮的政策。从支出安排上看,国家对哪些方面增加投入,反映出国家鼓励哪些方面的发展。如近些年来,国家每年都加大对教育、农业、科技的投入,就反映出国家重视农业、重视科教兴国的政策。

3. 有利于人民参与对国家事务的管理

对预算的讨论决定和对预算执行的监督是人民参与国家事务管理的重要体现。预算草案编出后要送由人民代表组成的权力机关进行审查,经其批准后预算才能成立。倘若预算草案不符合人民的意愿,权力机关有权进行修改,有权不予批准。国家权力机关对预算的批准,实质上是对政府工作安排的批准,体现权力机关授权政府可以干哪些事。当预算经国家权力机关批准后,其执行还要受到权力机关的监督。政府在年度终了要向权力机关报告执行结果,权力机关对执行结果还要进行审查,并决定是否批准。

4. 有利于政府活动的有序进行

由于预算对政府一年要做哪些事,做某件事要给多少钱都事先作出了安排,在新的年度开始后,征收部门按法律规定组织收入,财政部门按预算拨付资金,相关职能部门得到资金后按事先安排开展工作。这样就能有利于政府及其部门对所要干的事情早做准备,按计划开展工作,避免工作的盲目性。

5. 调控的重要途径

国家预算对经济的调控作用主要体现在三个方面:

(1) 控制社会总供求。总量调控是宏观调控的主要内容,预算收支总规模可以直接或间接影响社会总供求,其中主要通过预算支出控制社会总需求,用总需求制约总供给,是指保持基本平衡,因为政府预算支出直接构成社会总需求,并呈同增同减关系。此外,坚持预算收支平衡是实现社会总供求平衡的重要保证。

(2) 调节结构。通过政府预算支出结构来调节国民经济结构,主要是保证农业的基础地位,基础产业和重点建设的投入,支持"瓶颈"产业的发展,以此调节产业结构、协调国民经济的重大比例关系,促进生产要素的优化配置和经济效益的提高。

(3) 确保公平分配关系。预算管理体制是划分预算收支范围和预算管理权责,处理中央和地方、地方和行业、社会成员之间财政分配关系的根本制度,合理分配各地区的财力,适当缩小地区间和社会成员之间经济差距和收入差距。

四、国家预算体系

一国的预算是由各级政府的预算组成的,而各级政府的预算是由该级政府所辖的公共部门预算组成,相互之间有复杂的预算资金往来关系。国家预算体系是指在经法定程序审核批准的一个国家各级政府预算以及各级政府的公共部门预算组成的一个体系。

各国预算体系由于政体的不同而表现出不同的结构关系。如美国、加拿大等联邦制国家的各级预算之间是相互独立的，国家预算即政策预算，与州政府预算、地方政府预算没有直接关系。而法国、日本等中央集权制国家，虽然地方政府在财政经济管理上拥有一定的主权，但中央政府对地方政府却仍拥有较大的控制权力，包括事权、财权的划分以及相应的制度决策权等均集中在中央。

中国国家预算体系根据国家政权结构而建立。中国实行一级政府一级预算，从中央到基层政府共分五级预算：中央，省、自治区、直辖市，设区的市、自治州，县、自治县，不设区的市、市辖区，乡、民族乡、镇。不具备设立预算条件的乡、民族乡、镇，经省、自治区、直辖市政府确定，可以暂不设立预算。因此，中国国家预算体系由中央政府预算（或中央预算）和地方预算组成。中央预算由中央各部门（包括直属单位）的预算组成；地方预算由各省、自治区、直辖市总预算组成；地方各级总预算由本级各部门（包括直属单位）的预算组成；各部门预算由本部门所属各单位预算组成；单位预算是指列入部门预算的国家机关、社会团体和其他单位的收支预算。国务院编制中央预算草案，并由全国人民代表大会批准后执行。地方各级政府编制本级预算草案，并由同级人民代表大会批准后执行。地方各级预算收支统称地方财政收支。具体如图7-1所示。

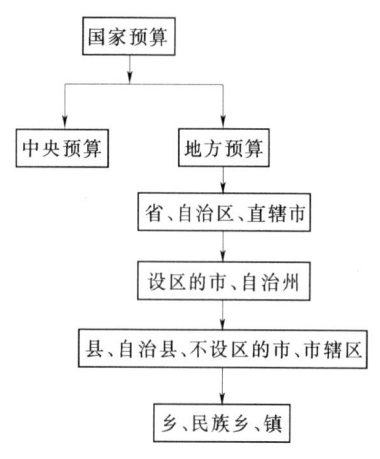

图7-1 中国的国家预算体系

按照《中华人民共和国预算法》的规定，各级人民代表大会、人民政府和财政部门在预算管理中承担着各自不同的职责。各级人民代表大会拥有的预算管理职权是：审查本级总预算草案及本级总预算执行情况的报告；批准本级预算和本级预算执行情况的报告；改变或撤销本级人民代表大会常务委员会关于预算、决算的不适当的决议；撤销本级政府关于预算、决算的不适当的决定和命令。各级人民代表大会常务委员会拥有的预算管理职权是：监督本级总预算的执行；审查和批准本级预算的调整方案；审查和批准本级政府决算；撤销本级政府关于预算、决算的不适当的决定和命令；撤销下一级人民代表大会及其常务委员会关于预算、决算的不适当的决定和命令。各级人民政府拥有的预算管理职权是：编制本级预算、决算草案；向本级人民代表大会作关于本级总预算草案的报告；将下一级政府报送备案的预算汇总后报本级人民代表大会常务委员会备案；组织本级总预算的执行；决定本级预算预备费的动用；编制本级预算的调整方案；监督本级和下级政府各部门关于预算、决算的不适当的决定、命令；向本级人民代表大会及其常务委员会报告本级总预算的执行情况。各级政府财政部门拥有的预算管理职权是：具体编制本级预算、决算草案；具体组织本级总预算的执行；提出本级预算预备费动用方案；具体编制本级预算的调整方案；定期向本级政府和上一级政府财政部门报告本级总预算的执行情况。

从预算体系看，目前我国各级政府预算由公共财政预算、政府性基金预算、国有资本经营预算共同构成。政府各类收入反映政府以行政权力和国有资产所有者身份集中社会资源的规模和份额，都应纳入政府预算体系管理，完整的政府预算体系包括公共财政预算、国有资本经营预算、政府性基金预算,以及社会保障预算。

公共财政预算是指政府凭借国家政治权力,以社会管理者身份筹集以税收为主体的财政收入,用于保障和改善民生、维持国家行政职能正常运转、保障国家安全等方面的收支预算。

政府性基金预算是国家通过向社会征收以及出让土地、发行彩票等方式取得政府性基金收入,专项用于支持特定基础设施建设和社会事业发展而发生的收支预算。政府性基金预算的管理原则是:以收定支,专款专用,结余结转下年继续使用。根据《2009年政府收支分类科目》确定的收支范围,政府性基金主要包括:三峡工程建设基金、中央农网还贷资金、铁路建设基金、港口建设费、民航机场管理建设费、新增建设用地土地有偿使用费、大中型水库移民后期扶持基金、中央财政外汇经营基金财务收入、彩票公益金等43项。

国有资本经营预算,是国家以所有者身份依法取得国有资本收益,并对所得收益进行分配而发生的各项收支预算,是政府预算的重要组成部分。国有资本经营预算支出按照当年预算收入规模安排,不列赤字。国有资本经营预算收入主要包括从国家出资企业取得的利润、股利、股息和国有产权(股权)转让收入、清算收入等,支出主要用于对重要企业补充资本金和弥补一些国有企业的改革成本等。2008年开始实施中央国有资本经营预算,试行范围为国资委所监管企业、中国烟草总公司和中国邮政集团公司,以后还将逐步扩大范围。

社会保障预算指政府通过社会保险缴费、政府公共预算安排等方式取得收入,专项用于社会保障支出的收支预算。目前,我国建立社会保障预算的条件还不成熟。为积极推进此项工作,按照党中央、全国人大、国务院要求,近年来财政部门会同有关部门积极研究在全国范围内建立社会保险基金预算制度。2009年起草了《国务院关于试行社会保险基金预算的意见(代拟稿)》,在广泛征求意见的基础上,于2009年12月提交国务院常务会议审议并原则通过,从2010年起在全国试编社会保险基金预算。

上述四类预算并非完全独立,而是有机衔接的整体。要按照各自功能和定位,科学设置政府预算。将应当统筹安排使用的资金统一纳入公共财政预算;将具有专款专用性质且不宜纳入公共财政预算管理的资金纳入政府性基金预算;将国家以所有者身份依法取得的国有资本经营收益,并对所得收益进行分配而发生的各项收支统筹纳入国有资本经营预算;将通过一般性税收、社会保障费(税)及其他渠道筹集和安排的、专门用于社会保障的各项收支纳入社会保障预算,目前重点试编社会保险基金预算。公共财政预算是国家预算体系的基础,政府性基金预算、国有资本经营预算和社会保障预算相对独立,各预算可进行适当调剂,例如,国有资本经营预算部分收入可用于弥补社会保障支出。根据经济社会发展和政府宏观调控的需要,将逐步加大对政府性基金预算和国有资本经营预算的统筹调配力度,形成资金合力。

下一步,将继续建立健全四个预算有机衔接的政府预算体系。进一步完善公共财政预算。全面推进国有资本经营预算工作。全面编制中央和地方政府性基金预算。积极稳妥试编社会保险基金预算,待条件成熟时,研究逐步过渡到编制社会保障预算。

第二节 国家预算的编制、执行和国家决算

国家预算的编制与执行以及国家决算是国家预算的核心内容。本节主要介绍了国家预算的具体编制方法、国家预算的执行管理问题，以及国家决算。

一、国家预算的编制

为提高财政资金分配和使用的规范性、安全性和有效性，从编制2000年预算起，我国开始实行部门预算编制管理模式。部门预算，是指政府部门依据国家有关政策法规及其履行职能需要，由基层预算单位开始编制，逐级上报、审核、汇总，经财政部门审核后提交立法机关依法批准的涵盖部门各项收支的年度财政收支计划。通俗地讲，就是一个部门一本账。

中央部门预算采取自下而上的编制方式，编制程序实行"二上二下"的基本流程：①中央部门编报部门预算建议数，简称"一上"。编报部门预算要从基层预算单位编起，层层汇总，由一级预算单位审核汇编成部门预算建议数，上报财政部门；②财政部下达部门预算控制数，简称"一下"。财政部对各中央部门上报的预算建议数审核、平衡后，汇总成中央本级预算初步方案报国务院，经批准后向各中央部门下达预算控制限额；③中央部门上报部门预算，简称"二上"。各中央部门根据财政部下达的预算控制限额，编制部门预算草案上报财政部；④财政部批复部门预算，简称"二下"。财政部在对各中央部门上报的预算草案审核后，汇总成中央本级预算草案和部门预算草案，报经国务院审批后，提交全国人民代表大会审议，并在人代会批准预算草案后一个月内向中央部门批复预算，各中央部门应在财政部批复本部门预算之日起15日内，批复所属各单位的预算，并负责具体执行。

2009年，中央部门预算改革取得了新进展：①规范预算分配，健全财政支出标准体系。扩大基本支出定员定额试点范围，完善基本支出标准体系，将28家参照公务员法管理事业单位和9家事业单位纳入定员定额试点范围；建立了中央部门人员信息数据库；积极推进实物费用定额试点，按照人员定额和实物费用定额相结合的方式核定试点部门日常公用经费规模。严格控制项目支出申报规模，继续进行项目清理，细化项目预算编制。启动项目支出定额标准体系建设，制定了中央本级项目支出定额标准管理暂行办法和建设实施方案，开展了部分通用定额标准的制订和修订工作；②细化预算编制，建立预算编制与预算执行相结合的机制。进一步延伸预算管理级次，原则上每项支出都要落实到具体承担单位，使各单位的预算与其履行职能紧密结合起来。强化预算执行管理，努力提高预算执行的时效性和均衡性。推进预算编制与预算执行的有机结合，根据预算执行进度和以前年度结转和结余资金情况，相应调整相关部门项目支出预算；③加强预算管理，提高资金使用效益。继续加强财政拨款结转和结余资金管理，修订了《中央部门财政拨款结转和结余资金管理办法》，加大结转和结余资金统筹使用力度，结余资金全部统筹用于编制以后年度部门预算，对累计结转和结余资金规模较大或增长较快的部门，适当压缩以后年度财政拨款。进一步扩大绩效评价试点范围，2009年，中央预算支出绩效评价试点范围扩大到94个中央部门的167个项目，大部分地区开展了预算支出绩效评价试点。探索完善预算

支出绩效评价体系,印发了《财政部关于进一步推进中央部门预算项目支出绩效评价试点工作的通知》,规范绩效评价各方职责和工作程序,完善绩效评价内容体系和评价文本,推进了绩效评价结果的公开。

未来预算编制改革的发展方向是:着力完善预算支出标准体系,不断提高预算管理的公正性;着力推动项目支出预算滚动管理,不断提高项目支出预算管理的规范性;着力推进综合预算管理,不断提高预算管理的科学性;着力提高部门预算年初到位率,不断提高预算管理的严肃性;着力探索绩效预算管理模式,不断提高预算管理的有效性。

二、国家预算的执行

预算执行管理是财政管理的重要组成部分,是预算实施的关键环节。预算执行管理水平的高低,直接关系党和国家重大方针政策的贯彻落实,关系到各项财政政策实施的效果,关系到财政资金使用效益的提高。

近年来,按照建立中国特色公共财政体系的要求,通过体制、机制和制度创新,我国的预算执行管理发生了根本性的变化,逐步构建起中国特色现代财政国库管理体系,涵盖了国库集中收付、国库现金管理、政府采购管理、预算执行情况报告、政府会计核算管理以及财政国库动态监控等诸多方面,并形成相互促进的有机整体,为加强和完善财政管理、贯彻落实财税政策、实施宏观调控提供了有效手段和坚强保障。

(一) 国库集中收付制度

2001年3月,我国正式开始实施财政国库管理制度改革,基本目标是改革传统的财政资金银行账户管理体系和资金缴拨方式,建立以国库单一账户体系为基础、资金缴拨以国库集中收付为主要形式的财政国库管理制度。改革从根本上改变了传统的财政资金运行机制,实现了由层层"中转"变"直达"用款单位和个人。财政资金运行过程通过电子化监控系统实时监控,有效提高了预算执行透明度,强化了预算监督。

截至2009年底,在国库集中支付制度改革方面,所有中央部门及所属12000多个基层预算单位实施了国库集中支付制度改革;地方36个省、自治区、直辖市和计划单列市本级,320多个地市,2100多个县(区),超过31万个基层预算单位实施了国库集中支付制度改革;改革的资金范围已由一般预算资金扩大到专项转移支付资金、政府性基金、预算外资金等。在收入收缴改革方面,有非税收入的中央部门均纳入改革范围,60多个中央部门已正式实施改革。地方所有省份的省本级、280多个地市、2100多个县(区)、超过23万个执收单位实施了非税收入收缴改革,改革的资金范围扩大到行政事业性收费、政府性基金收入、专项收入、罚没收入、国有资源(资产)有偿使用收入、国有资本经营收入、彩票公益金收入以及其他收入八大类。

(二) 公务卡制度

公务卡是指预算单位工作人员持有的,主要用于日常公务支出和财务报销业务的信用卡。2007年7月,我国正式实行公务卡制度改革,对公务消费由公务卡取代现金支付结算,利用"刷卡支付、消费有痕"的特点,使公务消费置于阳光之下,财政部门能够掌握所有通过公务卡支付报销的明细信息,并可通过监控系统实时监控,加强了财政财务管理。截至2009年底,几乎所有中央预算部门和地方省级部门都实施公务卡改革,全国发卡数量超过300万张,2009年全国公务卡刷卡支付金额达到280多亿元。

(三) 财政国库动态监控

财政国库动态监控是指在国库集中支付制度改革基础上,通过动态监控系统,对国库集中支付资金相关信息进行判断、核实、处理,及时纠正预算执行偏差,保障财政资金安全、规范、有效,以达到纠偏、警示、威慑目的的预算执行监管工作。截至 2009 年底,财政国库动态监控覆盖到所有中央部门及所属 12000 多个基层预算单位。同时,还将农村义务教育等部分中央补助地方专项转移支付资金纳入动态监控范围。

(四) 财税库银税收收入电子缴库横向联网

财税库银税收收入电子缴库横向联网是指财政部门、税务机关、人民银行、国库、商业银行利用信息网络技术,通过电子网络系统办理税收收入征缴入库等业务,税款直接缴入国库,实现税款征缴信息共享的缴库模式。2007 年,我国财税库银税收收入电子缴库横向联网工作正式启动,截至 2009 年底,近 30 个省份推进了财税库银横向联网。2009 年共办理业务 3600 多万笔,金额近 9300 亿元,比上年分别增长 96% 和 74%。

(五) 政府采购制度

政府采购是指各级国家机关、事业单位和团体组织,使用财政性资金采购依法制定的集中采购目录以内的或者采购限额标准以上的货物、工程和服务的行为。由于政府采购按照公平、公正、公开的原则运作,便于社会各界监督,因而也被称为"阳光下"的采购。1996 年,我国开始进行政府采购制度改革试点。2003 年,《中华人民共和国政府采购法》正式实施,标志着政府采购制度改革进入了新的历史发展时期。

目前,我国政府采购制度改革已取得重大进展:①政府采购范围和规模不断扩大,经济效益和社会效益大幅提高。政府采购规模由 2002 年的 1009.6 亿元增加到 2009 年的 7413.2 亿元,2002~2009 年我国政府采购资金年节约率在 11% 左右,累计节约财政资金约 3700 多亿元;②政府采购法律制度框架基本形成,初步建立了以政府采购法为统领、以部门规章为依托的政府采购法律制度体系;③政府采购管采分离成效明显,初步建立了财政部门统一监督管理下的集中采购机构和采购单位具体操作执行的采购管理体制;④政府采购政策功能取得重大突破,在促进节能环保、民族产业发展等方面发挥了积极作用;⑤依法采购水平全面提升,公开透明的采购运行机制逐步形成;⑥监管工作进一步加强,在强化预算和计划约束、规范操作执行、提高政府采购质量和效率等方面取得新进展;⑦加入 WTO 政府采购协议谈判进入实质性阶段,国内谈判应对工作全面开展。

(六) 国库现金管理

财政国库动态监控是指财政部门代表政府在确保国库支付需要和国库现金安全的前提下,有效管理国库现金以降低筹资成本和获取投资收益的一系列财政管理活动。经国务院批准,2006 年我国正式开展中央国库现金管理工作。

目前,中央国库现金管理主要采取两种相对安全的操作方式,即商业银行定期存款和买回国债,提高了国库资金使用效益,并在与国债管理有效结合以及促进宏观经济政策的贯彻落实方面发挥了积极作用。

(七) 预算会计

预算会计是指以预算管理为中心的宏观管理信息系统和管理手段,是核算、反映和监督中央与地方各级政府预算,以及行政事业单位收支预算执行情况的会计,具体包括财政总预算会计、行政单位会计和事业单位会计等。

（八）账户管理

账户管理包括预算单位银行账户和财政资金专户管理。账户管理是推进预算管理和国库管理制度改革的基础性工作，是强化资金监管和确保资金安全运行的根本性措施，也是维护社会主义市场经济秩序和从源头上预防腐败的重要手段。

预算单位银行账户管理。近年来，通过健全账户管理规章制度，规范账户审批管理，建立账户年检管理制度，完善账户管理信息系统，强化账户日常监管等措施，基本实现了预算单位银行账户的规范化和长效化管理。

财政资金专户管理。财政资金专户是指财政部门为管理核算部分具有专门用途和特殊管理需要的财政性资金，在商业银行及其他金融机构开设的银行账户。近年来，财政部门按照"规范、统一、精简、高效"的原则，不断健全财政资金专户管理制度，对财政资金专户开户审批管理权限、开户程序、归口管理、建立档案制度和年度报告制度等作出了明确规定，并按照制度化、规范化的要求，加大清理整顿力度，推动实施财政资金专户动态管理，财政资金专户管理不断加强和规范。

（九）预算执行情况报告

预算执行情况报告是指根据各级金库报表和各级财政总预算会计报表编制并逐级汇总而成，包括预算收支执行情况报表和文字分析两部分，主要反映各财政收支项目本旬（月）及累计发生数、完成预算进度及增减变化情况等，同时对执行情况进行分析说明并提出有关建议。预算执行情况报告是有关部门和领导进行财政经济决策的重要参考依据。

（十）财政总决算

财政总决算是指对按照法定程序编制的全面反映各级政府年度预算收支执行结果的综合报告。现行的财政总决算由中央财政决算和地方财政总决算构成，分别按收入分类和支出功能分类，全面反映政府收支活动。

（十一）部门决算

部门决算是指全面反映各部门（单位）年度预算执行情况的综合财务报告。近年来，我国部门决算编审工作不断改进和完善，已将预算单位的所有收支及资产负债情况纳入部门决算编报范围，并形成一套比较完善的部门决算报表体系和编审工作流程。部门决算数据是分析预测社会事业发展和编制部门预算的重要依据。通过对决算数据进行深入分析，能够揭示单位年度预算执行情况及财务管理和会计核算方面的问题，从而加强和改进财政财务管理，形成"预算→决算→预算规范"的预算管理链，建立部门决算与部门预算相互反映、相互促进的有效机制。

（十二）财政统计

财政统计是指对财政预算执行信息按一定的标准进行归类整理的方法，是社会经济统计体系中的一种专业统计，是财政政策制定、财政经济形势分析和宏观调控的重要依据，主要表现在：①对公开发布过的财政统计数据口径差异和变化情况进行集中整理并逐步统一和规范；②定期通过财政部网站、《中国统计年鉴》、《中国财政年鉴》等公布财政收支数据；③整理汇编财政历史数据并研究利用，及时提供财政统计数据资料和统计分析报告；④向国际货币基金组织等提供财政统计数据。

三、国家决算

国家决算是国家预算管理的最终环节，经法定程序批准的年度国家预算执行情况及结果书面文件，是国家预算执行效果的总结，是预算管理过程中一个必不可少、十分重要的阶段。尚未经法定程序批准的称决算草案。国家决算由决算报表和文字说明两部分构成，通常按照中国统一的决算体系汇编而成。

我国决算包括中央决算和地方各级政府决算。根据《中华人民共和国预算法》规定，中国各级政府、各部门、各单位在每一预算年度终了后，应按照国务院规定的时间编制决算，以便及时对预算执行情况进行总结。

每一个预算年度终了后，各级人民政府、各部门、各单位都要编制决算草案。政府各部门所属的行政、企业事业单位，按其主管部门部署编制本单位决算草案；各部门在审核汇总所属各单位决算草案基础上，连同部门本身的决算收支数字，汇编成本部门决算草案；县级以上各级财政部门作为各级财政决算的编制本级政府决算草案；财政部根据审定后的中央部门的决算草案汇总编制中央决算草案。按照《中华人民共和国预算法》的规定，各级财政部门不再汇编包括本级政府决算和下一级政府决算在内的汇总决算草案，但是经过权力机关批准了本级决算必须报上一级政府备案。参加组织预算执行、经办预算资金收纳和拨款的机构，也要及时编制年报或决算，这些年报或决算都是各级财政决算的组成部分。

为了保障决算的质量和编制工作的顺利进行，财政部在每个预算年度终了前（一般在第四季度），根据当年的财政方针政策，财政、财务制度和编制决算的原则以及需要结算的事项等，制定决算的编制审核办法，制发统一的决算表格。主要是拟定下达本年度《国家财政决算编审办法》，其内容一般要包括以下几个方面：①抓紧年前增收节支和做好平衡预算工作，预防年终突击花钱，虚列支出，不按制度规定预退、预提财政收入，压低财政收入基数或对应收的财政收入，年内不入库、留到下年征收等问题；②提出组织年终清理和年度对账工作的要求，即财政总会计上下级之间、与单位预算会计之间、与国库之间的年度预算、追加追减、补助、上解、暂存、暂付等往来款项，以及国库的预算收入划分报解等数字，必须核对清楚，并清理历年的借款，办理必要的手续；③根据年度预算执行的具体情况，提出包括对企业、基本建设、事业行政单位和基层财政的财务决算审查重点和对决算问题的处理原则；④提出决算编审工作的组织领导要求，即各级财政、财务主管部门要在当地政府和本部门的统一领导下，加强决算的组织领导，及时督促检查；⑤提出当年决算编审工作一些具体问题的处理原则，如除正常的财政体制结算外，还要对各年预算执行的特殊事项，作出具体规定；⑥规定决算报表报送的期限和份数，以便各级财政机关按时逐级汇总上报。

为便于全国统一汇总，财政部根据国家预算管理的要求和总预算会计制度的基本精神，对国家决算报表的种类、格式、内容和填报口径作出统一的规定。财政决算表格按适用范围分为财政总决算表格和单位元决算表格两种。其中，财政总决算表格反映财政预算收支情况和资金活动情况，预算单位元决算表格反映各个事业行政单位执行年度经费支出预算的情况、各项定员定额和事业成果的执行情况，以及单位资金活动情况和结果。财政决算表格按反映的内容可分为财政收支决算表、预算收支调整表、财政决算年终资金活动情况表、支出结余结转下年使用情况表以及其他各种分析成果表等。

国家决算采用层层汇编的办法先由执行预算的基层单位决算编起，由各级财政部门汇编成本级决算。单位决算表分资金活动表、支出明细表和基本数字表。基层单位决算草案编成后，按规定程序报上级单位。上级单位对其审核后，汇入本单位决算报上级主管部门。主管部门对其审核后，连同本身的决算汇编成本部门决算草案，并附有详细说明，定期限报同级财政部门。

财政总决算由基层乡（镇）财政机关开始编制，逐级汇总。县（市）财政决算分为乡（镇）级和县（市）两部分，两部分数字汇总后，即编制成县（市）财政总决算。如此层层逐级汇总，形成国家总决算。财政总决算编成后，经同级人民政府审定盖章后报上级财政机关，逐级上报到财政部；财政部再连同中央级总决算一并汇编成国家决算草案，报国务院审定。

为保证国家决算的质量，对决算报表的各个环节都必须加强审查。决算审查工作与决算报表汇编工作通常是交叉进行的。审查的方法有书面审查、就地审查和派人到上级机关汇报审查三种，其中书面审查是最主要的审查方法。审查的形式有单位自查、联审互查和上级重点审查三种。审查的内容有政策性审查和技术性审查两方面。其中，政策性审查主要有对各单位和各级财政机关贯彻执行国家各项方针政策、财政制度、财经纪律情况等方面进行审查；技术性审查则主要对决算报表的数字关系和完整性方面进行审查，并重点审查以预算收入、预算支出方面的问题。

财政部汇编中央决算草案报国务院审定，国务院提请全国人民代表大会审查批准。这一工作通常是与下一年度的预算草案审批同时进行的。如果在召开全国人民代表大会时，正式的中央决算草案尚未编成，可先提交年度预算执行情况的报告，待决算草案编成后，再提交全国人民代表大会常务委员会审批。国家预算批准后，国务院根据全国人民代表大会或常务委员会决议，批复中央各部门决算。地方各级政府决算由地方财政部门报送同级人民政府审定后，提请同级人民代表大会审查批准。

第三节 财 政 赤 字

财政赤字反映这一国政府的收支状况，是财政收支未能实现平衡的一种表现。本节主要阐述财政赤字的含义、类型，研究财政赤字的计算方法，并探讨财政赤字的平衡问题。

一、财政赤字及其计算方法

（一）财政赤字的概述

1. 财政赤字的含义

要理解财政赤字，首先要理解财政平衡的概念。财政平衡即财政收支平衡，通常是指在一个预算年度内财政收入与支出数量相等的状态。与之相对应，如果年度内的财政收入大于支出，则称为"财政节余"；如果年度内财政收入小于支出，则称为财政赤字。

可见，财政赤字是财政支出大于财政收入而形成的差额，它反映着一国政府的收支状况，是财政收支未能实现平衡的一种表现，是一种世界性的财政现象。

2. 财政赤字、预算赤字和赤字财政

在理解财政赤字这一概念时,我们还需要将财政赤字与预算赤字和赤字财政这两个概念区分开来。

预算赤字,是指一国政府在每一财政年度开始之初,在编制预算时安排的总支出超过总收入而出现的赤字。这表示赤字不仅出现在预算执行的结果上,而在安排预算时,就已有计划、有目的地留下赤字缺口。而财政赤字强调的是预算执行结果中出现的赤字,是真实的财政赤字。

赤字财政,是指在编制预算安排的赤字,是计划中的赤字,是政府有意识、有计划地利用预算赤字,以达到经济稳定增长的一种手段。赤字财政本身就意味着政府的一种政策选择,在市场经济下,政府有意识地采用赤字作为手段,去刺激经济,去调节经济周期。

理论上说,财政收支平衡是财政的最佳情况,在现实中就是财政收支相抵或略有节余。但是,在现实中,国家经常需要大量的财富解决大批的问题,会出现入不敷出的局面。这是现在财政赤字不可避免的一个原因。不过,这也反映出财政赤字的一定作用,即在一定限度内,可以刺激经济增长。当居民消费不足的情况下,政府通常的做法就是加大政府投资,以拉动经济的增长,但是这并非长久之计。

(二) 财政赤字的计算方法

1. 财政赤字的计量口径

对财政赤字的理解,还包含着对于财政赤字(或结余)的计量问题的认识,而财政赤字(或结余)的计量有两种不同的口径。

赤字或结余 = (经常性财政收入+债务收入) - (经常性财政支出+债务支出)

赤字或结余 = 经常性财政收入 - 经常性财政支出

这两种口径的差别在于,债务收入是否计入经常财政收入,以及债务的清偿是否计入经常支出。按照第一种口径,债务收入计入经常财政收入,相应地,债务还本付息的支出也计入经常性财政支出;按照第二种口径,债务收入不列为经常性财政收入,相应地,债务偿还本金的支出也不计入经常性财政支出,但是债务的利息支付要列入经常性财政支出。按第一种口径,财政收支计量上是属于大口径的统计方法,而计算形成的财政赤字则是小口径的。按照这种方法计算和统计财政赤字,表明政府已经将政府债务收入作为弥补财政赤字的一个手段,如果这之后仍然存在财政赤字,政府则必须采取借债以外的方法来弥补。第二种计算方法则是在收支统计方面属于小口径,在财政赤字统计方面则是属于大口径。按照国际惯例,运用这种方法计算和统计财政赤字,实际上表明了政府将债务收入作为弥补财政赤字的唯一手段。

世界各国的计量口径是不同的。美国等西方国家一般不把债务收入作为经常收入,而明确地作为弥补财政赤字的来源。日本把国债分为建设国债和赤字国债,仅将赤字国债收入作为弥补赤字的来源。我国,建国初期的前三年度采用第二种口径,随后改用第一种口径,自1995年又开始采用第二种口径。

2. 中国财政赤字的状况

衡量财政赤字的规模通常有两个指标:一是赤字率,即财政赤字占 GDP 的比重,说明一国在当年以财政赤字支出方式动用了多大比例的社会资源;另一个是赤字依存度,即

第三节 财政赤字

财政赤字占财政支出的比重，说明一国在当年的总支出中有多大比例是依赖财政赤字支出实现的。表7-1描述了中国1978～2008年财政赤字的基本状况。

表7-1　　　　　　　　　中国财政赤字的状况（1978～2008年）

年份	GDP（亿元）	全国财政收入（亿元）	全国财政支出（亿元）	财政赤字（亿元）	赤字率（%）	赤字依存度（%）
1978	3645.00	1132.26	1122.09	-10.17	-0.28	-0.91
1979	4063.00	1146.38	1281.79	135.41	3.33	10.56
1980	4546.00	1159.93	1228.83	68.90	1.52	5.61
1981	4892.00	1175.79	1138.41	-37.38	-0.76	-3.28
1982	5323.00	1212.33	1229.98	17.65	0.33	1.43
1983	5963.00	1366.95	1409.53	42.58	0.71	3.02
1984	7208.00	1642.86	1701.02	58.16	0.81	3.42
1985	9016.00	2004.82	2004.25	-0.57	-0.01	-0.03
1986	10275.00	2122.01	2204.91	82.90	0.81	3.76
1987	12059.00	2199.35	2262.18	62.83	0.52	2.78
1988	15043.00	2357.24	2491.21	133.97	0.89	5.38
1989	16992.00	2664.90	2823.78	158.88	0.94	5.63
1990	18668.00	2937.10	3083.59	146.49	0.78	4.75
1991	21781.00	3149.48	3386.62	237.14	1.09	7.00
1992	26923.00	3483.37	3742.20	258.83	0.96	6.92
1993	35334.00	4348.95	4642.30	293.35	0.83	6.32
1994	48198.00	5218.10	5792.62	574.52	1.19	9.92
1995	60794.00	6242.20	6823.72	581.52	0.96	8.52
1996	71177.00	7407.99	7937.55	529.56	0.74	6.67
1997	78973.00	8651.14	9233.56	582.42	0.74	6.31
1998	84402.00	9875.95	10798.18	922.23	1.09	8.54
1999	89677.00	11444.08	13187.67	1743.59	1.94	13.22
2000	99215.00	13395.23	15886.50	2491.27	2.51	15.68
2001	109655.00	16386.04	18902.58	2516.54	2.29	13.31
2002	120333.00	18903.64	22053.15	3149.51	2.62	14.28
2003	135823.00	21715.25	24649.95	2934.70	2.16	11.91
2004	159878.00	26396.47	28486.89	2090.42	1.31	7.34
2005	183217.00	31649.29	33930.28	2280.99	1.24	6.72
2006	211923.00	38760.20	40422.73	1662.53	0.78	4.11
2007	265810.31	51321.78	49781.35	-1540.43	-0.58	-3.09
2008	314045.43	61330.35	62592.66	1262.31	0.40	2.02

注　数据来源：中华人民共和国国家统计局。

从表 7-1 中可以看出，改革开放以后，出现了大规模的财政赤字，在 1979~1987 年，除了 1981 年和 1985 年略有结余外，其余年份均为财政赤字，而且财政赤字的规模基本上是不断地增加。这一阶段，我国处于在体制加速转轨时期，随着工业化和市场化同时推进，财政体制不完善，财政收入增长速度继续减慢，财政支出的压力逐年加大。赤字不断增加，使得财政资金的安排捉襟见肘，在禁止财政向中央银行透支后，财政收支困难只好借助于大规模发行国债来缓解。

1988~1997 年间，财政赤字明显比前一阶段略有上升，但是上升幅度不大，财政赤字率相对稳定，基本维持在 0.5%~1%。这段时期中国经济渐渐复苏，并随即转入高涨。财政赤字问题趋于严重，国有企业的连年亏损使得国库吃紧。尽管 1993 年末政府宣布不再向银行透支，发行 1200 亿国债抵补财政亏损，但银行部门仍不得不掏口袋购买其总额的 70%。1994~1995 年，信用过度膨胀导致了通胀型经济危机。自 1993 年下半年开始，中国开始实行紧缩性政策，加上受市场供求结构发生根本性变化等原因影响，我国居民消费价格总指数从 1994 年开始保持回落势头，全国商品零售价格指数从 1997 年 10 月开始持续出现负增长。虽然财政年年有赤字，但并非主动安排赤字支出，而是经济体制改革过程中的矛盾和政府职能转变导致财政收支不够协调而形成的被动产物。

从 1998 年开始，中国宏观经济的运行特征发生了根本性的变化，由原来的供给不足转向了需求不足，由此导致了中国实行积极地财政政策。这是中国财政主动通过扩大赤字来刺激总需求，主要是扩大公共支出的规模，并相应增发公债以弥补赤字，增加财政对基础设施和技术改造的投资，以发挥财政投资对经济的拉动作用。这是中国真正实施财政赤字政策的开始。这一阶段，从规模上看，财政赤字开始急剧扩大，在 1998 年以前我国的财政赤字被限制在一个极小的范围内，财政赤字占 GDP 一个百分点左右，这个时期主要还是预算平衡在起着作用。但是在 1998 年以后，我国的财政赤字规模逐年在增加，财政赤字水平占 GDP 的比重有所增加，最高时达到 3.3 个百分点。从 1998 年的 922.23 亿元激增到 2002 年的 3149.51 亿元，短短四年的时间增长了三倍多。2002 年以后，财政赤字水平有所回落，但是，总体来讲，财政赤字水平一直维持在一个较高的数值上。财政赤字占 GDP 的比重也随着财政赤字的上升而上升，由 1998 年的 1.09% 上升到 2002 年的 2.62%，之后有所回落。

二、财政赤字的类型

在财政赤字的分析中，由于分类标准的不同，财政赤字可以分为不同的类型。

（一）结构性赤字和周期性赤字

根据财政赤字与经济运行状况的关系不同，赤字可以分为周期性赤字和结构性赤字。

周期性赤字，是指经济运行的周期性引起的赤字。周期性赤字概念的提出，是同经济运行的周期性特征及周期经济理论相联系的。经济发展的历史证明，经济运行具有周期性，一般要经过"经济衰退—经济复苏—经济高涨—经济衰退"等阶段的循环往复运动。经济学家把这种经济运行由一个经济高涨阶段到另一个经济高涨阶段的过程叫做一个经济周期。在经济高涨的时期，就业率上升，企业和个人的收入增加，财政收入也相应地增加，一般不形成财政赤字。而在经济衰退的时期，企业和个人的收入减少，财政收入也会相应减少,尤其到了经济衰退的谷底,企业和个人的收入也有可能降到了最低点,财政收入会随之减少,但是,由于失业率的增加,政府需要刺激投资扩大内需,财政支出不会减少,反而会增加,这样,就会出现财政赤字,这种财政赤字就是周期性赤字。

结构性赤字又称为充分就业赤字,是指非经济周期性因素引起的赤字,即经济活动保持在充分就业状态时出现的赤字。结构性赤字是预算赤字与实际赤字之间的最大差值,表示那些非政策性或常规的税收调整和支出变动引起的赤字。

(二) 硬赤字和软赤字

如前文所述,按照财政赤字计算口径的不同,可以将财政赤字分为硬赤字和软赤字。按照第一种口径计算的赤字,称为硬赤字,按这种方法计算和统计财政赤字,表明政府已经将政府债务收入作为弥补财政赤字的一个手段,并且在弥补了已经发生的财政赤字以后,仍然存有财政赤字,对于这种财政赤字,政府必须采取举债以外的方法予以弥补,比如通过发行货币来弥补。按第二种口径计算的赤字称为软赤字,按照国际惯例,运用这种方法计算和统计财政赤字,实际上是表明了政府将债务收入作为弥补财政赤字的唯一手段。因此,从量上看,财政赤字实际上等于债务收入。我国自1994年起不再向银行透支,全部赤字均通过举债来弥补,因此,硬赤字已不存在。

三、财政赤字的弥补

根据前文的分析,中国的财政赤字一直处于较高的水平,如何弥补财政赤字,减少财政支出和财政收入之间的差距,可以采用以下的措施。在实践中,每一种措施的适用范围与时间以及使用每一种措施弥补财政赤字的经济影响和作用都是不同的。

(一) 财政发行

财政发行,是政府为了弥补财政赤字而增加的货币发行。财政发行不同于经济发行,经济发行是根据国民经济发展的需要而增加的货币发行。二者在发行目的上截然不同。

一般来说,经济发行是通过信用渠道实现和完成的,是适应商品流通的需要而进行的货币发行,是货币发行的正常方式,也是商业银行信贷资金的重要来源。而财政发行通常是超过经济运行的正常需要而发行的货币量,一般是由中央银行按照中央政府的指令,并且是通过政府财政支出渠道实现和完成的货币发行。

用财政发行的方式弥补财政赤字,即用货币创造来弥补财政赤字。由政府非生产性支出膨胀、战争、社会波动而造成财政赤字,或财政赤字延续时间很长的情况下,国家只能靠增发货币来弥补预算赤字,这样,必然会使货币供应量不断增长,引起物价水平上升,从而导致通货膨胀。如果是由于政府对生产建设的早期投资过大而出现赤字,但在一定生产和投资周期中有可靠的收入增长,且赤字的数量不大或持续时间很短,那么,即使用增发货币来弥补财政赤字,一般在货币滞后效应的6~24个月以内,也不一定导致通货膨胀。

(二) 财政透支

财政透支,是指政府在其银行的账户支取的款项超过其存款的数额。换句话说,就是财政部门在财政存款支用完毕以后,在规定限额内,仍然继续签发支票取款,其款项由银行垫支的一种行为。在我国,是由中国人民银行代理国家金库业务,财政上的收支都要通过代理金库业务的银行办理。在财政收支过程中结余的待用款项,就是财政存款,存款支取完毕，仍继续签发支票提取，就出现了财政向银行的透支。只有中央财政可以向银行透支，地方财政的存款不足，不能向银行透支，因而财政透支成了弥补中央财政赤字的方式之一。

通过透支的办法筹集资金弥补财政赤字，如果政府在编制预算时通过财政与信贷的综合平衡有计划地安排财政透支，实际上是用银行的信贷资金弥补财政赤字，是在社会资金总量不变的前提下改变了一部分社会资金的投向，由此形成的财政赤字一般不具有扩张的效果，因此，不会引起通货膨胀。但是，如果财政透支的数额过大，时间过长，致使银行无力垫付，财政透支往往就会演变成增发货币，造成财政发行，引起通货膨胀。

目前，世界大多数市场经济国家都是通过发行公债而不是财政透支来弥补财政赤字的。在我国，1994年以前，财政透支是弥补财政赤字的主要方式，自1994年实行新财政体制时，我国政府决定，不再向银行透支。

（三）动用上年财政结余或者累计的财政结余

财政结余是财政预算执行结果收入大于支出而形成的余额。理论上，财政结余在价值形态上表现为银行的财政性存款，在物质形态上表现为相应的未动用的物资。如果动用的财政结余是真实的、尚未使用的，实际上等于将过去形成的经济需求投放到现在的市场中，因而，会对当前的社会需求形成扩张性影响。

（四）发行公债

发行公债，各国弥补财政赤字的一种常用方式。通过发行公债，以债务收入弥补财政赤字，其实质是在现有的社会需求总量不变的前提下，是债权人将其货币购买力暂时有偿让渡给政府，是购买力的转移，一般情况下，不会产生通货膨胀。但是，如果是中央银行或商业银行购买公债，有可能导致货币流通量的增加，产生一种扩张效果。

【知识链接】

2000～2007年中央部门预算改革的总体评价

几年来，中央部门预算改革不断深化，预算编制工作逐步走向规范化、制度化和科学化，与公共财政体系相适应的新的财政预算编制、管理体系已经初步确立。中央部门预算改革的成效主要体现在以下几个方面。

（一）初步建立起与国家宏观政策及部门履行职能紧密结合的预算分配机制

中央部门预算的改革改变了传统的预算资金分配机制，预算从基层预算单位编起，逐级汇总，所有开支项目落实到具体的预算单位。由于部门预算按基本支出和项目支出进行编报，因此提高了预算细化程度；部门开始注重按职能和工作计划编报预算，保证预算能够真实、全面地反映部门行使职能的需要；财政部门汇总各预算单位的预算需求，根据国家宏观经济政策、国民经济和社会发展规划确定财政支出结构上报国务院；各预算单位根据国务院确定的财政支出结构，结合部门工作任务与事业发展目标，科学、规范分配中央财政预算资金，首先确保国家已确定的重点项目，然后安排专项业务项目，最后按照项目排序安排其他项目。这种新型的预算分配机制，可以确保国家重大政策的贯彻落实和部门履行职能的客观需要。

(二) 强化了预算约束,增强了预算的计划性和严肃性

采用传统的功能预算编制方法,很多资金年初未能及时落实到具体的支出项目上,于是资金被切块安排后,往往在预算执行中再确定支出项目,随用随批。有些部门的预算经财政部批准后,在执行中经常不断地被调整或追加,从而违背了预算的严肃性。部门预算改变了传统的"基数法"预算编制方法,将部门所有支出划分为基本支出和项目支出,分别采取定员定额和项目库管理的方式进行编制,初步实现了预算资金管理的标准化和规范化;改变了过去层层留机动的做法,减少了资金在中间环节的滞留,提高了预算的年初到位率;改变了预算外资金、各种政府性基金均由单位自行安排的传统预算编制方式,按照综合预算的要求,将预算外资金纳入预算管理或实行收支脱钩管理,加强了对预算外资金的规范管理。

(三) 预算编制时间与编制方式发生重大改变,预算编制的准确性进一步提高

1999年度以前,中央各部门编制预算一般从11月份开始进行,预算编制时间为4个月;2000年开始,中央部门从9月份开始编制预算,预算编制时间延长为6个月;2002年开始,从7月份开始编制预算,预算编制时间延长为8个月;2004年开始,从5月份即开始着手项目的清理工作,预算编制时间延长为10个月。预算编制时间的延长,有助于提高预算编制的准确性。

传统的功能预算采取自上而下的编制方式,部门根据财政主管部门下达的按功能分类的预算控制指标,代基层单位编制预算。部门预算改革后,中央各部门的预算从基层预算单位编起,逐级汇总,所有开支项目落实到具体的预算单位,预算层次进一步延伸,主动编制预算替代了代编预算,避免了代编预算的随意性。预算编报内容也更加符合实际。

(四) 预算编制的责任主体更为明确,预算真正成为部门自己的预算

中央各部门打破了过去按基数编报预算的方法,开始注重按职能、工作计划编报预算。通过填报本部门的基本支出和项目支出预算,使预算安排与本部门的工作特点紧密结合,促进了部门预算观念的增强,使中央部门预算真正成为部门自己的预算。

(五) 提高了预算透明度,强化全国人大对预算的监督

新的政府收支分类的出台,能够清晰地反映政府收支的内容和方向,解决了人大代表多次提出的"外行看不懂,内行说不清"的问题。在向全国人大报送按功能汇总的中央财政总预算的同时,向全国人大报送部门预算的部门数量逐年增加。2000预算年度,所有中央一级预算单位开始试编部门预算,并将农业部、科技部等4个部门的部门预算报送全国人大审议;2001年,部门预算报送全国人大审议的部门增加到26个;2003年增加到29个;2004年增加到34个;2005年增加到35个;2006年增加到40个,2007年保持40个。同时,报送全国人大审议的部门预算内容不断细化,中央财政用于教育、科技、医疗、社保等方面涉及人民群众根本利益的重大支出总量和结构情况均报全国人大审议,对不能列入部门预算的项目的详细安排情况,也向国务院报告并转送全国人大备案。

【案例 7-1】

政府收支分类改革的主要内容

财政部从1999年底开始启动政府收支分类改革的研究工作。设计新的政府收支分类体系主要遵循三个基本原则:一是公开透明。确保按新科目编制的预算符合市场经济条件

下公共财政的基本要求,既要说得明白,也要让一般老百姓看得懂。二是符合国情。既要合理借鉴国际经验,实现与国际口径的有效衔接与可比,又要充分考虑我国目前的实际情况,尽可能满足各方面的管理需要。三是便于操作。科目设计在内容和层级设计上既要充分满足管理的要求,又要尽可能简化,不能太复杂。

收支分类改革包括两个方面的内容:一是扩大收支分类范围。原来的预算科目分类范围只包括纳入预算管理的政府收支,不包括预算外收支、社会保险基金收支。改革后,政府收支分类范围包括政府预算收支、预算外收支和社会保险基金收支。分类范围较以前完整、全面。二是调整分类办法,建立新的收支分类体系。也就是将政府预算收支、预算外收支、社会保险基金收支并在一起,按新的标准分类,设置收入分类、支出功能分类和支出经济分类。其中:收入分类主要反映政府收入的来源性质,说明政府的钱从哪里来;支出功能分类主要反映政府的各项职能活动,说明政府究竟做了什么,是办了教育,还是搞了国防;支出经济分类主要反映政府支出的具体用途,说明政府的钱究竟是怎样花出去的,是付了人员工资,还是购置了办公设备。

(资料来源:http://yss.mof.gov.cn/zhuantilanmu/yusuanguanligaige/zfszflgg/200806/t20080630_55274.html)

【案例分析】

随着社会主义市场经济体制的完善、公共财政体制的逐步确立,原有科目体系的弊端越来越明显,主要存在于以下几个方面:①与市场经济体制下的政府职能转变不相适应;②不能清晰反映政府职能活动;③财政管理的科学化和财政管理信息化受到制约;④与国民经济核算体系和国际通行做法不相适应,既不利于财政经济分析与决策,也不利于国际比较与交流。为解决原预算科目存在的主要问题,必须实行政府收支分类改革。

【案例7-2】

加拿大财政预算编制简介

财政管理体制的核心是预算管理体制,其中预算编制是整个政府预算体制最基本、关键的环节。加拿大是当今世界上经济比较发达的国家之一,它在长期的经济发展中积累了较多的经验,逐渐形成了一套比较先进、完整的预算编制制度。借鉴学习加拿大先进的编制经验,构建一个科学合理、规范透明、严谨严密、公平公正的预算编制制度对推动整个政府预算的改革和完善,促进社会主义公共财政基本框架的建立有着很重要的现实意义。

一、财政管理机构设置的情况

在加拿大联邦政府机构中,与财政收支管理直接相关的部门主要有四个:财政部作为宏观管理部门,负责向政府提供宏观经济形势预测和政策建议,同时还负责编制预算,承担税收和关税立法修订草案的制订,管理联邦政府债务,管理联邦对省和地区的转移支付,制定金融政策,并代表加拿大政府参加国际金融机构。国库委员会是一个内阁机构,由一名主席和包括财政部长在内的五位部长组成,主要负责财政支出管理,包括协助财政部编制部门预算,按预算进度下达财政资金拨付计划,监督部门预算的执行。财政部、国库委员会在财政收支管理中起着主导作用。海关与税收总署主要负责税收预测和征收,关税征管,利用税收手段调节社会和经济发展等。国家出纳总署是专门负责国库收支和政府账务处理的部门,其职责是为联邦政府提供银行现金管理服务,代表政府拨付资金,管理政府所有收支项目的账务往来,起草政府财务报告和决算报告,监督各部门的预算执行。

加拿大财政管理机构设置的特点:预算编制与预算执行相分离;政策的制定与事务管理相分离;职能机构相互协调,相互制约。加拿大财政部是联邦政府政策咨询与制定的重要职能部门。财政部长是总理制定经济政策的主要建议人。为了提高经济决策的科学性,财政部70%的司局及人员从事财政经济预测和政策研究。设有财政政策局、经济研究与政策分析局和经济分析与预测等,监测所有的国民经济运行指标,负责经济和财政形势分析,研究制定收入、支出政策以及货币政策,为联邦政府提供必要的经济信息和政策建议,提出年度财政预算框架,并就这些问题同枢密院保持密切联系。业务司局的工作重心也体现在政策的研究与制订上。财政部聘用了许多著名的经济学家,同时还广泛吸纳社会及私营部门的经济专业人士参与。

二、集中与分成有机结合的支出管理程序

在加拿大联邦管理体制中,项目计划由政府有关部门上报国库委员会秘书处审核。国库委员会秘书处有权对项目合理性进行裁决,并确定资金的实际规模;国库委员会秘书处若不能裁定,上报国库委员会讨论。国库委员会直接面对各部门,具有项目决策的权威性;国库委员会若不能定论,由国库委员会分别报财政部和枢密院审核;若财政部和枢密院不能达成一致意见,分别报内阁预算委员会、经济委员会决定;如果经过上述程序仍然不能做出决策,最终上报总理定夺。一般情况下,到内阁经济委员会大多数问题都可得到解决,只有极少数棘手问题呈报总理决策。一旦决策确立,决策层与项目单位都要承担相应的责任与义务。这种决策体制,保证了决策的公开、透明和可信性,明了了评估标准,从而强化了对财政资金使用效益的监督。同时还明确了决策责任,规范了政府行为,避免暗箱操作,遏止不合理或违规现象。集中与分层分工结合,减少了支出管理部门与其他部门的矛盾,高层领导能集中精力较多地考虑宏观层面上的事情。

三、多层磋商的财政预算编制和法制化的管理制度

加拿大实行的是部门预算管理制度。在预算编制过程中,枢密院会同财政部(或单独)向总理提出预算战略要点建议,财政部最终制定预算并负有责任,国库委员会协助预算编制并具体执行。

(一)确立初步预算框架。加拿大每年在财政年度前一个月着手编制下年预算。财政部、枢密院根据总理施政方针,提出新的收支政策和预算建议,并由国库委员会秘书处通知各专业部委。各部委根据建议制定部门业务计划。业务计划为三年滚动计划。初步预算分别报送财政部和国库委员会秘书处,由国库委员会秘书处进行初步审查汇总。

(二)内阁磋商。每年6月份,财政部长在内阁会议上提出财政经济预测结果及下年预算要点,与各部委负责人就预算安排进行具体磋商。根据磋商结果以及上年财政决算分析,对部门初步预算进行修改,达成预算内阁磋商框架。

(三)议会磋商。10月中旬,众议院财政委员会举行听证会,财政部长发表预算要点,财政部配合发表《经济财政更新报告》。经过听证,众议院财政委员会提交磋商报告,包括委员会少数派的意见,但不表决。这份报告是政府预算基础。

(四)确定最终预算。财政部负责将议会磋商形成的预算建议反馈给政府,财政部长

与总理根据内阁讨论结果和众议院财政委员会报告,确定最终预算案。实际上总理和财政部长是预算的最终决策者。

(五)预算批准。次年2月,财政部长代表政府向议会提交预算案。5月末,众议院财政委员会向众议院全体会议提交预算审查报告,并在议会讨论通过。预算一旦通过立法程序,任何未经议会批准而改变预算的行为,都将被视为违法。预算执行结果,必须经过有关部门评估和审计署审计。若没有实现预算目标,要追究相关领导人的责任。

(资料来源:http://www.mof.gov.cn/zhengwuxinxi/diaochayanjiu/200904/t20090423_135877.html)

【案例分析】

我们应该学习加拿大成熟的预算编制经验,改革和完善我国预算编制做法,建立科学完备的预算编制体系。①建立有效的预算编制磋商机制,提高财政预算编制的透明度;②加强对收入的科学预测,准确编制预算;③提高预算编制质量,实行绩效预算;④延长预算编制时间,规范预算的编制程序;⑤建立预算责任约束。

习 题

一、单项选择题

1. 现代国家预算开始萌芽的标志是( )。
 A. 出现了新兴资产阶级 B.《大宪章》的问世
 C.《权力法案》的通过 D. 英爱综合基金的形成
2. 中国实行一级政府一级预算,从中央到基层政府一共分为( )级。
 A. 三级 B. 四级 C. 五级 D. 六级
3. 财政部汇编中央决算草案报国务院审定,国务院提请( )审查批准。
 A. 全国人民代表大会 B. 财政部
 C. 审计署 D. 中央银行
4. 政府有意识、有计划地采用的赤字,叫做( )。
 A. 财政赤字 B. 收支赤字 C. 预算赤字 D. 赤字财政
5. 债务收入计入经常财政收入,相应地,债务还本付息的支出也计入经常性财政支出,该计算口径计算出来的赤字称为( )。
 A. 周期性赤字 B. 结构性赤字
 C. 硬赤字 D. 软赤字

二、多项选择题

1. 国家预算作为一个独立的财政范畴,是国际财政发展到一定历史阶段的产物,具有特点有( )。
 A. 计划预测性 B. 法定性 C. 完整性 D. 年度循环性
2. 国家预算对经济的调控作用主要体现在( )。
 A. 消除财政赤字 B. 控制社会总供求
 C. 调节结构 D. 确保公平分配关系
3. 衡量财政赤字的规模通常运用的指标有( )。

A. 财政支出　　　　B. 赤字率　　　　C. 财政收入　　　　D. 赤字依存度

4. 根据财政赤字与经济运行状况的关系不同，赤字可以分为（　　）。

A. 周期性赤字　　　B. 结构性赤字　　　C. 硬赤字　　　　D. 软赤字

5. 弥补财政赤字，减少财政支出和财政收入之间的差距，可以采用的措施有（　　）。

A. 财政发行　　　　　　　　　　　　B. 财政透支

C. 动用上年财政结余或累计的财政结余　D. 发行公债

三、分析题

为推进财政科学化精细化管理，规范中央基层预算单位财政财务管理，确保财政政策执行到位，提高财政管理绩效，财政部决定自2011年1月1日起，在吉林、上海、青岛、海南、四川、陕西等6省市开展中央基层预算单位综合财政监管试点工作，由财政部驻上述6省市财政监察专员办事处（以下简称"专员办"）负责具体实施。试点工作开展近半年来，各试点专员办在没有经验可借鉴的前提下，夯实综合监管基础，创新监管模式，监管与服务并重，取得了综合财政监管良好的开局。

首先，扎实开展数据采集。

任何一项改革，制定确实可行的制度、行为规范是基础和前提。为此，各试点专员办在制度建设上殚精竭虑。

上海专员办从"做什么"及"怎么做"入手，从具体方式、适用范围、操作程序、结果处理等各方面进行了研究，结合专员办实际，制订了《上海专员办中央基层预算单位综合财政监管试点工作操作指南》（以下简称《操作指南》），编制了《中央基层预算单位综合财政监管相关法规汇编》（以下简称《法规汇编》），进一步规范综合财政监管试点工作。

海南专员办在以往工作基础上，经过详细的调研，形成了《中央驻琼基层预算单位综合财政监管操作规程》，并在相关业务处室内建立了主监管员和基层单位联络员制度。

综合监管是以非现场监管为核心内容，这就要求监管部门必须掌握大量信息资料。基础信息资料的采集就成为开展综合监管的重中之重。各专员办都在此项工作上花费大量心血。

上海专员办在采集中央基层预算单位基础信息时，在不增加基层预算单位负担的基础上，要求基层预算单位报送的综合财政监管资料仅限于基层预算单位向上级主管部门报送的资料和财政部有文件明确规定必须向专员办报备的资料，内容包括内控管理、预算管理、资产管理、国库集中支付、银行账户管理、政府采购、非税收入和票据管理、财务会计管理等七项内容，并注明具体内容、报送格式和报送时间。同时，体现非现场监管为主的目标，满足监管内容的需要。

鉴于青岛市部分中央预算单位已经加入"金宏网"，青岛专员办通过青岛市电子政务平台"金宏网"，尝试建立报送综合监管电子数据的网络渠道。除了通过光盘等介质报送资料外，该办正在尝试通过"金宏网"这一网络平台采集各预算单位报送的财政财务电子数据，并通过专用网络发布通知、公告等综合监管信息。

其次，创新监管方式方法。

综合监管是一项创新性工作，各试点专员办在工作中开拓创新，根据不同阶段的工作重点选择适当的切入点，不断摸索有效的方式方法。

针对非现场监管的特点和要求，上海、吉林、四川等专员办尝试进行了数据分析，通过分析确定现场检查的重点和内容，并对分析发现的疑点进行现场核查，提高了监管的针对性、有效性。

在今年一季度的综合监管中，上海专员办共设计了 16 张中央驻沪基层预算单位基本情况分析表格，对 137 家中央驻沪基层预算单位 2009 年的预算收入、预算支出、人员经费、商品和服务支出、资产、负债等基础情况进行分析，对各项指标的行业平均值和增减指标进行了测算，以人均 5 万～10 万元为一档对各基层预算单位进行筛选和排序，根据分析结果开展一季度的各项现场监管工作，做到有的放矢。

吉林专员办为了探索非现场监管的方式方法，对预算单位上报的资料进行了分类、采集和分析。目前，已对 13 个行政单位、3 个金融监管机构、4 个医院 2010 年决算的部分信息进行了采集，建立了行政单位类、金融监管机构类、卫生类三类指标体系。通过年度对比分析、单位比较分析、财政管理事项的关联分析，发现问题，确定监管重点。具体数据采集、指标的设置和分析等情况，单独形成了《关于部分预算单位非现场监管分析报告》。

该办有关负责人以行政单位类指标体系为例对记者介绍说，重点采集了 2010 年决算中的单位人数（在职）、总收入、财政拨款、其他收入、总支出、基本支出（不含离退休人员）、项目支出、工资及福利性支出、商品和服务性支出、住房公积金、总资产、房屋建筑物等 13 项基本信息，并对采集的上述信息建立了 12 项分析指标。

"通过单位间的比较分析和财政事项的关联分析，我们发现 13 个行政单位的收入、支出、占有的资产等指标，部门差异较大，高的是低的几倍甚至几十倍。"该负责人表示，这反映出基层预算单位预算编制缺乏科学化、精细化，财政资源配置不均衡等方面的问题。一是从收入来看，部门之间的财政拨款极不均衡，总的趋势是人员少的部门，财政拨款较多，其他收入差距也较大。二是从支出来看，基本支出部门之间差距较大。三是从占有的国有资产来看，中央基层预算单位国有资产占有量较大，配置不均衡。

四川专员办有选择地适时开展现场监管。该办一季度选择了西南交通大学、四川卧龙国家级自然保护区管理局等 4 个基层预算单位开展综合财政监管实地抽查。重点关注预算执行进度、资金管理、内控内管等方面存在的问题，有力地促进了被检查单位对综合财政监管工作的深入认识，起到了一定的震动效应和示范效应。

陕西专员办采取走访、约谈、专题调研等形式开展综合财政监管。据了解，今年该办走访、约谈的中央二级预算单位要达到 60 户以上，年内将初步建成中央基层预算单位基本情况数据库。

再次，监管与服务并重。

综合财政监管的一个重要原则是服务与监管相结合。各试点专员办通过政策解答、开展培训、反映问题等多种方式服务于基层预算单位，有效提高了服务水平，突出体现为服务面广、服务对象广、服务内容广。

海南专员办从分析基层预算单位的内控制度入手，提出完善内部管理的建议，帮助预算单位完善内控制度；青岛专员办通过开展试点工作，搭建了专员办与中央预算单位之间以及各中央预算单位之间的信息交流与反馈的平台。

加强对中央基层预算单位的业务培训是深入、有效地开展综合监管的基础。今年年初，上海专员办下发了《举办综合财政管理培训班征求意见表》，就培训课程需求、培训地点、参加人数等对中央驻沪基层预算单位进行了广泛征求意见，根据反馈的资料统计，大部分单位对综合财政管理方面的培训需求很迫切，积极性都很高，希望参加培训的基层预算单位有100多家、人数达300人。目前，该办已举办了两期外部培训。吉林专员办也决定于近期举办省内基层单位财务负责人及具体工作人员参加的综合财政监管培训班。

近半年来的综合监管实践，进一步证明了综合财政监管思路正确可行。吉林专员办有关负责人表示，通过对部分预算单位上报资料部分信息的采集和分析所发现的问题，不仅是政策执行层面上，更多体现为制度层面上，而且其中有些问题，不是现场检查能够发现的，只有通过单位间的比较才能反映出来。

该负责人认为，非现场监管方式真正改变了专员办以往以检查为主的工作模式，提升了监管层次，提高了监管效率。同时，也解决了专员办人少事多的矛盾。

据了解，该办3个人利用一周的时间，对20个单位进行了信息采集和分析，对存在问题的6个单位，通过约谈、走访、调查，核实存在的问题，并进行整改落实。这些工作如果采用以往的监管方式，无论是在监管范围上，还是监管层次上，仅靠3个人都是无法实现的。

（资料来源：http://www.mof.gov.cn/zhengwuxinxi/caijingshidian/zgcjb/201105/t20110519_550547.html）

根据上述资料，分析"中央基层预算单位综合财政监管试点"这一政策的优点，并结合实践谈谈我国未来预算改革的方向。

第八章 金融概论

本章导语

金融在当今社会经济生活中扮演着越来越重要的角色,它作为国民经济的一类产业,其产出在 GDP 的构成中占有相当大一部分;金融商品的交易也占据了商品交易相当大的比例,在国际市场体系中,金融商品的交易已经大大超过了实物商品的交易;金融业在为居民的生活和企业家的经营管理中,起着提供货币结算、融通资金和提供信息、保障信用、维系社会秩序等多方面的作用。金融业在经济生活中处于重要的地位,起着举足轻重的作用,因此这需要我们对金融有更新和更全面的认识。本章主要研究和阐述了金融的内涵、金融的产生与发展、金融的构成要素和金融的功能与定位。

知识目标:
- 掌握金融和金融学的内涵,理解金融的产生与发展的过程,理解金融的构成要素
- 理解金融的功能和金融业的定位

技能目标:
- 能解释金融和金融学的概念,能阐述金融的产生与发展的过程,能写出金融的构成要素
- 能解释当前金融业的功能表现和地位

案例导入:

胡锦涛:充分认识金融重要性 推动金融业健康发展
——胡锦涛在中共中央政治局第四十三次集体学习时强调充分认识做好金融工作重要性推动我国金融业持续健康发展

中共中央总书记胡锦涛在此次学习中强调,要充分认识做好金融工作的重要性和紧迫性,深入研究金融领域的新情况新问题,加快推进金融改革,切实保障金融安全,全面做好金融工作,增强金融业综合实力、竞争力和抗风险能力,推动金融业持续健康发展。

胡锦涛指出,金融是现代经济的核心。随着经济全球化深入发展,金融日益广泛地影响着我国经济社会生活的各个方面,金融也与人民群众切身利益息息相关。做好金融工作,保障金融安全,是推动经济社会又好又快发展的基本条件,是维护经济安全、促进社会和谐的重要保障,越来越成为关系全局的重大问题。

胡锦涛强调,要全面推进金融改革发展,着力加强现代金融体系和制度建设,创新金融

组织体系和发展模式,创新金融产品和服务,创新金融调控和监管方式。要以建设现代银行制度为目标,继续推进各类银行改革。要把农村金融改革发展作为金融工作的重点,要大力发展资本市场,加强资本市场基础性制度建设,促进资本市场主体健康发展。

胡锦涛强调,要充分发挥金融服务功能,更加注重发挥金融配置资源、调节经济、服务发展的功能,更加有效地运用金融手段搞好宏观调控,推动解决经济运行中的突出矛盾和问题,保持经济平稳快速发展。金融企业要围绕国家发展战略和目标任务,积极调整服务方向和重点。要继续扩大金融对外开放,着力提高对外开放质量和水平,同时要切实加强扩大开放条件下的金融风险防范工作,确保国家金融安全。

胡锦涛指出,金融越发展,越要加强监管:加快金融法制建设,不断完善金融监管体制机制,改进金融监管方式和手段,健全金融监管协调机制,做好金融重点领域和重点环节监管,加快构建金融安全网,不断提高监管能力和水平。

胡锦涛强调,做好金融工作,任务艰巨,责任重大,需要各方面共同努力。各级党委和政府要切实加强和改进对金融工作的领导;各级领导干部要带头学习金融理论特别是现代金融知识;要建立健全符合现代金融企业制度要求的选人用人机制;要加强金融系统党风廉政建设,形成良好行业风气。

(资料来源:http://www.gov.cn/dhd/2007-08/29/content-731111.htm)

案例评析:

上述的引例是胡锦涛主席在 2007 年的一次讲话,从该引例我们可以看出金融在现代经济中处于核心地位,应全面推进金融改革,从而发挥金融的服务功能,加强金融业的监管。

第一节 金融的概念及其发展

金融是货币资金的融通,金融学是研究人们在不确定的环境中如何进行资源的时间配置的学科[1]。本节主要阐述了金融的定义和金融学的主要内容,并对金融的产生与发展进行了介绍。

一、什么是金融

(一)金融的定义

金融是指货币资金的融通,即与货币、信用、银行直接相关的经济活动总称;具体包括:货币的发行与回笼,存款的存入与取出,贷款的发放与收回,国内外资金的汇兑与结算,金银、外汇、有价证券的买卖,贴现市场、同业拆借市场的活动,保险、信托、租赁等。融通的主要对象是货币和货币资金,融通的基本方式是有借有还的信用方式,融通的组织机构是银行及其他金融机构。因此,金融涉及货币、信用和金融机构这三个相互统一的范畴。其内涵相当广泛,既包括专业金融的活动,又包括国家的、企业的、个人的金融活动,这些方面相互联系,相互制约,相互交叉,相互渗透,融合成整个社会的资金活动。

金融活动作为一种经济活动,必然需要有一定的主体。金融活动的主体是金融活动的

---

[1] 〔美〕兹维·博迪,罗伯特·C·莫顿.金融学.北京:中国人民大学出版社,2000.4

参与者或当事人，主要从事各种经济活动的企业、单位、个人和政府部门等，其数量和种类繁多。金融活动的主体划分的标准较多，在这里主要从参与目的来划分，可以分为融出资金者、融入资金者和中介代理者三大类。其中，融出资金者是指为获取一定的收益而将剩余资金借给他人使用的参与者，存款者和投资者都属于此类；融入资金者是指因从事某种经济或非经济的社会活动但资金短缺而向他人借资金使用的参与者，如借款者和债券及股票的发行者中介代理者则是为双方的活动从事代理或中介服务的参与者，如银行。

（二）金融学的基本内容

美国兹维·博迪和罗伯特·C·莫顿布其《金融学》一书中对金融学的定义，是研究人们在不确定的环意中如何进行资源的时间配置的学科。而在国内，学者对金融学的概念的界定可以概括为：金融学是专门研究金融领域各要素及其基本关系与运行规律的一门专业基础理论学科。

金融学科涵盖内容和领域广泛，凡与金融相关的经济范畴几乎都包含其中。

在我国，金融学科所涉及的理论部分的内容，主要包括以下三个部分。[1]

1. 对有关金融诸范畴的理论论证

即关于货币、信用、利息与利率、汇率，乃至金融本身这些范畴的剖析和论证。

2. 对金融的微观分析

对金融的微观分析，大体包括：

对金融市场的分析；

对金融中介机构的分析；

论证金融市场与金融中介机构相互渗透的必然趋势；

金融功能分析，即通过揭示稳定的金融功能来探讨金融在经济生活中的地位等。

3. 对金融的宏观分析，这大体包括

货币需求与货币供给，货币均衡与市场均衡，利率形成与汇率形成，通货膨胀与通货紧缩，金融危机，国际资本流动与国际金融震荡，名义经济与实际经济，虚拟经济与实体经济，货币政策及其与财政政策等宏观调控政策的配合，国际金融的制度安排与国际宏观政策的协调等。

金融学是通过形形色色的金融现象及其内在本质，发现和描述货币资金流通、信贷资金运动、金融机构存在和发展以及金融与经济发展相互作用的一般规律，一个统一的金融学理论学科应当以以上的内容为主干，研究如何在不确定性的环境下，通过金融市场对金融资产进行跨期最优配置。

二、金融的产生与发展

（一）金融的产生

金融是一个古老的概念，范围广，涵盖货币、信用和金融机构这三个相互统一范畴，因此了解金融的产生，就需要从了解货币、信用和金融机构的产生入手。

1. 货币的产生

在金融范畴中，最早出现的是货币，它是伴随着商品货币关系的发展而发展的。货币

---

[1] 黄达. 金融学. 精编版. 北京：中国人民大学出版社，2004.

是充当一般等价物的特殊商品,它不是一般商品,而是一种特殊商品,是与其他一切商品相对应的、固定起着一般等价物作用的商品。人类社会起初并无货币存在,货币是商品交换发展的产物,货币作为商品交换的媒介,是随着商品交换价值形式的发展而产生的。在原始社会初期,人们的产品只能满足自身的需要,随着社会生产力的发展,人们所生产的产品除了满足自己的需要之外还有一部分剩余,于是,就出现了最早的商品交换形式——物物交换,即双方通过直接交换来获取自己所需要的商品。但随着生产的不断发展,参与交换的商品的种类和数量都日益增多,范围也日益扩大,简单的物物交换方式在时间和空间上都受到很大限制,于是为了克服这种困难,就出现了用于衡量和表现其他一切商品价值的特殊商品——货币。最初充当一般等价物的商品是不固定的,它只在狭小的范围内暂时地交替地由这种或那种商品承担,当一般等价物逐渐固定在特定种类的商品上时,它就定型化为货币。货币的出现使得之前商品交换统一的买卖过程分离成先卖后买或先买后卖这两个分离的过程,于是简单的商品交换发展成为商品流通。

2. 信用的产生

信用是指一种经济活动中的借贷行为,是以偿还和付息为条件的价值单方面转移的一种特殊价值运动形式。在一般的商品与货币相交换的过程中,发生的是价值的对等运动,但是在信用活动中,贷方转移商品或货币给借方时,让渡的仅仅是商品或货币的使用权,并不存在着价值对等运动,而是价值单方面转移,是价值运动特殊形式。信用也是伴随着商品货币关系的发展而产生的。在原始社会初期,生产力水平低,人们没有剩余的产品进行交换,而到了原始社会末期,生产力水平提高,出现了剩余产品和商品交换,这些都是在私有制的基础上产生的,这些都为信用的产生创造了前提条件。私有制的出现造成了贫富的分化,贫穷的家庭缺少生活资料和生产资料,为了维持生活和从事生产,他们就只有向富裕的家庭借贷,而富人也不会无偿的出借资金,是要以偿还和支付利息为条件的,所以说在私有制的基础上就产生了偿还和支付利息为条件的借贷活动,这就是信用产生。最初的信用是实物借贷,这是以实物为对象的借贷活动,这是在自然经济占主导地位的社会、商品货币关系不普及的背景下产生的。随着货币的产生,逐渐发展为货币借贷,货币借贷克服了实物借贷的局限性,使借贷更为便利和灵活。

3. 金融机构的产生

金融机构是专门经营金融业务的组织或单位,如:银行、保险公司、证券公司等,其中最典型的代表是银行。金融业经过长时间的历史演变,从古代社会比较单一的形式,逐步发展成多种门类的金融机构体系。商业银行是现代银行最早和最典型的形式,而现代商业银行是在古老的货币兑换业发展到货币经营业以后才逐步发展起来的。在前资本主义社会,随着商品生产和交换的扩大,国与国之间的贸易越来越频繁,而各国采用的铸币又各不相同。因此当一国商人到另一国购买商品时,就需要先把本国铸币兑换成金银或当地的货币,为了适应这种需求,就有一部分商人从一般商人中分离出来专门从事铸币兑换业,这部分商人就是货币兑换商,货币经营业因此而诞生。最开始货币兑换商只是单纯的办理与货币兑换等相关的货币收付业务,收取一定的手续费用。后来,随着商品交换的进一步发展,业务的扩大,货币经营商利用手中所掌握的货币发放一部分贷款出去,收取利息,同时支付给存户存款利息以吸收大量存款,赚取存贷利息的差额,这样货币收付与信用活动结合起来,于是,古老的货币经营业就组建发展成为办理存款、贷款、汇兑等业务的现代银行。随着资本主义经济的发展,银行和其他金融机构如雨后春笋般迅速发展起来。

(二)金融的发展

金融的发展是随着商品经济的发展而发展的,金融的发展经历了三个不同的阶段。

1. 农业经济社会的金融

它产生于原始社会末期,经过奴隶社会、封建社会,这都属于农业经济社会,在这个阶段,生产方式有一个共同的特点:生产的产品主要满足自身的需要,没有多少剩余产品供相互之间进行交换;在这样的背景下,这个阶段的金融活动处于很低的水平:首先,信用工具很单一,这个阶段的货币形式从实物货币、金属货币再发展到纸币,除了纸币之外,很少有其他信用工具;其次,信用形式比较原始,农业经济社会的信用形式主要是原始的、低级的和单一的高利贷信用;再次,这个阶段金融机构很少,融资能力弱,信用度比较低;最后,此阶段的金融市场功能微弱,对社会生产所提供的服务程度还很低。

2. 工业经济社会的金融

随着生产力的进一步提高,农业经济发展到了工业经济社会,在这个阶段是以商品交换为基础,是以市场供求调节资源,市场经济也是货币经济。工业经济社会的金融与农业经济社会相比无论规模、广度、深度和功能都有大幅度的提高:首先,信用工具多样,随着工业经济社会商品交换的不断深入,这个阶段的信用工具种类繁多,有存款货币、各种票据、有价证券等;其二,信用形式多样,这个时候的信用形式已经发展到了银行信用、商业信用、国家信用、消费信用等多种信用形式并存的局面;其三,金融机构的网络化,此时的工业经济社会形成了以中央银行为领导,以各种政策性银行、商业银行及其他金融机构并存的金融体系,这个网络化的金融体系能够保证金融市场的健康运行和促进经济的进一步发展;最后,金融市场的完善化,这个阶段的金融市场的功能日趋完善,形成了层次分明的各级市场,跨越的地区范围广,不仅包括整个国内市场,还包括全球性的国际金融市场;其功能越来越强大,对社会政治、经济和文化生活都产生了巨大的影响。

3. 知识经济社会的金融

随着经济的进一步发展,工业经济逐步发展到现在的知识经济社会,这个阶段科学技术以惊人的速度和空前的规模向前发展,其经济增长主要依赖于知识和信息的增长、扩散和应用。与此相适应的此阶段的金融体现以下一些特点:首先,金融工具电子化、虚拟化、零时化,这个阶段的金融工具实现了电子化,是虚拟的,传递速度极快,实现了零时传递;其次,金融创新发生了革命性的变化,这个阶段,无论金融工具还是金融制度和金融组织都发生了巨大的变化以适应日益变化的经济社会;其次,世界一体化成为现实,由于信息技术的发展,使得各国之间的金融市场变成了零距离,使全球金融市场融为一体;再次,通货膨胀和通货紧缩危险依然存在,尽管金融发展迅速,但是在知识经济时代,通货膨胀和通货紧缩依然交替运行;金融调控的传导机制更有效,由于信息技术的发展,使得当前金融调控的信息传递极快,使得金融调控传导也更迅速,更有效。

三、金融的构成要素

在现代经济生活中,金融体系是一个庞大而又复杂的系统,它主要由以下五个要素构成。

第一节　金融的概念及其发展

（一）金融对象：货币（资金）

金融市场的交易对象是货币资金，各类市场主体参与金融交易的目的就是为了交易货币资金而获取收益：资金的供给者"卖出"货币资金以获取利润，而资金的需求者"买进"货币资金是为了利用这笔资金创造出更多的利润，对于金融中介机构，他们提供各种金融服务，是为了获取手续费收入或差价收入。

（二）金融工具

金融工具也称金融商品、信用工具或金融资产，即市场交易主体借以进行金融活动的工具和媒介。一般是信用关系的书面证明、债权债务的契约文书等，包括债券、股票、基金、可转让大额存单等。金融工具的种类繁多，能分别满足不同人的需求，因而形成了金融市场中的各类子市场。随着金融创新的深入，将来会开发出更多满足人类不同需求的金融工具。

（三）金融机构

凡是专门从事各种金融活动的组织，均称为金融机构；不仅仅包括那些通过参与或服务金融市场交易而获取收益的金融企业，还包括金融市场的监管者。金融市场中存在各种类型的金融机构，通常区分为银行和非银行金融机构。

金融机构提供以下一种或几种金融服务：

转换各种从市场上获得的金融资产，将其变成一种更受欢迎的不同的资产类型，它构成金融机构的负债；也可以运用金融工程的理念设计出新的金融产品，让投资者来购买。这是金融机构中最重要的功能——存储功能。

代理客户进行金融资产交易。这涉及金融机构的经纪与交易功能，也就是经常所提到的代客理财业务，金融机构通过提供这种服务来收取相关的手续费用或服务费。

协助客户开发金融资产，并将其销售给金融市场中的其他参与者。这项服务被称为承销功能，提供承销的金融机构一般也提供经纪或交易服务。例如，证券公司可以承销上市公司的部分或全部股票的发行与买卖，并收取相应的管理费和交易费。

为其他市场参与者提供投资建议，进行资产组合管理。这两项服务属于咨询和信托功能。金融机构可以向参与者提供投资和融资的建议和策略，帮助市场参与者管理金融资产或指导参与者重组、并购、上市等。

（四）金融市场

金融市场是市场体系的一个重要组成部分。简单地说，金融市场是资金融通的场所，有广义和狭义之分。广义的金融市场是指一切从事货币资金借贷的场所，包括资本市场、货币市场、外汇市场，保险市场，衍生性金融工具市场等；这些市场从事货币的借贷、票据的承兑与贴现、有价证券的买卖、黄金和外汇的交易等。狭义的金融市场特指证券市场，即股票和债券等证券的发行与流通的市场。

金融市场的形态有两种：一种是有形市场，即交易者集中在有固定地点和交易设施的场所内进行交易的市场，证券交易所就是典型的有形市场。另一种是无形市场，即交易者分散在不同地点（机构）或采用电信手段进行交易的市场，如场外交易市场和全球外汇市场就属于无形市场。

因此，金融市场不是专指有形的交易场所，而是资金融通各种方式的集合，是资金供求双方运用金融工具进行各种融资交易活动的总称。

（五）制度和调控机制

制度和调控机制对金融活动进行监督和调控等。市场经济体系中，都存在国家对金融运行的管理和在金融领域进行政策性的调节。国家对金融运行的管理由一系列制度构成，这包括货币制度、汇率制度、信用制度、利率制度、金融机构制度、金融市场的种种制度，以及支付清算制度、金融监管制度及其他。这个制度系统，涉及金融活动的各个方面和各个环节，体现为有关的国家成文法和非成文法，政府法规、规章、条例，以及行业公约，约定俗成的惯例等。对金融的宏观调控则通过货币政策以及种种金融政策实施，目的是用以实现政府对经济的干预。

各要素间关系：金融活动一般以信用工具为载体，货币（资金）作为交易对象，并通过信用工具的交易，在金融市场中发挥作用来实现货币资金使用权的转移，金融制度和调控机制在其中发挥监督和调控作用。

第二节 金融的功能和定位

当今世界金融领域正发生着巨大的变化，金融创新不断涌现，金融全球化、金融自由化接踵而至。金融是现代经济的核心，它与人民群众切身利益息息相关，日益广泛地影响着我国经济社会生活的各个方面。本节主要探讨了金融的功能和明确了金融业的定位。

一、金融的功能

（一）金融功能的内涵

所谓功能，简单地理解就是功效、效用、效应、效能或作用，是指某一事物所具有的作用。金融功能则是指金融适应经济发展的需要而具有的作用。金融功能在抽象意义上表现为金融的宏观经济功能，是由多种具体功能共同合成，具体表现在以不同方式、处于不同层次和有着不同影响范围的金融工具或组织的具体功能。总之，金融功能是金融与经济之间的关联关系，是研究金融与经济相互关系的主轴、核心与关键。

金融功能包括以下三层含义：

（1）金融功能有正、负之分。金融功能有正、负之分，金融正向功能的发挥需要一定的条件，否则就可能劣化资源配置，出现负向功能。

（2）金融与经济之间的关联关系以货币为基础。货币是金融产生的最初标志，它承载的价值运动构成了金融的范畴，因此，货币对于金融功能有着根本性意义，货币的产生是金融功能演进的起点。金融是依靠货币这个载体来发挥它的功能和作用的，没有这个载体金融对经济的作用无从谈起。

（3）金融功能是有目的和指向性的。这是指金融是为了经济发展而存在，更具体地来说就是媒介价值运动，货币是商品交换的媒介，是价值的一般代表，通过以货币为基础的价值流通来媒介其他商品载体的价值运动更有效率。

（二）金融功能的构成

不同的人对金融功能的具体内容有着不同的理解和论述，当前国内外经济学家对金融功能的内容也没有完全达成一致的看法。但对金融功能的本质含义（金融对经济的功效、

第二节 金融的功能和定位

效用、效应、效能或作用）的看法却几乎是统一的。它并不是杂乱无章地堆砌在一起的，是由不同层次的功能组成，并具有一定的内在逻辑关系，不同层次功能的重要性在不同时期随经济金融发展水平的提高而逐步显现出来。20世纪90年代中期，中国学者白钦先在以金融资源学说为基础的金融可持续发展理论中，更为明确地提出金融功能问题，把金融功能划分为四个具有递进关系的层次：基础功能、核心功能、扩展功能、衍生功能。

1. 基础功能：服务功能与中介功能

金融的基础功能是服务功能和中介功能，即金融为经济社会活动提供交易、兑换、结算、保管等服务功能以及进行简单资金融通的中介功能，最终都是为了便利与促进价值的运动。

金融服务功能主要是指金融为整个经济运行提供的便利服务，具体包括：第一，金融系统在不同的时间、地区和行业之间提供经济资源转移的途径；第二，金融为经济和社会活动提供价值尺度的货币这个统一的衡量单位；第三，为物物交换时存在的需求双重耦合提供解决途径，它既包括一般等价物又包括流动性的提供；第四，提供大宗跨地区的汇兑和结算服务；第五，提供财富保管服务[1]。

金融中介功能即金融的简单资金融通功能，也就是在资金供给者和资金需求者之间充当资金调剂人，它既以服务功能为基础又与服务功能共同构成了其他功能产生的起点。

2. 核心功能：资源配置功能

随着经济发展水平的提高和金融本身的发展，金融的资源配置功能逐步显现出来。资源配置功能是聚集和分配资源的功能，是金融的核心功能。资源配置功能可以理解为是金融中介功能的复杂化和主动化。具体而言，金融的资源配置功能是从空间纬度和时间纬度上，按照效率对资源进行跨时间和空间的配置，这主要体现在两个方面：金融体系将社会上的闲散资金动员起来，为企业或家庭的生产和消费筹集资金；同时还将聚集起来的资源在全社会重新进行时间和空间上的有效分配，使等量资源能够产生更大的效益[1]。

金融的各种概念，境内的、区域的，规模小的、规模大的，功能单一的、功能齐全的，最终都体现在对金融资源配置的效率和能力上，金融中心的竞争力和影响力在一定程度上决定着国家和地区在全球范围内的金融资源配置能力，从而对整个国家经济实力的提升起到至关重要的作用。当前国际上对金融中心的竞争能力的排序上也都是以金融的核心功能作为首要的衡量指标，足以可见金融的资源配置功能作为核心功能的重要性。

3. 扩展功能：经济调节功能与风险规避功能

为了解决资源配置中的一些问题，金融功能进行了横向扩展，即经济调节功能和风险规避功能。经济调节功能从严格意义上来说并不是金融的功能，而是通过金融手段发挥的功能，主要是指货币政策、财政政策、汇率政策、产业倾斜政策等通过金融体系的传导实现调节经济的目的。经济调节功能一般通过金融手段来发挥作用，如财政政策、汇率政策以及产业政策等的实施都需要通过金融体系的传导去实现。此外，在出现市场失灵的时候，政府还能通过设立政策性金融机构直接参与金融活动，以实现特定的经济调节目标。由于信息的不完全和不对称以及人们的有限理性，使得经济活动普遍存在着不确定性，不

---

[1] 刘刚. 发展金融学框架研究. 辽宁大学博士学位论文，2006.

确定性可能带来利益损失的风险,从而增加经济活动的成本,阻碍资源的有效配置。

金融的风险规避功能就是为提高资源的有效配置,基于大数定理而实行风险分担的。具体体现在:①货币便利和促进了价值运动,体现了初步的保险功能;②股票、债券和借贷融资客观上也是一种风险分担机制,它在转移资金的同时也捆绑转移了风险,从而使风险由投资人和债权人共同承担;③保险公司的保单保险,更是利用了大数原理使风险在不同经济个体中实现了有效地分散;④各种抵押和担保机制也减小了风险,抵押提供了一种还款保险,同时也减少了由于信息不对称而导致的风险。担保则在此基础上还提供了在债务人、债权人和担保人之间进行风险分担的机制;⑤票据承兑、信用证、保付代理和备用信用证及其配套的金融机构也可以规避风险[1]。

金融体系既可以提供管理和配置风险的方法,又是管理和配置风险的核心。风险的管理和配置能够增加企业与家庭的福利。风险管理和配置功能的发展使金融交易和风险负担得以有效分离,从而使企业与家庭能够选择其愿意承担的风险,回避不愿承担的风险。

4. 衍生功能:风险管理功能与宏观调控功能

为了进一步提高资源配置效率,金融的衍生功能(主要是风险管理功能)开始显现出来,具体表现就是在改善公司治理结构以及对未来不确定性风险的克服,而且随着广泛的应用,风险管理功能引起了人们的极大关注,甚至有人认为该功能是金融最核心的功能,是对其他金融功能的延伸;是金融体系为了进一步提高资源配置效率而在微观与宏观两个层面的"衍生",可以概括为(微观)风险管理和宏观调节两类,风险管理包括风险交易、信息传递、公司治理等,而宏观调节包括财富再分配、引导消费、区域协调等。

(1)风险管理功能。风险,即结果的不确定性,既可以导致损失,也可能带来收益,是双向发展的。金融体系提供了低成本进行风险交易(如期货、期权等)的条件,并且主动进行风险的分拆和打包以促成交易。信息在资源配置中起着关键性的作用,而且对于风险交易的双方来说,信息是交易进行的重要保证条件,特别是对于交易价格的形成更为关键,但信息的收集却是需要花费成本的。金融体系可以通过两种机制能够提供信息:其一,通过各种金融价格提供信息,比如股票价格包含着影响股票价格的所有信息,也提供了一个交易决策的参照依据,这无疑节约了交易的信息成本,对于交易的完成具有促进意义;其二,通过专门的金融机构搜集、整理和加工信息,由于金融机构具有专业化优势,节约了信息分散搜集的成本和重复搜集的成本。在公司治理(CorporateGovernance)方面,金融机构能够以更低的成本获取信息,信息的获得可以减轻信息不对称,能够有效减轻委托代理中的激励不相容问题,从而保证了公司治理结构的有效性[1]。

(2)宏观调节功能。宏观调节功能与经济调节功能无本质区别,其主要区别在于前者的操作手段和传导机制随着金融体系的复杂化而发生了改变,如证券市场的财富效应事实上就在进行财富的再分配[1]。

(三)金融功能的特征

金融功能是金融运行的结果,是由诸多因素共同决定的,是长时期形成的,是高层金融资源,金融功能具备以下特征。

---

[1] 刘刚. 发展金融学框架研究. 辽宁大学博士学位论文,2006.

1. 客观性

金融功能的客观性体现在与其他金融要素相比更少受到人的主观意志影响和控制。金融因其具备的功能而产生,金融也因其功能而具有独立存在的可能和意义,金融功能是金融机构、金融市场、金融工具、货币政策、金融制度、法律制度等众多金融相关要素发挥作用的最终结果和客观反映。金融发展决定因素本身是客观的,它们不仅促使金融功能产生,而且也决定着金融功能的发展过程,所以金融功能是客观的,是客观规律性的集中体现。金融功能是客观的,就说明其不是人为主观臆造的,不能在不具备条件的情况下人为的设计和改变。因此人们不能总是一厢情愿地希望利用金融体系达到促进经济增长、快速增长甚至超常增长的目的,只能在认识、尊重客观规律的基础上创造其有效发挥的条件,而不能人为地改变其规律和演进路径。

2. 稳定性

金融功能具有稳定性在于两方面的原因:第一,由于金融功能是客观规律在金融范畴中的集中体现,经济与金融规律的形成和发展本身就具有很大的稳定性,因此金融功能具备相对的稳定性;第二,是由于金融功能的稳定性是众多客观因素长期、共同作用而形成的,尤其是相对于金融机构、金融工具而言,金融功能是总体金融过程的宏观效果,具有明显的稳定性,适合长期考察与整体把握。

金融功能的稳定体现在三个方面:第一,金融功能的稳定性是相对稳定性。由金融工具、金融机构和金融市场等要素构成的金融体系的变动是相对频繁的,金融功能相对它们而言是稳定的,当金融系统所面临的外部条件发生变化时,如技术冲击、产业升级和制度变迁等,金融机构在组织形式、业务内容、金融工具创新等方面就会发生相应的变化,以适应外部冲击,保证金融功能的正常发挥。第二,如果站在现在的时点上对整个金融体系的功能进行先验性考察,那么金融功能无疑具有稳定性,动态过程只是强调在经济发展的历史长河中金融功能的逐步显现、扩展与强化过程。第三,金融功能是沿着基础功能→核心功能→扩展功能→衍生功能路径在发展,这并不是说在某一个阶段只具备某一种金融功能,而事实是在某一个阶段所有功能几乎都是同时存在的,只是在特定时期某些功能可能是潜在的而不是现实的,其重要性并没有显现出来而已。可见,金融功能的动态过程与金融功能的稳定性并不矛盾。因此,金融功能的类型一旦形成,就具有形式上的稳定性。

3. 稀缺性

金融功能具有稀缺性的特点,隐含两层含义:一是金融功能是重要的:它是经济和金融诸多因素长时期共同作用的结果,它既表现为对经济增长的促进、推动作用,又受外部经济环境的制约。二是金融功能的正向作用是难以有效发挥的:金融功能是高层金融资源,本身和自然资源相比更是有限的、稀缺的。而金融功能是金融和经济领域客观规律的集中体现,因而金融功能更加难成、更加难得,金融功能的形成和演进需要一个长期的过程,才能体现出巨大的经济金融效率,促进经济的发展。因此,既重要又难以达到正向作用充分体现了金融功能的稀缺性。

4. 层次性

金融功能的层次性体现在两个方面:第一,在时间序列上,金融功能是沿着基础功能→核心功能→扩展功能→衍生功能这个路径演变的,这四个层次的功能是紧密相关的,隐含了金融功能演进的次序——由初级功能逐渐向高级功能发展。第二，每项金融功能自身也存在着从无到有、由隐性到显性、由弱到强、由初级到高级的发展过程。在整个金融功能构成中，上述四大功能并非具有相同的性质、作用，它们分别处于金融体系"功能束"的不同位置，即层次性，他们之间互相影响、互相激发，共同作用于经济的不同层面。所以，金融功能无论是在发展阶段上，还是在等级划分上，都存在着明显的层次性。这种层次性体现着金融发展和金融发展决定因素之间的密切相关性，也就是金融功能发展过程中体现出的客观规律性。

5. 两面性

金融功能有正、负之分，它并不总是对经济增长产生促进作用，有时也会产生副作用，表现在金融危机以及由金融危机引发的经济危机。金融体系如果劣化资源配置就会以金融危机的形式反映出来，严重的还会导致经济危机，经济发展进程缓慢、中断甚至倒退，比如2007年美国的次贷危机，继而引起的金融危机，就是因为金融功能产生的副作用的结果。因此，这也就说明金融功能的正向功能的发挥是需要一定条件的，需要一个好的制度环境。

二、金融业的定位

金融业是经营金融商品的特殊行业，它包括银行业、保险业、信托业、证券业和租赁业。

1. 现代金融业是国民经济中特殊的第三产业的产业部门

由于金融业和其他服务业一样都是提供服务的行业，所以传统的观念总是把金融业作为一般的服务业归入到第三产业中。特别是在20世纪初，金融工具的种类比较少，金融机构主要局限于银行部门，金融业的发展受到一定的限制，其作用仅仅局限于传统的业务范围——为实体经济融通资金。当时的金融业还不能充分展现其重要性。随着金融工具种类的增加，金融工具用途中的服务性质大幅度的下降，整个金融业已不再被简单地视为一种服务行业。金融行业向社会提供的是货币、资金、金融工具等特殊产品，对社会的影响力巨大；金融业联系着国民经济的方方面面，它能够比较深入、全面地反映成千上万个企事业单位的经济活动，同时，利率、汇率、信贷、结算等金融手段又对微观经济主体有着直接的影响，金融业在社会经济中起到重要的支配作用，而不再仅仅是中介媒体作用。如果我们仍以传统的观念把金融业作为一般的第三产业考虑，就会忽略金融业的重要性、特殊性，削弱它的功能和降低它的地位，从而最终忽略它的经济核心地位，不利于发挥它的现有特性。

2. 金融业是先导产业、风险产业、知识密集产业

传统的观念把金融业仅仅作为一般的第三产业考虑，模糊了它的特殊性，削弱了它的功能，淡化了它的位置。那又应怎样来对金融业进行定位呢？

（1）先导产业。金融业处于现代经济的先导地位，它对社会经济生活起着支配作用，而不仅仅是"中介媒体"作用，主要体现为金融对币值、支配、资金、金融资产选择和信息等多方面都具有支配作用。

（2）风险产业。金融业是风险产业，我们可以从1997年和2007年爆发的影响巨大的亚洲金融危机和美国金融危机看出金融业是高风险行业。

由于金融资本经营的相对集中，以及对实体经济的全面渗透乃至控制，使得金融部门成为现代市场经济中牵引资源配置的核心。集中的金融资本加上人们的极大的投机欲望，

致使金融资本极易脱离实体经济而单独运行。如果失去了产业资本的广泛支撑，金融资本营运的不确定性及其决定的风险也就更大。另外由于体制或机制因素越来越加剧了金融风险的积累，如不完善的市场经济体制、信息不对称、高杠杆率等因素都会加大金融风险，成为金融动荡与金融危机的潜在隐患。

（3）知识密集型产业。金融业是知识密集型的产业：首先，金融产业对人才的要求相当高，这主要体现在对人才所具备的专业知识和丰富的实战经验上，金融行业不仅仅需要精通金融专业知识的人才，很多时候还同时要求这些人才具有会计、法律等多方面知识；我国有关部门也对金融业任职人员有所规定，特别是高层次管理人员，必须有较高的学历和在金融部门工作的相当长的经历。其次，金融的产品的知识技术含量高。特别是金融行业设计的金融衍生产品相当复杂，非专业人士很难理解这些产品的内容，更不要说精通掌握这些金融产品。最后，对金融行业的运作、监督管理也需要具有专门知识的人，只有这些具备丰富专业知识的人才能够很好地利用金融的功能为社会经济的发展贡献其力量，才能有效地防范和化解金融风险，促进金融的正向功能的发挥。

3. 金融业是现代经济的核心

金融业是现代经济中的核心，这是由它的自身特殊性质和作用所决定的。现代一切经济活动几乎都离不开货币资金运动。金融对经济发展的各个方面都产生深刻的影响：如对国民收入、对社会储蓄、对投资和就业等。金融在建立和完善国家宏观调控体系中具有十分重要的地位。国家可以根据宏观经济政策的需求，运用各种金融调控手段，适时地调控货币供应，从而调节经济的发展，在稳定物价的基础上，促进经济发展。从国际看，金融成为国际政治经济文化交往，实现国际贸易、引进外资、加强国际间经济技术合作的纽带。只有金融得到有效的运行，才能使经济发展的各个方面得到正向的发展，货币资金的筹集、融通和使用才会充分有效，社会资源才能得到合理的配置，对国民经济走向良性循环才能起到明显的作用；否则就只会起到阻滞作用。从我国经济运行的结果，尤其是这二十多年金融改革的实践来看，金融在我国国民经济中已占据着举足轻重的地位，发挥着越来越重要的作用。

【知识链接】

金 融 功 能 观

从 20 世纪 80 年代开始，得益于信息经济学、契约理论、金融市场微观结构理论等的发展，理论研究的焦点终于缓慢但却坚定地转向了金融系统在经济体中的功能。同时现实也对金融功能提出了迫切的要求，比如：美国在继 20 世纪 80 年代银行业"脱媒"之后，90 年代又出现了银行业的经营危机；日本先前的金融模式被认为是成功的典范，但却发生了金融和经济危机；德国金融系统一向具有稳健的传统，但似乎无法适应 90 年代兴起的信息技术革命。主要发达国家的金融系统都面临着紧迫的改革问题，而改造一个系统的前提必然是预先了解它的功能。于是，得天时、地利、人和，Merton 等人（1995）遂成就了金融"功能观"（FunetionazPerseetive）。Merton 认为，金融系统的基本功能就是在不确定环境中进行资源的时间和空间配置，而这种基本功能又可以细分为六种子功能。

金融系统的第一种功能是负责支付的清算和结算。清算是指支付通知的处理，也即确定和计算交易各方的责任；结算（settlement）就是交易各方责任的实际结清。金融系统之所以担负了此项功能被认为是交易成本使然。清算和结算过程的交易成本包括：处理支付通知的费用、融资或保存抵押品的成本、纪经商的佣金、买卖价差以及各种形式的税收。虽然各国的清算和结算机制存在着差异，但共同特点是：包括中央银行在内的银行系统是其中的核心。

第二种功能是积聚资源和分割股份。这项功能也是起源于阿罗—德布鲁世界中所不曾有的某种"摩擦"——企业家和投资者之间的匹配问题。设想企业家为某项目寻找外部资金，如果所需资金不多，他可以同一个投资者签定一份双边合约；但是，如果所需资金庞大而单个投资者的能力有限，则需要同许多投资者签定许多双边合约，这就涉及到将众多投资者的资金集中起来和分割项目的股权。由于各投资者的偏好和禀赋不一样，企业家要么不得不一一谈判以确定各份合约中的不同条款，要么就提供标准合约然后守株待兔，这两项选择显然都耗时耗力。如果此时有了一种多边合约机制，其中很多投资者同某个中介签定双边合约，这个中介再同很多企业家签定双边合约。于是，众多投资者的资金就可以通过中介积聚起来，而众多企业家的项目股权也可以通过中介进行分割。这个中介既可以是比较透明的共同基金，也可以是不太透明的银行。随着经济的发展，企业的最优规模也在不断扩大，而家庭的财富增长远跟不上项目规模的扩张，中介所担负的这种积聚资源和分割股份的功能就对企业至关重要。对于家庭来说，通过中介进行投资可以在成本较低的情况下产生三大好处：资产得以充分分散、流动性有保障、获得企业信息和监督企业家。另外，中介还可以提供市场所没有的要求权——即将不符合投资者要求或不被投资者所理解的证券变成满足投资者要求或非信息密集型的证券。但是，中介也有其弊端——这可以看成是另一种形式的"摩擦"，典型的就是投资者可能会同中介发生利益冲突，这尤其体现于不透明的银行身上。此外，中介，特别是银行本身也存在资产、负债的流动性匹配问题。解决这些弊端的方法就是资产证券化。

第三种功能是在时间和空间中转移资源。跨时空的资源配置涉及到借贷，而借贷通常是有风险的。由于一项无风险的贷款等于一项有风险的贷款加上一个偿还担保，即：无风险贷款＝风险贷款＋偿还担保，反过来就可以得出：风险贷款＝无风险贷款－偿还担保。所以，发放一笔风险贷款就相当于发放了一笔无风险贷款，同时卖出了一个涉及借款人违约风险的保单。于是，金融机构的功能就不仅仅体现于简单的资源转移上，其中还有违约风险的管理问题，这包括风险评估和解决信息不对称下的逆向选择及道德风险问题。对于资金的盈余者而言，中介的这种功能在使之获得收益的同时也保障了资金的安全；对于资金的需求者而言，中介的评估、担保和监督则使之信用得到增级，从而更容易以较低的成本获得资金，典型的例子就是美国居民住宅抵押贷款的证券化，另外，美国中小企业贷款的证券化也正在发展。

第四种功能是风险管理。风险管理的手段无非三种：资产分散、对冲和保险。在资本资产定价模型（CAPM）中，投资者进行资产分散可以有两种选择：第一，直接选择各种风险证券和无风险证券的适当头寸；第二，存在两个基金，其中一个基金的资产仅包括无风险证券，另一基金的资产则包括所有的风险证券，投资者可以根据自己的偏好和禀赋选择适当比重的两种基金。这里的两种基金可理解为两个金融中介机构。

但是，投资者为什么不采取第一种选择而非要购买这两个基金呢？Merton 做了一个简单的假设：投资者要承受交易成本，而只有中介可以在没有交易成本的情况下进行连续的资产调整。于是，通过中介进行资产分散就理所当然了。CAPM 的框架相对比较简单，实际上，现实中每个投资者都可能会有自己独特的效用函数。当投资者的效用函数依赖于不同的状态变量（即面临不同的风险）时就会产生两种情况：第一，这些状态变量同现有的证券相关（系统性状态变量），则经济当事人的最优投资组合就会发生变化。此时，CAPM 的两基金分离定理失效。如果这些状态变量有 m 种，那么，为了通过中介达到最优的资产分散就需要有 $m+2$ 个基金。由于现实是复杂的，因而所要求的基金数目就非常多，这也就隐含地解释了金融系统复杂多样的原因；第二，如果这些状态变量同现有的证券不相关（非系统性状态变量），则最优投资组合不会变化，但消费—储蓄决策会受到影响。此时，就需要中介来"生产"某种金融工具以对冲经济当事人所面临的特有风险——这即是风险管理中的对冲手段。如果投资者效用函数对这些状态变量存在依赖性，但又无法预测或者简单地描述它们的随机过程时，就需要风险管理中的保险手段了。保险手段可以凭借中介的担保，比如在当事人面临不可预测的流动性冲击时，银行或者开放式的共同基金都可以满足随时提现的要求；保险也可以依靠各种衍生金融工具，而这些工具"当然"是中介创造的。

第五种功能是提供信息。作者认为，这种功能主要是指从证券价格中提取有用的信息，可是，为什么要从证券价格中提取信息呢？作者并未明确指出，只是列举了若干例证，比如：证券价格中的信息在金融服务产业、公司理财以及政府宏观经济管理中的作用。按照弱型有效市场假说，证券价格只是包含了过去所有的信息，可利用证券价格来提取过去的信息有何用处？按照半强型有效市场假说，证券价格除包含过去信息外还包含了所有公开的信息，但既然已经公开也自然无须费力不讨好地从价格中提取什么信息了；按照强型有效市场假说，证券价格包含了所有的公开和私人信息，这似乎为从价格中提取信息找到了理由，然而，在以有效市场假说为其基本精神的现代资产定价理论中，包含了所有信息的证券价格是市场达到无套利均衡时的价格，此时，由于没有人可以通过套利来获取超额利润，从价格中提取信息也就多此一举了。事实上，如果追根求源的话，现代金融学的主要理论都是起源于法国数学家巴舍利耶的核心观点：证券价格遵循随机游走，因而是不可预测的。但是，这些理论发展到最后却试图从过去价格中获得对未来的有益信息。要使价格具有信息功能就必然要求某种"摩擦"的存在：第一，当事人是有限理性的，他们并不能掌握关于未来的所有信息，或者即使他们掌握了也不具有处理这些信息的完备知识；第二，市场的运转速度不是无限快的，在达到均衡价格之前存在着足够的套利时间。此外，有一部分市场不存在也是价格具有信息功能的一个理由。

第六种功能是处理激励问题。激励问题的产生源于信息不对称导致的逆向选择和道德风险。作者认为，在导致金融市场不完美的诸多障碍中，激励问题同其他障碍既有相同点，又有不同点。相同之处在于：如同交易成本和通信成本，激励问题也可以通过技术进步和契约设计来得到缓解；不同之处在于：激励问题是金融系统面临的更为基本的问题，即使技术发展从而交易成本和通信成本等完全消失了，激励问题依然会存在，并给金融系统和社会的运行带来很大的成本。对于公司来说，不对称信息一方面会导致公司在需要进行外部融资时面临着"柠檬市场"问题，从而使得正NPV项目得不到足够的资金，出现投资不足的现象；另一方面，不对称信息又会导致公司内部经理的道德风险问题，从而使公司资金投到了对经理有好处但NPV为负的项目上，这就出现了投资过度的现象。证券设计、金融创新可以有效地缓解这些问题。对于公司内部的治理问题也可以采取如股票期权等措施。另外，对于那些因信息不对称而不得不依赖内部资金的公司来说，利用金融市场对公司未来现金流进行风险管理和资金调配也非常重要。

（资料来源：中国社会科学院研究生院博士学位论文，殷剑峰，金融系统的功能、结构和经济增长，2003年）

【知识链接】

金融结构、金融功能与金融效率

在过去的三十多年，金融结构、金融发展和经济增长之间的关系是理论界持续关注的焦点问题之一。已有的众多文献从计量实证及理论角度，或研究金融发展与经济增长的关系，或研究金融结构与经济增长的关系，但自从戈德史密斯（1969年）开创性地提出金融结构变迁即金融发展之后，一直都未见出现将金融结构、金融发展与经济增长整合到一起的文献，显然，现有的研究在某种程度上更是忽视了其中最为关键的因素——金融效率。

由于以金融资源学说为基础的金融可持续发展理论是构建发展金融学必不可少的理论基石，因此，蕴含其中的系统论观点自然也应成为发展金融学努力吸收、借鉴的"合理内核"。基于此，下面将从金融系统的角度对发展金融学的研究体系，即金融结构、金融功能和金融效率（SFE）进行整合与构建。但需要指出的是，由于现有的金融体系研究事实上早已具备了相当程度的系统观，因此，这对构建发展金融学的研究框架无疑具有重大的启示与指导意义。

默顿（1995年）从金融中介和金融市场功能角度思考金融系统，并将金融市场和金融中介作用的各种组合比较作为比较金融系统的重要内容，重点分析不同国家的不同金融系统在不同环境下，在资源配置方式、企业融资手段、信息处理、风险分担和参与公司治理等方面的不同作用；LLSV（1998年）论及了法律与金融系统的关系，引发了人们对一国金融系统发挥作用的基本环境（即政治与法律等）的关注。国内不少文献认为金融系统由五个基本要素构成，即制度、机构、工具、市场及调控机制，并据此进行相关的研究。与此相比，白钦先（1989年）提出的金融体制九大要素及其比较研究方法则将金融系统研究推向了更高的层次，其研究对象是金融体制，研究核心是金融的九大要素，即发展战略模式、组织形式、框架结构、业务分工、监督管理、运行机制、构造方式、运行环境（包括经济环境、金融环境和社会环境）、总体效应。其中，组织形式、框架结构、监督管理是相对比较简单的要素，业务分工、发展战略、运行机制、构造方式、总体效应则是相对比较复杂的要素，运行环境是九大要素中最为核心的要素，对其他八大要素产生重大的作用与影响，此外，总体效应则为研究的落脚点；该理论体系特别强调上述要素间的联系、影响与制约以及各构成要素间的整体特征和各要素自身多层次的个体性特征。尽管未直接采用系统论的方法，比较银行学中的金融九大要素实际代表了金融系统的结构、功能、效率与发展（演进）等方面，揭示了金融系统的核心要素，从而赋予了全面的系统观。白钦先（1998，2001年）又进一步揭示出金融的资源属性与恢复了金融复杂系统的本来面目，提出了以金融资源学说为基础的金融可持续发展理论，并公开呼吁建立"发展金融学"，即以金融本质演进基础上的金融与经济的互动关系（表现为金融功能的扩展与提升）为其研究基轴，而以金融效率为其研究的归宿（落脚点）。

虽然上述理论均注重结构与功能的研究，比较金融系统的理论模型与相关实证研究的成果也值得借鉴，但比较银行学以及发展金融学的初步研究始终将金融效率置于金融系统研究应有的核心位置，从而为发展金融学的 SFE 框架设计提供了充分的理论根据。如果在此基础之上进一步推理，就不难发现探究金融结构、金融功能与金融效率（风险）之间的关系，实质上就是探究金融结构、金融发展与经济增长之间的关系。进一步说，金融功能与金融效率都是隐性的、无形的，它们均通过金融结构发生作用，一方面，金融结构（金融工具与金融组织）是金融功能的载体，金融效率是金融结构功能发挥的直观体现，而金融效率又是联系金融发展与经济增长（发展）的关节点（图 8-1），因此，金融结构、金融功能与金融效率三者都不能偏废，它们共同有机地组成了发展金融学的研究框架。

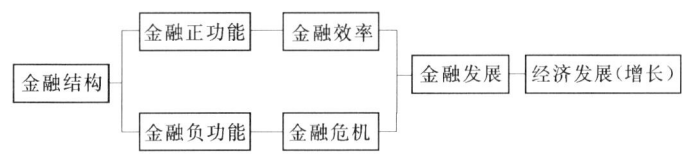

图 8-1 金融结构、金融功能与金融效率之间的关系

（资料来源：辽宁大学博士学位论文，刘刚，发展金融学框架研究，2006 年）

习　题

一、名词解释

金融　　　　金融学　　　　金融功能

二、简答题

1. 什么是金融学，金融学包括哪些范畴？
2. 请解释金融的产生与发展。
3. 简述金融功能的特征。
4. 您认为金融处于当前中国经济中的什么地位，对我国的经济有何作用？

三、分析题

沪港金融中心定位应不同

作为全国政协委员，摩根大通亚洲投资银行副主席、中国投资银行 CEO 方方每年都会提出相关提案。今年他除了提出应该试行"风电资源税"之外，更是把目光聚焦在自己的本行，将目光投向人民币，提出了"关于顺应人民币国际化趋势，强化香港国际金融中心地位"的提案。

在接受《中国经营报》记者专访时，方方强调香港与上海国际金融中心分工不同，二者是合作关系，而今年中国经济面临的最大风险是：在管理通货膨胀的同时如何有效启动内需。

《中国经营报》：目前上海国际板呼之欲出。有观点认为香港国际金融中心近些年的成长某种程度上是以牺牲上海为代价的，你怎么看上海、香港两个城市作为国际金融中心在未来的定位与分工？

方方：罗马不是一天建成的，金融中心也一样。从欧洲美元和欧洲日元的市场经验来看，任何一个离岸货币中心的建立，都依赖于三大基础条件：足够大的货币资金池；有吸引力的投资产品与渠道；流通性良好的交易兑换机制。香港能够成为离岸人民币中心，也是其市场环境、金融机构、国际投资者选择的一个结果。能否成为离岸金融中心，取决于资金池的规模、发行融资主体的意愿以及资金出入的便捷，这方面上海与香港比较还有距离。

我觉得目前上海的定位还是应该以更多服务与满足中国境内金融需求为主。中国现在已经是世界第二大经济体，但金融业发展不够发达，即使国际板日后推出，随着国内的金融需求日渐旺盛，上海能够全部满足，已经是很不错的成绩。比较而言，香港服务于境外的投资者与跨国企业更具有优势。从这个角度而言，香港还是更具国际性，这也是由香港发展现状、市场环境、投资者的需求决定的。把香港建设成一个人民币离岸中心对于香港、内地都非常重要。我认为二者完全不矛盾而且互补，并不存在直接竞争关系：两个城市各自服务不同的投资者和企业，今后可以更好地共同服务中国经济。

《中国经营报》：中投副总经理汪建熙近日表示，今年国际市场的主题还是全球经济温和复苏，这将有助于中投公司在发达国家进行投资，尤其是发达市场中的房地产领域具备投资机会。那么，你对于全球市场是怎么看待的？中国等新兴市场的机会与挑战在哪里？

方方：我同意汪建熙的看法。今年或者说从去年年底以来，全球的资金确实有向发达市场流动的趋向；而在去年下半年以前，全球的资金主要还是流向新兴市场，直到去年年末才有了这么一个反向的流动。具体原因一方面源于新兴经济体存在通货膨胀和地缘政治的不稳定因素，另外一方面，发达经济体去年下半年之后也进入了经济上升的轨道，大家也看到发达经济体存在的投资机会，所以资金才有反向的流向。当前，我觉得发达经济体不能说全面复苏，但是确实是进入了复苏的轨道。

《中国经营报》：那么作为新兴经济体，你怎么看待中国在2011年的挑战呢？

方方：对今年中国经济而言，我认为面临抑制通货膨胀以及有效启动内需两大挑战。首先通胀是经济发展重大风险之一，需要高度关注：如何在有效控制通货膨胀的同时有效启动内需，我认为解决思路首先在于加强市场体系建设，其次是改善供需不平衡的问题。二者之间，今年如何抑制物价上升是更现实急迫的问题，有效启动内需则是需要长期的制度建设，比如改善供给、提供医疗、社保、教育等社会保障方面的配套工作。

《中国经营报》：温家宝总理两会期间表示中国未来五年将稳步推进利率市场化改革，完善以市场供求为基础的有管理的浮动汇率制度。你觉得当前利率市场化的时机是否成熟？

方方：利率市场化是改革银行金融系统的重大举措。作为外资金融机构而言，我们依靠为客户来提供更创新的投融资和风险管理产品来增强我们的竞争力。推出利率市场化最大风险或许就在于银行对于风险的认知、评估以及定价是否成熟，随着利率的浮动，银行需要做出一个判断：对于某一个企业客户，应该上浮还是下浮，如何正确定价？这是对银行的最大考验，取决于银行在人才、系统方面是否做好准备来评估和应对风险的变化。

根据上述资料，您认为应该如何对香港和上海的金融业进行定位？

第九章 货币与货币制度

本 章 导 语

生活中货币无处不在，不管是个人、企业，还是政府都会从不同来源取得货币收入，会使用货币去购买日常所需，会使用货币去投资等。在当今社会中，货币是一个必不可少的基本构成因素，对社会经济运行起着至关重要的作用。而国家制定货币制度就是为了稳定和规范货币流通，使其能稳定和促进经济的发展。本章主要研究和阐述了货币的本质、职能和层次划分，并介绍了货币制度的构成、演变和我国的货币制度。

知识目标：
- 理解货币的概念和本质，掌握货币的职能和货币的层次划分
- 理解货币制度的概念，掌握货币制度的构成要素，了解货币制度的演变和我国的货币制度

技能目标：
- 能解释货币的概念和本质，能解释货币在经济中执行的职能，能写出货币的层次划分
- 能解释货币制度的概念，能写出货币制度的构成要素

案例导入：

早在4000年前，贝壳在中国就作为货币的一种形式被使用。到了公元前600年，人们使用布料和青铜器（例如刀和锄头）作为支付手段。公元前300年，中国开始模仿制作刀、锄头、贝壳等作为货币使用。

硬币的使用迅速在中国蔓延，公元前3世纪中期，新的币种开始出现，可能是因为它更容易铸造。这种青铜系列的圆形硬币，打有正方形的中心孔，这种铸造形状一直延续到1912年。

公元前221年，秦始皇改革了货币制度，禁止锄币、刀币、贝币等货币的使用，他的帝国引入了圆形的定值货币。正方形中心孔两边的两个汉字表示硬币的重量（半盎司），防止金属被削刮。

中国货币制度随后的重大发展是在公元621年，唐朝的开国皇帝唐高祖建立了新的货币制度，发行体制变成了十进制。

宋朝（960～1279年）见证了中国和邻国间自由贸易的发展，货币的流通需求量也随之增加。然而，流通中的青铜制或铁制货币却限制了贸易的发展。各地区使用的货币各不相同，且不统一，某些地区甚至还禁止青铜制货币出口到其他地方。同时，在全国范围内携带巨额、重量很大的硬币存在困难，这一点也很重要。

对于此问题，纸币作为交换媒介的形式更为方便。同时，盐和茶叶的贸易也正蓬勃发展，

在运往库的路途中，商人利可用赎回票据来缴纳路上的收费，这些票据来缴纳路上的收费，这些票据随之被当作货币使用。

然而，这些只是私人的交易，今天人们所知的纸币（即官方发行的没有时间限制的交换凭证）的首次使用，是在 1189 年的金朝。后来，在元朝（1260～1367 年），所有的金银铜制货币都被禁用，在交易中一度曾只能使用纸币，这也使威尼斯旅行家马可·波罗感到非常惊讶。

（资料来源：http://jjzx.nau.edu.cn/jpkc/jpkc2005/wljs/anli/anli-1.htm）

案例评析：

上述的引例，让人们认识到货币的种类繁多，货币制度也会随着经济的发展而发生演变。那么什么是货币，货币到底在经济生活中起着什么功能；货币制度又是什么，是如何演变的？我们将从本章了解这部分的内容。

第一节 货币的概述

货币无处不在，它是经济生活中必不可少的一名成员。货币是一种商品、特殊的商品，在经济生活中发挥着重要的职能。本节主要阐述了货币的本质和职能，并对货币层次的划分进行了介绍。

一、货币的本质

货币是充当一般等价物的特殊商品，体现了一定的社会生产关系。

（1）货币是商品，具有商品的共性，即同一般商品一样，具有商品的两个基本属性——价值和使用价值。价值形式发展的历史表明，货币是在商品交换过程中，从普通商品中分离出来的。

（2）货币不是普通商品，而是特殊商品。因为它在商品交换中取得了一般等价物的独占权，只有它才能起着一般等价物的作用，具体的表现是：①货币能够表现一切商品的价值；②货币对于一切商品具有直接交换的能力。用它可以购买一切商品，从而货币就获得了一般的、社会的使用价值，即拥有货币，就可以得到任何一种使用价值。

（3）货币之所以体现了一定的社会生产关系是由于货币作为一般等价物，商品生产者用商品与货币进行交换，互相交换商品，似乎是表现在一定的物上，但实际是相互交换各自的劳动，即表现的是人们之间的生产交换关系。因为他们之间的劳动交换不能直接表现出来，才采取了商品形式来进行交换。

因此，货币作为商品的一般等价物，使得商品的不同所有者，通过等价交换，实现了他们之间的社会联系，即人与人之间的一定的社会生产关系。这也正反映了货币是商品交换发展的产物、经济社会进步的标志。

二、货币的职能

货币的职能是对货币本质的具体表现。当货币处在不同形式的价值运动中时，所表现的作用和功能也是有所差异的。马克思在《资本论》中科学地分析了货币在交换发展过程中，逐步形成了价值尺度、流通手段、贮藏手段、支付手段、世界货币五种职能。

（一）价值尺度

不管是逛商场购买商品还是在网店上淘宝，每一样商品都标有其价格，一个面包 5

元，一双鞋 400 元，一台冰箱 6000 元……不管投资何种金融工具——股票、基金或者权证等，都有其价格；尽管所享受的服务是无形的，但它也有其价格。在现实生活中处处都充满了价格，处处都需要支付货币，这个时候货币就充当了一种单位，充当了一种尺度，这就是价值尺度。在这里，货币可以衡量一切商品和服务的价值，这样，就方便买卖双方比较衡量各种商品所包含的价值。以货币为尺度来表现商品价值，并衡量商品价值量的大小时，马克思把货币赋予交易对象以价格形态的这种职能定义为价值尺度职能。

之所以货币能够表现和衡量商品的价值，是因为货币和其他的一般商品一样，都是商品，同样都具有价值，都是凝结了一般人类劳动。从商品交换发展的历史分析来看，货币是从千万种商品交换中分离出来的，货币起源于商品，是一种商品，并且是一种特殊的商品。它与其他普通商品一样，是价值和使用价值的统一体，凝结着人类的抽象劳动。价值是物化在商品中的人类无差异劳动，因此，商品价值的大小，是由生产商品花费的社会必要劳动时间的多少来决定的，社会必要劳动时间是商品价值的内在自然尺度。只需比较社会必要劳动时间，就能比较出商品的价值，但是社会必要劳动时间不能自己表现出来，必须通过货币外在表现出来。由于货币本身也是一种商品，本身也具有价值，所以就可以用这种同样花费了人类无差异劳动的社会必要劳动时间去衡量其他商品的价值。这样，商品价值的内在尺度是社会必要劳动时间，而外在尺度就是货币。

当然，商品并不是因为有了货币才可以相互比较，而是因为一切商品作为价值都是物化无差异的人类劳动，它们都具有相同的质，因此在量上才可以进行比较。货币出现以后才使不同的商品共用一个特殊商品来衡量自己的价值。

(二) 流通手段

流通手段是指货币充当商品交换的媒介这一职能。要理解这一职能，就必须先研究货币的起源。

在原始时代，人类的生活比较艰苦，解决温饱是人类最主要的问题，因此几乎不可能生产出多余的产品与其他人进行交换。随着人类社会的发展，人类逐渐组成一个一个的部落以战胜个体无法应对大自然的困难，这样分工合作制就随之而产生。分工合作制使得每个部落都可以利用自己劳动生产出多余的产品与他人进行交换，而这时的交易方式就是物物交换制。在商品生产者进行商品交换时，既是卖者，又是买者，在卖出自己的商品的同时又买进了别人卖出的商品。

虽然物物交换制与原始孤立状态相比，已经发生了很大的进步，但是它仍然存在着很大的缺陷。物物交换制存在一个矛盾，当其中一个商品生产者卖出对方想要的商品时，可能会面临着对方所提供的商品并不是自己所需要的，这就导致双方没有办法进行交易，他们必须继续寻找各自所卖的商品是对方需要的商品。这必然导致要促使交易的完成需要耗费大量的时间、人力、物力等，交易的效率大打折扣。

随着人类社会的进一步发展，生产力得到了极大的提高，人类所生产出的商品的数量、种类大大提高，这就使得原始的物物交换很难达到交易的目的，为了促使交易的完成，人们开始选用一些大家都能接受的特殊商品充当媒介物，从而交换方式发生变化：首先，商品生产者把自己多余的物卖出换取媒介物，这是一个卖的过程；然后，再用媒介物换取自己需要的物品，这是一个买的过程，商品的交换分离成了买卖两个阶段，在买卖这个过程中充当交易媒介的这个媒介物——特殊商品就是货币。在这一过程中,货币发挥着交易媒介的作用。就把货币的这一职能称为流通手段。

货币在充当商品流通的媒介,也就是在执行流通手段职能时也具有一些特点:

1. 作为流通手段职能的货币必须是现实的货币

执行流通手段职能的货币,不能是想象或观念上的货币,但可以用货币符号来代替,这是因为商品流通手段,是实现价值的过程,必须用现实的货币来进行交换。

2. 作为流通手段职能的货币可以是不足值的货币

这是因为,货币在交换中是转瞬即逝的,货币是交换手段而不是交换目的,这就使得纸币可以代替金属货币执行流通手段职能。

3. 流通手段职能包含着危机的可能性

货币在商品流通中充当交换的媒介,这使得原来物物交换相统一的买卖过程分离成了卖和买这两个相互独立又相互联系的过程。这种卖和买相互独立的过程就可能导致卖而不买的结果,卖而不买必然会影响到别人的卖,超过一定的限度,就可能会出现社会性危机——经济危机。所以,货币发挥流通手段职能包含着危机的可能性。

(三) 贮藏手段

1. 贮藏手段职能及其产生

贮藏手段是货币退出流通领域被人们当作独立的价值形态和社会财富的一般代表保存起来的职能。贮藏手段职能是在价值尺度和流通手段职能的基础上产生的。货币作为价值尺度能够衡量商品的价值,执行流通手段职能,又可以充当交易的媒介,购买其他一切商品,因此货币才能作为社会财富的一般代表,被人们作为财富储存起来。

货币充当商品交换的媒介后,商品交换就分立成了卖和买两个独立的过程,有时卖和买是连续发生的,卖之后马上买,而有时是卖后并不买,这时货币退出流通领域,处于静止状态,货币就发挥着价值贮藏的职能。

2. 货币贮藏的形式

货币贮藏的形式是随着社会经济的发展而发展的。在各个经济发展的不同阶段,由于商品经济性质不同,货币贮藏职能服务的目的和所采取的主要形式是不同的。

作为贮藏货币,它必须是现实货币,也是足值货币,但随着经济的发展,货币从金属货币时代的足值货币发展到现代信用货币时代的信用货币,货币贮藏的形式也发生了变化(从以足值货币金银的形式贮藏价值到当今以信用货币——价值符号的替身作为价值贮藏的典型形态。)金银本身具有价值,而且价值高、性质稳定,不会因贮藏时间的变长而变质从而减少价值。因此,尽管现在已经不使用金属作为货币,但人们仍会使用贮藏金银的形式贮藏价值。在现代的信用货币时代,流通中已经没有金属货币,取而代之的是以银行券、存款货币为主的信用货币的方式来贮藏财富、积累价值,这个时候的货币已经不具有价值,这是货币形式发展的结果。

3. 贮藏货币的特殊作用

在金属货币时代,货币的贮藏手段发挥对货币流通起着蓄水池的作用,能够调节流通中的货币数量。当商品流通规模缩小时,就意味着所需要的货币数量减少,这时流通中的货币数量就会过多,过多的货币就被人们贮藏起来;而当商品流通规模扩大时,就意味着

第一节 货币的概述

所需要的货币数量增加,这时流通中的货币数量就过少,贮藏的货币就又重新进入流通。货币贮藏手段职能自发地调节流通中的数量,使货币的实际流通量符合流通渠道对货币的需要量。但是,只有金属货币流通和可以兑换金银券流通时,被贮藏货币的数量足够大时,金属货币的自我调节机制才能发挥作用。

（四）支付手段

当货币不是用作交换的媒介,而是作为价值的独立运动形式进行单方面转移时,就执行着支付手段职能。

货币这一职能的产生发展是和信用关系的产生和发展密切相关的。支付手段是商品流通发展的结果,货币在商品流通中执行流通手段职能时,使得商品流通分离成买卖两个过程,随着商品流通的发展,在现金交易基础上往往产生商品的让渡与价值的实现相脱节的过程:卖与买这两个相分离的过程就可以以赊购的方式进行第二个阶段的买,然后再进行第一阶段的卖来取得货币偿还债务。在这里,货币执行支付手段职能,独立地把这一过程完成,而买卖关系演变成债权债务关系。在这种延期支付的方式中,商品的卖者成为了债权人,而买者成为了债务人,经过若干时间之后,买者才向卖者支付货币偿还债务。在这些关系中,价值的独立形态从一个人手中转到另一个人手中,发挥着支付手段的职能。

在现代商品经济中,货币作为支付手段所发挥的作用越来越大,不仅仅体现在延期支付方式中,还体现在财政、银行等方面的运用:纳税人向国家缴纳税赋、资金的盈余者把货币借给资金赤字者;此外,企业、事业单位等在支付工资和劳务报酬时,货币都是作为一个独立存在的价值,发挥着支付手段的职能。只要在货币流动的同时不存在商品的相向运动——也就是货币运动和商品运动两者相分离,货币的支付作为交换过程的补充环节而独立地结束整个过程。

（五）世界货币

当商品流通越出国界,扩大到世界范围,货币的职能作用也随之发展。货币超越国内流通领域,在国际市场上充当一般等价物的时候就执行着世界货币职能。在世界市场上发挥着价值尺度、流通手段、支付手段、价值贮藏的职能。

在金属货币时代,是贵金属和贵金属铸币流通的世界,黄金等贵金属可以在各国之间自由输出输入,这样,各国货币的比价就能保持在一个比较稳定的水平上。在国与国之间,此时货币作为世界货币,必然是脱去了"本国的制服"而以贵金属本身的价值发挥作用,也就是说这个时候的货币实际是依靠贵金属如黄金、白银本身的成色和重量起作用来发挥世界货币的职能。

随着贵金属铸币退出流通,特别是黄金在世界范围的非货币化,货币不再以贵金属作为载体,在国际交往中,货币要发挥职能,不但不会脱去本国的制服,而且必须是以身着国别的制服为必要条件。比如,可以在国际交往中用来计价和支付的首先是在国际贸易中得到普遍接受、用于计价和支付的货币是硬通货,比如美国的美元、欧洲的欧元等货币。这些货币之所以能够服务,正是因为它们都穿着美元、英镑、欧元、人民币之类的国别"制服"。

世界货币职能具体包括以下三个方面的内容:①作为国际间的支付手段,用来平衡国际收支差额;②作为国际的一般购买手段,主要是一国单方面向另一国购买商品,货币商品直接同另一国的一般商品相交换；③社会财富的转移，作为社会财富的代表，由一国转移到另一国，如资本的转移、对外援助、战争赔款等。

三、货币的层次划分

货币层次是指各国中央银行在确定货币供给的统计口径时，以金融资产流动性的大小作为标准，并根据自身政策目的的特点和需要，划分货币层次。

尽管世界各国中央银行都有自己的货币统计口径，但是无论存在何等差异，其划分的基本依据却是一致的，即都以作为流通手段和支付手段的方便程度作为标准，也就是流动性作为划分标准。所谓金融资产的流动性，是指这种金融资产能迅速转换成现金，而对持有人不发生损失的能力；也就是变为现实的流通手段和支付手段的能力，也称变现力。流动性的大小受以下几个因素的影响：①资产变现的难易程度；②变现时发生的交易成本大小；③该资产价格的稳定性。流动性程度实际上反映了资产作为流通手段和支付手段的方便程度；流动性程度较高，在流通中周转起来就比较便利，形成购买力的能力也比较强；反之，则较弱。变现能力越强的货币其流动性越强，而流动性越强的货币就越容易被人们普遍接受。于是按照货币的流动性和可接受性划分就比较可行，对于观察经济状况、实施宏观调控有重要意义。货币按着流动性和可接受性一般可分成以下几个层次。

1. 国际货币基金组织推荐的货币层次划分

国际货币基金组织的货币采用三个层次：①通货，是指流通中的现金；②货币，包括通货和私人部门的活期存款，即各国通常采用的 M_1；③准货币，相当于定期存款、储蓄存款与外币存款之和。货币加上准货币，相当于各国通常采用的 M_2。

2. 中国的货币层次划分

从 1994 年 10 月开始，中国人民银行正式把货币供应量作为我国货币政策的中介指标，并从该季度开始按季公布货币供应量的统计监测指标。现阶段，我国货币供应量具体划分为以下三个层次：

$$M_0 = 流通中的现金$$

$$狭义货币 M_1 = 现金 + 单位活期存款 + 个人持有的信用卡存款$$

$$广义货币 M_2 = M_1 + 居民储蓄存款 + 单位定期存款$$
$$+ 其他存款（如外币存款、信托存款）+ 证券公司客户保证金$$

$$广义货币 M_3 = M_2 + 金融债券 + 商业票据 + 大额可转让定期存单$$

由于 M_3 波动较大，影响指标的灵敏度，因此，只是作为参考性指标，目前不对外公布。

各个国际所采用的这些符号所包括的内容，由于各国银行业务名称不尽相同，同一名称的业务内容也不尽相同，一般来说，只有 M_0 和 M_1 两项大体相同。

第二节 货币制度

从历史的沿革来看，虽然各国采取的货币制度各不相同，但总的来说，货币制度的发展是以贵金属本位制为主。本节主要阐述了货币制度的构成要素、货币制度的演变和我国的货币制度。

第二节 货币制度

一、货币制度的构成要素

货币制度，简称"币制"，是国家以法规形式规定了本国货币的流通结构和组织形式，它由国家有关货币方面的法令、法规、条例等综合构成。

货币制度是伴随着金属铸币的出现而形成的，由于早期铸币在成色、重量、形状等方面都不统一，再加上民间私铸、盗铸，使货币流通很混乱，这严重阻碍了经济的发展。因此各个国家在货币问题方面都制定了种种法令，这些法令都是国家在不同程度、从不同的角度对货币所进行的控制，使货币的形式统一、币值稳定、经济正常发展，最终达到能够建立符合自己政策目标，并可能由自己操纵的货币制度。

不同国家的货币制度之间往往存在着一定的差异，但总的来说，每个国家的货币制度大体都会涉及到以下方面：规定货币材料、规定货币单位、规定主币和辅币及其铸造发行和流通程序、建立准备制度。

（一）规定货币材料

货币制度的基础是规定哪种或哪几种商品可以作为货币的币材，这也是一个国家建立货币制度的首要步骤。一个国家应根据社会经济发展的特点和客观经济条件的状况选用相应的币材。哪种或哪几种商品一旦被规定为币材，即称该货币制度为该种或该几种商品的本位制。比如，以银、金银或金作为货币材料分别形成银本位制、金银复本位制和金本位制。"本位"实际上是货币制度的一个术语，是指国家将其货币同某种特定商品固定联系在一起，也就是选择币材。在很长的历史发展时期，往往都有两三种币材并行流通，比如在很长一段时间里，先后经历了银本位制、金银复合本位制以及金本位制，也就是先后以银、金银和金作为货币材料。这些时期都是以特殊的商品作为货币的币材。现在世界各国都实行信用货币制度，实际就是不兑现的货币制度，此时的货币不再能兑换成金属，法律中也没有规定任何商品可以充当币材。也就是说，在过去货币制度中最重要的一个构成因素——币材，消失了。

（二）规定货币单位

确定币材后，就应规定货币单位。规定货币单位即规定货币单位的名称和货币单位的币值。

1. 规定货币单位的名称

货币单位的名称最初与货币商品的自然单位或重量单位相一致，比如用金属铸造的货币，其货币单位的名称就使用重量单位。如，汉朝铸造的"五铢"铜钱，钱面上分别铸由半两、五铢字样，而且货币含铜重量与钱面上的文字相符。后来由于种种原因，货币的价格单位与自然单位逐渐分离，有些货币单位采用了另外的名称，如唐朝铸造了"开元通宝"的货币，"通宝"就是钱的名称，但其实际含量与名称已经完全不符。而目前，按照国际惯例，一国货币单位的名称往往就是该国货币名称，比如，美元是美国货币单位名称，也是货币名称。如果几个国家同用一个单位名称，则在前面加上国家名。如法郎，是很多国家都采用的名称，则在前面加上国家，就是该国的货币名称：如法国法郎，瑞士法郎。中国比较特殊，货币名称是人民币，货币单位名称是元，货币名称和货币单位名称不一致，所以外国人往往按照他们的习惯把中国的货币叫做中国"元"。

2. 确定币值

确定货币单位更为重要的是确定货币单位的币值。在不同的货币形态下，货币单位的币值具有不同含义。在金属货币时代，就是确定单位货币所包含的货币金属重量和成色。例如，根据1870年英国的铸币条例，英镑的含金量为123.27447格令。在代用货币时代，确定币值就是要确定本国货币单位的含金量，或是确定本国货币与在世界上占主导地位的货币的固定比价。而在当今信用货币时代，黄金已经非货币化了，此时确定币值是要维持国内物价水平的稳定和使本国货币与外国货币之间的比价符合本国利益。一国货币单位就是该国法定的价格标准。

（三）规定主币和辅币及其铸造发行和流通程序

一个国家的通货通常分为本位币（主币）和辅币。它们铸造、发行和流通程序各有不同。

1. 本位币

本位币，即主币，是一个国家流通中的基本通货，是该国的法定价格标准。在金属货币制度下，本位币就是按国家规定的金属和单位货币的名称与重量、成色铸成的货币。

金属货币在铸造、发行和流通等方面的特点：

（1）足值货币。本位币是足值货币，及其名义价值与实际价值相一致，是一个国家流通中的基本通货。

（2）自由铸造、自由熔化。即每个公民都有权根据法令确定的货币金属送到国家铸币厂，委托铸币厂把金属铸造成本币，数量不受限制，铸币厂不收或者是收取极低的手续费用。同时，公民也可以把本币熔化成金属条块，但不允许公民私自铸造铸币。本位币的自由铸造制度使得铸币价值与其所包含的金属价值能够保持一致：当铸币的市场价值高于金属价值时，人们就会把金属送到铸币厂铸造铸币，从而导致铸币数量增多，价值下降；反之，铸币数量减少，价值上升。

（3）无限法偿。本位币具有无限法偿能力，是指本币具有无限支付能力，即法律规定取得这种能力的货币，无论是在哪种交易活动之中，无论交易的数额的多少，交易的对方都不得拒绝接收或要求改用其他货币。无限法偿保障了本币的绝对权威，有利于金融市场的统一和货币流通的稳定。

（4）规定磨损公差。在金属铸币流通制度下，本币是具有一定成色和重量的铸币，由于自然磨损或人为原因，导致本位币的实际重量和法定标准不符。为了避免因此而导致的本币的贬值、保证本币的无限法偿能力，各国货币制度中都规定了每枚铸币不足法定重量的限度，这一限度就是磨损公差，超过磨损公差的铸币不再流通，需要收回重铸。

2. 辅币

辅币是本位币货币单位以下的小面额货币，它是本位币的等份，其面值多为本币的1/10或1/100，一般用于日常的零星支付。其铸造、发行、流通的特点如下：

（1）不足值货币。辅币一般由贱金属铸造，是不足值的货币，即实际价值低于名义价值，这是因为辅币流通频繁，磨损迅速，如果使用贵金属，流通成本太大。为了保证辅币按照面值流通，国家会通过法律形式对本币与辅币的固定兑换加以规定。

（2）限制铸造。因为辅币是不足值货币，铸造辅币可以获得铸币利差——即辅币面值大于实际价值的差额即形成铸币收入，因此辅币只能由国家铸造，铸造权不能归私人所有。

（3）有限法偿。有限法偿是指在交易支付活动中，交易数额超过一定限额时，交易的对方可以拒绝接收该种货币，但在限额之内则不得拒收。这是因为辅币是由贱金属铸造而成，是不足值货币，而法律又规定了主币和辅币之间的固定兑换比率，如果辅币也具有无限法偿能力，那么居民都愿意用辅币去进行支付，不愿意用主币去支付，这必然会造成主币从流通中消失。因此，各国都对辅币的支付规定了一定的支付限额。如，英国货币法曾经规定，辅币每次支付的最高金额是20英镑。

随着经济的发展，金属货币已经不能满足生产和流通的需要，现在流通中的货币主要分为现金货币和存款货币两种。其中，现金货币中的本位币来源于早期的银行券和政府纸币，其发行权目前大多由各中央银行垄断。而辅币则依然是由不足值的贱金属铸造而成，发行权归政府所有。此时，现金货币中无论是本位币还是辅币，其价值都低于实际价值。

（四）建立准备制度

准备制度是货币制度的一项主要内容，国家规定必须储备一定比例的金银、外汇作为货币发行和国际支付与清算保证的制度。在金本位制条件下，就是对黄金（包括金块、金币）储备的规定，又称为金准备制度。其用途主要表现在三个方面：

（1）保证国际支付的准备金。

（2）调节流通中的金属货币流通量的准备金。

（3）保证存款和银行券兑现的准备金。

目前，在贵金属铸币停止流通的条件下，银行券停止兑换黄金，准备金已不再具有保证兑现的用途，而它对货币发行的制约和调节流通中货币量的作用也受到极大的限制，目前也只有第一个用途还依然存在，因为黄金仍然是国际支付和清算的最终手段。当然，作为国际支付和清算保证的准备资产不只是黄金，还包括自由外汇。

二、货币制度的演变

货币制度的演变与各个历史阶段商品经济相适应，先后出现四种类型的货币制度，具体包括：银本位制、金银复本位制、金本位制和不兑换的信用货币制度，前三者合为金属本位制。

1. 银本位制

银本位制是以白银为本位货币材料、为本位币的一种货币制度，是最早的货币制度，也是持续时间较长的一种货币制度。银本位制有银两本位和银币本位之分，其主要内容包括：①白银被法律认为货币金属，具有无限法偿能力；②银币可以自由铸造、自由熔化、自由输出输入；③银币的名义价值和实际所含的白银价值一致；④银行券可自由兑换成银币。

银本位制产生于商品生产还不发达的15世纪末期，世界上大多数国家最初都执行的是银本位制。随着经济水平的逐渐提高，交易规模不断扩大，白银作为币材暴露出体积大但价值小的弊病，而且在1870～1935年这段时间里，白银价格波动时涨时跌，导致银币价值忽高忽低，对经济造成了巨大的影响，于是许多国家逐步放弃了银本位制，开始采用金银复本位制。

2. 金银复本位制

随着商品经济的发展，由于白银的价值相对较低，携带大量的白银交易不方便，人们逐渐开始使用黄金充当币材在交易中使用，对金的需求增加，银主要用于小额交易，黄金则用于大宗买卖，此时形成了白银与黄金都可作主币流通，客观上产生了建立金银复本位制的要求。

金银复本位制，是以黄金和白银同时作为本位币材料。金银复本位制的主要内容包括：①金币和银币同时作为本位币，具有同等的无限法偿能力；②都可以自由铸造、自由熔化和自由输出输入，相互之间可以自由兑换；③金币和银币都是足值货币。

金银复本位制是16～19世纪资本主义发展初期典型的货币制度，又分为平行本位制、双本位制和跛行本位制。

（1）平行本位制。在这种本位制下，金银币的比价是由金银的市场价值决定的：金币和银币各按其所含金银重量的市场比价进行流通，国家不规定两者之间的兑换比率。这样，市场上各种商品就存在着双重价格，即金价格和银价格。

平行本位制的缺点：在这种平行本位制下，商品具有以金币和银币表示的双重价格，金银市场比价一旦发生波动，必然会引起商品双重价格的比例相应波动，造成价格混乱，给交易带来麻烦。

（2）双本位制。双本位制是典型的金银复本位制，金、银两种铸币按照国家法律规定的固定比价流通，而不随着市场中金、银比价的变动而变动。这种制度可以使金银市场比价相等，能稳定货币单位的价值标准。双本位制克服了平行本位制的双重价格缺陷，但在这种制度下，当金银的市场比价与法定比价不一致时，市场价格较高的金属货币将减少，而市场价格较低的金属货币则会增加，即出现了"劣币驱逐良币"的现象。这一现象是指在两种面值相同而实际价值不同的货币同时流通时，实际价值较高的"良币"必然被收藏、熔化或输出而退出流通，实际价值较低的"劣币"则会充斥市场。劣币驱逐良币这一术语最早见之于16世纪英国著名金融家格雷欣的币制改革建议中，故称其为格雷欣法则。

（3）跛行本位制。即国家规定金币可自由铸造而银币不允许自由铸造，并且金币与银币以固定比例兑换。金银复本位制中的金币和银币犹如两条腿，取消银币的自由铸造就好像缺了一条腿，故将这种制度称之为"跛行本位制"。这种本位制实际上是向金本位制过渡时出现的一种货币制度。由于在18世纪末～19世纪初，世界银产量大量增加，导致银价下跌，实行双本位制的国家采取了跛行本位制以维持正常的货币流通：将白银的铸造权收归政府，银币的价值通过固定比例与金币挂钩，以保持金银币的比价稳定，此种制度下银币的实际价值与名义价值无法保持一致，银币的地位已经下降成为金币的符号，已不再是完全的本位币。跛行本位制已不是典型的复本位制，而是由复本位制向金本位制过渡时期的一种特殊的货币制度。

3. 金本位制

金本位制是以黄金为本位货币的货币制度，分为三种类型：金币本位制、金块本位制、金汇兑本位制。

（1）金币本位制。这是典型的金本位制，黄金为法定的本位货币金属，银币则退居于辅币地位，其铸造和法偿能力都受到了限制。金币本位制的特点：金币可以自由铸造、自由熔化，具有无限法偿能力；银行券和辅币等价值符号可以自由兑换成金币；黄金可以自由输出输入；货币储备全部采用黄金，并以黄金进行结算。

(2) 金块本位制。它又称生金本位制，是指在国内不铸造、不流通金币，但流通中的银行券、纸制货币符号等可以按照规定限额与金块汇兑的制度。金块本位制由可以有限兑换金块的银行券代表黄金流通。其特点是：不铸造金币，没有金币流通，实际流通的是纸币——银行券；银行券规定含金量，但不能自由兑换黄金，只能在规定的数额以上兑换金块（如 1925 年，英国规定银行券 1700 英镑以上才能兑换黄金）；黄金集中由政府保管，作为银行券流通的保证。

(3) 金汇兑本位制。金汇兑本位制又称虚金本位制。它是指国内没有金币流通，但将本国货币依附于实行金本位制国家的本位币（如英镑、美元），同时将黄金外汇储备存放在该国的货币制度，本国货币仍然规定含金量，但国内流通的银行券不能兑换金币或金块，只能换成外国兑换黄金的外币汇票。其特点是：不铸造金币，没有金币流通，实际流通的是纸币——银行券；银行券规定含金量，但不能直接兑换黄金，只能兑换外汇；政府或中央银行通过按照固定比价买卖外汇的办法来稳定本国币值和汇率。

4. 不兑现的纸币本位制

不兑现纸币本位制又称不兑现的信用货币制度，是以中央银行发行的纸质货币作为流通货币。在这种货币制度下，黄金退出流通，纸币不能兑换成黄金，也不同任何贵金属挂钩，并且集中由中央银行发行，独立行使货币各主要职能。这种制度的特点是：

(1) 割断了银行券与黄金的直接联系，黄金退出流通并被宣布为普通商品。

(2) 银行券和纸币一样由国家法律规定强制流通，成为无限法偿的通货。

(3) 银行券通过信用渠道投入流通领域。

(4) 在不兑换的信用货币制度下，非现金流通成为货币流通的主体。

货币制度的发展和演变，由金属货币向不兑现信用制度或纸币制度转化，反映了生产力的发展，人类社会的进步。它标志着商品货币经济的发展突破了金属货币，特别是贵金属货币材料的束缚而进入货币符号的时代，但也隐伏着货币制度的稳定性日益丧失的危险。不兑现纸币制度的实施，有可能使过多的价值符号充斥流通界而使其泛滥，成为通货膨胀的条件。

三、我国的货币制度

中国人民银行成立于 1948 年 12 月 1 日，当日发行人民银行券，即人民币。至 1951 年，除了台湾、香港、澳门和西藏外，人民币成了全国统一的、独立自主的稳定的货币。1955 年进行了人民币改革。1955 年 3 月 1 日发行新的人民币，以 1：10000 的比率无限制、无差别收兑旧人民币，同时建立辅币制度。

人民币制度始建于 1948 年 12 月，是从人民币的发行开始的，经过半个多世纪的发展已形成较为完善的货币制度，其基本内容包括：①人民币是我国的法定货币：人民币的单位为"元"，辅币的名称为"角"和"分"；②人民币采取不兑现纸币的形式，是一种信用货币；③人民币实行垄断发行，发行权集中于中央：国家指定中国人民银行为唯一的货币发行机构，并对人民币流通进行管理；中国人民银行发行新版人民币，应当报国务院批准；中国人民银行设立人民币发行库，在其分支机构设立分支库，负责保管人民币发行基金；④人民币具有无限法偿能力：即国家以法规形式赋予购买和支付能力的货币；禁止非法买卖流通人民币；任何单位和个人不得印制、发售代币票券，以代替人民币在市场上流通；中国公民出入境、外国人入出境携带人民币实行限额管理制度；禁止伪造、变造人民币。人民币由中国人民银行统一发行。

【知识链接】

美国的货币制度和货币政策

一、美国的货币制度

（一）美国的中央银行

美国联邦储备系统是美国的中央银行，成立于1913年12月23日，主要职责是保障美国货币和金融体系的安全、灵活和稳定。

《美国联邦储备法》规定，成员银行需向联邦储备银行缴纳相当于其资本和盈余总和的6%数量的资本。联邦储备银行则被要求每年向其成员银行支付其缴入资本的6%的红利，通常每年分两次支付。截止2006年12月31日，联邦储备银行的注册资本为135.36亿美元，占其总资本的51.2%。

根据1913年的《美国联邦储备法》规定，美国在12个主要城市设立储备银行，成为联储体系的组成部分。这12家地区储备银行的职责包括为其成员银行进行支票交换、回收损毁货币并发放新币、对合并申请进行评估、向该区的成员银行投放贴现贷款、审查属于联邦储备成员的州立银行、就地方银行和经济状况提出分析和报告，以及进行一般的银行与经济研究并出版部分刊物。

联邦储备理事会是联邦储备系统中的重要组成部分。理事会由7位理事组成。他们均由美国总统任命并经参议院确认，任期14年。联邦储备理事会办公地点设在华盛顿，通常每周会晤若干次商讨与货币政策和银行监管有关的问题。

（二）美元

美元硬币由美国财政部发行，币值有1美分、5美分、10美分、25美分、50美分和1美元6种；美元纸币由美国联邦储备系统发行，面额为1美元、2美元、5美元、10美元、20美元、50美元和100美元7种。

二、美国的货币政策

（一）货币政策目标

根据《美国联邦储备法》，美国的货币政策目标是控制通货膨胀，促进充分就业。目前，美联储货币政策的操作目标是联邦基金利率。

美国联邦基金利率是指美国同业拆借市场的利率，其最主要的是隔夜拆借利率。这种利率的变动能够敏感地反映银行之间资金的余缺，美联储瞄准并调节同业拆借利率就能直接影响商业银行的资金成本，并且将同业拆借市场的资金余缺传递给工商企业，进而影响消费、投资和国民经济。

（二）美国货币政策的决定

联邦公开市场委员会是美联储系统中最重要的货币政策制定部门。其由7位联邦储备理事会成员以及5位地区储备银行行长组成,其中纽约联邦储备银行行长为固定成员。一般来说,联邦储备理事会主席任联邦公开市场委员会主席,纽约联邦储备银行行长任副主席。委员会通常每五到八星期在华盛顿会晤一次,对具体货币政策操作进行投票。联邦公开市场委员会的政策指令及会议概要于会后六周对外公开。

(三) 美国货币政策的实施

美国联邦储备系统执行货币政策的主要工具包括公开市场操作、贴现率和法定存款准备金率。

1. 公开市场业务

联邦储备系统的公开市场业务包括买入和卖出证券[通常为政府债券(TB)、资产支持证券(ABS)和按揭抵押证券(MBS)]。这些业务工具是联邦储备系统所使用的最基本最主要的政策工具,用以改变经济中货币与信贷的成本和可得性。联邦储备系统通过购买证券增加银行系统的准备金,使银行能够扩大其贷款与投资;通过卖出证券从银行系统抽出准备金,从而削减银行进行贷款和投资的能力。

2. 贴现贷款

贴现贷款是美联储向商业银行、存款类机构的贷款。商业银行和存款类机构向联储借款时,联储所收取的利息率称为贴现率。联储通过调整贴现率,可以影响银行体系准备金的水平,继而影响联邦基金利率的水平。

3. 法定存款准备金

调整法定存款准备金是一个非常直接有力的货币政策工具。通过调整法定存款准备金,联储向银行系统注入或抽取流动性,直接影响货币总量。

(资料来源:美联储网站 www.federalreserve.gov;《联邦储备公报》,2002年8月)

【案例9-1】

劣 币 驱 逐 良 币

"劣币驱逐良币"是16世纪英国政治家与理财家汤姆斯·格雷欣在其给英国女王的改铸铸币的建议中提出的,后来被英国经济学家麦克劳德在其著作《经济学纲要》中加以引用,并命名为"格雷欣法则"。

"劣币驱逐良币"规律是金银复本位制条件下出现的一种现象,这是因为货币按其本性来说是具有排他性、独占性的,于是在两种实际价值不同而面额价值相同的通货同时流通的情况下,实际价值较高的通货(所谓良币)必然会被人们熔化、输出而退出流通领域;而实际价值较低的通货(所谓劣币)反而会充斥市场。

"劣币驱逐良币"规律曾在美国货币史上有所表现。美国于1791年建立金银复本位制,以美元作为货币单位,并规定金币和银币的比价为1:15。当时法国等几个实行复本位制的国家规定金银的比价为1:15.5。也就是说,在美国,金对银的法定比价低于国际市场的比价。于是黄金很快就在美国的流通界消失了,金银复本位制实际上变成了银本位制。

1834年,美国重建复本位制,金银的法定比价定为1:16,而当时法国和其他实行复本位制的国家规定的金银比价仍然是1:15.5,这时就出现了相反的情况。由于美国金对银的法定比价定得比国际市场的高,因此金币充斥美国市场,银币却被驱逐出流通领域,金银复本位制实际上变成了金本位制。

(资料来源:http://jrsys.nau.edu.cn/upload/syjx/%BB%F5%B1%D2%D2%F8%D0%D0%D1%A7%B0%B8%C0%FD.doc)

【案例分析】

为什么在金银复本位制下,会发生"劣币驱逐良币"现象呢?这是因为货币按其本性来说是具有排他性、独占性的。法律规定金、银两种金属同时作为货币金属是与货币的本性相矛盾的。在金、银两种货币各按其本身所包含的价值同时流通(平行本位制)的条件下,市场上的每一种商品都必然会出现两种价格,一个是金币价格,一个是银币价格。而且这两种价格的对比关系又必然会随着金银市场比价的变化而变化。这样,就必然使市场上的各种交换处于非常混乱和困难的境地。为了克服这种困难,国家用法律规定了金银的比价(双本位制)。但是,这种规定又与价值规律的自发作用发生矛盾,因而出现"劣币驱逐良币"的现象是不可避免的。

因此,当美国规定金币和银币的比价为1:15,而法国等几个实行复本位制的国家规定金银的比价为1:15.5时,人们可以在美国取得1盎司黄金,把它输送到法国去换取15.5盎司的白银,然后再将15.5盎司的白银运回美国,在美国再购买1盎司黄金,还剩下0.5盎司的白银,除了弥补运输费用以外,还可以得到一笔利润。如此循环往复,就能获得更多的利润。这样,黄金很快就在美国的流通界消失了,金银复本位制实际上变成了银本位制。

而当美国规定金银的法定比价为1:16时,法国和其他实行复本位制的国家规定的金银比价仍然是1:15.5,这时就出现了相反的情况。人们可以在法国取得1盎司黄金,把它输送到美国去换取16盎司的白银,然后又将16盎司的白银运回法国,在法国再购买1盎司黄金,还剩下0.5盎司的白银,除了弥补运输费用以外,还可以得到一笔利润。如此循环往复,也能获得更多的利润。这样,白银很快也在美国的流通界消失了,金银复本位制实际上变成了金本位制。

因此,在金银复本位制下,虽然法律上规定金、银两种金属铸币可以同时流通,但实际上,在某一时期内的市场上主要只有一种金属的铸币在流通。银贱则银币充斥市场,金贱则金币充斥市场,很难保持两种铸币同时并行流通。

【知识链接】

中华人民共和国货币概况

我国货币历史悠久,种类丰富,绚丽多彩。人民币在我国货币文化历史中占有重要地位。

中华人民共和国货币自发行以来,已发行五套人民币,形成纸币与金属币、普通纪念币与贵金属纪念币等多品种、多系列的货币体系。

第一套人民币

第一套人民币自1948年12月1日开始发行,共12种面额62种版别,其中1元券2种、5元券4种、10元券4种、20元券7种、50元券7种、100元券10种、200元券5

第二节 货币制度

种、500元券6种、1000元券6种、5000元券5种、10000券4种、50000元券2种（1949年发行的正面万寿山图景100元券和正面列车图景50元券各有两种版别）。

1948年12月1日，在河北省石家庄市成立中国人民银行，同日开始发行统一的人民币。人民币发行后，逐步扩大流通区域，原各解放区的地方货币陆续停止发行和流通，并按规定比价逐步收回。1949年初，中国人民银行总行迁到北平（今北京），各省、市、自治区相继成立中国人民银行分行，至1951年底，人民币成为中国唯一合法货币，在除台湾、西藏以外的全国范围流通（西藏地区自1957年7月15日起正式流通使用人民币）。

第二套人民币

为了改变第一套人民币面额过大等不足，提高印制质量，进一步健全我国货币制度，1995年2月21日国务院发布命令，决定由中国人民银行自1955年3月1日起发行第二套人民币，收回第一套人民币。第二套人民币和第一套人民币折合比率为：第二套人民币1元等于第一套人民币1万元。

1955年3月1日公布发行的第二套人民币共10种，1分、2分、3分、1角、2角、5角、1元、2元、3元和5元，1957年12月1日又发行10元1种。同时，为便于流通，国务院发布命令，自1957年12月1日起发行1分、2分、5分3种硬币，与纸分币等值流通。

第二套人民币在设计时，采纳了周总理提出的许多具体的、宝贵的修改意见，使第二套人民币设计主题思想明确，印制工艺技术先进，主辅币结构合理，图案颜色新颖。第二套人民币主景图案内容体现了新中国社会主义建设的风貌，表现了中国共产党革命的战斗历程和各族人民大团结的主题思想。钞票式样打破了原有的固定的四边框形式，采用了左右花纹对称的新规格；票面尺幅按面额大小分档次递增；整个图案、花边、花纹线条鲜明、精密、美观、活泼，具有民族风格。第二套人民币在印制工艺上除了分币外，其他券别全部采用胶凹套印，其中角币为正面单凹印刷；1元、2元、3元和5元纸币采用正背面双凹印刷；10元纸币还采用了当时先进的接线印刷技术。第二套人民币成为我国第一套完整、精致的货币，对健全我国货币制度，促进社会主义经济建设发挥了重要作用。

第三套人民币

第三套人民币是1962年开始发行的。当时，我国经过了连续三年经济困难时期，在党中央以"调整、巩固、充实、提高"八字方针指引下，克服重重困难，大力发展生产，使国民经济开始恢复和发展，国家财政金融状况逐渐好转。为了促进工农业生产发展和商品流通，方便群众使用，经国务院批准，中国人民银行于1962年4月20日开始发行第三套人民币。第三套人民币和第二套人民币比价为1：1，即第三套人民币和第二套人民币票面额等值，并在市场上混合流通。

第三套人民币在第二套人民币的基础上对版别进行了全调整、更换，取消了第二套人民币中的3元纸币，增加了1角、2角、5角和1元四种金属币。第三套人民币自1962年4月20日发行枣红色1角纸币开始到1980年4月15日发行1角、2角、5角、1元硬币止，经过了18年的逐步调整、更换，共陆续收回第二套人民币（除6种纸、硬分币外）10种，陆续发行第三套人民币13种，其中，10元纸币1种、5元纸币1种、2元纸币1

种、1元纸币1种、5角纸币1种、2角纸币1种、1角纸币3种、1元硬币1种、5角硬币1种、2角硬币1种、1角硬币1种。

第三套人民币1962年4月15日开始发行，到2000年7月1日停止流通，历时28年。这套人民币从1958年开始统一设计，票面设计图案比较集中地反映了当时我国国民经济以农业为基础，以工业为主导，工农轻重并举的方针。第三套人民币在制版过程中，精雕细刻，机器和传统的手工相结合，使图案、花纹线条精细；油墨配色合理，色彩新颖、明快；票面纸幅较小，图案美观大方。

第三套人民币券别结构合理，纸、硬币品种丰富，设计思想鲜明，印制工艺也比较先进。发行第三套人民币，增强了人民币的反假能力，为健全我国货币制度，促进经济发展发挥了重要作用。

第四套人民币

第四套人民币是在经济发展、商品零售额增加、货币需要量增加的情况下发行的。1987年4月25日，国务院颁布了发行第四套人民币的命令，责成中国人民银行自1987年4月27日起，陆续发行第四套人民币。第四套人民币主币有1元、2元、5元、10元、50元和100元6种，辅币有1角、2角和5角3种，主辅币共9种。

第四套人民币在设计思想、风格和印制工艺上都有一定的创新和突破。这套人民币体现了一个共同的主题思想，就是在中国共产党领导下，全国各族人民意气风发，团结一致，建设有中国特色的社会主义。为了强调这一主题，100元纸币采用了我党老一辈革命家毛泽东、周恩来、刘少奇和朱德的侧面浮雕像；50元券又用了工人、农民和知识分子头像；其他券别采用了我国14个民族人物头像。票面人像清晰，栩栩如生。在设计风格上，这套人民币保持和发扬了我国民族艺术传统特点。主币背面图景取材于我国名胜古迹、名山大川，背面纹饰全部采用富有我国民族特点的图案，如凤凰牡丹、仙鹤松树、绶带鸟翠竹、燕子桃花等。这些图景、纹饰与主景融为一体，表现出鲜明的民族风格。在印制工艺上，主景全部采用了大幅人物头像水印，雕刻工艺复杂；钞票纸分别采用了满版水印和固定人像水印，它不仅表现出线条图景，而且表现出明暗层次，工艺技术很高，进一步提高了我国印钞工艺技术水平和钞票防伪能力。同时，这套人民币在第二套、第三套人民币的基础上，增加发行了50元和100元两个券别，这对于适应商品经济发展的需要，便于流通，提高社会工作效率，充分发挥人民币在国民经济中的作用，有着重要的意义。

第五套人民币

经济发展的客观形势对人民币的数量与质量、总量与结构都提出了新要求。第四套人民币的设计、印制开始于改革开放之初，囿于当时的条件，第四套人民币本身存在一些不足之处，如防伪措施简单，不利于人民币反假；缺少机读性能，不利于钞票自动化处理等。凡此种种，都有要求适时发行新版人民币。

为适应经济发展和市场货币流通的要求，1999年10月1日，在中华人民共和国建国50周年之际，中国人民银行陆续发行第五套人民币。第五套人民币共八种面额：100元、50元、20元、10元、5元、1元、5角、1角。第五套人民币根据市场流通中低面额主币实际起大量承担找零角色的状况，增加了20元面额，取消了2元面额，使面额结构更加合理。第五套人民币采取"一次公布，分次发行"的方式。1999年10月1日，首先发行了 100 元纸币；2000 年 10 月 16 日发行了 20 元纸币、1 元和 1 角硬币；2001 年 9 月 1 日，发行了 50 元、10 元纸币；2002 年 11 月 18 日，发行了 5 元纸币、5 角硬币；2004 年 7 月 30 日，发行了 1 元纸币。

第五套人民币继承了我国印制技术的传统经验，借鉴了国外钞票设计的先进技术。在原材料工艺方面做了改进，提高了纸张的综合质量和防伪性。固定水印立体感强、形象逼真。磁性微文字安全线、彩色纤维、无色荧光纤维等在纸张中有机运用，并且采用了电脑辅助设计手工雕刻、电子雕刻和晒版腐蚀相结合的综合制版技术。特别是在二线和三线防伪方面采用了国际通用的防伪措施，为专业人员和研究人员鉴别真伪，提供了条件。与第四套人民币相比，第五套人民币的防伪技能由十几种增加到二十多种，主景人像、水印、面额数字均较以前放大，便于群众识别。第五套人民币应用了先进的科学技术，在防伪性能和适应货币处理现代化方面有了较大提高。

纪念币

纪念币是具有特定主题，限量发行的人民币。它分为普通纪念币和贵金属纪念币。中国人民银行从 1984 年发行第一套普通纪念币至今，共发行了 78 套 122 枚（张）普通纪念币（2009 年 11 月 26 日），总发行量约 10.5 亿枚（张）。这些纪念币选题丰富多彩，设计独具匠心，规格材质多种多样，图案新颖美观，面额不等。题材有事件、会议、人物、动物，涉及政治、法律、体育、教育、环保、金融等多方面，将中华人民共和国 50 多年的辉煌成就及重要事件浓缩于纪念币的方寸之间。这些纪念币是我国人民币系列的重要组成部分，丰富和完善了我国的货币制度，弘扬了我国的货币文化，并不断探索和创新，为促进商品流通和经济发展、扩大对外交流发挥了积极作用。

（资料来源：http://www.pbc.gov.cn/publish/huobijinyinju/387/1590/15901/15901_.html）

习　　题

一、单项选择题

1. 纸币的发行是建立在货币（　　）职能基础上的。

A. 价值尺度　　　B. 流通手段　　　C. 支付手段　　　D. 储藏手段

2. 货币执行支付手段职能的特点是（　　）。

A. 货币是商品交换的媒介　　　　　B. 货币运动伴随商品运动

C. 货币是一般等价物　　　　　　　D. 货币作为价值的独立形式进行单方面转移

3. 在一国货币制度中，（　　）是不具有无限法偿能力的货币。

A. 主币　　　　　B. 本位币　　　　C. 辅币　　　　　D. 都不是

4. 格雷欣法则起作用于（　　）。

A. 平行本位制　　B. 双本位制　　　C. 跛行本位制　　D. 单本位制

5. 如果金银的法定比价位 1∶13，而市场比价位 1∶15，这时充斥市场的将是（　　）。

A. 银币　　　　　B. 金币　　　　　C. 金币银币同时　D. 都不是

6. 辅币的名义价值（　　）其实际价值。

A. 高于　　　　　B. 低于　　　　　C. 等于　　　　　D. 不确定

7. 商品价格与货币价值的大小成（　　）关系，与单位货币即价格标准的含金量成

( )关系。

   A. 反比 正比　　　B. 反比 反比　　　C. 正比 反比　　　D. 正比 正比

8. 在财政收支、贷款发放、商品赊销等经济活动中，货币发挥着（ ）的职能。

   A. 价值尺度　　　B. 流通手段　　　C. 贮藏手段　　　D. 支付手段

二、多项选择题

1. 货币的支付手段职能（ ）。

   A. 使商品交易双方的价值的相向运动有一个时间间隔

   B. 加剧了商品流通过程中爆发危机的可能性

   C. 使进入流通的商品增加时，流通所需的货币可能不会增加

   D. 克服了现款交易对商品生产和流通的限制

   E. 使商品买卖变成了两个独立的行为

2. 世界货币是指在世界范围内发挥（ ）的货币。

   A. 价值尺度　　　　　　　　B. 外汇储备　　　　　　C. 支付手段

   D. 价值储藏　　　　　　　　E. 流通手段

3. 货币制度的内容包括（ ）。

   A. 确定本位货币和辅币的材料

   B. 确定本位货币的单位

   C. 确定不同种类的货币的铸造、发行和流通方法

   D. 确定货币的价值

   E. 确定本国货币的发行准备和对外关系

4. 币材一般应具有（ ）的特点。

   A. 价值较高　　　　　　　　B. 易于分割　　　　　　C. 易于保存

   D. 便于携带　　　　　　　　E. 成本较低

5. 作为流通手段职能的货币可以是（ ）。

   A. 现实的货币　　　　　　　B. 观念上的货币　　　　C. 价值符号

   D. 足值货币　　　　　　　　E. 信用货币

三、判断题

1. 货币作为交换手段不一定是现实的货币。　　　　　　　　　　　　　　（ ）

2. 劣币驱除良币是指实际价值高于名义价值的货币驱除实际价值低于名义价值的货币。　　　　　　　　　　　　　　　　　　　　　　　　　　　　　　　（ ）

3. 在现行工资制度下，货币在工资的发放中执行支付手段职能。　　　　　（ ）

4. 各国都是以流动性作为划分货币层次的主要标准。　　　　　　　　　　（ ）

四、分析题

1. 详细阐述货币的基本职能和特点。

2. "格雷欣法则"的内容是什么？

3. 纵观货币发展史，分析为什么世界各国几乎都不约而同地选择金银等贵金属充当货币等价物？

4. 货币作为价值贮藏形式有哪些特点？

第十章　信 用 与 利 息

本 章 导 语

　　信用是一个古老的经济范畴，也是金融学最基本最重要的概念之一。现代经济社会中，信用关系的发展已经非常普遍。而信用是一种经济活动中的借贷行为，是以偿还和付息为条件的价值单方面转移的一种特殊价值运动形式。因此，信用和利息这两者是必然联系在一起的。本章主要阐述了信用的内涵和特征、信用的表现形式；介绍了利息的本质和利率的分类，分析了决定和影响利率的主要因素，并探讨了利率对经济所起的作用。

知识目标：
- 理解信用的概念和特征，掌握信用的形式
- 了解利息的概念，正确理解利息的本质；掌握利率的划分标准及其主要分类；正确理解利率的决定理论；掌握利率的作用

技能目标：
- 能解释信用的概念，能够对经济生活中的各种不同类型的信用形式进行归类
- 能解释利息的概念、本质和利率的概念；能对经济生活中的不同的利率进行归类；能应用利率的决定理论来分析经济中的利率的决定及影响因素；能够正确解释国家调节利率对经济的影响作用

案例导入：

　　1596年，荷兰的一个船长带着17名水手，被冰封的海面困在了北极圈的一个地方。8个月漫长的冬季，8个人死去了。但荷兰商人却做了一件令人难以想象的事情，他们丝毫未动别人委托给他们运输的货物，这些货物中就有可以挽救他们生命的衣物和药品。冰冻时节结束了，幸存的商人终于把货物几乎完好无损地带回荷兰，送到委托人手中。其实，荷兰人完全可以先打开托运箱，把能吃的东西吃了，等到了目的地，可以加倍偿还托运者。任何人都会同意这种人道的做法。但是，荷兰人没有这样做。他们把商业信用看得比自己的生命更重要。他们用生命作代价，守住信用，创造了传之后世的经商法则。在当时，荷兰本来只是个100多万人口的小国，却因为商誉卓著，而成为海运贸易的强国，福荫世世代代的荷兰人。

　　　　　　（资料来源：http://www.chinavalue.net/General/Blog/2009-11-13/235891.aspx）

案例评析：

　　信用既是无形的力量，也是无形的财富。上述的案例充分证实了这句至理名言。那到底什么是信用？金融学范畴的信用又是如何理解的？它具有什么特征？又有哪些类型呢？

第一节 信 用

信用是现代金融的基础，现代社会中的金融交易都是以信用为纽带进行的。本节主要阐述了信用及其特征，介绍了信用的主要形式。

一、信用及其特征

（一）信用的概念

在日常生活中，人们经常提到"信用"，但不同的人站在不同的角度对信用的理解不同。从道德层面上讲，往往是指"信任"、"声誉"等，而在这里，主要从经济学的角度去理解信用的概念，它是指一种经济活动中的借贷行为，是以偿还和付息为条件的价值单方面转移的一种特殊价值运动形式。

（二）信用的特征

作为经济学范畴的信用主要具有如下的特征。

1. 信用是以偿还和付息为条件的借贷行为

信用作为一种借贷行为，贷方之所以愿意借出，是以收回本金和有权取得利息为条件的；借方之所以可以在一定时期内使用这些货币，是因为必须在约定期限内归还本金，并支付一定利息为前提的。

2. 信用是价值运动的特殊形式

在一般的商品与货币相交换的过程中，发生的是价值的对等运动：卖者卖出商品，转让所有权，取得货币；而买者让出货币取得商品，获得商品的所有权。但是在信用活动中，贷方转移商品或货币给借方时，并没有让渡所有权，让渡的仅仅是商品或货币的使用权，并不存在着价值对等运动。而且当贷款者将货币支付给借款人的时候，两者之间的关系并没有结束，而是刚刚开始；只有当本息得到偿还后，才是两者关系的结束。因此，信用是价值单方面转移，是价值运动特殊形式。

3. 信用是一种债权债务关系

信用基于借贷行为形成了债权债务关系，从本质上说，信用行为就是放债和承债的行为。商品或货币的所有者让渡商品或货币的使用权而称为债权人，反之，商品或货币的需求者则成为债务人，借贷双方具有各自对应的权利和义务。在现代经济活动中，债权债务关系将微观经济行为主体紧密地联系在一起，形成一个相互依赖、相互支持的整体。

二、信用的主要形式

表现信贷关系特征的形式称为信用形式。信用作为一种借贷行为是通过一定方式具体表现出来的。在商品经济发展过程中存在着多种形式，按信用主体的不同，可分为商业信用、银行信用、国家信用、消费信用和国际信用。

（一）商业信用

商业信用是企业之间与商品交易直接联系，相互以延期付款或预付货款方式提供信用的形式。商业信用处于信用关系的基础地位，其具体形式有赊购、赊销、分期付款和预付货款等。

第一节　信　用

1. 商业信用的特点

(1) 商业信用是一种直接信用。这可以从两个层面理解：①资金供求双方直接达成协议，建立信用关系，无需信用中介机构的介入；②信用的债权人和债务人均是生产和经营商品的企业：商业信用的债权人是信用的贷出者，同时也是商品赊销过程中的商品的卖方；反之，商业信用的债务人是信用的借入者，同时也是商品赊销过程中的商品的买方。

(2) 商业信用的客体是商品的资本。商业信用所提供的不是货币资本，而是处于产业资本循环过程中最后一个阶段的商品资本，是产业资本的一部分。

(3) 商业信用的运动与产业资本的运动相一致。当经济周期处于繁荣阶段时，生产扩大，商业信用的需求与供应随之增加；反之，在经济萧条时，生产缩减，商业信用的需求与供应也相应减少。

2. 商业信用的局限性

(1) 商业信用的规模受到限制。商业信用的授信规模受到产业资本规模的限制。产业资本规模越大，商业信用的授信规模也越大；反之，授信规模越小。

(2) 商业信用的方向受到限制。商业信用受到商品流转方向的限制：商业信用的需求者只能是商品的购买者，也就是企业只能向需要该商品的企业提供信用，但是不能相反。因而有些企业很难从这种信用形式中获得信用支持。

(3) 商业信用的范围与期限受到限制。商业信用的客体是商品，因此商业信用只适用于有商品交易关系的企业之间，而且一般都是信用比较高、经常往来的企业，这样就限制了商业信用适用的范围。而企业在向对方提供商业信用时，也只是提供的生产过程中暂时闲置的货币资金，期限短。所以商业信用期限也受到限制，只能提供这种短期的商业信用。

(4) 商业票据的接受范围限制。商业信用的局限性也决定了商业票据流通的局限性，也就是说商业票据只能在一定的范围内流通，且每张商业票据的支付金额不同，支付期限也不同，在支付时均会受到一定程度的限制。商业票据只有通过贴现转换为货币才具有广泛的接受性。

(二) 银行信用

1. 银行信用的含义

银行信用是指银行及非银行金融机构以货币形式，通过存款、贷款等业务提供的信用。银行信用包括两个相辅相成的过程：一是以吸收存款等形式动员各方面的闲置资金；二是通过贷款等形式运用这些闲散资金。所以，组织存款和发放贷款是银行信用的两个基本职能，它是在商业信用的基础上产生并发展起来的，克服了商业信用局限性的现代信用经济中的重要形式。

2. 银行信用的主要特点

(1) 银行信用是一种间接信用。在银行信用中，银行和非银行金融机构是信用活动的中间环节，是媒介：一方面，银行和非银行金融机构需要从资金的供给者处吸收闲置资金；另一方面，银行和非银行金融机构又要把筹集的资金贷给需要的人，即资金的需求者。银行和非银行金融机构在借贷关系中充当中介人。

(2) 银行信用的客体是单一形态的货币资本。一方面，银行信用能从社会上积聚大量的闲置资金，形成借贷资本；另一方面，银行信用又是以单一货币形态提供。所以银行信用的这一特点使得银行信用克服了商业信用在规模上、数量上和方向上的限制。

(3) 银行信用与产业资本的运动不完全一致。在产业资本循环周转的各个阶段上，银行信用的动态与产业资本的动态是不完全一致的。也就是说，当经济繁荣时，银行信用的需求与供应不一定随之增加；反之，在经济萧条时，银行信用的需求与供应也不一定相应减少。

(4) 银行信用的能力和作用范围的广泛性。银行信用的能力和作用范围很大。由于银行和其他非银行金融机构处于经济生活的特殊地位，与社会各个部门企业之间具有广泛的联系，因此建立了广泛的信用关系，筹集资金能力和范围相对更强，更广。

(5) 银行信用具有创造信用的功能，为商业信用的进一步发展创造条件。银行自身可以通过创造货币而提供信用，这使银行具有雄厚的资金实力，能为各种具有不同需求的客户提供不同期限、不同数量的信用。同时银行的商业票据贴现业务将分散的商业信用统一为银行信用，同时银行在商业票据贴现过程中发行的银行券创造了适应全社会经济发展的流通工具。

正是由于银行信用的这些特点，使其更能适应经济生活的发展，成为当代经济中最主要的信用形式，尽管如此，它仍然不能完全代替商业信用。

(三) 国家信用

1. 国家信用的含义

国家信用，又称公共信用，是指国家及其机构作为债务人或债权人，依据信用原则向社会公众和国外政府举债或向债务国放债的一种信用形式。国家信用是一种古老的信用形式，其信用发行主体是政府，有稳定的税收收入和国家的信誉作为担保，因此其风险小、流动性好，是金融市场中非常受欢迎的投资工具。目前世界各国几乎都采用了发行政府债券的形式来筹措资金。

国家信用包括国内信用和国外信用。国内信用是国家财政以债务人的身份向国内居民、企业、团体等主体以发行公共债券或国库券方式筹集资金的信用行为。而国外信用是国家以债务人的身份向国外居民、企业、团体和政府发行债券所取得的信用，或者国家以债权人的身份向外国政府提供贷款形成的信用。就国内信用而言，国家信用的主要形式有：发行公债、发行国库券、向中央银行借款或透支；就国外信用而言，国家信用的主要形式有发行国际债券和政府借款。

2. 国家信用的作用

国家信用与商业信用、银行信用不同，它与生产流通过程无密切联系，国家利用这种形式筹措资金，可以发挥特殊的作用。

(1) 弥补财政赤字。国家由于各种原因，可能经常会出现财政赤字，为了弥补财政赤字，一般主要采用三种方式去进行弥补：发行货币、征税和通过国家信用借债。前两种方式，不可避免地都会对社会总需求甚至整个经济产生较大的副作用，但是发行国债只是社会资金使用权的暂时转移，流通中的货币总量一般不会发生变化，不会导致通货膨胀，一般也不会增加人民的负担，所以通过国家信用举债成为弥补财政赤字的有效手段。

(2) 调节财政收支的短期不平衡。国家的财政收支可能在一个财政年度里会发生暂时的不平衡，比如可能会出现上半年支大于收、下半年收大于支的情况，对于这样的情况，就可以通过发行短期的国家债券等手段来解决收支不平衡的矛盾。

（3）调节经济与货币供给。一个国家通常会通过货币政策和财政政策去调节经济和货币的供给，而国家信用是财政政策中一个非常有效的调节工具。当一国的经济处于萧条阶段时，国家可以通过增加政府消费和投资支出，来刺激经济增长；但是如果经济过热，流通中的货币过多，就可以通过国家信用筹措资金或吸收货币，达到调节经济和货币供给的目的。

（四）消费信用

1. 消费信用的含义

消费信用就是由企业、银行或其他非银行金融机构向消费者个人提供的直接用于生活消费的信用。在现代经济生活中的消费信用是与商品和劳务，特别是耐用消费品的销售联系在一起的。随着消费水平的提高，消费结构中满足生存需要的消费所占比重降低，满足发展和享受需要的消费所占比重提高，对耐用消费品的需求提高。耐用消费品，特别是高档耐用消费品价值较高、使用年限较长，一般需要较长时间的资金积累，客观上要求通过消费信用来提前满足其消费需要。

2. 消费信用的主要形式

（1）赊销。赊销是以延期付款方式销售商品，是销售商向消费者提供的一种小规模的短期消费信用。其目的是销售商为了鼓励居民消费而采取的一种形式。

（2）分期付款。分期付款是指消费者购货时，先付一部分价款，其余部分按合同期限分次偿还，商品归消费者使用，而在货款付清之前，商品的所有权仍属于卖方的一种中长期消费信用。分期付款一般用于购买耐用消费品，如房屋、汽车、家具、家电等。

（3）消费贷款。消费贷款是银行或其他金融机构直接以货币形式所提供的服务与消费的贷款，它属于中长期信用。消费贷款最主要的一类是住房抵押贷款，其有抵押品作担保，还款比较稳定，风险相对较小。

（4）信用卡。这是银行或其他金融机构对个人提供的短期消费信用，持卡人凭卡可在约定单位购买商品和支付劳务，也可在一定限额内透支消费，并有一定的免息期，超过免息期后要按日支付利息。

（五）国际信用

国际信用是指一国经济主体与他国经济主体之间相互提供借贷的信用。国际信用与国内信用不同，反映的是国际间的借贷关系，债权人与债务人是不同国家的法人，直接表现资本在国际间的流动。

国际信用的主要形式包括：出口信贷、国际商业银行贷款、政府贷款、国际金融机构贷款、国际资本市场融资、国际金融租赁和补偿贸易等。

随着市场经济的发展和逐步完善，各种信用形式都得到了不同程度的发展和完善，形成了以银行信用为主、其他多种形式（包括民间信用、保险信用、租赁信用等）的信用并存的格局。

第二节 利息与利息率

利息的存在是信用经济的一个重要特征，只要有信用关系存在，就必然存在利息。而利息率又是衡量利息的一个重要水平。本节主要阐述了利息的本质,介绍了利率的分类,分析了决定和影响利率的因素,最后探讨了利率对经济的调节作用。

一、利息的本质

利息,它是指债权人贷出货币或货币资本而从债务人手中获取的超过本金部分的报酬,是对放弃货币的机会成本的补偿。利息属于信用范畴,与信用相伴相生,伴随着信用关系的发展而产生,并构成信用的基础。

利息的存在很容易让人们产生错觉,认为货币可以自行增值。如果货币不可以自行增值,那么超过本金部分的这部分利息到底又是从哪里来的呢?马克思主义一针见血地指出:利息的本质是利润的一部分,是剩余价值的转化形式。货币在商品运动中充当交换的媒介,本身并不能创造货币,不会自行增值。职能资本家用货币在商品市场购买了生产资料和劳动力,从事生产,才能在生产过程中通过雇佣工人的劳动,占有他们的剩余劳动,创造出剩余价值。而借贷资本家凭借对资本的所有权、出借了货币的使用权,与职能资本家共同瓜分剩余价值。但是职能资本家用于经营生产的货币并不全是自己所拥有的,而有相当一部分是借入的;因此,职能资本家不能独占剩余价值,他必须将所得利润分一部分以利息的形式支付给借贷资本家,作为使用资本商品的报酬。例如,一家企业年初向银行借款1000万元,这一年产生了100万元的利润,并且在年末时向银行归还了1050万元,超过1000万元的50万元这部分就是利息,同时这也是来自于这家企业所产生的利润当中的一部分,归还的利息作为使用货币资金的报酬。

因此,资金所有权与使用权的分离是利息产生的内在前提,利息在本质上与利润一样,是剩余价值的转化形式,反映了借贷资本家和职能资本家共同剥削工人的关系。

二、利率及其分类

(一)利率的定义

利率,即利息率的简称,是指一定时期内利息额与借贷本金的比率。它反映了利息水平的高低,是资金的价格,也反映资金的增值能力。

利率的表示方法有年利率、月利率和日利率。年利率按本金的百分之几表示,如2011年4月三年期的贷款利率为6.4%,就是指本金100元,每年利息6.4元。月利率一般以本金的千分之几来表示,日利率按本金的万分之几表示。按照中国的传统习惯,无论是年利率还是月利率和日利率都用"厘"作单位,但是差别却很大,如年利率或者年息3厘是指3%,月利率或者月息3厘是指0.3%,日利率或者日息3厘是指0.03%。

(二)利率的分类

现实生活中,有不同类型的利率,根据不同的标准可以划分为不同的种类。

1. 单利和复利

根据计算方法不同,利率分为单利和复利。

单利是指在借贷期限内,只按本金计算利息,对本金所产生的利息不再另外计算利息。计算公式为:

$$I = P \cdot i \cdot n \tag{10-1}$$

式中 I——利息；
　　　P——本金；
　　　i——利率；
　　　n——期限。

复利是指在借贷期限内，除了在原来本金上计算利息外，还要把本金所产生的利息重新计入本金、重复计算利息，俗称"利滚利"。计算公式为：

$$S = P(1+i)^n \tag{10-2}$$

式中 S——本利和；
　　　P——本金；
　　　i——利率；
　　　n——期限。

用单利计算利息，计算简单，手续简便；与单利相比，复利的计算过程更为复杂，但却有利于提高资金的时间观念，也更能反映信贷关系的本质，更好地提高借贷资金的使用效益。

2. 实际利率和名义利率

根据与通货膨胀的关系，利率分为名义利率和实际利率。

名义利率，又称"货币利率"，是指没有剔除通货膨胀因素的利率，也就是政府官方制定或银行公布的利率。

实际利率是在通货膨胀条件下，名义利率扣除通货膨胀因素后的利率。

$$实际利率 = 名义利率 - 通货膨胀率$$

例如，某银行发放的一年期贷款利率为10%，该国当年的通货膨胀率为4%，则该贷款的实际利率为6%。

判断利率水平高低，不能只看名义利率，而应以实际利率为依据。当物价上涨率高于名义利率时，实际利率就成为负数，称为负利率。通常情况下，实际利率对经济发生实质性影响，但人们能够操作的多是名义利率。

3. 官定利率、行业利率和市场利率

根据利率的决定主体不同，利率分为官定利率、行业利率和市场利率。

官定利率，也称官方利率，是指由政府金融管理部门或者中央银行来确定的利率。一般在制定官定利率时，会考虑很多因素的影响，尤其是政府调控经济的需要，比如经常考虑的因素有宏观经济运行的状况、国际收支状况等。例如，中央银行的再贴现利率就是典型的官定利率。因此，官定利率往往在利率体系中发挥主导性作用。

行业利率是指由金融机构或银行业协会按照协商办法确定的利率，这种利率标准只对参加该协会的金融机构有约束力，对其他机构不具约束力。利率标准也通常介于官定利率和市场利率之间。

市场利率是指由资金供求关系和风险收益等因素决定的利率。资金供大于求时，市场利率下降；当资金供小于求时，市场利率上升。同时，资金的收益和风险的大小会影响市场利率，资金运用的收益高、风险较大，市场利率也会比较高；反之亦然。因此，市场利率能够较真实地反映市场资金供求与运用的状况。

4. 固定利率和浮动利率

按借贷期内利率是否浮动，利率可划分为固定利率与浮动利率。

固定利率是指在借贷期内，利率水平保持不变的利率。实行固定利率，对于借贷双方准确计算成本与收益十分方便，是传统采用的方式。由于未来是不确定的，如果借贷期限较长，市场变化又难以预测，使用固定利率就可能使借款人或贷款人承担利率变化的风险——当未来利率上升时，贷款人要承担利息损失的风险；当未来利率下降时，借款人则要承担利息成本较高的风险。因此固定利率较适合于短期资金借贷关系。

浮动利率则是在借贷期内可随市场变化而定期调整的利率。根据借贷双方的协议，由一方在规定时间依据某种市场利率进行调整，一般调整期为半年。浮动利率手续繁杂、计算依据多样，它的费用开支也多，但是，对于实行浮动利率的借贷双方所承担的利率风险比较小。因此，常用于市场变动较大，期限较长的借贷关系中。

5. 长期利率和短期利率

这是以借贷期限长短为标准划分的。

长期利率指借贷时间在一年以上的利率；短期利率指借贷时间在一年以内的利率。

一般情况下，长期利率高于短期利率。一般借贷期限越长，不确定因素较多，风险就较大，所以利率越高；反之期限越短，利率越低。

6. 存款利率和贷款利率

根据银行业务要求不同，利率分为存款利率、贷款利率。

存款利率是指客户在银行或其他金融机构存款所取得的利息额与存款本金的比率。

贷款利率是指银行或其他金融机构发放贷款所收取的利息额与贷款本金的比率。

贷款利率与存款利率的差额就是存贷利差，存贷利差是银行利润的主要来源，它直接决定着银行的经济效益。

7. 基准利率和一般利率

按利率的地位可分为基准利率与一般利率。

基准利率，是指在多种利率并存的条件下起决定作用的利率。它是整个利率体系中起核心作用并能制约其他利率的基本利率。基准利率在多种利率并存条件下，基准利率发生变动，其他利率也会相应变动。基准利率在西方国家通常是指中央银行的再贴现率，美国为再贴现率和联邦资金利率。在中国目前则是指"法定利率"，即人民银行对国有商业银行和其他金融机构的存贷款利率，其中又以一年期的存贷款利率为核心。利率市场化以后，中央银行的再贴现率将成为我国的基准利率。

利率还有很多种分类，而且它的各种分类之间有的时候是相互交叉的。比如，2 年期的存款利率为 4%，那么，这个 4% 既是年利率，又是固定利率、长期利率、存款利率。

三、利率的决定

确定合理的利率水平是运用利率调节经济发挥作用的关键。虽然在经济生活和金融活动中，利率是个既定的、明确的量，但是决定和影响利率水平的因素却是多种多样的，详述如下。

（一）平均利润率是决定利率的基本因素

利息的本质是利润的一部分，是剩余价值的转化形式。既然利息是平均利润的一部

第二节 利息与利息率

分,利润本身就成为利息的最高界限,利率就只能在零和平均利润率之间上下摆动(特殊的情况是利率超出平均利润率或为负)。并且,利率主要是由平均利润率所调节的。如果利率等于或超过平均利润率时,则将使那些使用贷款的职能资本家无利可图,从而不愿借款;而过低的利率则将会使贷出货币资金的借贷资本家无利可图,而宁可将资金投入其他方向。在其他条件不变的情况下,市场平均利润率越高,利率一般也越高,反之,则越低。从我国现实出发,这种调节作用可概括为,利率的总水平要适应大多数企业的负担能力。也就是说,利率的总水平不能太高,太高了大多数企业承受不了;同时,利率总水平也不能太低,太低了不能发挥利率的杠杆作用。

(二)经济周期是影响利率的决定性因素

经济周期不同阶段的生产状况对利率的高低起着决定性的作用。危机阶段,在该阶段生产下降、工厂倒闭、工人失业、商品滞销,支付紧张,对借贷资本需求急剧增大,利率急剧上升到最高限度;萧条阶段,在该阶段,物价下降到最低点,企业信心急剧不足,整个社会几乎处于停滞状态,企业对直接资本的需求大大减少,借贷资本闲置,供大于求,利率不断降低,下降到最低程度;复苏阶段,该阶段工厂开始复工、投资和交易逐渐增大,就业增加,对借贷资本的需求有所增加,但是由于借贷资本本身比较充足,因此利率是在低水平之间徘徊;繁荣阶段,在该阶段生产快速发展,生产规模逐渐大幅度扩大,物价上涨、利润增加,对借贷资本的需求大幅度增加,利率逐渐提高,特别是在危机前夕,利率又会不断上升。

(三)资金供求状况是利率的制约因素

利率,表示资金的价格,因此,利率水平的高低跟其他商品一样,都会受到供求规律的制约:在市场经济条件下,当资金供不应求时,供求双方竞争的结果将促使资金的价格,即利率上升;相反,当供大于求时,竞争的结果必然导致利率下降。利率水平的高低既反映了资金供求关系,同时也能够利用它的杠杆作用调节资金供求关系。

(四)物价水平变化是利率的影响因素

在现代信用货币流通的条件下,利率的变动与物价水平有着相当密切的联系。在现代信用货币制度下,纸币的价值是由商品流通所决定的货币需要量与流通中货币量的对比状况来决定的:当货币需要量大于流通中的货币量时,单位纸币代表的价值量上升,则用纸币表示的商品价格必然就下降,即物价下跌;反之,则上升,即物价上涨。各国政府一般会通过调整利率水平来调节货币供应量,以此来实现物价稳定。当一个国家由于种种原因,导致物价水平上升,即通货膨胀,由于物价上涨,货币贬值,实际利率低于名义利率,导致居民和企业的存款积极性下挫,为了经济的稳定和维持吸收社会存款的规模,名义利率也需要随着物价的上涨而上调;反之,物价水平下跌,即通货紧缩,市场低迷,物价下跌,货币升值,这使得实际利率普遍上升,甚至高于名义利率,这虽会有利于债权人,但会损害债务人的利益,国家为了促使物价回升,一般会采取降息的措施。因此利率与物价的变动具有同向运动的趋势。

(五)国家经济政策是利率的影响因素

由于利率变动对经济有很大的影响,各国都通过法律、法规、政策的形式,对利率实施不同程度的管理。国家往往根据其经济政策来干预利率水平,同时又通过调节利率来影响经济。在现代经济中，各国根据本国自身的经济发展状况和经济政策目标，通过中央银行制定的利率实现对重点产业、部门或项目的扶持，实现对产业结构、经济结构的调整和经济发展速度的调节，保证国民经济的协调发展。

（六）国际经济形势是利率的影响因素

就开放经济而言，国际利率水平对国内利率也有重要影响。如果国际利率水平高于国内利率，则资金流出，国内资金供给小于需求，迫使国内利率上升；反之，如果国际利率水平低于国内利率，则资金流入，国内资金供给大于需求，从而诱使国内利率随之下降。不论国际利率水平是高于还是低于国内利率，在资本自由流动的条件下，都会引起货币市场上资金供求状况的变动，从而引起国内利率变动。

四、利率的作用

利率是各国货币政策的重要的中介指标和政策工具，它从宏观和微观层面分别对经济的发展发挥着至关重要的作用。

（一）利率在宏观经济活动中的作用

1. 利率对聚集社会资金的作用

利率提高，国民储蓄率上升，可以增加存款者的收益，从而就能把再生产过程中暂时闲置的各种货币资本和社会各阶层的货币收入集中起来，增加借贷资本，聚集的社会资金增加，社会资本供给就增加；反之，聚集的社会资金减少，社会资本供给就会减少。

2. 通过对投资成本的影响调节社会投资总量和投资结构

利率对投资在规模和结构两方面都具有调节作用。企业进行投资使用借贷资本时，如利息率降低，企业贷款成本降低，投资成本相对减少，就会增加投资，从而使整个社会投资规模扩大；反之利率提高，就会增加企业的贷款成本，从而打击企业的投资积极性，减少整个社会投资规模。另外差别利率也有利于调节贷款结构、投资结构和产业结构。

3. 利率可以调节社会总供求和稳定物价

利率对供求总量的平衡具有一定的调节作用。总需求与市场价格水平、利率之间有着相互联系、相互作用的机制。在商品经济中，可能存在社会需求与供给不相适应的情况，通过利率杠杆把由于各种原因形成的未来购买力以存款形式聚集到银行，在总量和结构上进行调节，可实现供求平衡和物价稳定；而另外一方面也可以通过降低利率从而降低商品供应者的资金成本来达到降低产品的生产成本最终降低商品价格的目的，以实现供求的平衡和物价的稳定。

4. 利率可以优惠配置社会资源、提高资金使用效率

运用利率杠杆可以调节投资结构，调剂资金使用量，引导社会有限资金流向高收益项目，淘汰经营效率差的企业，实现社会稀缺资源的高效利用，促进产业结构合理化和经济协调、稳定发展，提高资金使用效益。当然，企业经营管理水平也是影响资金使用效率和效益的重要因素。商业银行会运用利率杠杆，对那些经营管理差、效益差、还款能力差的企业实行高利率的贷款政策，促使其加强经营管理，提高资金效率；而相反，对那些经营管理好、效益好、还款能力好的企业实行低利率的贷款政策，这有利于提高资金使用效率。

(二) 利率在微观经济活动中的作用

对企业来说,利率可以通过影响企业的生产成本与收益发挥促进企业加强经济核算,改善经营管理的作用:企业利润等于收入减去成本费用,而利息是成本费用中占比比较大的一部分。企业利润取决于应付利息的多少,而利息的多少,又与企业占有信贷资金的多少、占用的时间长短以及利率高低有关。

对个人而言,利率通过改变储蓄收益对居民的储蓄倾向和储蓄方式的选择发挥作用,影响个人的经济行为:当利率高时,人们会选择把资金存在银行获取利息;当利率低时,人们可能会把自己的资金从银行转移到股市或者楼市等寻求更好的投资机会。

【知识链接】

利率工具概述

利率政策是我国货币政策的重要组成部分,也是货币政策实施的主要手段之一。中国人民银行根据货币政策实施的需要,适时的运用利率工具,对利率水平和利率结构进行调整,进而影响社会资金供求状况,实现货币政策的既定目标。

目前,中国人民银行采用的利率工具主要有:①调整中央银行基准利率,包括:再贷款利率,指中国人民银行向金融机构发放再贷款所采用的利率;再贴现利率,指金融机构将所持有的已贴现票据向中国人民银行办理再贴现所采用的利率;存款准备金利率,指中国人民银行对金融机构交存的法定存款准备金支付的利率;超额存款准备金利率,指中央银行对金融机构交存的准备金中超过法定存款准备金水平的部分支付的利率;②调整金融机构法定存贷款利率;③制定金融机构存贷款利率的浮动范围;④制定相关政策对各类利率结构和档次进行调整等。

近年来,中国人民银行加强了对利率工具的运用。利率调整逐年频繁,利率调控方式更为灵活,调控机制日趋完善。随着利率市场化改革的逐步推进,作为货币政策主要手段之一的利率政策将逐步从对利率的直接调控向间接调控转化。利率作为重要的经济杠杆,在国家宏观调控体系中将发挥更加重要的作用。

(资料来源:http://www.pbc.gov.cn/publish/zhengcehuobisi/623/index.html)

【案例10-1】

大学毕业生不小心留"污点"

陆先生上大学时靠的是助学贷款,最近准备贷款买房,但是信用记录打印出来,他一下子就傻了眼:还款逾期18次,其中拖欠时间最长为7个月。陆先生说:"我毕业后到广西区外工作,忘记还款了。"现在,陆先生的欠款都已经还清,工作人员表示,他的不良记录会对申请房贷稍有影响,具体还要看受理银行的评估。

不少前来咨询的市民,都是因为去了外地,忽略了信用卡的还款。工作人员建议,在外地可以绑定同行借记卡自动转账还款,暂时没还款能力的大学毕业生,则可以到银行办理还款延期的手续。

对于已经留下"污点"的信用记录,不少咨询者显得忧心忡忡,询问是否可以消除。中国人民银行南宁中心支行征信处的工作人员杨阳解释:"我国目前尚未出台关于负面记录保存期的规定。按照美国的做法,一般的负面信息保留7年,破产、特别严重和明显恶意的负面信息保留10年。我国也将尽快对负面记录的保留年限作出规定。"

(资料来源:广西新闻网—南国早报)

【案例分析】

助学贷款是解决当前大学生读书难的一个非常有效的途径,信用卡透支也是当前非常热门的一件事。但是很多大学生、持卡人还有其他一些信用关系中的贷款人都没有注意维护自身的信用记录,从而给自己未来的生活和工作带来非常大的困扰。

【知识链接】

利率市场化介绍

一、我国利率市场化的提出

党和国家非常重视我国的利率市场化改革。1993年,党的十四大《关于金融体制改革的决定》提出,我国利率改革的长远目标是:建立以市场资金供求为基础,以中央银行基准利率为调控核心,由市场资金供求决定各种利率水平的市场利率体系的市场利率管理体系。

党的十四届三中全会《中共中央关于建立社会主义市场经济体制若干问题的决定》中提出,中央银行按照资金供求状况及时调整基准利率,并允许商业银行存贷款利率在规定幅度内自由浮动。

2003年,党的十六大报告提出:稳步推进利率市场化改革,优化金融资源配置。

党的十六届三中全会《中共中央关于完善社会主义市场经济体制若干问题的决定》中进一步明确"稳步推进利率市场化,建立健全由市场供求决定的利率形成机制,中央银行通过运用货币政策工具引导市场利率。"

二、利率市场化改革的基本思路

根据十六届三中全会精神,结合我国经济金融发展和加入世贸组织后开放金融市场的需要,人民银行将按照先外币、后本币,先贷款、后存款,存款先大额长期、后小额短期的基本步骤,逐步建立由市场供求决定金融机构存、贷款利率水平的利率形成机制,中央银行调控和引导市场利率,使市场机制在金融资源配置中发挥主导作用。

三、利率市场化的改革进程

自1996年我国利率市场化进程正式启动以来,经过7年的发展,利率市场化改革稳步推进,并取得了阶段性进展。

1996年6月1日人民银行放开了银行间同业拆借利率,1997年6月放开银行间债券回购利率。1998年8月,国家开发银行在银行间债券市场首次进行了市场化发债,1999年10月,国债发行也开始采用市场招标形式,从而实现了银行间市场利率、国债和政策性金融债发行利率的市场化。

1998年,人民银行改革了贴现利率生成机制,贴现利率和转贴现利率在再贴现利率的基础上加点生成,在不超过同期贷款利率(含浮动)的前提下由商业银行自定。再贴现利率成为中央银行一项独立的货币政策工具,服务于货币政策需要。

1998年、1999年人民银行连续三次扩大金融机构贷款利率浮动幅度。2004年1月1

日，人民银行再次扩大金融机构贷款利率浮动区间。商业银行、城市信用社贷款利率浮动区间扩大到（0.9，1.7），农村信用社贷款利率浮动区间扩大到（0.9，2），贷款利率浮动区间不再根据企业所有制性质、规模大小分别制定。扩大商业银行自主定价权，提高贷款利率市场化程度，企业贷款利率最高上浮幅度扩大到70%，下浮幅度保持10%不变。在扩大金融机构人民币贷款利率浮动区间的同时，推出放开人民币各项贷款的计、结息方式和5年期以上贷款利率的上限等其他配套措施。

进行大额长期存款利率市场化尝试，1999年10月，人民银行批准中资商业银行法人对中资保险公司法人试办由双方协商确定利率的大额定期存款（最低起存金额3000万元，期限在5年以上不含5年），进行了存款利率改革的初步尝试。2003年11月，商业银行农村信用社可以开办邮政储蓄协议存款（最低起存金额3000万元，期限降为3年以上不含3年）。

积极推进境内外币利率市场化。2000年9月，放开外币贷款利率和300万美元（含300万）以上的大额外币存款利率；300万美元以下的小额外币存款利率仍由人民银行统一管理。2002年3月，人民银行统一了中、外资金融机构外币利率管理政策，实现中外资金融机构在外币利率政策上的公平待遇。2003年7月，放开了英镑、瑞士法郎和加拿大元的外币小额存款利率管理，由商业银行自主确定。2003年11月，对美元、日元、港币、欧元小额存款利率实行上限管理，商业银行可根据国际金融市场利率变化，在不超过上限的前提下自主确定。

回顾1996年以来利率市场化改革的进程，中国人民银行累计放开、归并或取消的本、外币利率管理种类为119种，目前，人民银行尚管理的本外币利率种类有29种。今后，随着金融机构改革和利率市场化的稳步推进，人民银行将不断扩大金融机构的利率定价自主权，完善利率管理，并通过中央银行的间接调控，引导利率进一步发挥优化金融资源配置和调控宏观经济运行的作用。

（资料来源：http://www.pbc.gov.cn/publish/zhengcehuobisi/624/index.html）

习 题

一、不定项选择题

1. 由商业银行、商店以分期付款的方式提供耐用消费品，这一形式为（ ）。
   A. 银行信用　　　B. 消费信用　　　C. 国际信用　　　D. 商业信用
2. 在发行国债时，如果（ ）会引起多倍的货币供给。
   A. 社会公众买入　　　　　　　　B. 商业银行买入
   C. 非金融机构买入　　　　　　　D. 中央银行买入
3. 假定某年度物价变化率为5%，若仍要获取8%的实际利率，则名义利率为（ ）。
   A. 8%　　　　　B. 3%　　　　　C. 5%　　　　　D. 13%
4. 下列属于消费信用的有（ ）。
   A. 某公司向某人提供额度为4000元的赊销业务
   B. 某批发商向某商场提供额度为400万元的赊销业务
   C. 某建材商允许某人对其所购置的装修材料以分期付款方式在两年内还清

D. 某银行向某人提供 30 万元的经济适用房贷款

E. 某银行向某工厂提供 2000 万元的贷款

5. 信用的最基本特征是（　　）。

A. 借贷行为　　　B. 偿还性　　　C. 付息性　　　D. 价值的单方面让渡

6. 国家信用的主要形式是（　　）。

A. 发行政府债券　　　　　　　B. 短期借款

C. 长期借款　　　　　　　　　D. 自愿捐助

7. 按一定期限（如 1 年），将所生利息加入本金重复计算利息的方法是（　　）。

A. 单利计息　　　B. 复利计息　　　C. 固定利率　　　D. 浮动利率

8. 在借贷期限内规定可以调整和变动的利率是（　　）。

A. 固定利率　　　B. 浮动利率　　　C. 名义利率　　　D. 实际利率

9. 名义利率、实际利率和通货膨胀率三者之间的关系可表述为（　　）。

A. 实际利率＝通货膨胀率＋名义利率　　B. 实际利率＝名义利率＋通货膨胀率

C. 名义利率＝实际利率－通货膨胀率　　D. 名义利率＝实际利率＋通货膨胀率

10. 由金融市场的资金供求状况决定的利率是（　　）。

A. 基准利率　　　B. 市场利率　　　C. 官定利率　　　D. 实际利率

11. 通常情况下，利率总是介于零和（　　）之间摆动。

A. 平均利润率　　　　　　　　B. 预期价格变动率

C. 资金供求状况　　　　　　　D. 汇率水平

12. 以下哪一种利率通常被称作基准利率（　　）。

A. 存贷款利率　　B. 再贴现利率　　C. 民间借贷利率　　D. 同业拆借利率

13. 商业信用的局限性表现在（　　）。

A. 商业信用的规模受商品买卖的限制

B. 商业信用的方向受到限制

C. 商业信用的期限较短

D. 商业信用一定程度上限制了银行信用的发展

E. 企业的很多信用需要无法通过商业信用来满足

14. 银行信用的特点是（　　）。

A. 银行信用可以达到巨大规模　　　B. 银行信用是以货币形态提供的信用

C. 银行信用有一定的方向性　　　　D. 银行是作为债务人的身份出现的

E. 银行信用具有相对灵活性，可以满足不同贷款人的需求

15. 以下属于消费信用的是（　　）。

A. 出口信贷　　　　　　　　　B. 国际金融租赁

C. 企业向消费者以延期付款的方式销售商品

D. 银行提供的助学贷款　　　　E. 银行向消费者提供的住房贷款

16. 根据名义利率与实际利率的比较，实际利率出现三种情况（　　）。

A. 名义利率高于通货膨胀率时，实际利率为正利率

B. 名义利率高于通货膨胀率时，实际利率为负利率

C. 名义利率等于通货膨胀率时，实际利率为零
D. 名义利率低于通货膨胀率时，实际利率为正利率
E. 名义利率低于通货膨胀率时，实际利率为负利率

17. 现代信用在现代经济活动中发挥着重要作用，主要表现在（　　）。
A. 现代信用可以促进社会资金的合理利用
B. 现代信用可以优化社会资源配置
C. 现代信用可以推动经济的增长
D. 现代信用规模越大越能促进经济的发展
E. 现代信用有可能导致泡沫经济

二、判断题

1. 利率对投资有重要的影响，一般来说，低利率能激发投资热情。　　（　　）
2. 商业银行的信用创造使其具有无限的派生存款的能力。　　（　　）
3. 浮动利率是指在借贷期内随市场利率的变化而自由变化的利率。　　（　　）
4. 信用是一种借贷活动，是在社会大分工的基础上产生的。　　（　　）
5. 个人信用主要是指个人作为债权人的信用活动。　　（　　）

三、思考题

1. 如何理解信用与金融这两者之间的关系？
2. 什么是基准利率？它起什么作用？

四、分析题

1. 李小姐今年45岁，她下一年的收入为＄50000。她个人认为她的收入在她55岁退休以前将以10%的年增长率增加。

（1）当利率为6%时，李小姐从下一年到退休之前全部收入的现值为多少？

（2）如果李小姐每年将收入的一半进行投资，假如年利率12%，那么到55岁时，她拥有多少钱？

2. 因2007年的次贷危机继而引起了美国的金融危机，在相当长一段时间里美国的同业拆借利率非常高。请运用利率的决定理论分析其原因。

第十一章 金融市场

本章导语

金融市场是实现货币借贷、资本转移和有价证券交易的场所。金融市场的形成和发展促进了信用的发展。金融市场作为多功能、多层次的融通资金的市场,可以从不同角度进行分类。最重要的分类是按金融产品期限长短分为:货币市场和资本市场,它们分别又是由若干子市场形成,每个子市场有不同的资金运作机制。

> 知识目标:
> - 理解金融市场的含义,掌握金融市场的分类和构成要素,理解金融市场的功能
> - 理解货币市场的内容,掌握货币市场的各子市场的含义及其运作方式
> - 理解资本市场的内容与特点,掌握股票市场和债券市场的运用,了解投资基金市场的内容
>
> 技能目标:
> - 能解释金融市场各子市场中资金运作机制

案例导入:

据 2009 年 10 月 14 日经济日报:2008 年的国际金融危机造成国际市场需求大幅下滑,我国广大中小企业生产经营受到不小影响。在银监会的全力推进下,全国各类各级银行业金融机构纷纷开展金融创新缓解中小企业资金之渴;而随着主板市场 IPO 的重启和创业板开通工作的加快推进,一批中小企业将借助资本市场直接融资,踏上新的发展台阶。

案例评析:

中小企业在我国国民经济中发挥着不可替代的作用。目前,中小企业数量约占全部注册企业的 99%,产值占 GDP 一半以上,出口占总额的 60% 以上,创造的城镇就业岗位更是占总岗位的 70% 以上。然而,长期以来,融资难问题已成为制约中小企业发展的首要瓶颈。为此,各级政府和金融机构必须探索解决中小企业融资难的方式、方法。这就需要有较完善的金融市场,并且发挥金融市场功能,拓宽企业融资渠道。

第一节 金融市场概述

金融市场是构成金融体系的重要子系统,为金融机构进行资源配置提供了场所和运行机制。金融市场是否发达是一国经济、金融发达程度的重要标志。

第一节 金融市场概述

一、金融市场及其特征

市场是买卖商品的场所，就是把货物的买主和卖主组织在一起进行交易的地方。从狭义讲，金融市场是进行金融商品买卖交易的场所。主要是进行货币借贷以及各种票据和有价证券、黄金外汇买卖的场所。通过金融市场上的交易活动，沟通资金供求双方的关系，实现资金融通。从广义上说，金融市场是所有金融交易及资金融通的总和。

金融市场与商品市场、技术市场、劳务市场等构成完整的市场经济体系。与其他市场，特别是人们生产生活最接近的商品市场相比，金融市场有其自身的特征。

（1）交易对象单一。商品市场交易的对象往往多种多样，而金融市场的交易对象却是单一的货币，不涉及任何其他交易对象，表现出明显的单一性特征。

（2）交易商品使用价值相同。商品市场的使用价值多种多样，而金融市场交易商品的使用价值相同，都是为金融工具的卖出者筹集资金，为金融工具的买入者带来收益。

（3）交易价格趋同。金融市场上交易工具的价格表现形式是利率，当某种交易工具的价格偏高时必然会吸引大量资金流出，直到这一交易工具价格下降至与其他交易工具保持一致的水平为止。

（4）交易主体地位可变。商品市场上买卖双方的地位相对固定，买方一般为家庭或个人，卖方一般为生产厂商。而金融市场的交易主体会随着其资金余缺情况可能发生转变。

二、金融市场的运作机制

金融市场是实现资金融通的场所，在金融市场上资金总是从盈余单位流向短缺单位。资金盈余单位有多余的资金，当前不需要或不愿意开支而暂时闲置。资金短缺单位由于生活、生产或投资等所需要的资金大于所拥有的资金。解决两者矛盾就只有使资金盈余单位（投资者）的闲置资金流向资金短缺单位（筹资者），实现途径就是在金融市场上用盈余资金买入金融工具，从而使资金流向资金短缺单位。如果资金直接在投资者与筹资者间流动，这种融资方式叫直接金融。常见的直接金融方式有买卖股票、债券等有价证券或者直接投资。如果资金流动通过金融中介机构实现，这种融资方式叫间接金融。常见的间接金融方式为银行存贷款。

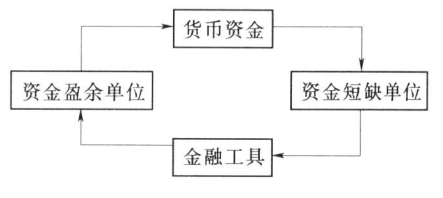

图 11-1 资金运动过程

金融市场上，资金运动过程见图 11-1。

三、金融市场的分类

金融市场是由很多子市场所构成的市场体系。每个子市场的交易对象不同、交易方式各异。根据不同的划分标准，从不同角度可以对金融市场进行分类，不同标准分类的子市场间可能相互重叠。

（一）按金融产品期限长短分

1. 货币市场

货币市场是以期限在一年以内的金融资产为交易标的物的金融市场，又称短期资本市场，其作用是满足交易者对资金的流动性需求。货币市场包括票据承兑贴现市场、银行短期放款市场、短期借贷市场、银行同业拆借市场、短期债券市场、贴现市场、外汇市场等。

2. 资本市场

资本市场是指股票、债券等有价证券发行和买卖，以及长期资金借贷和企业购并、资产重组的市场，包括长期资金借贷市场、证券市场等。资本市场主要可用来满足资金需求者长期投资性资本的需求，用以补充固定资本，扩大生产能力。

（二）按交易对象进入市场的顺序分

1. 初级市场

初级市场是证券发行市场，又称为一级市场。在这个市场中只买卖新发行的金融资产，即发行市场是通过发行股票、债券等金融资产进行筹资活动的市场。

2. 次级市场

次级市场即证券流通市场，通常又称为二级市场。在这个市场上是通过买卖已发行的证券实现资金的融通。

（三）按交易方式分

1. 现货市场

现货市场是指金融商品交易协议达成后1～3日内进行交割的市场。

2. 期货市场

期货市场也是指交易协议虽然已经达成，交割却要在某一特定时间进行的市场。在期货市场上，成交和交割是分离的。

3. 期权市场

期权市场即各种期权交易的市场，是期货交易市场的发展和延伸。期权交易是指买卖双方按成交协议签订合同，允许买方在交付一定的期权费用（或保险费）后，即取得在特定的时间内，按协议价格买进或卖出一定数量的证券的权利，期权合同则自动失效。

（四）按金融交易的政治地理区域来划分

1. 国内金融市场

国内金融市场的活动范围限于本国领土之内，双方当事人都为本国自然人和法人，交易工具也多由国内发行，其交易活动受本国法规和制度的管制。它除了包括全国性的以本币计值的金融资产交易市场之外，还包括一国范围内的地方性金融市场。

2. 国际金融市场

国际金融市场的活动范围可以是整个世界，在世界范围内筹集、分配和运用资金，是资本国际流动的中介和渠道。它的业务活动超越了一国国境，而且交易的金融商品也不限于一种货币。国际金融市场的活动受所在地政府干预较少，交易比较自由。在相对发达完善的国内金融市场基础上发展起来的国际金融市场，主要从事居民与非居民之间的资金融通，其一般特点是受市场所在地规则、惯例和法律的约束。从一国角度看，它是一国金融市场的对外部分。

（五）按有无固定交易场所和设施分

1. 有形市场

有形市场是有具体的、固定的交易场地的市场，如证券交易所。

2. 无形市场

无形市场指没有固定的交易场所，通过柜台或电话联系进行交易的市场，是一种虚拟的市场，如同业拆借市场、贴现市场等。

除以上几种分类外，还可按交易对象即金融商品间的"血缘关系"不同，可分为原生金融商品（工具）市场和金融衍生商品（工具）市场；按金融资产交易的组织形式分为场内交易市场和场外交易市场；按交易对象的不同，可以分为票据市场、证券市场、外汇市场、黄金市场、白银市场和保险市场等。

四、金融市场的构成要素

（一）市场主体

金融市场主体即金融市场的参与者，可以是资金的供给者、需求者、中介者和管理者。具体说，它们可以是企业、金融机构、政府、个人及海外投资者。一个主体常可是多种身份。金融市场的主体可分为非金融中介的市场主体和金融中介的市场主体。

1. 非金融中介的市场主体

非金融中介的市场主体主要包括政府、工商企业和居民。它们在金融市场中，既可以是投资者，同时也可以是筹资者。

（1）企业。企业在生产经营过程中可能形成暂时闲置资金，也可能出现资金短缺。因此，企业可以作为资金的供给者或需求者出现在金融市场上，通过市场调剂资金余缺，从而保证经营的持续和收益最大化。

（2）个人。一方面，个人用其储蓄购买各类证券以获取投资收益，从而成为金融市场上直接融资的供给者；另一方面，个人储蓄存款也是金融市场上间接融资的重要资金来源，因此，个人主要充当资金供给者。

（3）政府部门。中央银行是政府的金融管理部门，在金融市场中处于一种特殊的地位，既是金融市场的行为主体，又是金融市场的监管者。其职能是根据国家经济发展目标，制定和执行特定的货币政策。中央银行的金融监控手段包括：制定相关政策法规，控制金融机构的信贷规模，规范其他市场主体的行为。中央银行通过公开市场业务，直接调节货币供应量；同时，中央银行作为银行的银行，负责货币的发行，并且是银行及各类非银行金融机构资金的最后融通者。因此，中央银行又是特殊的市场资金供给者。此外，政府机构为调节财政收支，保证经济发展目标的实现，也可以在金融市场上发行国库券和政府公债以筹措资金，这时政府机构在金融市场上以资金需求者的身份出现。

2. 金融中介的市场主体

金融中介的市场主体主要是一些金融机构。金融机构有时会直接参与市场交易，多数是组织金融市场上的间接融资，充当市场融资中介的角色，包括存款性金融机构、非存款性金融机构。

（1）存款性金融机构。存款性金融机构主要包括商业银行、储蓄银行和信用合作社等。它们主要是通过吸收各种存款获得资金，并以贷款或有价证券投资的形式提供给资金的需求者，从中获得收益。

（2）非存款性金融机构。非存款性金融机构主要有保险公司、养老基金、投资银行等。它们主要是通过发行证券或契约的方式来筹集资金。然后将其资金投资于股票、债券及不动产等收益性资产项目。

（二）市场客体

金融市场的客体是指交易对象或交易的标的物，通常是以具体金融工具的形式存在并被转让流通的金融资产。金融工具种类繁多，基本包括票据（支票、汇票、本票）、可转让定期存单、债券、国库券、基金、股票及各种衍生金融工具等；衍生金融工具包括远期合约、互换、期权以及期货等。

（三）交易价格

在金融市场上，交易对象的价格就是货币资金的价格。由于金融市场中的交易对象形式多样，因此其价格的表现形式也多种多样。例如：在借贷市场上，借贷资金的价格就是借贷利率；在证券市场上，资金的价格表现为有价证券的价格，从这个价格反映出货币资金的价格；在外汇市场上，汇率反映了货币的价格。在黄金市场上，一般所表现的是黄金的货币价格等。

五、金融市场的功能

金融市场是整个市场体系最基本的组成部分之一，是联系其他市场的纽带。金融市场的发展对整个市场体系的发展起着举足轻重的作用，市场体系中其他各市场的发展则为金融市场的发展提供了条件和可能。金融市场的功能主要表现在如下几个方面。

1. 调剂资金余缺

金融市场可以通过对各种金融工具的交易，为资金供给者和需求者提供更多的选择机会，从而帮助实现资金在盈余单位和短缺单位之间的调剂。

2. 优化资源配置

金融市场是资金运动的场所，它通过价格机制调节资金和各种金融资产的供求。在金融市场上，金融工具的价格与其他商品价格一样是其内在价值的反映。一般而言，效益越好的企业在金融市场上越能够以较低的成本筹集到资金。通过市场竞争，资金会自发地配置给效益好的企业，淘汰落后的企业，使资金得到有效利用，起到优化资源配置的作用。

3. 分散和转移风险

金融市场为投资者提供了多种可供选择的金融工具，这些金融工具的收益性和风险性各有特点，投资者可以通过组合投资的方式实现分散风险。另一方面，投资者还可以通过在衍生金融工具市场上通过对冲交易、套期保值交易等方式实现风险转移。

4. 反映和调节宏观经济

一国的宏观经济呈现出周期性的变化规律，经济的繁荣或衰退都可以由金融市场上的业务活动灵敏地反映出来。金融市场大量专业人员专门从事经济分析和预测，从而使金融工具的价格常常能够提前反映出经济发展的趋势，因此金融市场被认为是宏观经济的"晴雨表"。另一方面，政府还会通过调整存款准备金、利率以及公开市场业务等方式实施货币政策，从而调节宏观经济。

【知识链接】

纽约金融市场

纽约是世界最重要的国际金融中心之一。第二次世界大战以后，纽约金融市场在国际金融领域中的地位进一步加强。美国凭借其在战争时期膨胀起来的强大经济和金融实力，建立了以美元为中心的资本主义货币体系，使美元成为世界最主要的储备货币和国际清算货币。西方资本主义国家和发展中国家的外汇储备中大部分是美元资产，存放在美国，由纽约联邦储备银行代为保管。一些外国官方机构持有的部分黄金也存放在纽约联邦储备银行。纽约联邦储备银行作为贯彻执行美国货币政策及外汇政策的主要机构，其在金融市场的活动直接影响到市场利率和汇率的变化，对国际市场利率和汇率的变化有着重要影响。世界各地的美元买卖，包括欧洲美元、亚洲美元市场的交易，都必须在美国，特别是在纽约的商业银行账户上办理收付、清算和划拨，因此纽约成为世界美元交易的清算中心。此外，美国外汇管制较松，资金调动比较自由。在纽约，不仅有许多大银行，而且商业银行、储蓄银行、投资银行、证券交易所及保险公司等金融机构云集，许多外国银行也在纽约设有分支机构，1983年世界最大的100家银行在纽约设有分支机构的就有95家。这些都为纽约金融市场的进一步发展创造了条件，加强了它在国际金融领域中的地位。

纽约金融市场按交易对象划分，主要包括外汇市场、货币市场和资本市场。

纽约外汇市场是美国的、也是世界上最主要的外汇市场之一。纽约外汇市场并无固定的交易场所，所有的外汇交易都是通过电话、电报和电传等通信设备，在纽约的商业银行与外汇市场经纪人之间进行。这种联络就组成了纽约银行间的外汇市场。此外，各大商业银行都有自己的通信系统，与该行在世界各地的分行外汇部门保持联系，又构成了世界性的外汇市场。由于世界各地时差关系，各外汇市场开市时间不同，纽约大银行与世界各地外汇市场可以昼夜24小时保持联系。因此它在国际间的套汇活动几乎可以立即完成。

纽约货币市场即纽约短期资金的借贷市场，是资本主义世界主要货币市场中交易量最大的一个。除纽约市金融机构、工商业和私人在这里进行交易外，每天还有大量短期资金从美国和世界各地涌入流出。和外汇市场一样，纽约货币市场也没有一个固定的场所，交易都是供求双方直接或通过经纪人进行的。在纽约货币市场的交易，按交易对象可分为：联邦基金市场、政府库券市场、银行可转让定期存单市场、银行承兑汇票市场和商业票据市场等。

纽约资本市场是世界最大的经营中、长期借贷资金的资本市场。可分为债券市场和股票市场。纽约债券市场交易的主要对象是：政府债券、公司债券、外国债券。纽约股票市场是纽约资本市场的一个组成部分。在美国，有10多家证券交易所按证券交易法注册，被列为全国性的交易所。其中纽约证券交易所、NASDAQ和美国证券交易所最大，它们都设在纽约。

（资料来源：http：//jwc3.hbu.edu.cn/2009jxcg/1-2-14.html）

第二节 货 币 市 场

货币市场是以融资期限不超过1年的短期信用工具为交易对象的金融市场，它与资本市场一起构成金融市场的核心内容。

货币市场通过各种短期资金融通工具将资金需求者和资金供应者联系起来，既满足了资金需求者的短期资金需要，又为资金盈余者的暂时闲置资金提供了营利机会。同时，货币市场是中央银行增减基础货币、调控货币流通量的重要场所，促使经济中短期的过剩或赤字达到平衡，其完善程度直接决定了中央银行货币政策实施的效果。

货币市场主要是由若干个子市场所组成。

一、同业拆借市场

金融机构在日常经营活动中经常会出现头寸不足或盈余，因此需要通过频繁的资金短期融通来保持合适的头寸规模。同业拆借市场亦称同业拆放市场，是金融机构之间以货币借贷方式进行短期资金融通活动的市场。同业拆借市场是货币市场最主要的组成部分，参与主体是银行和非银行金融机构。在发达的金融市场上，银行同业拆借相当频繁，且每笔拆借款的数额往往很大。

同业拆借市场一般没有固定交易场所，主要通过电话或计算机网络进行交易。拆放或拆借，也叫拆款，是以天计算的短期借款。就我国而言，同业拆借最长期限分为三档：

（1）政策性银行、中资商业银行、中资商业银行授权的一级分支机构、外商独资银行、中外合资银行、外国银行分行、城市信用合作社、农村信用合作社县级联合社拆入资金的最长期限为1年。

（2）金融资产管理公司、金融租赁公司、汽车金融公司、保险公司拆入资金的最长期限为3个月。

（3）企业集团财务公司、信托公司、证券公司、保险资产管理公司拆入资金的最长期限为7天。

拆款按日计息，称为"拆息"。拆息率每天不同，甚至一日几变，由拆借双方约定。同业拆借市场对资金供求状况十分敏感，拆息率的高低，灵敏地反映了市场资金的供求状况，变动频繁。因此，它被中央银行当作反映货币市场情况的重要指标之一。

拆借市场的存在，不仅为银行之间调剂资金提供了方便，更重要的是，它为社会资金的合理配置提供了有利条件。当外部资金注入银行体系后，通过银行同业拆借市场运行，这些资金能够较均衡地进入经济社会的各个部门和单位。

我国开放同业拆借市场始于1984年。从1996年1月1日起，中国人民银行决定在35个大中城市的融资中心和具有法人资格、达到一定规模的商业银行间实行联网，建立全国统一的同业拆借市场。目前进入该市场的除各家商业银行外，还有城市、农村信用合作社联社，证券公司和基金管理公司等一批非银行金融机构。

国际间大型银行之间的大额资金拆借往往以伦敦银行间同业拆借市场利率（LIBOR）为基础。伦敦银行间同业拆借利率是根据伦敦金融市场的12家主要银行在营业日当天所报出的银行间拆借利率所确定的整个伦敦同业拆借市场的基准利率。

二、票据市场

票据是指具有法定票面形式的、表明债权债务关系的有价凭证。它是期限在1年以内的贴现式的短期债券，主要包括本票和汇票两种。

本票是债务人向债权人保证在约定时间向其指定人或持票人无条件支付一定金额的书面承诺。银行为出票人的本票为银行本票。发行人为非银行企业的称为商业本票，商业本票的发行人通常是信用等级较高的大型企业。

汇票是债权人向债务人签发的，要求按照约定时间，向其指定人或持票人无条件支付一定金额的书面命令。

票据市场是专门办理票据交易的场所。通常按照票据在市场中起的作用有票据承兑和票据贴现。

(一) 票据承兑

汇票分即期汇票和远期汇票,远期汇票存在承兑问题。票据承兑是付款人或其银行表示承诺在汇票到期日兑付的行为。因为票据上的付款人是由出票人单方面指定的,因此,在付款人未认可之前,在法律上还没有构成票据的债务人。只有经过付款人承兑,承兑人才在法律上构成票据的主债务人。

承兑汇票有两种:一种是商业承兑汇票,即付款人作为汇票的承兑人,在票面上办理承兑手续;另一种是银行承兑汇票,即由银行承诺承担最后付款责任,银行作为承兑人。银行承兑票据一般由商业银行办理,也可由其他专门机构来办理。承兑人是以自己的信用来保证票据兑付的,所以,银行在办理承兑时,要收取一定的手续费作为酬金。银行承兑汇票比商业承兑汇票对于持票人更具有付款保障性,因而在国际商业信用活动中得到了广泛使用。经承兑的票据从法律上确定了票据关系人之间的权利与义务,因而易于转让或贴现。

为了进一步解释银行承兑汇票的产生过程,以一笔进出口贸易来说明。甲国进口商要从乙国进口一批钢材,并希望在3个月后支付货款。进口商要求本国银行按购买数额开出不可撤销信用证,寄给国外出口商。信用证中允许外国出口商按出售价格开出以进口商的开证行为付款人的远期汇票。货物装船后,出口商开出以进口商开证行为付款人的汇票,将汇票和相关单据寄往进口商开证行,要求承兑。进口商开证行在审核汇票和相关单据无误后,在汇票正面加盖"承兑"图章,并填上到期日。承兑后,进口商开证行将汇票寄还给出口商。出口商收到汇票后,可到通知行办理贴现,提前收回货款。通知行办理贴现取得汇票后,可将汇票持有至到期日向进口商承兑行收款,或者通过金融市场出售汇票。

在国际贸易中运用银行承兑汇票不仅可以使出口商立即获得货款进行生产,避免货物运输的时间耽搁,而且出口商所在地通知行以本国货币支付给出口商,从而避免了汇率风险。

(二) 票据贴现

票据贴现是银行的传统业务之一,是票据持有人在需要资金时,将未到期的票据经过背书后转让给银行,银行按贴现利率从票面金额中扣除贴现日至到期日的利息后将余款支付给持票人的一种融资方式。其实质是以票据为质押的短期贷款。贴现业务分为贴现(直贴)、转贴现和再贴现三种。贴现(直贴)指工商企业为了取得现金,以未到期票据向银行融通资金,转贴现,是指票据在金融机构之间的转让或买卖是商业银行之间的资金融通行为。再贴现指商业银行将贴现收下的票据,向中央银行再行贴现,以筹措资金。

贴现计算公式如下:

$$贴现利息=票据金额×贴现率×贴现日至到期日的时间$$
$$贴现金额=票据金额-贴现利息$$

例如:假设票面金额为10000元的商业票据,6个月后到期,年贴现率为8%,持票人如果向银行申请贴现,银行需扣除贴现利息400元(10000元×8%×6/12)后,付给持票人现金 9600 元（10000 元－400 元）。

票据贴现机构有两类：一类是商业银行；另一类是专营贴现业务的金融机构，如日本的融资公司、美国的票据经纪商等。

【案例 11-1】
银行承兑汇票承兑行拒绝付款案例

2008 年初，深圳某金属公司（以下简称"金属公司"）与广州市某发展公司（下称"发展公司"）签订了名为联营实为借贷的《联营合同》，约定发展公司向金属公司借款人民币 600 万元，中国建设银行广州某分行（下称"广州建行"）对该借款作担保并给金属公司出具了担保书。其后，金属公司签发了以佛山某陶瓷厂（下称"陶瓷厂"）为收款人，到期日为同年 6 月底的 600 万元银行承兑汇票一张，还同陶瓷厂签订了虚假的《购销合同》，将该汇票与合同一并提交给工商行某支行（下称"工商行"）请求承兑，双方签订了《委托承兑商业汇票协议》。接着，该行承兑了该汇票。后收款人陶瓷厂持票到农业银行某分行（下称"农行"）贴现，并将贴现所得现款以退货款形式退回给金属公司，后者则按《联营协议》约定，将此款悉数借给发展公司。

汇票到期后，银行承兑汇票承兑行工商行拒绝付票款给贴现行农行，理由有两点：第一，工商行是在受金属公司欺诈，意思表示不真实的情况下进行的承兑，承兑行为无效；第二，农行贴现违反了人行"持票人申请贴现时，需提交贴现申请书，经其背书的未到期商业汇票，持票人与出票人或其前手之间的增值税发票和商品交易合同复印件"的规定，农行在贴现时未审查陶瓷厂的增值税发票，属于违规贴现，因此农行不享有票据权利。双方发生争议。农行起诉到法院，要求工商行承担票据责任。

一审法院在审理过程中形成了两种意见。第一种意见认为：农行的贴现行为违反了人民银行规定，违规贴现时存在重大过失，主观上有过错，不享有票据权利。第二种意见认为：承兑行工商行的抗辩事由不成立，农行是通过符合《票据法》的手段取得票据的，其贴现行为违反的仅仅是人民银行的部门规章，只应由人民银行进行行政处罚，但不影响农行享有票据权利。

【案例分析】

票据关系是一种特殊的民事法律关系，它是基于票据行为所发生的票据债权人与票据债务人之间的票据权利义务关系。票据行为是票据当事人在票据上签章而发生一定的权利义务关系。我国《票据法》规定，票据行为必须是要式的。在本案中，票据行为包括金属公司的出票行为及工商行的承兑行为是毋庸置疑的，那么农行的贴现行为在票据法上又该如何定性呢？所谓贴现是指商业汇票的持票人在汇票到期日前，为了取得资金贴付一定利息将票据权利转让给金融机构的票据行为，是金融机构向持票人融通资金的一种方式。通过贴现，急需资金的持票人以其持有的未到期票据，经过背书转让给银行，向银行兑取现款，银行从票面额中扣除自贴现日起到到期日止的利息，将余额支付给持票人，票据到期时，由银行向票据付款人按票面额索回款项。显而易见，票据贴现行为就是以买卖票据的方式转让票据权利的行为。从形式上看，持票人以一定的价格将票据卖给贴现银行。实质上是票据权利从贴现申请人转让给了贴现银行。所以，票据贴现行为在性质上是一种转让票据权利的行为。我国《票据法》规定，持票人将票据权利转让给他人或者将一定的票据权利授予他人行使时，"应当背书并交付票据"。票据贴现在性质上是一种转让权利的背书，属于票据行为。因此，在本案中陶瓷厂持票向农行请求贴现，通过背书将票据转让给农行，农行由此而成为了该票据持有人。

（资料来源：中国票据网 http://www.zgpj.net/News/28/200991144215.htm）

三、短期债券市场

短期债券市场交易的主要对象是国库券（1年以内的）、短期公司债券。这类证券的共同特点是具有较强的安全性和流动性，且收益比较稳定。

（一）国库券

国库券是中央政府财政部发行的，以应付临时性、季节性财政需要的短期债券，是政府以债务人身份承担到期偿付本息责任的期限在1年以内的债务凭证。在国外，期限在1年以上的政府中长期债券称为公债，1年以内的债券才称为国库券。而我国不管期限是在1年以内还是1年以上的，只要是由政府财政部门发行的政府债券，均习惯称为国库券。国库券市场是国库券的发行、推销、贴现市场的总称。国库券是信誉最高的一种债券，可以随时在市场上买卖，或向银行贴现，往往被看作是具有较高利息回报的活期存款，而且中央银行易于通过公开市场对其进行管理。其发行量和交易量，在西方国家一般均居于各种短期债券之首。

政府发行国库券的目的一般有两个：一是满足政府部门短期资金周转的需要。当政府在一段时间出现了资金短缺，需要筹借短期资金以周转时，就可以通过发行国库券来保证临时性资金需求。二是为中央银行的公开市场业务提供可操作的工具。国库券是中央银行进行公开市场操作的重要品种，其在货币政策调控上具有重要意义。

国库券的市场发行需要通过专门的机构进行，其交易主体包括承销商、商业银行、非银行金融机构、企业与个人投资者以及中央银行。

我国于1981年首次发行国库券，但实际上是中期国债，直到1994年，我国才首次发行期限短于1年的国库券，这才标志着真正意义上的国库券在我国出现。随着我国政府债券期限结构的多样化和中国人民银行开展人民币公开市场业务操作的需要，真正的国库券市场必将得到充分的发展。

（二）短期公司债券

这是西方国家流行的类似于商业票据的一种短期债券。其主要特点：一是对发行者资信的考核相当严格，只有经金融当局审批合格和具有较高资信的公司和企业才能发行；二是期限较短，一般是3~6个月，最长为不超过9个月；三是利率一般不高于银行相同期限的贷款利率。在我国，一些信誉高、效益好、还款有来源的企业发行的融资券，就是这种性质的短期债券。

四、可转让大额定期存单市场

可转让定期存单简称CDs，是由商业银行发行的，可在市场上转让的存款凭据。第一张大额可转让定期存单，是美国花旗银行于1961年发行的。大额存单市场是指大额可转让定期存单的发行、转让所形成的市场。

可转让大额定期存单实际上是定期存款的一种，但又与普通的定期存款不同，其不同点在于：

(1) 面额大，如在美国，存单面额通常为 10 万美元，最小面额 2.5 万美元，二级市场上的交易单位为 100 万美元。

(2) 期限较短，最少 2 周，最多 1 年，多数为 3～6 个月。

(3) 利率比较高，比同期的普通存款利率高，也比同期的国库券利率要高。其利息在浮动利率下每半年支付一次，固定利率下于到期日按票面利率支付。

(4) 不记名，不能提前支取，但可在二级市场上流通转让。存单持有者若需现款，可以随时在市场上出售，交易价格以票面金额加上自发行日至卖出为止这段时间的利息为基础加以确定。

CDs 发行采取批发和零售两种形式。批发发行指发行银行将拟发行 CDs 总额、利率、期限、面额等有关内容预先公布，等候机构投资者认购。零售发行则是发行银行随时根据投资者的需要发行，经双方协定总额、利率、期限、面额而发行可转让存单。许多 CDs 发行不通过经纪人和交易商，由发行银行直接向大企业或自己的客户出售。这样可以降低发行银行经营状况的透明度，保证发行银行的良好信誉形象。CDs 不仅面额较高，交易起点额更高，这在很大程度上限制了个人投资者进入市场，因此，同其他形式的货币市场一样，CDs 市场也是以机构投资者为主要参与者的市场。其大宗性和流动性强的两个基本特性，使之成为银行大宗性定期负债的来源和企业、各类机构短期流动性资金的投资途径，因而，深受银行和企业等机构投资者的欢迎。这种存单的出现，解决了当时美国活期存款无收益、定期存款又不能随时提现的难题，集收益、变现、安全诸优点于一身，吸引了大批客户，成为货币市场上最活跃的一个创新品种。

我国在 1986 年开始发行可转让大额定期存单最初由中国银行和交通银行发行。1989 年起，其他专业银行也开始发行。我国向个人发行的大额定期存单有 3 个月、6 个月、12 个月三种期限，面额为 1 万元、2 万元、5 万元；面向企业、事业单位发行的大额可转让定期存单，面额为 50 万元、100 万元、500 万元；由于没有交易市场，缺乏流动性，我国的 CDs 几乎成为一种变相的定期储蓄存款。后来，由于种种原因，于 1996 年年底起被叫停。不管怎样，可转让大额定期存款单作为国际上通行的一种金融工具，在我国货币市场上迟早会得到发展，并有它的一席之地。

可转让大额定期存单的交易以机构投资者为主，市场上进行交易的通常是数量有限的专业交易商。商业银行和其他金融机构往往将可转让大额定期存单作为储备资产，在需要资金的时候，可以通过订立回购协议向中央银行或其他金融机构取得融资。

第三节 资 本 市 场

资本市场指期限在一年以上的中长期有价证券交易的直接融资市场，是金融市场的重要组成部分。资本市场上的交易工具具有收益率较高但流动性和安全性较差等特征，往往具有长期投资的性质。又称为长期资金市场，它作为与货币市场相对应的概念，资本市场着眼于从长期对融资活动进行划分。一方面，企业或政府部门通过资本市场发行长期证券

第三节 资本市场

把分散在社会上的闲散资金集中起来，形成巨额的可供长期使用的资本，用于支持社会化大生产和大规模经营，加速资本集中，实现储蓄向投资的转化。另一方面，资本市场也为企业提供了通过资本市场工具将风险分散给广大投资者的途径。

资本市场由四个子市场构成：

（1）证券类市场，其交易工具主要有股票、债券、基金证券及其他的衍生证券。

（2）贷款类市场，如中长期抵押贷款、项目融资等。

（3）权益类市场，如金融期货、金融期权等。

（4）产权交易市场，如企业购并，资产重组等。

资本市场一般指的就是证券市场，主要由以股票、债券和投资基金为交易对象。资本市场与货币市场具有不同的特点。

（1）期限长。资本市场中的金融工具期限较长，一般在1年以上。资本市场主要是为公司提供长期融资的场所。

（2）风险大，流动性低。由于资本市场中的金融工具期限较长，影响金融工具价值的因素较多，因此，资本市场相对于货币市场而言，市场风险较大，且金融工具的流动性较低。

（3）有形市场和无形市场相结合。资本市场的金融工具的交易往往采取的是有形与无形相结合的方式，既有大量证券在交易所中进行，也有规模较大的场外无形市场。

一、股票市场

（一）股票市场概述

股票是股份公司签发的证券投资者的股东身份和权益，并据此获得股息和红利的一种书面凭证。股票是股份公司资本的构成部分，可以转让、买卖或抵押，是资本市场的主要长期信用工具。股票市场是专门对股票进行公开交易的市场，包括股票的发行和转让。

股票市场上主要的参与者包括：

（1）股票发行者，即向公众募集资金的上市股份公司。

（2）投资者，股票的购买者和转让者。

（3）股票交易所，股票市场的组织者，负责提供交易场所，制定交易规则，实施交易管理，提供交易清算服务等。

（4）股票发行中介，主要是为股票发行提供服务的投资银行或证券公司。

（5）有资格进入证券交易所的经纪人、证券自营商、零股交易商（接受经纪人委托，专门处理不足一个成交单位的股票交易的证券商）和其他特许人员（如负责协调各交易所之间买卖交易的特别会员，向经纪人提供买价与卖价拥有证券行情喊价权和经办证券买卖的专业人员）。

（6）参与上市和非上市证券场外股票交易的金融机构等。

（二）股票一级市场

股票一级市场也称为发行市场。发行股票有两种情况：一种是新公司成立第一次发行股票（IPO）；另一种是老公司为增资扩股而增发的股票。不管何种情况的发行，股份有限公司作为股票的发行人，都是原始股票的供应者。这一市场是股票的增创过程，也是股份公司借以筹集资金的过程，其整个运作过程通常由咨询与准备、认购与销售两个阶段构成。世界各国对股票的发行都有专门的法律规定。必须依法申请或登记，经有关机关审查批准后，方能发行。若向社会公众招股，还必须有招股章程。

1. 发行方式

根据发行的对象不同来划分的，股票可以公募和私募发行。公募是指事先没有特定的发行对象，向社会广大投资者公开推销股票的方式。采用这种方式，可以扩大股东的范围，分散持股，有利于提高公司的知名度。公开发行可以由股份公司自己直接发售，也可以支付一定的发行费用通过金融中介机构代理。私募是指只向少数特定的投资者发行股票，其对象一类是个人投资者，如公司老股东或公司员工；另一类是机构投资者，如大的金融机构或与发行人有密切往来关系的企业等。通常情况下可以采用股东配股和私人配股两种方式。私募发行可以节省发行费用，且通常不必向证券管理机关办理注册手续，但投资者数量有限，流通性差，不利于提高发行人的社会信誉。

2. 代销和包销

代销是指中介机构与发行人之间建立代理委托关系，中介机构只负责按照发行者的条件推销股票，而不承担任何发行风险，发售结束后，股票未售出部分退还发行人。由于全部发行风险和责任都由发行者承担，因此，代销手续费较低。

包销分为全额包销和余额包销。全额包销指承销商先将发行人拟发行的股票全部认购下来，然后再按市场条件转售给投资者。此种包销方式，承销商承担全部的发行风险，而买卖间的价差即为承销商的收入。余额包销指承销商与股票发行方约定期限，在此期限内未销售的部分由承销商按照协议价格全部认购。此种包销方式，承销商承担部分风险。

3. 发行价格

发行定价是一级市场的关键环节。股票发行价格制定的合适与否直接关系到股票的销售。股票的发行价格主要有平价、溢价、折价发行三种。

（1）平价发行。平价发行也称为等额发行或面额发行，是指发行人以股票的面额作为发行价格。平价发行的方式较为简单易行，但不能根据市场状况调整价格，因此，一般在新公司成立或向老股东配股时采用这种方法。

（2）溢价发行。溢价发行是指以高于面额的价格出售新股，其发行价格以当时股票市场上的价格水平为基准加以确定。如果公司股价在证券市场上呈现看涨趋势，就可以以高于面值的价格发行。发行价格与面值之间的差额就是发行溢价，此部分收益归股份公司所有。一般业绩较好的公司发行新股时采用这种方法。

（3）折价发行。折价发行是指以低于面额的价格出售新股，即按面额打一定折扣后发行股票，以便承销商在包销股票时能够获得包销利润。这种发行方式很少见到，我国明确规定股票发行时，不能以低于面值的价格发行。

（三）股票二级市场

股票二级市场是买卖已上市流通股票的市场，也称为交易市场、流通市场。

一级市场和二级市场是证券市场中两个有机的组成部分，相辅相成，缺一不可。一方面，发行市场是证券交易的基础，有了发行市场，才会有证券上市，交易市场才得以成立。另一方面，只有交易市场发展了，投资者购买的证券可以随时转让和流通，才有可能吸引更多的投资者来认购，也可以进一步提高发行市场的地位。对于股票来说，交易市场尤为重要。因为股票的一个重要特点，就是它的不可返还性，除公司解散清算外，股本是永不退还股东的。如果没有交易市场，股票不能在市场上流通，就不能起到股票的融资作用，股票本身的吸引力也会大大地削弱。就交易额来说，流通市场上的交易额往往要比发行市场大得多。如美国新股票发行额每年只有几十亿美元，而全国12家股票交易所一天的交易额就要超过10亿美元。

股票二级市场按照组织程度的不同，可分为证券交易所、场外交易市场、第三市场和第四市场等。

1. 证券交易所

证券交易所是主要的二级市场，是买卖双方公开进行交易的场所，是一个有组织、有固定地点、集中进行交易的次级市场，是股票流通市场的最重要的组成部分。它是规范化和高度组织化的证券交易市场，在有些国家是唯一的证券交易市场。

证券交易所本身并不参与证券交易。它既不买卖证券，也不决定价格，而只是为买卖双方提供一个公开进行交易的场所。证券交易所并不是任何人都能够进入的。在证券交易所内实际从事交易的只是取得交易所会员资格的经纪人与交易商。经纪人与交易商是有区别的，经纪人充当证券买者与卖者的中介，以获取佣金为目的；而交易商则是自己买卖证券，从中赚取买卖价格的差额。

目前，几乎所有的市场经济国家都有自己的股票交易所。最主要的国际性股票交易所有：美国纽约股票交易所（NYSE）、美国证券交易所（AMEX）、伦敦证券交易所（London Stock Exchange）、东京证券交易所（TSE）等。我国的股票交易所目前有上海证券交易所和深圳证券交易所。

2. 二板市场

所谓二板市场是与主板市场（或称"一板市场"）相对应的概念。主板市场是指美国纽约证券交易所、我国香港地区的香港联合证券交易所及我国内地的上海证券交易所、深圳证券交易所等一类的证券市场。而二板市场则是指除主板市场之外，附属或独立地设置的、专为中小企业和高科技企业提供融资服务的证券市场。二板市场、场外交易市场与主板市场共同构成多层次的证券市场体系，推动一国的资本市场逐步走向成熟与完善。

与主板市场相比较，二板市场有以下几个特点：

（1）在二板市场上市的企业多为中小企业，特别是成长性的、高科技的、有潜力的中小企业。

（2）相对较低的上市标准。如企业股本规模相对较小、经营年限不长（持续经营两年以上即可）、无以往盈利记录的要求等。

（3）较大的投资风险。在二板市场上市的企业，规模较小，业务发展处于初级阶段，破产倒闭的概率比主板市场要高。因此，相对主板市场而言，投资二板市场，有着更大的风险。但由于在二板市场上市的企业具备很高的成长潜力，也有可能获得更高的投资收益。

（4）引入保荐人制度。保荐人制度不同于主板市场的主承销商负责制。保荐人在所荐企业上市后要承担两年的保荐责任，其中保荐人对上市公司信息披露的真实性、准确性和完整性负有重大责任，从各方面确保推荐上市的企业符合上市标准。

（5）监管要求严格。由于二板市场的高风险，对发行人、中介机构要执行严格的监管标准，对市场的透明度即信息披露也有更高的要求，以确保市场运作质量。

世界上最早、最成功的二板市场要数美国的纳斯达克证券市场（NASDAQ），纳斯达克证券市场由全国市场和小型资本市场两个部分组成。其中，全国市场适合较大型企业，小型资本市场则着力培育高成长性的中小企业，为其融资创造条件。香港创业板是专门为在中国内地、香港、百慕大以及开曼群岛注册的公司开设的一个新兴市场，上市对象主要是中小企业、民营企业，特别是新建立的中小高科技企业。我国内地的二板市场定位于为创业型中小企业服务，所以也称为创业板。

3. 场外交易市场

场外交易（英文原词为 Over the Counter，简称 OTC）是在证券交易所之外的股票交易活动。场外交易市场也称为柜台交易或店头交易，是相对证券交易所交易而言的。在场外交易市场交易的股票，主要是按照法律规定可公开发行而未能在证券交易所上市的股票。场外市场的监管一般比证券交易所松懈，所以，场外交易灵活方便，但其交易效率不如证券交易所。它包括：

（1）第三市场。第三市场是靠交易所会员直接从事大宗上市股票交易而形成的市场。第三市场交易的是既在证券交易所上市又在场外市场交易的股票，以区别于一般含义的柜台交易。

（2）第四市场。第四市场是指大机构或个人投资者绕开经纪人和自营商，彼此之间利用电脑网络直接进行的大宗证券交易。这样的交易可以最大限度地降低交易费用，它的发展一方面给证券交易所和场外市场带来了巨大的竞争压力，促使这些市场降低佣金、改进服务；另一方面也对证券市场的管理提出了挑战。

【案例 11-2】

立立电子：过会后之撤销上市案

2008 年 4 月 3 日，中国证监会发审委撤销了立立电子公开发行股票的核准决定，并宣布，立立电子募集资金将按发行价和同期银行存款利息退还。

早在 2008 年 3 月 5 日，立立电子首发申请就已过会；预计 2008 年 7 月 8 日挂牌上市，发行价为 21.81 元/股，发行数量为 2600 万股，实际募集资金 55621.88 万元。但在上市前，立立电子被曝出涉嫌掏空上市公司浙大海纳资产，故中国证监会随即暂停了立立电子的上市进程。2009 年 4 月 7 日，立立电子公告，由于首发上市被撤销，故将向投资者返还本息。

【案例分析】

中国证监会此项行政决定，预示着证券发行制度将延续"从严"标准，通过高门槛把关上市公司的质量，维护投资者的合法权益。而这项行政决定，是依据《证券法》第 26 条作出的："国务院证券监督管理机构或者国务院授权的部门对已作出的核准证券发行的决定，发现不符合法定条件或者法定程序，尚未发行证券的，应当予以撤销，停止发行。已经发行尚未上市的，撤销发行核准决定，发行人应当按照发行价并加算银行同期存款利息返还证券持有人；保荐人应当与发行人承担连带责任，但是能够证明自己没有过错的除外；发行人的控股股东、实际控制人有过错的，应当与发行人承担连带责任。"

（资料来自：新华网）

二、债券市场

债券是发行人依照法定程序发行,并约定在一定期限还本付息的有价证券。债券是反映发行者和投资者之间的债权债务关系的法律凭证,其中发行人是借入资金的主体,投资者是借出资金的主体。债券的发行人既可以是企业,也可以是政府,还可以是非企业的社团机构。

债券按发行主体可划分为政府债券、金融债券和公司债券。政府债券是政府为筹集资金,根据信用原则以承担还本付息责任为前提发行的债务凭证。政府债券又可分为中央政府债券和地方政府债券。金融债券是银行和非银行金融机构发行按照国家有关证券法律和证券发行程序,凭借自身信誉向社会公开发行的一种债券。在欧美国家,金融机构发行的债券归类于企业债券。公司债券是企业按照法定程序发行,约定在一定期限内还本付息的债券。由于公司债券的风险相对较大,因此,其利率一般高于政府债券和金融债券,并且通常需要用不动产或动产抵押,或由第三者担保。

债券市场是以中长期债券作为交易对象的直接融资市场。公司债券的发行与交易和股票类似,不同之处主要体现在发行前需要进行信用评级,另外,债券反映债权债务关系,是需要偿还的,因此多了偿还环节。

(一) 债券的信用评级

债券违约风险的大小与投资者的利益密切相关,也直接影响着发行者的筹资能力与成本。一般来说,信用等级越高的债券越能够以较低的利率出售,从而减少筹资成本。债券评级,对发行者来说,有利于提高其经济地位和社会知名度,降低筹资费用,并方便债券的销售和流通;对广大投资者来说,有利于正确选择合适的投资对象与投资组合,提高投资的安全性和收益性。

为了能够客观地估计不同债券的违约风险,通常需要由具有较高独立性的中介机构对债券进行评级。世界上许多国家都设立了有价证券的评级机构,目前,最著名的两大评估机构是美国的穆迪公司和标准普尔公司。标准普尔公司将不同债券的信用水平分为AAA、AA、A、BBB、BB、B、CCC、CC、C九级,此外,还设置了CI级(无利息收入的债券)和D级(处于违约状态的债券)。

我国的证券评级,包括对企业发行债券、融资券的评级以及在股票上市之前对股份制企业的评估。债券的等级标准分为A、B、C三大类,其中A类的还本付息能力最强,且具有可靠的保证;B类还本付息能力较次,投资风险有所增大;C类的还本付息有相当大的不确定性。

(二) 债券的偿还

债券的偿还一般可分为定期偿还、任意偿还、买入注销和提前售回等四种方式。

定期偿还是在经过一定期限后,每半年或1年偿还一定金额的本金,到期时还清余额。这种偿还方式一般适用于发行数量巨大、偿还期限长的债券,国债和金融债券一般不使用该方法。

任意偿还是指债券发行一段时间后,发行者可以自由决定偿还时间,任意偿还债券的一部分或全部,因而对发行人较为有利。在利率呈下降趋势时,这种发行方式有可能会损害投资者将债券持有到期而获得较高利率的利益。

买入注销是指债券发行人在债券未到期前按照市场价格从二级市场中购回自己发行的债券而注销债务。由于购回的债券价格由发行人和债券持有人共同商定的,因此这种方式对于双方均有利。

提前售回是指债券持有人具有在债券到期前的某一特定的时间期间内,将债券按照约定的价格售回给债券发行人的权利的一种发行方式。债券持有人可以在市场利率高于债券利率时要求发行人售回债券,以便及时收回资金,进行收益率更高的投资。

三、投资基金

投资基金是一种利益共享、风险共担的集合投资制度。基金公司通过发行基金券,将众多投资者的分散资金集中起来,由专业的投资机构分散投资于股票、债券或其他金融资产,并将投资收益分配给基金持有人。基金的投资人不参与基金的管理和操作,只定期取得投资收益。基金管理人根据投资人的委托进行投资运作,收取管理费收入。世界各国对投资基金的称谓各不相同,美国称为"共同基金"或"互助基金",英国称为"单位信托基金",日本、韩国则称为"证券投资信托基金"。

(一)投资基金的特点

1. 管理专业化

投资基金是由基金管理人(公司)的专业人员进行具体操作的,对于投资者来说,就相当于聘用了一批投资专家为其出谋划策。将个人不多的资金委托给专门的投资管理人集中运作,也可以达到投资分散化和降低风险的效果。

2. 投资主体大众化

许多的投资方式由于资金、交易资格等原因使很多小投资者不能进入,而投资基金由于按单位计算、每单位价格较低,投资者可根据资金多少随意购买,避免了由于财力不足或理财知识缺乏而无法在证券市场投资的遗憾。

3. 多元投资,降低风险

多元化投资是投资运作的一个重要策略,普通投资者由于资金的原因往往不能做到这一点。而基金管理者可根据不同的比例,将聚集而来的资金分别投资于各类证券品种或实体项目,从而降低风险。

4. 专家理财,保证收益

一般来说,基金具有高收益。多元投资为基金拓展获利空间提供了保证,再加上专家的专业运作,基金的回报往往较高。

(二)投资基金的种类

1. 按照基金的法律地位划分

按基金的法律地位可分契约型基金和公司型基金两类。

契约型基金是根据一定的信托契约原理组建的代理投资制度。委托人、受托人和受益人三者作为基金的当事人,经理机构(委托者)经营信托资产;银行或信托公司(受托者)保管信托资产;投资人(受益人)享有投资收益。

公司型基金是按照股份公司方式运营的,按照公司法以公司形态组成的,该基金公司以发行股份的方式募集资金。一般投资者购买该公司的股份即为认购基金,也就成为该公司的股东。公司型基金涉及四个当事人:投资公司,是公司型基金的主体;管理公司,为投资公司经营资产；保管公司，为投资公司保管资产，一般由银行或信托公司担任；承销公司，负责推销和回购公司股票。

2. 根据基金单位是否可增加或赎回

按基金单位是否要增加或赎因可将公司型基金分为封闭式和开放式两种。

封闭式基金指基金设立时，基金单位的数目就已经确定，存续期内基金单位的数目一般不会变化，除非出现基金扩募的情况。

开放式基金，也称为共同基金，是指基金发起人在设立基金时，基金单位的总数不固定、基金规模不封闭：投资人可以随时根据需要向基金购买股票以实现投资，也可以回售股票以撤出投资。

3. 根据投资风险与收益的不同

按投资风险与收益不同可将投资基金分为成长型投资基金、收入型投资基金和平衡型投资基金。

成长型投资基金追求证券的增值潜力，是基金中最常见的。通过发现价格被低估的证券，低价买入并等待升值后卖出，以获取投资利润。

收入型基金追求投资的定期固定收益，因而主要投资于有固定收益的证券，如债券、优先股股票等。收入型基金不刻意追求在证券价格波动中可能形成的价差收益，因此，投资风险较低，投资的收益率也会比较低。

平衡型基金是以获取当期收入和追求基金资产长期增值为目标的投资基金。它将资金分散投资于股票和债券，保证基金资产净值稳定，又有一定收益。

（三）投资基金的设立和募集

设立投资基金首先需要发起人，一般说来，基金发起人必须同时具备以下条件：

（1）至少有一家金融机构。

（2）实收资本在基金规模的一半以上。

（3）均为公司法人。

（4）有两年以上的营利记录。

（5）首次认购基金份额不低于 20％，同时保证基金存续期内持有基金份额不低于 10％。

（6）不得持有任何一家上市公司 10％以上的股份。

其次，基金在设立时必须确定基金的性质并制定相关的文件，包括基金章程、信托契约和公开说明书。

基金的设立申请一旦获主管机关批准，发起人即可着手发行基金股份或收益凭证。发行方式可以有公募和私募两种，类似于股票的发行。基金发行一般按面值发行，不能溢价发行，其发行价格通常是按基金单位金额和发行手续费来确定：

$$发行价格 = 基金单位金额 + 发行手续费$$
$$发行手续费 = 基金单位金额 \times 发行手续费率$$

（四）投资基金的运作

一般情况下，基金在发行结束 3～4 个月，就应安排基金的交易。封闭式基金的交易与股票、债券类似，可通过经纪人或自营商在二级市场上自由转让。开放式基金的转让，投资者可以在基金发行结束后到基金公司设立的专门柜台进行。

【知识链接】

金融衍生工具市场的产生

金融衍生工具，又称金融衍生产品，顾名思义，是由原生性金融工具繁衍出来的，并从它们的价值中派生出自身价值的金融工具。所谓原生性金融工具，一般指货币、外汇、存单、股票、债券等。而衍生金融工具，则种类繁多、结构复杂。

尽管与金融衍生产品有血缘关系的期货合约及期货交易于1848年在美国芝加哥的商品交易所就被推出来了，但是，现代金融衍生工具的迅速发展，是20世纪70年代以来的事情。当时，西方各国的通货膨胀居高不下，又先后实行浮动汇率制度，如何规避通货膨胀风险、利率风险和汇率风险，成为各国金融业绕不开的一大难题。于是，为规避各种风险而设计的金融衍生工具客观上有了需求。加上各国政府推动的金融自由化，放松金融管制，以及金融业竞争的加剧，对金融衍生工具的发展起了推波助澜的作用。金融衍生工具的开发与推广，引发了金融领域的一场革命。据统计，自20世纪70年代以来，几乎每一个月都有一种新的衍生工具产生，新的交易所也在不断地开张营业。迄今为止，金融衍生工具已经形成一个新的金融产品"家庭"，其种类繁多，结构复杂，并且不断有新的成员进入。

在金融衍生工具的迅速拓展中，还有一个极其重要的因素，那就是期权定价公式的问世。对期权如何定价，曾是一个多年研究而难以解决的题目。1997年诺贝尔经济学奖金获得者斯科尔斯和默顿在70年代初，推出了期权定价公式，解决了这一难题。许多相关领域的定价问题也连带获得解决。有这样的形容：他们的期权定价公式创造了一个巨大的衍生工具市场。

我国目前的金融衍生工具市场仅处于起步阶段。品种少，规模小。但随着资本市场的发展和金融风险的提高，衍生工具市场必然有较快的发展。

习　　题

一、单项选择题

1. 短期金融市场又称为（　　）市场。
   A. 初级市场　　　B. 货币市场　　　C. 资本市场　　　D. 次级市场

2. 长期金融市场又称为（　　）。
   A. 初级市场　　　B. 货币市场　　　C. 资本市场　　　D. 次级市场

3. 差半年到期的面值2000元的票据，到银行得到1900元的贴现金额，则年贴现率为（　　）。
   A. 5%　　　　　B. 10%　　　　　C. 2.56%　　　　D. 5.12%

4. 现货市场的实际交割一般在成交后（　　）内进行。
   A. 2日　　　　　B. 5日　　　　　C. 1周　　　　　D. 1月

5. 下列属于所有权凭证的金融工具是（　　）。
   A. 商业票据　　　　　　　　　　　B. 股票

C. 政府债券   D. 可转让大额定期存单
6. 下列属于应在资本市场筹资的资金需求是（　　）。
   A. 有一笔暂时闲置资金   B. 商业银行的存款准备金头寸
   C. 流动性资金不足   D. 补充固定资本
7. 证券发行市场和交易市场上的主要投资者是（　　）。
   A. 政府   B. 各类金融机构   C. 个人投资者   D. 企业

二、多项选择

1. 按金融交易的交割期限可以把金融市场划分为（　　）。
   A. 现货市场   B. 货币市场   C. 长期存贷市场   D. 期货市场
2. 金融市场的参与者有（　　）。
   A. 居民个人   B. 商业性金融机构   C. 政府   D. 企业
3. 下列金融工具中，没有偿还期限的有（　　）。
   A. 永久性债券   B. 银行定期存款   C. 股票   D. 商业票据
4. 下列描述属于资本市场特点的是（　　）。
   A. 金融工具期限长   B. 资金借贷量大
   C. 流动性强   D. 交易工具有一定的风险性和投机性
5. 下列描述属于货币市场特点的有（　　）。
   A. 交易期限短   B. 资金借贷量大
   C. 交易工具收益较高而流动性差   D. 风险相对较低

三、计算题

某企业将一张票面金额为10000元、3个月后到期的商业票据，提交银行请求贴现。若银行的年贴现率为6%，那么银行应付给企业多少现款？银行扣除了多少贴息？

四、分析题

1. 试述金融市场在经济运行中的主要功能。
2. 论述发展资本市场对我国经济的积极作用。

第十二章 金融机构体系

本 章 导 语

金融机构是金融活动的运行主体,现代社会中,各国均有一个与其经济发展水平相适应的多样而复杂的金融机构体系,它对整个社会经济的运行与发展起着独特而无法替代的作用。本章主要讲述金融机构体系的构成和各类金融机构运作机制。

> **知识目标:**
> - 理解金融机构概念和功能,掌握金融机构体系构成,了解各类金融机构的运作模式
> - 了解商业银行性质和职能,理解商业银行经营原则,掌握商业银行业务
> - 了解中央银行的产生和发展,理解中央银行职能,掌握中央银行业务
>
> **技能目标:**
> - 能解释各类金融机构的运作模式

案例导入:

《中华人民共和国国民经济和社会发展第十二个五年规划纲要》于 2011 年 3 月 17 日正式发布;纲要提出,在十二五期间我国将深化金融机构改革。继续深化国家控股的大型金融机构改革,完善现代金融企业制度,强化内部治理和风险管理,提高创新发展能力和国际竞争力。继续深化国家开发银行改革,推动中国进出口银行和中国出口信用保险公司改革,研究推动中国农业发展银行改革,继续推动中国邮政储蓄银行改革。建立存款保险制度。促进证券期货经营机构规范发展。强化保险机构的创新服务能力和风险内控能力,加强保险业偿付能力监管,深化保险资金运用管理体制改革,稳步提高资金运作水平。促进金融资产管理公司商业化转型。

案例评析:

《中华人民共和国国民经济和社会发展第十二个五年规划纲要》中提到中国主要的金融机构,这些金融机构构成中国金融机构体系。各国金融机构体系在形式上大同小异,都是由包括中央银行、商业银行、专业银行、投资银行、政策性银行在内的银行系统和包括保险公司、证券公司、养老基金、信托投资公司等非银行金融机构所组成。

第一节 金融机构体系概述

金融市场上的各种金融活动都要借助于一定的金融机构来完成,金融机构是金融市场

第一节 金融机构体系概述

不可缺少的中介主体。现代金融机构种类繁多，各种金融机构组成相互联系、分工协作的统一体并构成了金融机构体系。

一、金融机构

(一) 金融机构的概念

金融机构，狭义讲也称金融中介机构，即间接融资中资金供给者与资金需求者之间的媒介，主要是指从事存、贷款业务的金融机构。广义讲是指所有从事资金融通活动的机构，即包括间接融资和直接融资活动中从事相关金融业务的机构，也包括提供金融服务的机构。它们通过各自业务实现对资金的疏导，从而提高社会经济运行效率，在一国经济中起着举足轻重的作用。

(二) 金融机构的功能

1. 调剂资金余缺

如果没有金融机构参与，资金供需双方要想实现资金融通必须满足双方对交易数量和交易期限要求一致，但现实中往往事与愿违，从而使资金供需双方无法顺利完成交易。金融机构一方面可以通过吸收存款或发行证券等业务将不同数额的闲置资金集中起来，通过发放贷款或卖出证券等业务使资金流向其短缺者手中，从而解决资金供需双方对资金供需数量不一致问题。另一方面金融机构通过购进由需求资金者发售的某种期限的金融工具，又向资金盈余者发售各种期限的金融工具，从而解决资金供需双方对资金供需期限不一致的问题。

2. 降低交易成本

交易成本是指在资金融通过程中，资金供需双方为实现交易所花费的时间和金钱。金融机构参与往往使借贷资金规模巨大，因而能够得到规模经济的好处，可以合理控制利率、费用等成本。另一方面金融机构往往都有分支机构分布在全国乃至世界各地，并且有专门技术完成各种交易，从而可以进一步降低交易中的时间成本和金钱成本。

3. 降低交易风险

在资金融通过程，资金供需双方存在信息不对称，即供需双方对交易对象信息掌握情况不对等。由于信息不对称会有两种风险出现，即逆向选择风险和道德风险。而金融机构的专业化运作在信息揭示、信息监督方面具有明显优势，从而可以有效降低交易风险见图12-1。

(三) 金融机构的分类

金融机构可以按不同的标准分为不同类型。

1. 根据金融机构是否处于管理地位

金融机构按其是否处于管理地位，可以分金融监督管理层和金融业务经营层。金融监督管理层主要包括中央银行和金融监管机构，金融业务经营层主要包括银行和非银行金融机构。

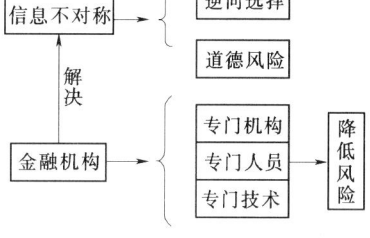

图12-1 金融机构降低交易风险

2. 根据金融机构资金来源不同

金融机构按其资金来源不同，可以分为存款性金融机构和非存款性金融机构。存款性金融机构资金来源主要通过吸收各类存款，如商业银行、信用协会、储蓄机构等。非存款性金融机构资金主要来源于发行证券收入或来自某些社会组织或契约性交款等，如保险公司、养老基金、投资银行、证券公司等。

3. 根据金融机构是否担负国家政策性融资任务

金融机构按其是否担负国家政策性融资任务，可以分为政策性金融机构和非政策性金融机构。政策性金融机构资金来源于国有资本、协助落实产业政策的官方和半官方金融机构，其资金主要用于支持重点产业或新兴产业开发，如各国的政策性银行。非政策性金融机构则不承担国家政策性融资任务。

二、金融机构体系

金融机构体系是指因组织结构、职能分工不同形成相互联系的金融机构有机整体。目前各国金融机构种类繁多、设置形式各异，即使职能相似但名称也不尽相同。世界各国建立的金融机构体系是由本国同一时期的商业经济发展水平和经济管理体制决定的，大体上可以分为复合式银行体系和单一银行体制两种类型。

复合银行体制是多种银行体系，这种类型的金融体系以中央银行为核心，以商业银行为主体，多种金融机构并存和分工协作。单一银行体制是将中央银行的职能和商业银行的职能集中于单一的国家银行。现代市场经济国家的金融机构体系一般主要由中央银行、商业银行、各种专业银行和非银行金融机构等组成。

（一）中央银行

中央银行在各国金融机构体系中处于中心环节和特殊的主导地位。中央银行对内代表国家对整个金融体系实行领导和管理，维护金融体系的安全运行，实施宏观金融调控；对外是一国货币主权的象征，因此也称作"货币当局"。目前，多数国家都设有中央银行，如中国的中国人民银行、美国的联邦储备体系（简称美联储）、英国的英格兰银行、法国的法兰西银行等。

（二）商业银行

商业银行是各国金融机构体系的主体。其主要业务是吸收存款、发放贷款，以利润为主要目标。商业银行不直接承担国家宏观经济调控职能，但其主要业务受中央银行政策影响，因此它是宏观调控目标实现的重要途径。

（三）各种专业银行

专业银行是指专门经营指定范围的金融业务和提供专门金融服务的银行。其业务有较强专门性，只从事某项或某几项服务。各国专业银行种类很多，名称各异，主要有以下几种。

1. 投资银行

投资银行是专门为工商企业提供证券投资服务和办理长期信贷业务的银行。投资银行的资金来源主要是发行股票和债券，有些国家也允许投资银行接受大额定期存款。

投资银行业务主要是资本市场业务，包括在一级市场为融资者提供服务和在二级市场充当经纪人和证券商，有些投资银行提供中长期贷款。投资银行在美国和欧洲大陆都称此名，在日本称为证券公司、英国叫作商人银行等。

2. 储蓄银行

储蓄银行是专门吸收居民储蓄存款并为居民提供金融服务的银行。储蓄银行的资金来源主要是居民储蓄存款，资金主要用于为居民提供消费信贷和其他贷款。

储蓄银行直接服务于广大居民，在各国数量都比较多，如美国的互助储蓄银行、信贷协会等，英国的信托储蓄银行，还有很多国家的邮政储蓄等。

3. 不动产抵押银行

不动产抵押银行是在抵押银行制度下设立的专业银行，主要业务是办理以土地、房屋等不动产作为抵押的长期贷款。其资金来源主要是发行不动产抵押债券。抵押银行在不同国家组织形式不尽相同，有的附属于商业银行，有的是作为独立的金融机构存在。有些国家为使不动产抵押银行与其他银行竞争，现也允许其将服务领域扩大到一般金融业务、信用卡、活期存款和商业贷款等业务。

（四）政策性银行

政策性银行是指那些由政府或政府机构发起、出资创立、参股或保证的，不以利润最大化为经营目的，在特定的业务领域内从事政策性融资活动，以贯彻和配合政府的社会经济政策或意图的银行。

1. 政策性银行的运作机制

政策性银行的融资机制既不同于商业银行，也不同于政府财政。它的资金来源除了国家划拨外，主要通过发行债券、借款和吸收长期性存款获得，是高成本负债，而它的资金运用则主要是长期低息贷款，通常都是商业银行所不愿或无法经营的，这样的负债和资产结构安排是通过由国家进行利息补贴、承担部分不良债权或相关风险等来实现的。政策性银行的融资也不同于财政，它的基本运作方式是信贷，通常情况下，在符合国家宏观经济发展和产业政策要求前提下，行使自主的信贷决策权，独立地进行贷款项目可行性评价和贷款审批，以保证贷款的安全和取得预期的社会经济效益以及相应的直接经济效益。

2. 政策性银行的类型

政策性银行按业务领域和服务对象划分，主要有以下几种：

（1）经济开发政策性银行。经济开发政策性银行是那些专门为经济开发提供长期投资或贷款的银行。这种银行多以"开发银行"、"复兴银行"等称谓，如：中国国家开发银行、日本开发银行、国际复兴开发银行、亚洲开发银行等。

（2）农业政策性银行。农业政策性银行是专门为农业提供中长期低利贷款，以贯彻和配合国家农业扶持和保护政策的政策性银行。如：中国农业发展银行、英国农业信贷公司、国际农业信贷联合会、亚洲太平洋地区农业信贷协会等。

（3）进出口政策性银行。进出口政策性银行是一国为促进进出口贸易，促进国际收支平衡，尤其是支持和推动出口的政策性银行。如：中国进出口银行、美国进出口银行、非洲进出口银行、拉丁美洲进出口银行等。

（4）住房政策性银行。住房政策性银行是专门扶持住房消费，尤其是扶持低收入者进入住房消费市场，以贯彻和配合政府的住房发展政策和房地产市场调控政策的政策性银行。如：美国联邦住房贷款银行、法国房地产信贷银行、挪威国家住房银行、日本住宅金融公库等。

（五）非银行金融机构

非银行金融机构是指除中央银行、商业银行、各种专业银行以外的金融机构。它们与银行的主要区别在于信用形式不同。非银行金融机构以发行股票或债券、接受信用委托、提供保险等形式筹集资金，然后将所筹资金用于长期投资的金融机构，主要包括保险公司、信托投资公司、金融租赁公司、投资基金等。

1. 保险公司

保险是以契约形式确立双方经济关系，以缴纳保险费建立起来的保险基金，对保险合同规定范围内的灾害事故所造成的损失，进行经济补偿或给付的一种经济形式。

保险公司是销售保险合约、提供风险保障的公司。保险公司是各国最重要的非银行金融机构。保险公司分为两大类型——人寿保险公司、财产保险公司。

保险公司的资金来源主要是从投保人收取的保险费。所筹集的资金，除保留一部分以应付赔偿所需外，其余部分进行投资以获取更多收益，投资对象主要是收益稳定的政府债券、企业债券和股票等。另外，保险公司还发放不动产抵押贷款，保单贷款等。

2. 信托投资公司

信托是指委托人基于对受托人的信任，将其财产权委托给受托人，由受托人按委托的意愿以自己的名义，为受益人的利益或特定目的进行管理或者处分的行为。信托投资是金融信托投资机构用自有资金及组织的资金进行的投资。

信托投资公司是专门办理信托业务和信托投资业务的金融机构。信托投资公司的主要业务：经营资金和财产委托、代理资产保管、经济咨询等。

3. 金融租赁公司

租赁是由一方（出租人）把自己所有的资本设备租给另一方（租用人）在约定期限内使用，而由租用人依约按期付给出租人一定数额的租金。

金融租赁公司是专门经营租赁业务的公司，是租赁设备的物主，通过提供租赁设备而定期向承租人收取租金。

金融租赁公司开展业务的过程是：租赁公司根据企业的要求，筹措资金，提供以"融物"代替"融资"的设备租赁；在租期内，作为承租人的企业只有使用租赁物件的权利，没有所有权，并要按租赁合同规定，定期向租赁公司交付租金。租期届满时，承租人向租赁公司交付少量的租赁物件的名义贷价（即象征性的租赁物件残值），双方即可办理租赁物件的产权转移手续。

4. 投资基金

投资基金是一种由众多不确定投资者自愿将不同的出资份额汇集起来，交由专家管理投资，所得收益由投资者按出资比例分享的一种金融组织。

资金来源于公众、企业、团体和政府机构。居民个人投资，可以在基金募集发行时申请购买，也可以在二级市场上购买已挂牌上市的基金。

投资基金的投资领域可以是股票、债券，也可以是实业、期货等，而且对一家上市公司的投资额不得超过该基金总额的 10%（这是中国的规定，各国都有类似的投资额限制）。这使得投资风险随着投资领域的分散而降低，所以它是介于储蓄和股票两者之间的一种投资方式。

非银行金融机构除上述介绍的外还包括信用合作社、邮政储蓄机构、财务公司等。

第二节 商业银行

商业银行是经济运行中最重要的金融机构，商业银行是一种特殊的金融企业，在现代经济中发挥着信用中介、支付中介、信用创造、金融服务和调节经济的重要作用。其主要业务可以分为负债业务、资产业务和表外业务。

一、商业银行性质和职能

（一）商业银行的性质

商业银行的目标是追求最大利润，以多种金融负债和金融资产为经营对象，能够利用负债进行信用创造，经营各类金融业务的综合性、多功能的金融服务企业。

获取最大利润不仅是商业银行产生的基本前提和商业银行的基本目标，也是商业银行的内在动力，从这一点看商业银行与其他一般企业是一致的。

商业银行又不是一般的企业，它是经营货币资金的特殊企业。商业银行的活动范围是货币信用领域，其创造的是能够充当一般等价物的信用货币；商业银行对整个经济和社会的影响远大于一般的企业。

另外，商业银行不同于其他金融机构。首先，商业银行不同于中央银行。商业银行的服务对象是工商企业、公众、政府等，而中央银行服务对象是政府和金融机构。其次，商业银行也不同于中央银行之外的其他金融机构。商业银行提供的服务更全面、更广泛，其他金融机构基本都只能提供某一方面或几方面的金融服务，因而商业银行也有"金融百货公司"之称。

（二）商业银行的职能

商业银行在现代经济活动中有信用中介、支付中介、信用创造、金融服务和调节经济等职能。商业银行的业务活动对全社会的货币供给有重要影响，并成为国家实施宏观经济政策的重要基础，因此商业银行还具有调节经济的职能。

1. 信用中介

信用中介是指商业银行充当资金盈余者和短缺者的中间人，使资金融通方便快捷。信用中介是商业银行最基本的功能。商业银行的信用中介职能将闲散货币转化为资本，使闲置资本得到充分利用，将短期资金转化为长期资金。

2. 支付中介

支付中介是指商业银行借助支票这种信用流通工具，通过客户活期存款账户的资金转移为客户办理货币结算、货币收付、货币兑换和存款转移等业务活动。商业银行发挥支付中介功能主要有两个重要意义：一是节约流通费用；二是降低银行的筹资成本，扩大银行的资金来源。

3. 信用创造

信用创造是指商业银行通过吸收活存款、发放贷款，从而增加银行的资金来源、扩大社会货币供应量。商业银行发挥信用创造功能的作用在于：既可以节省现金使用，减少社会流通费用，又能够满足社会经济发展对流通手段和支付手段的需要。

4. 金融服务

金融服务是指商业银行利用在国民经济中联系广、信息灵等优势,依靠其在发挥信用中介和支付中介功能的过程中所获得的大量信息,借助电子计算机等先进手段和工具,为客户提供财务咨询、融资代理、信托租赁、代收代付等各种金融服务。通过金融服务功能,商业银行既提高了信息与信息技术的利用价值,加强了银行与社会联系,扩大了银行的市场份额;同时自身获得不少费用收入,提高盈利水平。

5. 调节经济

调节经济是指商业银行在国家宏观经济政策的影响下,通过信贷政策的实施,利率、信贷规模及资金投向的调节,实现调节经济结构、投资消费比、产业结构等目的,为国家经济稳定发挥重要作用。

二、商业银行经营原则

商业银行的经营目标是在保证资金安全、保持资产流动的基础上争取最大的盈利,也就是说商业银行经营必须遵循安全性、流动性、盈利性三个原则。

(一) 安全性原则

安全性原则即要求银行在经营活动中必须保持足够的清偿能力,经得起重大风险和损失,能够随时应付客户提存,使客户对银行保持信任。

(二) 流动性原则

流动性是指商业银行随时应付客户提存以及银行支付需要的能力。商业银行的流动性包括资产的流动性和负债的流动性。资产的流动性就是资产的变现能力,即资产能够在不受损失的情况下随时变现的能力。负债的流动性是指银行以适当的价格取得可用资金的能力。衡量银行负债流动性的标准也有两个:一是取得可用资金的价格,取得可用资金的价格越低,该项负债的流动性就越强;二是取得可用资金的时效,取得可用资金的时效越短,则该项负债的流动性就越强。流动性的高低对商业银行业务经营至关重要,流动性过低会加大经营风险,流动性过高会影响银行盈利。这就要求商业银行在流动性不足时,及时补充、提高;而当流动性过高时,要安排运用资金,提高盈利。

(三) 盈利性原则

盈利性是指商业银行在其经营活动中获取利润的能力,它是商业银行经营管理的基本动力。这一原则要求商业银行经营管理者在可能的情况下,尽可能地追求利润最大化。商业银行的盈利主要来自于业务收入与业务支出的差额。商业银行的业务收入包括贷款利息收入、投资收入与劳务收入等;其业务支出包括吸收存款的利息支出、借入资金的利息支出、贷款与投资的损失以及工资、办公费、设备维修费、税金支出等。

(四) 安全性、流动性和盈利性的关系

商业银行安全性、流动性和盈利性三个原则相互统一又相互矛盾。管理者必须协调好商业银行三原则的关系,达到利润最大,又照顾到银行的流动性和安全性。

安全性是商业银行稳健经营的重要原则,没有安全性,商业银行盈利性则无从谈起。流动性是商业银行正常经营的前提条件,是商业银行资产安全的重要保证。盈利性是商业银行的最终目标,盈利是维持商业银行安全和资产安全的重要基础。

一般情况下,商业银行的安全性与流动性正相关。流动性越大的资产,风险越小,安全性越高。盈利性越高的资产，一般周转时间较长，风险相对较高，因此流动性与安全性较差。所以，盈利性与安全性、流动性呈反向关系。

【案例 12-1】

伊利诺斯大陆银行的挤兑风潮

1984年5月，拥有420亿美元资产的伊利诺斯大陆银行出现大规模的挤兑风潮，与以往不同的是，等待取款的队伍长达几个街区。伊利诺斯大陆银行是美国中西部最大、全美第八大的银行，它与花旗银行、大通曼哈顿银行一样都是货币中心银行，它的金融基础由大公司的存款、货币市场互助基金和大额账户构成，这些资金可以由计算机在很短的时间划拨走。

是什么引起了大陆银行的这次挤兑风潮呢？20世纪70年代末，大陆银行确定了很高的增长率目标。从1977～1981年，其借款每年以22%的速度扩张，然而，伊利诺斯州法律禁止银行开设3家以上的分支机构，因此，大陆银行缺乏连续大规模扩张的消费贷款基础。为了实现迅速的贷款增长，该银行运用积极的负债管理来获得资金，先后发行了大量的可转让存单并吸收其他形式的"游资"，包括从外国客户手中借到的120多亿美元。另外，该银行资产流动性极低，其贷款对存款的比率为79%，与此形成鲜明对照的是，同一时期，其他货币中心银行的这一比率为67%，而所有美国银行为56%。大陆银行的资金来源很不稳定、资产结构缺乏流动性并且风险性很高，该银行面临着巨大的经营风险。

大陆银行投向能源业、农业及拉丁美洲国家的贷款也出现了问题。由于从破产的俄克拉荷马城的PennSquare银行购入的与能源有关的贷款发生了问题，大陆银行被迫消化这些损失，此时，大的挤兑风潮开始了。因为该行大部分存款是大额存单，所以该行290亿美元存款中只有40亿美元得到联邦存款保险公司的保险。当大陆银行还存在大量呆账的谣言传出后，大的储户极度恐慌，人们争先恐后地提取存款。当大额存单到期后，美国公司、货币市场互助基金及国外客户立即撤出其资金，在短短几个星期内，该银行存款减少了100亿美元，大约占其存款总额的1/3。

如果没有大规模的援助，大陆银行会马上倒闭。可能还会引起对其他银行的挤兑风潮。此时，管理当局丝毫没有迟疑，立即出台了前所未有的援助计划，包括从联邦银行机构注入20亿美元资本，由美国24家主要银行组成的财团提供的55亿美元的信用限额及美联储发放的50亿美元贷款。联邦存款保险公司也放弃了10万美元保险限额的规定。从而使该银行的所有存款者得到了足额保险。尽管如此，由于一些储户对联邦存款保险公司的能力存在怀疑，这一行动并没有完全阻止住这次挤兑风潮。管理当局试图找到一个合并伙伴，但是没有一家银行愿意以与联邦存款保险公司一样的条件来接受这家银行，最后，联邦存款保险公司被迫以全值购买下了该银行存在问题的大约50亿美元贷款，从而获得了该银行8%的所有权。后来联邦存款保险公司抛光了所有的该银行股票，现在该股票的价值大大低于原来价格。

(资料来源：[美] 迈克尔·G·哈吉米可拉齐斯、卡马·G·哈吉米可拉齐斯著，聂丹译，《货币银行与金融市场》，上海人民出版社，2003)

【案例分析】

商业银行经营管理是一个权衡利害、趋利避害的过程，在决策时应该坚持盈利性和安全性权衡的原则。首先，安全性是商业银行经营的客观要求。其次，安全性与盈利性是一对矛盾。商业银行经营管理的原则是保证信贷资金流动性、安全性和盈利性的有效统一。它是银行管理者决策的依据。

三、商业银行业务

商业银行业务是商业银行获得利润的来源，各国商业银行业务主要有负债业务、资产业务以及中间业务和表外业务。随着银行业国际化的发展，国内这些业务还可以延伸为国际业务。

（一）商业银行的负债业务

负债业务是商业银行的资金来源业务，是商业银行资产业务的前提和条件。商业银行全部资金有自有资本和外来资金两部分，广义讲商业银行的负债主要包括自有资本和吸收外来资金两大部分。

1. 商业银行自有资本

商业银行的自有资本是其开展各项业务活动的初始资金，就是其业务活动的本钱，主要部分有成立时发行股票所筹集的股份资本、公积金以及未分配的利润。自有资本一般只占其全部负债的很小一部分，但银行自有资本的多少能体现银行的实力和信誉，因此是银行吸收外来资金的基础，体现银行资本实力和对债权人的保障程度。

2. 吸收各类存款业务

吸收存款是商业银行最基本的负债业务，一般存款在商业银行资金来源中占的比重在80%以上。如果没有存款业务，商业银行就无法开展资产业务。

存款按其方式主要分三种，即活期存款、定期存款和储蓄存款。

（1）活期存款。活期存款是指可由存款户随时存取和转让的存款，没有确切的期限规定，客户无需在取款时做事先的书面通知。持有活期存款账户的存款者可以用各种方式提取存款，如开出支票、本票、汇票、电话转账、使用自动柜员机或其他各种方式手段。由于各种经济交易包括信用卡，商业零售等都是通过活期存款账户进行的，所以在国外又把活期存款称之为交易账户。

（2）定期存款。定期存款是指客户与银行预先约定存款期限的存款。存款期限通常为3个月、6个月和1年不等，期限最长的可达10年。其利率都要高于活期存款，期限越长利率越高。定期存款因利率高，并且风险小，所以是一种风险最小的投资方式。定期存单可以作为抵押品取得银行贷款。对银行来说，由于期限较长，按规定一般不能提前支取，因而是银行稳定的资金来源。另外，因为定期存款有期限的约束，有较高的稳定性，所以定期存款准备金率要低一些。

（3）储蓄存款。储蓄存款是指个人或非盈利机构为了积蓄货币并取得一定的利息收入开立的存款。储蓄存款也可分为活期储蓄存款和定期储蓄存款。储蓄存款有以下两个特点：一是储蓄存款多数是个人为了积蓄购买力而进行的存款；二是因为储蓄存款多数属于个人，分散于社会上的各家各户，为了保障储户的利益，各国对经营储蓄存款业务的商业银行有严格的管理规定，并要求银行对储蓄存款负有无限清偿责任。

第二节 商业银行

除上述各种传统的存款业务以外，为了吸收更多存款，西方国家商业银行在存款工具上有许多创新。如可转让支付命令账户、自动转账账户、货币市场存款账户、大额定期存单等。

3. 其他借款业务

（1）向中央银行借款。中央银行向商业银行提供的信用，主要有两种形式：一是再贴现，二是再贷款。再贴现是经营票据贴现业务的商业银行将其买入的未到期的票据向中央银行再次申请贴现，也叫间接借款。再贷款是中央银行向商业银行提供的信用放款，也叫直接借款。再贷款和再贴现是商业银行筹措短期资金的重要渠道，也是中央银行的货币政策工具。

（2）同业借款。同业借款也称同业拆借，是金融机构之间的短期资金融通，主要用于支持日常性的资金周转，它是商业银行为解决短期余缺，调剂法定准备金头寸而融通资金的重要渠道。同业拆借一般是通过中央银行的存款账户进行的是短期借款，常是今天借明天还。

除以上借款外，各国商业银行，特别是大的存款货币银行会通过各种方式在国际货币市场上借款。另外，有些商业银行会发行金融债券筹措资金。

（二）商业银行的资产业务

商业银行的资产业务是将其资金加以运用，主要分为贷款业务和证券投资业务两大类。资产业务也是商业银行获得盈利的主要来源。商业银行吸收的存款除了留存部分准备金以外，主要用来贷款和投资。

1. 商业银行的贷款业务

贷款又称放款，是商业银行作为贷款人按照一定的贷款原则和政策，以还本付息为条件，将一定数量的货币资金提供给借款人使用的一种借贷行为。贷款是商业银行最大的资产业务，大致要占其全部资产业务的60%左右。

贷款业务按照不同标准，有以下几种分类方法：①按贷款期限，可分为活期贷款、定期贷款和透支贷款；②按照贷款的保障条件，可分为信用贷款和有抵押贷款；③按贷款对象，可分工业贷款、商业贷款、农业贷款、科技贷款和消费贷款；④按贷款的偿还方式划分，可分为一次性偿还和分期偿还；⑤按贷款质量划分有正常贷款、关注贷款、次级贷款、可疑贷款和损失贷款等。贷款的基本程序是：贷款的申请、贷款的调查、对借款人的信用评估、贷款的审批、借款合同的签订和担保、贷款发放、贷款检查、贷款收回。

2. 商业银行的证券投资业务

商业银行的证券投资业务是商业银行将资金购买有价证券的活动。主要是通过证券市场买卖股票、债券进行投资的一种方式。商业银行的证券投资业务有分散风险、保持流动性、合理避税和提高收益等意义。商业银行主要投资对象，包括国库券、中长期国债、政府机构债券、市政债券或地方政府债券以及公司债券等。其中，因国库券风险小、流动性强而成为商业银行重要的投资工具。由于公司债券的差别较大，商业银行投资于公司债券的比重较小。

（三）商业银行的中间业务和表外业务

商业银行的中间业务是指不构成商业银行表内资产、表内负债，形成银行非利息收入的业务（2001年6月21日中国人民银行出台的《商业银行中间业务暂行规定》第三条）。也就是说中间业务既不需商业银行向外借入资金也不必动用自己的资金，是利用自己的资源、设备等为客户办理各项收付，进行担保和其他委托事项，提供各项金融服务，并收取手续费的中介业务。主要包括结算、代理、信托、租赁、银行卡和信息咨询等业务，这类业务为无风险业务。

表外业务是形成商业银行或有资产或有负债的业务，也就是说，银行在办理此类业务时，虽然没有发生实际货币收付，也没垫付资金，但却形成了银行潜在的债权债务关系，这些潜在的债权债务关系随时有可能转化为现实的资产和负债。表外业务主要包括各种承诺类、担保类、互换类和期货期权类等业务，这类业务对银行业讲是有一定风险的。

中间业务和表外业务是商业银行三大业务之一，它们有一些共同之处。其一，其业务都不在资产负债表上反映。其二，业务范围有部分重合，例如信用证业务属于中间业务，但又具有担保业务的性质，因此，信用证业务既是中间业务又是表外业务。

中间业务和表外业务是易混淆的两个不同概念，两者的主要区别在于：①两者性质不同，中间业务是银行不运用自己的资财而作为中间人身份为客户提供金融服务，从中收取手续费，不会改变资产负债表；而表外业务虽不列入资产负债表，但与表内业务关系密切，在一定条件下可转化为表内业务。②风险程度不同，银行在中间业务中不直接作为信用活动的一方，只是中间人或代理人，风险主要由客户承担；而表外业务会形成银行的或有资产和或有负债，在一定条件下风险可转变为现实。③二者受金融当局监管程度不同，一般对风险较小的中间业务不进行过多干预和管制，但对表外业务的关注和管理越来越多。

【知识链接】

美国银行业的分业经营和混业经营变迁

20世纪30年代以前，各国政府对商业银行经营活动很少给以限制，商业银行可以经营多种业务。美国也是实行混业经营的。但是，1929～1933年，资本主义世界发生了一场空前的经济危机，期间美国共有一万多家金融机构宣布破产，信用体系遭到毁灭性的破坏。当时，人们普遍认为，银行、证券的混业经营是引发经济危机的主要原因，认定商业银行只适宜经营短期的商业性贷款。为了防止危机的进一步发展对金融系统造成更大范围的破坏，美国于1933年通过了《格拉斯—斯帝格尔法》，将商业银行业务与投资银行业务严格分离。规定任何以吸收存款业务为主要资金来源的商业银行，不得同时经营证券投资等长期性资产业务；任何经营证券业务的银行即投资银行，不得经营吸收存款等商业银行业务。商业银行不准经营代理证券发行、包销、零售、经纪等业务，不得设立从事证券业务的分支机构。其后，美国政府又先后颁布了《1934年证券交易法》、《投资公司法》以及《1968年威廉斯法》等一系列法案。进一步加强了对银行业和证券业分业经营的管制。英国、日本等许多国家纷纷效仿。

20世纪80年代初到90年代初期，是美国金融业的逐步融合阶段。随着金融国际化趋势的不断加强，外资银行大举进入美国的金融市场，一些发达国家的所谓综合性商业银行以先进的技术手段、良好的经营信誉、优质的金融服务以及种类繁多的金融产品对美国金融市场进行着前所未有的冲击。为了保护本国银行业的利益，确保金融市场不出现大的动荡，美国政府在1980年和1982年先后通过了《取消存款机构管制和货币控制法案》和《高恩—圣杰曼存款机构法案》等有关法律；放开了存款货币银行的利率上限，从法律上允许银行业和证券业的适当融合。

从20世纪90年代中后期开始，美国金融业开始进入完全意义上的混业经营时期。经过80年代金融改革，美国金融业分业经营的经济基础逐步消失，分业经营的制度也已经不断被现实所突破。到90年代初，国际金融业并购浪潮席卷全球。这段时间的银行业的并购浪潮大大改变了国际银行业的整体格局，并表现出不同于以往并购的一些新特点：一是银行业并购的规模、金额不断扩大；二是跨行业合并成为新的热点；三是跨国界并购越来越多。在这种国际金融环境下，美国联邦储备委员会于1997年初修改了《银行持股公司法》中的个别条例，建立更有效率的银行兼并和开展非银行业务的申请和审批程序，取消了许多对银行从事非银行业务的限制，商业银行能够更加自由地从事财务和投资顾问活动、证券经纪活动、证券私募发行以及一些其他非银行业务。更加至关重要的是，美国联邦储备委员会扩大了银行持股公司附属机构可以承销和交易证券的范围，并大大减少了可能降低这些业务收益的限制。1999年11月12日，美国总统克林顿签署了《金融服务现代化法案》，由美国创立，而后被许多国家认可并效仿的金融分业经营、分业监管的时代宣告终结。在世界范围内，混业经营呈现勃勃生机，世界商业银行进入了一个崭新的历史时期。

（资料来源：杨长江，张波，王一富编著，金融学教程，复旦大学出版社，2004）

第三节 中 央 银 行

中央银行是商品经济发展的产物。目前，世界各国的中央银行代表政府管理全国的金融业，是国家机构的组成部分，是一国最高的货币金融管理机构，在各国金融体系中居于主导地位。中央银行主要是通过其负债业务、资产业务和中间业务行使其重要职能。

一、中央银行的产生与发展

（一）中央银行产生背景

18世纪后半叶到19世纪中叶，随着资本主义生产力水平的提高、商品流通规模和范围的扩大以及货币信用业务的扩展、股份制银行的增多，原来的自由银行制度出现了许多问题阻碍经济的进一步发展。

1. 银行券发行问题

中央银行出现之前，各商业银行只要拥有足够的发行准备就可以发行银行券。18世纪初，工业革命开始后，商业银行数量激增，银行业竞争激烈，一些小的商业银行因经营不善无法保证银行券的信用和流通稳定。另一方面，跨地区商品交易的发展也要求改变银行券分散发行的制度，由一家实力雄厚、信誉卓著的大银行集中发行能在全国范围流通的银行券。

2. 票据交换问题

银行业务和银行数量的增加，导致银行之间债权债务关系日益复杂，结算效率降低，信用纠纷增多，阻碍了商品生产和贸易的发展。要求建立一个统一的银行间票据交换和资金清算中心。

3. 最后贷款人问题

由于银行竞争的激烈和债权债务关系的复杂，经常会有银行营运资金不足、流动性风险日益增加，导致银行倒闭，给社会与经济带来严重混乱和创伤，客观上要求有某个机构能够为发生支付困难的银行提供资金支持。

4. 金融监管问题

银行业市场规模的扩大和市场关系的复杂，在激烈的竞争中，银行倒闭对社会、经济的破坏性影响比一般企业大得多，因此就要求保证金融稳定。其解决途径就是政府制定统一、公平的"游戏规则"，并由专门的机构监督执行，以维护市场秩序和金融效率。

正是由于上述问题的存在，客观上要求一个超然于其他商业银行特殊机构出现，这个机构就是中央银行。

（二）中央银行形成途径

中央银行的形成有两种途径。

1. 由商业银行逐渐演变而来

由于有些商业银行原本具有信誉好、实力强等优势逐渐垄断了货币发行，取得清算中心、最后贷款人和金融监管等权力，从而转化为中央银行。例如英格兰银行就是由一家私人银行发展为中央银行。

2. 从建立之初就是中央银行

这种银行一开始就是政府所有，行使中央银行职能。例如美国联邦储备银行。

（三）中央银行的发展

中央银行的发展是一个渐进的过程。当银行机构独享货币发行权时，它就成为中央银行区别于商业银行的标志，而中央银行出现时并非同时能够解决上述的四个问题，是经过不断完善，逐渐健全的。中央银行的发展大体经历了三个阶段。

1. 中央银行的初创时期

这个时期从1656年最早成立的中央银行瑞典银行开始，到1913年美国建立联邦储备体系为止的257年。在这个时期世界上设立了29家中央银行，最具代表性的是英格兰银行。

英格兰银行成立于1694年，是现代中央银行的鼻祖。英格兰银行成立之初是具有一般商业银行性质的银行，但与英国政府有密切的关系。1844年英国的银行法案《比尔条例》从组织模式上和货币发行上为英格兰银行行使中央银行职能奠定了基础，并于1928年确立成为英国唯一的发行银行。

2. 中央银行制度普遍推行时期

这个时期从第一次世界大战后的1921年至第二次世界大战中的1942年为止的21年。第一次世界大战后，主要资本主义国家先后放弃金本位，从而发生了世界性恶性通货膨胀，货币制度非常混乱。在此背景下，1920年在布鲁塞尔召开国际金融会议，会议提出：未设中央银行的国家应尽快建立中央银行。这一会议推进了中央银行的普遍建立。在此期间，世界各国改组或设立的中央银行有43家。

3. 中央银行制度强化时期

这个时期从 20 世纪中叶至今。第二次世界大战以后，世界政治经济形势发生了重大变化，很多国家受到战争破坏，通货膨胀严重，百业待兴。为恢复经济，西方国家日益加强对经济的干预，中央银行也发生了深刻的变化。首先，二战后各国政府加强了对中央银行的控制，从而加快中央银行国有化，使中央银行从一般的发行银行向国家垄断发行转化，真正成为发行银行。其次，随着中央银行国有化进程加快，许多国家明确规定了中央银行作为政府代理的身份，从而使中央银行转化为政府的银行。再次，中央银行在整个金融体系中的地位提高，不再与商业银行争利益，而是对商业银行行使管理职能和充当商业银行最后贷款人的角色，从而中央银行转化为银行的银行。另外，中央银行货币政策的制定和货币政策工具的运用成为实现国家经济发展总目标的重要途径。此外，各国中央银行间的合作越来越紧密。

二、中央银行的组织形式

中央银行的组织形式也叫中央银行制度，它因各国国情会有较大差异。目前世界各国中央银行组织形式大体有以下几类。

（一）单一式中央银行制度

单一式中央银行制度，即全国只设一家中央银行，并下设若干分支机构的中央银行制度。世界上多数国家都实行这种类型的中央银行制度，通常将总行设在首都，各国中央银行的分支机构一般都按经济或行政区设立。实行单一式中央银行制度比较典型的国家有英国、法国、日本等，我国也是实行这种中央银行制度。

（二）复合式中央银行制度

复合式中央银行制度是指全国设立中央一级机构和相对独立的地方一级机构，作为一个体系构成中央银行制度。这种制度下，地区性中央银行不是总行的分支机构，它们除执行统一的货币政策外，在业务经营管理上具有较大的独立性，实行复合式中央银行制度的国家有美国、德国等。

（三）准中央银行制度

准中央银行制度是指国内（或地区）没有职能完备的中央银行，而是由几个执行部分中央银行职能的机构共同组成中央银行制度。实行准中央银行制度的国家和地区主要有新加坡、香港等。

（四）跨国中央银行制度

跨国中央银行制度是指几个国家共同组成一个货币联盟，各成员国不设本国的中央银行，而由货币联盟执行中央银行职能的制度。例如：欧洲货币联盟。

三、中央银行的职能

1. 从中央银行是干预经济、管理金融的特殊金融机构的角度看，有以下职能

（1）调节职能。调节职能即中央银行通过制定和执行货币政策，运用各种金融手段，调节全社会的总需求和总供给，对全国货币、信用活动进行有目的调控，影响和干预国家宏观经济，从而实现社会总供求的平衡。

（2）管理职能。管理职能指中央银行为维护全国金融体系的稳定和各项金融活动的正

常运行，防止金融危机，对金融机构和金融市场的设置、业务活动和经营情况进行检查、指导、管理和控制。

(3) 服务职能。服务职能是指中央银行向政府、各金融机构提供资金融通、划拨清算、代理业务等方面的金融服务。

2. 从中央银行业务特征角度看，中央银行主要职能

(1) 中央银行是发行的银行。所谓发行的银行，是指中央银行拥有发行银行券的特权，负责全国本位币的发行。

中央银行发行银行券最初有一些限制，即必须有十足的准备金，早期是以黄金和商业票据作为发行准备金，后来外汇、公债券、国库券也可作为发行准备金。现在，大多数国家普遍以政府公债充当发行准备，这种情况就为赤字财政和通货膨胀开了方便之门。

(2) 中央银行是政府的银行。所谓政府的银行，是指中央银行代表国家贯彻执行财政金融政策，代为管理财政收支。

1) 代理国库。中央银行经办政府的财政收支，执行国库的出纳职能，如接受国库的存款，兑付国库签发的支票，代收税款，替政府发行公债券，还本付息等。

2) 为国家提供信贷。中央银行根据国家财政需要，向政府提供贷款。如：在国家财政出现收支不平衡时，以有价证券为抵押或以国库券贴现方式对国家财政发放短期贷款，这种贷款不致引起货币流通混乱。但是当国家财政赤字长期延续时，政府如果仍得用中央银行的信用弥补赤字而增发货币，超出商品流通对货币的实际需要，会导致通货膨胀。

3) 在国际关系中，中央银行代表国家与国际金融机构建立业务联系，处理各种国际金融事务。

中央银行不论它的所有制形式是国有、私人还是公司合营，其管理权都掌握在政府手中，处于国家监督之下，是国家机构的一个组成部分。

(3) 中央银行是银行的银行。所谓银行的银行，是指中央银行与商业银行发生业务关系，集中商业银行的准备金并为它们提供信用，而且还为商业银行提供清算服务。

1) 集中商业银行的存款准备。商业银行吸收的存款不能全部贷出，必须保留一部分作为准备金，以备存款人提取，而且商业银行的准备金，不能都存在自己的金库里，必须按照规定的比率向中央银行缴存，即法定存款准备金。这样就使商业银行的准备金大部分集中于中央银行，中央银行往往通过各种手段影响商业银行的准备金数量，达到控制全国货币供应量的目的。

2) 为商业银行发放贷款。商业银行资金短缺时，可从中央银行取得贷款。其方式是把工商企业贴现的票据向中央银行再贴现，或以票据和有价证券作为抵押向中央银行申请贷款。中央银行对商业银行的贷款，主要来源于国库存款和商业银行缴存的准备金，中央银行在资金不足时，可以发行票据。

3) 办理商业银行间的清算，由于各商业银行都有存款准备金存在中央银行，并在中央银行设立存款往来账户，这样就可以通过存款账户划拨款项，办理结算，从而中央银行成为全国票据清算中心。

(4) 中央银行是调控宏观经济的银行。所谓调控宏观经济的银行，是指中央银行作为一国货币政策的制定和执行者，通过对金融政策的制定和执行，运用金融手段，对全国货

币、信用活动进行有目的的调控，影响和干预国家宏观经济，实现其预期货币金融政策的目标。

四、中央银行业务

从中央银行职能看，它是超然于商业银行的特殊银行机构，但其业务与商业银行相似，仍可以分为负债业务、资产业务和中间业务。只是中央银行的业务领域、业务对象不同，这就决定了中央银行业务特征与其他银行也不同。其业务活动有以下特征：

（1）中央银行原则上不经营一般银行业务。因为中央银行是代表政府监管金融的特殊机构，这种特殊身份就决定了它不同一般金融机构进行竞争，否则，就无法实现其对金融的调节和控制，难以完成它所承担的根本任务。

（2）非盈利性。中央银行在业务经营中，既要管理金融活动，又要推动金融的发展，这决定了它在金融体系中居于领导地位。其直接经营目标在于运用各种信用工具调节宏观经济、稳定币值、促进经济的发展。因此，中央银行绝不能以盈利作为经营目标。

（3）资产具有较大流动性。中央银行为了使货币资金能灵活调度，及时运用，必须保持本身的资产具有较大的流动性，不宜投放于长期性资产。

（4）业务公开性。中央银行为了使社会各界了解其所制定的金融政策和经营方针、策略等，必须定期向社会公布其资产负债情况和业务状况，并提供有关统计资料。

（一）中央银行的负债业务

中央银行的负债业务是其资金来源，主要包括货币发行业务、代理国库业务和集中存款准备金业务。

1. 货币发行业务

中央银行发行的纸币和铸币通过再贴现、贷款、购买证券、收购金银外汇等方式投入市场，从而形成流通中的货币。这些现金货币投入市场后，都是中央银行对社会公众的负债。因此，货币发行成为中央银行一项重要的负债业务。

2. 代理国库业务

财政金库存款、机关、团体、部队等行政事业单位存款在其支出之前存于中央银行，属于财政性存款，是中央银行的重要资金来源，构成中央银行的负债业务。中央银行代理国库业务，可以沟通财政与金融之间联系。使国家的财源与金融机构的资金来源相连接，充分发挥货币资金的作用，并为政府资金的融通提供一个有力的调节机制。

3. 集中存款准备金业务

为了确保商业银行在遇到突然大量提取银行存款时，能有相当充足的清偿能力。自20世纪30年代以后，法定存款准备金制度成为国家调节经济的重要手段，是中央银行对商业银行的信贷规模进行控制的一种制度。中央银行控制着商业银行准备率的高低影响着银行的信贷规模。这个制度规定，商业银行不能将吸收的存款全部贷放出去，必须按一定的比例，或以存款形式存放在中央银行，或以库存现金形式自己保持。这样就使商业银行的现金准备集中于中央银行，形成中央银行的负债。

（二）中央银行的资产业务

中央银行的资产业务就是其运用资金的业务，主要包括：再贴现和再贷款业务、向政府提供贷款、证券买卖业务、金银和外汇储备业务等。

1. 再贴现和再贷款业务

当商业银行资金短缺时，可从中央银行取得借款。借款方式是把工商企业贴现的票据向中央银行办理贴现，即再贴现；或以票据等有价证券作为抵押向中央银行申请贷款，即再贷款。

2. 向政府提供贷款

当政府发生财政收支困难时，中央银行可以向政府提供贷款以弥补财政赤字。但这种贷款必须加以限制，否则会从总量上削弱中央银行宏观金融控制的有效性、可能会引起信用扩张和通货膨胀。因此，各国中央银行法对此都作了明确的规定。美国联邦储备银行对政府需要的专项贷款规定了最高限额，而且要以财政部的特别库券作为担保。英格兰银行除少量的政府隔日需要可以融通外，一般不对政府垫款，政府需要的资金通过发行国库券的方式解决。我国规定，中国人民银行不得对政府财政透支，不得直接认购、包销国债和其他政府债券，不得向地方政府、各级政府提供贷款。

3. 证券买卖业务

各国中央银行一般都经营证券业务，主要是在公开市场买卖政府发行的长期或短期债券。中央银行参与买卖证券，目的不在于盈利，而是为了调节和控制货币供应量。中央银行买进有价证券，向市场投放了货币，可以增加商业银行的原始存款，用以创造存款货币，扩大货币供应量；反之，中央银行卖出有价证券，则可减少货币供应量。中央银行买进有价证券时，会促使有价证券需求增加，从而提高有价证券价格，降低银行利率；反之，中央银行卖出有价证券，会造成银行可贷资金减少，致使利率上升。

4. 金银和外汇储备业务

各国政府都赋予中央银行掌管本国国际储备的职责。国际储备是指具有国际性购买能力的货币，主要有黄金、白银、外汇，还有特别提款权和在国际货币基金组织的头寸等。

(三) 中央银行的中间业务

中央银行的中间业务，主要指中央银行为商业银行和其他金融机构办理资金划拨清算和资金转移。中央银行中间业务与其集中存款准备金业务紧密相关。因为其他金融机构在中央银行都有存款账户，那么金融机构之间交换各种支付凭证所产生的应收应付账款就可以通过它们在中央银行存款账户进行划拨，因此中央银行成为全国的清算中心。

中央银行作为清算中心，其清算业务大体可分为两项。

1. 办理票据集中交换

这项业务是通过票据交换所进行的。票据交换所是同一城市银行间清算各自应收应付票据款项的场所。票据交换所一般每天交换两次或一次，根据实际需要而定，所有银行间的应收应付款项，都可相互轧抵后而收付其差额。各行交换后应收应付差额，即可通过其在中央银行开设的往来存款账户，进行转账收付，不必收付现金。

2. 办理异地资金转移

各城市、各地区间的资金往来，通过银行汇票传递，最后形成异地间的资金划拨问题。这种异地间的资金划拨，必须通过中央银行统一办理。办理异地资金转移，各国清算办法有很大不同，一般有两种类型：一是先由各金融机构内部自成联行系统，最后各金融机构的总管理处通过中央银行总行办理转账结算；二是将异地票据统一集中传送到中央银行总行办理轧差转账。

【案例 12-2】

英格兰银行——商业银行向中央银行的转变

英格兰银行是于1694年7月27日由伦敦城的1268名商人创立的,当时的目的是为了集资120万英镑按年息8%贷款给英国国王威廉三世,以支持其欧洲大陆的军事行动。当时,正值英法战争时期(1689～1697年),英国政府庞大的战争开支,使英政府入不敷出,加上英国当时贪污盛行,税收短绌,英国财政陷入困境。为了弥补财政支出,英国皇室特许英格兰人威廉·彼褥森等人的提议,由本来已是政府债权人的金匠们募集120万英镑作为股本,建立银行,对政府放款。这一倡议于1694年7月27日由英国国会制定法案同意实行。

尽管英格兰银行是世界上最古老的中央银行,但是在其成立的时候,并没有充当中央银行的意图。英格兰银行在成立时是一个较大的股份制银行,其实力和声誉高于其他银行,并且同政府有着特殊的关系,但它所经营仍是一般银行业务,如对一般客户提供贷款、存款以及贴现等。

1. 政府的银行

英格兰银行无论是成立的初衷,还是在以后的业务中,都与政府有着千丝万缕的联系。英格兰银行在1694年创立的时候就一直充当政府的银行。政府虽然在许多银行也保持有规模较小的户头,但是其主要户头是在英格兰银行。这些户头包括中央户头,即财政部户头,还有国民贷款基金户头、国债专员户头和其他附属户头。政府的各项税收和其他收入的财政部户头开设于此,政府的各项支出也来源于此。当政府资金短缺时,英格兰银行保证马上进行资金融通。如直接对政府放款、为政府发行国库券和各种长期债券等。到1746年止,英格兰银行已经借给政府1168.68万英镑。除此之外,英格兰银行还代理国库和全权管理国家债券。英格兰银行在发行国库券中起着重要的作用,它替政府开价招标、进行配发、发券收款,并到期负责清偿;还通过国库券经纪人,每天进入贴现市场买卖国库券,调节市场,以稳定短期市场利率。

1946年《英格兰银行法》将英格兰银行国有化,使它变成了公营公司,彻底改变了它自1694年以来尽管不断向政府贷款和与政府紧密合作,却一直保留私营银行的身份。它不再是为本身牟取利润的私营银行,也不再在私人部门业务上与普通银行竞争。该法案还终止了英格兰银行在名义上的独立性,使其成为国家机器的一个组成部分。

2. 发行银行

发行货币是英格兰银行的传统业务,但是其垄断货币发行权却经历了很长的一个发展过程。

英格兰银行在成立之初,英国政府就给予其他商业银行所没有的一项特权,那就是允许英格兰银行成为第一家无发行保证却能发行银行券的商业银行,但是这种发行特权只限于伦敦及周围65英里的地区。1826年,英国国会通过法案,准许其他股份银行设立,并可以发行钞票,但限制在伦敦65英里以外,以避免与英格兰银行的发行权相冲突。在以后的发展中,英格兰银行不断补充资本,同时降低对政府的放款利率,并以此为条件,促使英国国会通过法案，限制其他银行的发行权，从而加强了英格兰银行货币发行的特权地位。

在银行业发展的早期阶段，每家银行都愿意发行货币。到18世纪，支票开始取代钞票作为支付手段，伦敦的私人银行逐渐停止发行钞票，但北部和中部的新兴银行仍各自发行钞票。由于英格兰银行的钞票有较高的信誉，使得新兴的地方银行乐于用英格兰银行的钞票代替黄金作为准备金。

在1844年英国国会通过银行法案《比尔条例》之前，英国有72家股份银行和207家私人银行有钞票发行权，而该法案的通过，为英格兰银行垄断货币发行权奠定了基础。如该法案规定，凡在1844年发行过钞票的银行，其发行额不得超过银行在该法案通过以前12周内的钞票平均流通量；凡在1844年以前没有发行过钞票的银行不得再发行钞票，新成立的银行一律不得再发行钞票。此法案还规定，凡发行钞票的银行在伦敦开设分行或同其他银行合并的，均丧失货币发行权，将此权利转移给英格兰银行。随着《比尔条例》的逐年实施，多数银行都逐渐丧失了货币发行权，终于在1921年，有权发行货币的银行只有英格兰银行一家。但由于英国财政部也发行部分钞票，当时英格兰银行并不是严格意义上垄断发行，直到1928年英国通过了《通货与银行钞票法》，英格兰银行才最终成为英国唯一的发行银行。

3. 银行的银行

19世纪，英国的商业银行发生了多次银行危机，尤其以1825年和1837年这两次危机最为严重。由于银行过分放款，导致许多银行债权无法按时收回，有些银行因此破产。严重的银行危机，引起了社会的广泛关注。在1837年的银行危机中，英格兰银行采取行动帮助有困难的银行，开始充当最终贷款人的角色。

在19世纪30年代，商业银行在资金短缺时就向贴现行贴现，贴现行在资金短缺时就直接向英格兰银行贷款。英格兰银行表面上是充当贴现行的最终贷款人，实际上是间接地充当整个银行系统的最终贷款人。

【案例分析】

通过上述对英格兰银行产生与发展的历史过程的分析，可对中央银行的历史演进理出一个比较清晰的脉络。中央银行的历史演进可概括为如下几方面：

（1）早期的中央银行都是由普通银行自然演进而来的。由于资本主义商品经济的快速发展，各国纷纷设立银行，有些银行开始办理中央银行的业务，如发行银行券、办理政府贷款等，后来逐渐演进成为中央银行，英格兰银行就是这样一个案例。

（2）货币发行逐渐集中，并形成垄断。在银行出现的早期，许多大银行都有特权发行各自的银行券，后来政府为了筹集资金、办理政府借款、代理国库和集中管理的需要，特许一些银行有垄断银行券发行的权利，最后又逐步改变为由一家银行垄断发行，从而导致中央银行作为发行银行职能的产生。

（3）作为政府干预经济和市场的工具。一些早期的大银行由于与政府的关系特殊，常常作为国库券的管理者，在国库券市场进行国库券的买卖，以保障市场价格的稳定。同时政府也主动通过这些银行控制货币信用等经济活动，以实现政府的各项目标。

（4）逐渐演变为其他商业银行的最后贷款人。后来演变成为中央银行的这些银行，初期都是各银行之首,但同时也为其他商业银行提供服务,如为它们办理票据兑换、资金清算、办理贷款和再贴现等。通过这些服务,一方面为其他商业银行提供了各种金融服务,同时又为自己在银行业中树立了权威,为后来过渡到真正意义上的中央银行提供了基础。

(5) 最后确立为独一无二的中央银行需要法律上的支持。中央银行的创立经历了相当长的时间,并且也出现了许多曲折,在中央银行地位的最后确立上,法律起着非常重要的作用。例如英格兰银行,《比尔条例》无论是从组织形式上还是从货币发行权的垄断上,都为英格兰银行最终行使中央银行职能提供了充足的法律保障。

(资料来源:曹龙骐,金融学案例与分析,高等教育出版社,2005.7)

第四节 中国金融机构体系

中国人民银行1948年12月成立至今,中国社会主义金融机构体系历经几十年了,已经建立起比较健全的金融机构体系,各类金融机构都有了很大的发展。现在已经基本形成了以中国人民银行为中央银行,国有商业银行为主体,各政策性金融机构、股份制商业银行、其他非银行金融机构并存,分工协作的金融机构体系。

一、中国金融机构体系建立

1948年12月1日中国人民银行成立标志着我国社会主义金融机构体系建立,但直到1978年,我国基本只有中国人民银行一家国家银行。在这三十年间,曾先后建立过中国农业银行和中国人民建设银行。但受左的思想干扰,中国农业银行设立后,在很短时间就撤销了,没发挥什么作用。中国人民建设银行设立后没被撤销,但它隶属于财政部门,实际上是财政部门办理基本建设投资拨款,进行财务监督的内部机构。所以这个时期我国的金融机构体系实际上是"大一统"的银行体制,中国人民银行既行使中央银行职能,又办理一般商业银行的业务,一身二任。

二、中国金融机构体系发展

中国共产党十一届三中全会以来,随着经济体制改革的全面铺开并向各个行业不断推进,金融机构也迎来了蓬勃发展的春天。金融机构体系突破了过去高度集中,朝着多元化发展。概括起来,中国金融机构体系的改革体现在以下几个方面。

(一) 建立了独立经营、企业化管理的专业银行

1979年2月,恢复中国农业银行,中国人民银行农村金融业务全部移交中国农业银行经营。1979年3月,专营外汇业务的中国银行从中国人民银行分设出来,实行独立经营。1979年,中国人民建设银行从财政部分设出来,同年开始实行基本建设投资拨款改贷款试点,1983年确定建设银行为全国性金融实体,除执行拨款任务外,还开展一般银行业务,1996年改名为中国建设银行。1984年1月中国工商银行成立,建立之初,它主要业务是中国人民银行原来办理的全部工商信贷业务和城镇储蓄业务。

(二) 中国人民银行专司金融宏观调控和金融行政管理职能

中国农业银行、中国银行、中国人民建设银行和中国工商银行以及中国人民保险公司等专业银行和金融机构的建立,分担了中国人民银行承担的部分金融业务。为了加强金融宏观控制,强化中央银行职能,适应经济和金融体制改革的需要,国务院决定从1984年

1月1日起，中国人民银行作为国家的中央银行，专门行使中央银行的职能，成为银行的银行、货币发行的银行、政府的银行，至此，中国人民银行成为国民经济的重要调节机构，成为中国社会主义金融体系的中枢。

（三）在国有商业银行外，组建其他商业银行，增加了非国有的成分

1986年7月，国务院批准重建交通银行，1987年4月重建后的交通银行正式对外营业，成为我国第一家全国性的国有股份制商业银行。之后陆续组建了一批股份制商业银行：中兴实业银行、中国光大银行、华夏银行、中国民生银行、广东发展银行、招商银行、福建兴业银行、上海浦东发展银行、烟台住房储蓄银行、蚌埠住房储蓄银行等。就这些商业银行的活动地域来看，新建时有明确的全国性商业银行与区域性商业银行之分，这从各银行的行名即可基本判别。但近些年来，随着金融改革的深入和金融业的快速发展，一些区域性商业银行的经营域界已超出了原来定位的地区，也向其他城市或地区扩展。

1995年，我国开始在规范信用社的基础上组建城市合作银行，其基本方式是将众多的城市信用合作社改组为地方性股份制商业银行。城市合作银行在性质上并不属于合作性金融机构，而是股份制商业银行，因而城市合作银行后来又改名为城市商业银行。这些以城市名称命名的城市商业银行的主要功能是为本地区经济发展融通资金，重点为城市中小企业的发展提供金融服务。

2001年11月，经中国人民银行批准，江苏省成立了张家港市、常熟市、江阴市三家农村商业银行，这是在农村信用合作社的基础上改制组建的股份制商业银行，这标志着一种新的农村金融机构诞生，即农村商业银行。

（四）组建了一批政策性金融机构

国家专业银行的建立成为我国金融改革的重要成就，但随着市场经济的发展，专业银行暴露了明显的局限性。其中最大问题是政策性信贷与商业信贷混营，这不利于商业银行的效益原则也不利于政策性业务开展。因此，1994年设立了国家开发银行、中国进出口银行、中国农业发展银行三家政策性银行，承担原本由国家专业银行办理的政策性金融业务。

（五）建立了诸多非银行金融机构

早在1923年，"中国华洋义赈救灾总会"在河北香河组织了我国第一家农村信用合作社。新中国成立之初，广大农村地区成立了信用互助组。1951年，人民银行颁发了《农村信用合作社章程准则草案》，重点试办农村信用合作社。改革开放以后，中国其他非银行金融机构迅猛发展。

1979年，河南驻马店成立了我国第一家城市信用合作社，1984年后，大中城市相继成立了许多城市信用社，1995年城市信用社改建为城市合作银行，1998年后又相继改建为城市商业银行。

1984年，成立中国人民保险公司，所做的是从中国人民银行剥离出来的保险业务。随后，于1988年3月和1991年4月，建立了中国平安保险公司和中国太平洋保险公司。

1979年10月成立中国国际信托投资公司。1981年12月成立专营世界银行等国际金融机构转贷款业务的中国投资银行。1983年上海成立上海投资信托公司，随后各省市相继成立了地方性的信托投资公司和国际信托投资公司。1990年12月和1991年7月，上

海和深圳证券交易所相继成立，之后经营证券业的证券机构和基金组织不断增加。1992年10月，中国证券委员会和中国证券监督管理委员会成立，1998年10月，中国保险监督管理委员会成立，2003年3月，中国银行业监督管理委员会成立。证券业、保险业和银行业的监督管理职能相继从中国人民银行的职能中分离开来。1999年4月20日，经国务院批准，中国首家经营商业银行不良资产的公司——中国信达资产管理公司在北京宣布成立。该公司是具有独立法人资格的国有独资金融企业，主要任务是收购、管理、处置由中国建设银行剥离的不良资产，以最大限度保全资产、减少损失为主要经营目标。同一年，中国东方资产管理公司、中国长城资产管理公司和中国华融资产管理公司相继成立，分别负责收购、管理、处置相对应的中国银行、中国工商银行和中国农业银行所剥离的不良资产。

（六）引进了大批外国金融机构

随着对外开放，我国开始引进外资（包括港澳地区资本）金融机构。1979年，我国允许外资银行在华设立代表处。1981年允许外资银行在深圳等5个经济特区设立营业机构，从事外汇金融业务，并逐步扩大到沿海开放城市和所有中心城市。1982年，南洋商业银行在深圳开设分行，成为第一家在中国营业的外资银行。

2001年12月11日，我国正式加入WTO。按照与有关国家签署的协议，我国采取循序渐进的原则开放金融业，现在加入WTO后5年过渡期已满，我国已全面开放金融业，从而实现外资金融机构在我国的国民待遇。

经过30多年发展，外资金融机构在华的数量与业务规模不断扩大，已成为我国金融体系中重要的组成部分。

三、中国金融机构体系现状

目前我国金融机构体系是以中国人民银行、中国银行业监督管理委员会、中国保险监督管理委员会、中国证券监督管理委员会为领导，以商业银行和政策性银行为主体，多种金融机构并存，分工协作的多种金融机构体系格局（表12-1）。

表12-1　　　　　　　　　　中国金融机构体系的框架

金融机构			监管机构
银行金融机构	中央银行	中国人民银行	中国银监会
	政策性银行	国家开发银行	
		中国农业发展银行	
		中国进出口银行	
	国有商业银行	中国工商银行	
		中国农业银行	
		中国银行	
		中国建设银行	
	全国性商业银行	交通银行	
		中信实业银行	
		光大银行	

续表

金融机构			监管机构
银行金融机构	全国性商业银行	华夏银行	中国银监会
		中国投资银行	
		民生银行	
		中国邮政储蓄银行	
	其他内资商业银行	广东发展银行	
		深圳发展银行	
		浦东发展银行	
		招商银行	
		福建兴业银行	
		城市商业银行	
		农村商业银行	
	外资商业银行		
非银行金融机构	保险公司		中国保监会
	证券公司		中国证监会
	基金管理公司		
	信托投资公司		中国银监会
	信用合作社		
	资产管理公司		
	典当、金融租赁公司等其他金融机构		

(一) 中国人民银行

中国人民银行是我国的中央银行，专门行使中央银行的职能。

中国人民银行总行设在北京，总行设行长1人，副行长若干人。总行行长人选，根据国务院总理提名，由全国人民代表大会决定，由中华人民共和国主席任免，副行长由国务院总理任免，实行行长负责制。中国人民银行总行设立货币政策委员会，其职责、组成和工作程序，由国务院规定，报全国人民代表大会常委会备案。

中国人民银行在全国设分支机构作为总行的派出机构，负责本辖区的金融监管工作。1997年前按中央、省（市）、地（市）、县（市）四级分别设置总分支行，省市及以下分支行的管理实行条块结合，地方政府干预较多。1998年，进行了改革，撤销省级分行、设置大区分行，实行总行、大区分行、中心支行和县市支行四级管理体制。目前，中国人民银行设立的大区分行9个（沈阳、天津、济南、上海、西安、武汉、成都、广州和南京）、直属营业管理部2个（北京、重庆）。

中国人民银行的主要职责是履行宏观调控职能，执行货币政策。其分支机构按总行的授权，负责本辖区的金融调控、货币政策执行职能。

在中国人民银行总行和分支机构之间，银行业务和人事干部实行垂直领导、统一管理，地方政府需保证和监督央行贯彻执行国家的方针政策，但不能干预央行的职责。

(二) 中国商业银行

中国商业银行体系包括已经进行股份制改革的四大国有商业银行——中国工商银行、中国农业银行、中国建设银行和中国银行，以及1986年后建立的交通银行、中信实业银行、招商银行、华夏银行、广东发展银行、福建兴业银行等股份制商业银行。此外还包括1998年后由城市合作商业银行改建的一批城市商业银行和2001年后由农村信用合作社改组成的一批农村商业银行。众多外资银行也是我国商业银行体系的组成部分。中国的商业银行体系中，四大国有商业银行业务量占商业银行业务量的60%以上，是银行体系的主体。

1995年颁布《商业银行法》明确中国商业银行业务与信托、证券等投资银行业务必须实行分业经营。考虑到金融业的发展现状，我国金融业在今后一段时期内还有必要继续实行分业经营，以后随着金融机构风险管理能力和监管机构监管水平的提高，在规范经营和有效控制风险的基础上，再逐步放宽对混业经营的限制。新近修订于2004年2月开始实施的《商业银行法》第四十三条由过去的"商业银行在中华人民共和国境内不得从事信托投资和股票业务，不得投资于非自用不动产"，修改为："商业银行在中华人民共和国境内不得从事信托投资和证券经营业务，不得向非自用不动产投资或者向非银行金融机构和企业投资，但国家另有规定的除外"。这项修改虽然确定了我国金融业在短期内仍然继续实行分业经营，但已经为金融机构今后的混业经营留下了适当的发展空间。

(三) 中国的政策性银行

1994年，我国组建了三家政策性银行，即国家开发银行、中国进出口银行和中国农业发展银行。建立政策性银行意在实现政策性金融与商业性金融分离，解决商业银行身兼二任的问题。同时也为割断政策性贷款与基础货币的直接联系，确保中国人民银行调控基础货币的主动权。

三家政策性银行实行自主经营、企业化管理、保本微利。资金来源主要是财政拨付和发行金融债券两个渠道。

三家政策性银行的主要任务各有侧重。国家开发银行的主要任务是建立长期稳定的资金来源，确保国家重点项目、重点产品和基础产业提供资金需要。中国进出口银行主要为机电产品和成套设备等资本性货物出口提供信贷，办理与机电产品出口有关的各种贷款、混合贷款和转贷款，以及出口信用保险和担保业务。中国农业发展银行业务范围主要是办理粮食、棉花、油料、猪肉、食粮等主要农副产品的国家专项储备和收购贷款，办理扶贫贷款和农业综合开发贷款，以及国家确定的小型农、林、牧、水基本建设和技术改造贷款。

主要非银行金融机构运作模式在本章第一节已介绍，在此不再阐述。

【知识链接】

全球第一家网络银行

网络银行又称网上银行或在线银行，是指银行利用互联网技术，通过互联网向客户提供开户、销户、查询、对账、行内转账、跨行转账、信贷、网上证券、投资理财等传统服务项目，使客户可以足不出户就能够安全便捷地管理活期和定期存款、支票、信用卡及个人投资等。网上银行业务不仅涵盖传统银行业务，而且突破了银行经营的行业界限，深入到证券、保险甚至是商业流通等领域。网上银行代表了未来银行业的方向。

1995年10月，全球第一家网络银行"安全第一网络银行"（Security First Network Bank，简称SFNB）在美国诞生，总部设在亚特兰大市。这家银行没有总部大楼，没有营业部，只有网址，员工也只有10人。营业厅就是电脑画面，所有交易都是通过网络进行的。在SFNB开业的短短几个月内，就有近千万人次上网浏览，虽然其存款额在全美银行界还是微不足道的，但它的存在却证明了一种理想的实现，给世界金融界带来了极大的震撼。自此，网上银行业务在世界各国获得迅猛发展。

习　　题

一、单项选择题

1. 中央银行稽核的对象主要是（　　）。
   A. 信用社　　　B. 商业银行　　　C. 非银行金融机构　　　D. 证券公司
2. "管理国库、充当最后贷款人"表示中央银行在行使（　　）职能。
   A. 调节职能　　B. 服务职能　　C. 管理职能　　D. 控制职能
3. 1999年4月20日，我国成立的首家经营商业银行不良资产的金融资产公司是（　　）。
   A. 华融　　　　B. 长城　　　　C. 东方　　　　D. 信达

二、多项选择

1. 金融机构的资金主要来源于以各种形式吸收的外部资金，在经营过程中面临较高的风险。因而，金融机构在经营中必须遵循（　　）原则。
   A. 效益性　　B. 安全性　　C. 流动性　　D. 盈利性　　E. 时效性
2. 1994年，适应金融机构体系改革的需要，使政策性金融与商业性金融相分离，我国相继成立了（　　）政策性银行。
   A. 交通银行　　　B. 国家开发银行　　　C. 中国民生银行
   D. 中国进出口银行　　　　　　　　　E. 中国农业发展银行

三、分析题

1. 如何理解金融机构在各国社会经济中的主要功能？
2. 中央银行与商业银行有哪些业务关系？
3. 商业银行在经营过程中为什么要遵循三个基本原则？

第十三章　货币供求与通货膨胀

本章导语

货币及其供求失衡是许多经济现象和经济问题产生的根源。本章首先解释货币需求的含义，介绍主要的货币需求理论及影响货币需求的因素；对现代银行体系下的货币创造过程用实例进行了说明，推导出了货币供给的一般公式；通货膨胀和通货紧缩都与货币供求失衡密切相关，本章在分析货币供求均衡对社会总供需平衡所起的重要作用基础上，进一步阐述通货膨胀和通货紧缩形成的具体原因、社会危害及治理方法。

知识目标：
- 理解货币需求的含义，掌握主要的货币需求理论
- 理解货币供给的涵义及货币的创造过程，掌握货币供给计算公式
- 了解货币均衡的实现过程
- 理解通货膨胀的涵义及对经济社会造成的影响，掌握通货膨胀形成的原因，理解通货紧缩的涵义及对经济社会造成的影响

技能目标：
- 能够查找我国货币供给量的相关资料数据
- 能够看懂中央银行的资产负债表
- 能够通过国家宏观经济数据预测物价的走势
- 能够在预测物价走势的基础上做出合理的行为

案例导入：

图13-1是我国的物价水平波动情况，采用的是消费者物价指数，以1978年为基期（设为100），2009年消费者物价指数上升到519，如果一个经济体只生产馒头的话，这意味着馒头价格如果1978年0.2元一个，到2009年需要用1元才能买到。当然一个经济体要生产包括馒头、衣服、电视机等千千万万的消费品，消费者价格指数是所有这些消费品的一般价格趋势。

案例评析：

从图13-1可以发现，我国改革开放以后，1985～1989年和1992～1996年经历了两个物价快速上升的时期，1997年达到一个峰值后，物价缓慢下降，直到2003年才恢复到1997年水平。造成我国物价如此波动的原因固然很多，但离不开对货币需求和货币供给的分析。本章就从研究货币需求和货币供给出发，进而分析物价上升（通货膨胀）和物价下跌（通货紧缩）形成的原因、危害及对策。

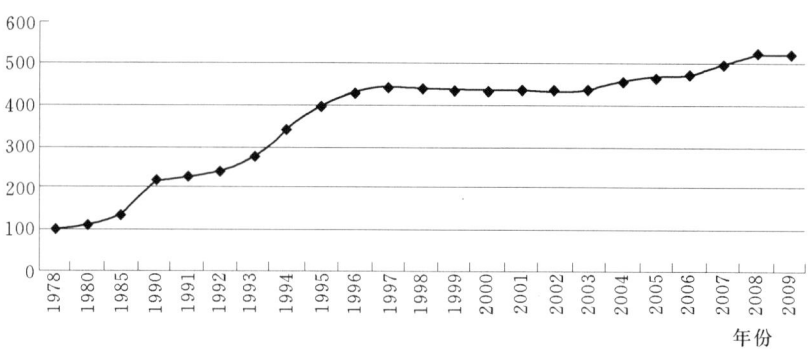

图 13-1 中国物价指数趋势图

第一节 货币需求

大多数人可能觉得人们对货币的需求是一种不言而喻的问题，实则不然，持有货币既能带来便利的好处，但同时也存在减少利息收益的成本，公众在决定货币持有量时，仍然离不开成本—收益的比较。本节首先介绍货币需求和货币需求量的概念，然后分析影响货币需求的因素，最后介绍两种主要的货币需求理论。

一、货币需求和货币需求量的概念

所谓货币需求，是指人们在既定的国民收入水平和分配范围内，愿意以货币形式保有其收入或财富的一种需要。所谓货币需求量，是指在特定的时间和空间范围内（如某国、某年），社会各个部门（企业、事业单位，政府和个人）对货币需求的总和。

对货币的需求源于货币的社会职能。本书第八章已经讲到，货币具有三种核心职能，计价单位、交换媒介和价值储藏手段。货币计价单位的职能并不能产生货币需求，因为人们即使手中没有货币也不会影响一件衬衣的价格是多少。传统的货币需求理论主要建立在货币交换媒介职能和支付职能基础上。中国的人民币管理条例第三条规定："以人民币支付中华人民共和国境内的一切公共的和私人的债务，任何单位和个人不得拒收"，这是货币与债券股票等其他金融资产显著不同之处。可以确信，走进任何一家商店，店主都愿意接受我们的货币来交换他们所出售的物品，但是债券和股票却无法做到这一点。货币的这一特点称为货币的强流动性，凯恩斯认为人们宁肯放弃能够生息的债券而持有货币是对流动性的一种偏好。

许多人认为所持有的货币当然是越多越好，这实际上是犯了把货币等同于收入或财富的错误。对于个人来讲，当然是收入或财富越多越好，但在收入和财富一定的情况下，却并不是货币越多越好。人们保有自己财富的形式有很多种，如将现金藏在床底下、把现金存放在银行供随时支取（在我国成为活期存款，国外称支票账户），或者以储蓄存款的形式存放在银行，购买债券、基金和股票等，或者购买金银及房产等。货币与其他形式的金融资产相比，持有其他金融资产都存在利息收益和资本利息，持有货币没有或者获得很少的利息。但因为货币具有显著的优点，使大多数经济主体都会以货币这种形式持有一部分财富。货币需求的问题，在一定意义上是又是一种资产选择的问题，作为理性的经济主

第一节 货币需求

体,仍然离不开成本和收益的比较。

二、影响货币需求的因素分析

货币的首要功能是用来作为交换的媒介,社会所生产的产品和提供的服务越丰富,购买这些产品和服务所需要的货币就越多,自然所需要支付的货币量就越多。衡量一个社会产品和服务的宏观经济指标是实际总产出 Y,实际总产出(总收入)越高,人们越持有较多的货币。

假设一个只生产面包的经济体,在一年中生产 10 个面包,当每个面包 1 元时,需要 10 元来做支付。在产出不变的假设下,如果价格翻了一倍,现在每个面包 2 元,购买这些产品和服务所需要的货币也要翻一倍,所以名义货币量的大小与物价总水平有关系,物价水平越高,交易所需要的货币就越多,人们持有的货币量就越大。

以上两个影响货币需求的因素是从货币能够带来随时支付和交易的好处(收益)的角度进行分析的。但是持有货币不仅能够给持有者带来便利交易的好处,同时存在持有货币的成本。这个成本就是因为持有货币而放弃的利息收入。设想,如果当前市场利率为 10%,某人钱包中年均存有 1000 元人民币,那么意味着该人如果将货币存入银行可以获得 100 元的利息。可以将名义利率(银行公示牌所显示的利率)看成货币的"价格"(更准确地说是机会成本),货币与一般商品一样,价格(在这里是名义利率)越高,所需要的量就越少。

除了上述三个主要因素外,金融市场的完善程度,如银行系统的效率等,一国的汇率、货币以外其他资产的收益率和风险等,都对货币需求产生一定的影响。

三、货币需求理论

(一)古典学派的货币数量论

许多古典学派的经济学家如威廉·配第、亚当·斯密、大卫·李嘉图等都对流通中适度的货币量做过相关论述,美国经济学家欧文·费雪在前人研究基础上,对货币数量论进行了最清晰的表述,提出了著名的费雪方程式:

$$MV = PT \tag{13-1}$$

式中 M——货币的数量;

V——货币流通速度;

P——物价水平;

T——交易总量。

例如,假设在某一年中以每个 1 元的物价卖出了 50 个面包,这样 T 等于 50 个面包,P 等于每个面包 1 元。

$$PT = 1 元/个 \times 50 个 = 50(元)$$

费雪方程式的右边等于每年 50 元人民币,它是总共交易的人民币价值。

再假设,经济体中人民币的流通速度为 5,这意味着每单位人民币每年转手 5 次。整理方程式,所需要的人民币供给量为:

$$M = PT/V = 50 元/5 = 10(元)$$

在现实的应用中,因为交易次数很难衡量,为了解决这个问题,用经济中的总产出 Y 来代替交易次数 T。这样做的合理性在于交易与产出是密切相关的,因为生产得越多,买卖的产品也就越多。当然他们并不完全相同，如张三将一辆二手车卖给李四时，二手车不是现实产出，所以这一交易行为 T 会增加，但 Y 不变。但总的来看，交易的货币价值与产出的货币价值大体成比例。

如果 Y 代表产出量，P 代表一单位产出的物价，那么，产出的货币价值就是 PY。费雪方程变成：

$$MV = PY \qquad (13-2)$$

式中，一般用实际 GDP 来表示 Y，用 GDP 平减指数来代表 P，P·Y 等于名义 GDP。

如果将式（13-2）改写为：

$$M = KPY \qquad (13-3)$$

式中，K=1/V，在数值上是货币流通速度的倒数。则变为剑桥方程式，剑桥方程式与费雪方程式所表达的货币数量关系是一致的，不过观察的角度不同，费雪方程式主要站在全社会的角度观察为了实现商品交易所需要的货币总量，剑桥方程式从货币持有者的角度思考，在一定的收入水平下人们愿意持有的货币量。

（二）凯恩斯学派的货币需求理论

宏观经济学的创始人，著名英国经济学家凯恩斯沿着剑桥学派的分析思路，深入研究了决定人们货币需求行为的动机，将其归纳为交易动机、预防动机和投机动机三方面。

1. 交易动机

交易动机指个人与企业为了应付日常交易需要而产生的持有货币需求。交易需求源于收入和支出在时间上的不同步，因而个人和企业必须有足够的货币资金来支付日常需要的开支，越富裕的家庭、规模越大的企业，所持有的"流动资金"就越多。可见交易动机是建立在承认货币流通媒介职能基础上的货币需求论，在这一点上与古典学派的观点一致。

影响交易需求的因素，包括收入规模、收入与支出的时间间隔，还包括商业惯例、金融制度等。这些影响因素中，除了收入因素外，其他因素可视为在短期内不变的变量，因此，凯恩斯认为交易需求是收入的函数，收入越高，货币需求越大。

2. 预防动机

预防动机又称为谨慎动机，指为预防意外支出而持有一部分货币的动机，该动机主要源于未来收入和支出的不确定性。可以想象，在现实生活中，越富裕的家庭和规模越大的企业，招待"不速之客"的概率越大，各种未预料到的经济社会活动越多，伴随着未预料到的开支越大。所以一般来讲，该动机也与收入有关，收入越高，预防动机所需要的货币越多。由交易动机和预防动机所引起的货币需求都是收入的函数，在实践中，由这两种动机形成的货币余额是难以截然分开的。

3. 投机动机

投机动机指为了抓住有利的购买有价证券的机会而持有一部分货币的动机。假设某人购买所有的商品和享受所有的服务都免费，但同时又追求财富的最大化，就是说，交易动机和预防动机为零的情况下，不持有任何货币是否是一种最佳的选择呢？未必。

我们已经知道，金融市场中存在随时波动的投资或投机机会，当投资者发现了一个更好的投机机会，与现在自己手中握有的有价证券相比有更高的收益率时，当时却没有一分钱，这样就白白丧失了一次挣到更多钱的机会。所以，即使一个家庭和企业不需要交易，不持有任何货币也不是明智的选择。

投机动机的货币需求取决于三个因素：当前市场利率、投机者对正常利率水平的预期值以及投机者对利率变化趋势的预期。其中，第三个因素依赖于前两个因素，所以投机动机的货币需求实际上取决于当前市场利率水平与投机者对正常利率预期值之差。从总体上来讲，当前利率越低，认为将来利率会上升的投机者就越多，而债券的价格与利率负相关，也就是说认为当前债券价格偏高，预期未来债券价格将下跌的人就越多，那么现在将债券转化为货币，以货币持有其财富的人就较多，以便等待将来证券价格下跌时再以低价购进有价证券。所以，货币的投机性需求与当前利率成负相关，当前利率越低，投机性货币需求所持有的货币就越多。

将利率因素纳入到货币需求函数中是凯恩斯对货币需求理论的重大贡献，该理论指出，货币并非仅是一种交易手段，它本身也具有值得保有的价值，这一价值在于能够抓住有利的投机机会。

凯恩斯的货币需求函数可以概括为：

$$L = L_1 + L_2 = KY - Hr \tag{13-4}$$

式中 L——货币需求；

L_1——用于交易和预防动机的货币需求；

L_2——用于投机的货币需求；

K，H——参数；

Y——收入；

r——利率。

可以看出，L 与收入 Y 正相关，与利率 r 负相关。

凯恩斯的后继者从两个方面推进了货币需求理论：一个方面论证了交易动机和预防动机引起的货币需求同样也是利率的函数，即有名的平方根公式；另一个方面发展了多样化资产组合理论，这样使货币需求理论更加细微，同时增强了利率在货币需求函数中的分量。

【知识链接】

鲍莫尔—托宾模型即"平方根定律"，是美国经济学家鲍莫尔与托宾于 20 世纪 50 年代中期，将利率因素引入交易性货币需求分析而得出的货币需求理论模型，论证了交易性货币需求受利率影响的观点，从而修正了凯恩斯关于交易性货币需求对利率不敏感的观点，得出交易货币需求的平方根为：

$$L = \sqrt{\frac{bY}{2r}} \tag{13-5}$$

式中 L——货币持有量；

b——每去一次银行的费用，或者做一次货币—债券的转换花费的成本；

Y——收入；

r——利率（持有货币的机会成本）。

该公式在很多方面有广泛的应用，如可以解释自动提款机的增加，银行网点的增多，以及网上支付的快捷，对货币需求造成的影响。这些金融创新的出现，使 b 下降，这样，人们的最佳持币量会减少。

【案例 13-1】

1994 年，美国以 12314 亿美元的货币量（其中通货量为 3635 亿美元），实现了 67269 亿美元的国民生产总值，国民生产总值是货币量的 5.46 倍，是通货量的 18.5 倍。同期，我国实现国民生产总值 43750 亿元人民币，却需要货币量 20556 亿元人民币（其中通货量为 7289 亿元人民币），国民生产总值是货币量的 2.13 倍，是通货量的 6 倍。美国货币量和通货量推动国民生产总值的效果比我国高 1.56 倍和 2.08 倍。

【案例分析】

中国货币流通效率低于美国，可能存在如下原因：中国的银行体系没有美国发达，支票、银行卡等现金替代交易方式不发达，不完善，不普及；中国存在强烈的现金偏好，现金是流动性最高的资产，价值形态最直观，信用最可靠，支付不受任何限制，居民对其他金融支付方式和金融资产仍不太熟悉，尤其是对于年长的人而言；地下经济比重较高，如第二职业、假冒伪劣等，为避税或逃避监管，不使用转账结算方式，而是采取现金交易。

第二节 货 币 供 给

个人与企业所持有的货币来源于哪里呢？谁又能决定社会流通的货币量的大小呢？在现代社会，所有的信用货币都来源于银行，包括中央银行与商业银行，其中中央银行又起到决定性作用，社会公众也会对货币供给产生影响。本节分析货币如何由中央银行流出，经过商业银行的放大效应，最终流通到私人部门，满足个人与企业持有货币的需求问题。

一、有关货币供给的概念

货币供给是一个动态的概念，是指货币供给主体向货币需求主体供给货币的全过程。货币的供给行为会形成一定的货币数量，即货币供给量。货币供给量是一个静态概念，是指某一时点流通中所存在的货币数量。理解货币供给和货币供给量的概念要把握如下几点：

（1）对货币供给的形成机制与供给量大小的分析要以明确所讨论的货币的层次。货币的统计口径不同，在"量"上差别很大。在本书第九章学过，货币可以划分为若干层次，一般为了理解银行的货币创造过程，把讨论限定在 M_1 层次，即这里所指的货币是指通货（纸币+硬币）与活期存款。

（2）货币供给量有名义货币供给量和实际货币供给量之分。名义货币供给量是个人和企业所实际持有的货币数量，不剔除价格因素；实际货币供给量是指货币持有者持有的货币可以买到的商品数量。如一个人拥有 1000 元人民币，这里的 1000 元是指名义货币供应量，单位商品的价格如果为 100 元/个，则拥有的实际货币量为 10 个单位的商品。当物价翻了一倍，该人拥有的人民币仍然是 1000 元，但拥有的实际货币量降为了 5 个单位的商品。

（3）货币供给兼具内生性和外生性。在对许多经济问题的分析中，假设货币供给量取决于货币当局的政策意图和操作手段，货币当局能够凭自身意图来决定货币供给量，将货币供给作为外生变量来处理。但是,货币的变动又受到经济体系中的实际变量,如收入、储蓄、投资、消费等微观主体经济行为的影响,并不为政策当局的政策所左右,所以货币供给又具有内生性的特征。

二、货币的创造过程

现代经济中的货币,都是信用货币,信用货币是由银行体系创造和提供的。下面具体分析银行体系的货币创造过程。

分析以前,需要说明,这里所说的货币包括通货和活期存款两部分。即:

$$货币供给(M) = 通货(C) + 活期存款(D)$$

首先假设一个没有商业银行的社会,在这样一个社会中,所有的货币都采取通货的形式,假设该社会有1000元的通货(政府货币当局印制的现钞或硬币),所以该社会的货币供给量为1000元人民币。货币供给=1000元通货。

现在引进银行。在开始时,假设银行接受接受存款但不进行贷款。银行的职能就是为存款者提供一个保证自己货币储藏安全的场所。

银行得到的但没有贷放出去的存款称为银行准备金。如果银行只存款不允许贷款,那么成为百分之百银行准备金制度。假设家庭或企业把这个经济的全部1000元存入A银行,则A银行的资产负债表为表13-1。

表13-1 A银行的资产负债表

资 产	负 债
准备金1000元	存款1000元

银行的资产是持有的1000元的准备金,银行的负债是欠存款者的1000元钱。该存款行为并没有影响货币的供给,现在货币供给=1000元存款。也就是说,在百分之百的准备金制度下,银行体系不影响货币供给,只不过是通货和活期存款之间结构的变化。

现在假设银行可以用自己的部分存款发放贷款,如向想买房子的家庭或投资于新工厂和设备的企业发放贷款。当银行这样做时,就称为部分准备金制度,在这种制度下银行只把它们的部分存款作为准备金。

A银行发放贷款后的资产负债表见表13-2。

表13-2 A银行的资产负债表

资 产	负 债
准备金200元 贷款800元	存款1000元

表13-3 B银行的资产负债表

资 产	负 债
准备金160元 贷款640元	存款800元

这个资产负债表假设,准备金——存款比率(r)为20%。A银行把1000元存款中的200元作为准备金,并贷出去800元。A银行的这种行为使社会的货币供应量增加了800元。因为银行仍然有1000元存款,同时,现在借款人又持有800元的现钞了。

$$货币供给 = 800元通货 + 1000元活期存款$$

货币的创造不会停止,假设所有的借款人会把借到的钱再存入银行,也就是说不增加现金的持有量。假设A银行的贷款人将钱再存入B银行(或者800元支付给了其他人,但最后总有人将钱存入银行),B银行将得到的800元存款,留160元作为准备金,另外贷出640元,所以B银行创造出了640元的货币供给。则B银行的资产负债表为表13-3。

这个过程会一直继续下去，随着每一次存款和贷款，更多的货币在银行体系内创造出来。不考虑其他因素，在存款准备金率为 20% 的情况下，1000 元原始存款的增加最终会创造出 5000 元的货币供给。

$$初始存款 = 1000 \text{ 元}$$
$$A \text{ 银行贷款} = (1-r) \times 1000 \text{ 元}$$
$$B \text{ 银行贷款} = (1-r)^2 \times 1000 \text{ 元}$$
$$C \text{ 银行贷款} = (1-r)^3 \times 1000 \text{ 元}$$
$$\vdots$$

$$总计货币供给 = [1 + (1-r) + (1-r)^2 + (1-r)^3 + \cdots] \times 1000 \text{ 元}$$
$$= (1/r) \times 1000 \text{ 元}$$

这里 $K = 1/r = 1/0.2 = 5$，称为货币创造乘数，本节后面部分对此有更详细的介绍。

三、货币供给模型

理解了银行的货币创造过程，现在将货币创造过程模型化。一个社会的货币供给有两个变量起决定作用：基础货币和货币创造乘数。

1. 基础货币

在说明货币创造过程中并没有说明这个经济体内的家庭或企业原持有的 1000 元现金（后来将这 1000 元存入了商业银行）从何而来，实际上所有的通货和银行存款最终是来源于中央银行印制的钞票或铸币。

基础货币，是中央银行的负债，包括两部分，商业银行存入中央银行的存款准备金和社会公众持有的通货（现金），因为在基础货币的基础上能够派生出更多的货币，所以基础货币又称为强力货币或高能货币。基础货币可以用式（13-5）表示：

$$H = C + R \tag{13-6}$$

式中　H——基础货币；

C——流通于银行体系之外的通货（现金）；

R——商业银行持有的准备金。

商业银行的准备金包括两部分，中央银行强制规定必须要留存的部分称为法定准备金 R_d，商业银行在法定准备金之外留存的准备金称为超额准备金 R_e。

基础货币的数量在相当大的程度上取决于中央银行的操作，中央银行通过公开市场业务、再贴现和再贷款等措施，增加或减少基础货币，进而达到改变货币供给的目的。

2. 货币创造乘数

经济体中增加一单位基础货币时可以创造出若干倍的货币供给，这个倍数就称为货币创造乘数。正如前面所演示的货币创造过程中，1000 元的原始存款创造出了 5000 元的货币供给，货币创造乘数就是 5。决定货币创造乘数大小的因素有三个：法定准备金率、超额准备金率和现金漏损率。

（1）法定准备金率。法定准备金率是指法定准备金对存款的比率。用公式表示为：$r_d = R_d/D$，其中 r_d、R_d、D 分别表示为法定准备金率、法定准备金和活期存款。

法定准备金率越低，商业银行可以贷出去的钱就越多，能够派生的货币就越多。法定

第二节 货币供给

准备金由中央银行制定，是中央银行的政策工具之一，中央银行根据经济运行状况，可以通过调节法定准备金率来达到调节货币供给的目的。

（2）超额准备金率。超额准备金率是指超额准备金对存款的比率。用公式表示为：$r_e = R_e/D$，其中 r_e、R_e、D 分别表示超额准备金率、超额准备金和活期存款。

超额准备金率主要取决于商业银行的经营决策行为，同时企业与社会公众对其也有重要影响。超额准备金越高，银行可贷资金越少，货币创造乘数越小。

（3）现金漏损率。在上面的货币创造过程中，假设所有的借款人最后都把借到的款项存入银行，如 A 银行放贷的 800 元，又以存款的形式进入到了 B 银行；B 银行的借款人又把借到的 640 元存入了 C 银行。在现实社会，流回银行系统的可能只是其中的一部分，还有一部分借款者以通货（现金）的方式持有，常年放置在自己钱包里或枕头底下。这种流出银行体系之外的现金称为现金漏损，非银行体系的现金持有量与银行存款数量（这里假设所有的存款都是活期存款）的比值，称为现金漏损率（r_c）。用公式表示为 $r_c = C/D$。

现金漏损率反映了社会公众对其希望持有的货币形式的偏好。现金漏损率越高，表明社会公众对现金这种货币形式越偏爱，这会造成商业银行的存款准备金减少，进而减弱商业银行货币创造的能力。

$$货币供给(M) = 通货(C) + 活期存款(D)$$

$$基础货币(H) = 现金(C) + 准备金(R_d + R_e)$$

$$货币创造乘数(k) = M/H = (C+D)/(C+R_d+R_e) \tag{13-7}$$

式（13-7）右边的分子分母同时除以活期存款 D，得到式（13-8）：

$$货币创造乘数(k) = (r_c + 1)/(r_c + r_d + r_e) \tag{13-8}$$

根据式（13-7），得到

$$M = kH \tag{13-9}$$

式（13-9）表明，任何能够影响到基础货币或货币创造乘数的因素都能影响到货币供给。

从影响主体上讲，中央银行可以通过公开市场业务或者再贴现等手段直接变动基础货币的量，同时也可以通过调整法定准备金率改变货币创造乘数，商业银行通过调整超额准备金率可以改变货币创造乘数，家庭和企业通过调整现金存款比例也能影响到货币创造乘数的大小。所以说，中央银行、商业银行和社会公众共同参与了货币供给的过程，货币供应量的最终形成，从根本上说，是社会各主体共同作用的结果。当然中央银行在该过程中处于主动地位，起主导作用。

【知识链接】

表 13-4　　　　　　　　中国人民银行资产负债表（亿元人民币）

总资产	金额	占比（%）	总负债	金额	占比（%）
国外资产	232020.69	84	储备货币	196186.05	71
外汇	223606.82	81	货币发行	48646.00	18
货币黄金	669.84	0	其他存款性公司存款	147540.05	54
其他国外资产	7744.03	3	不计入储备货币的金融性公司存款	778.16	0

续表

总资产	金额	占比（%）	总负债	金额	占比（%）
对政府债权	15404.83	6	发行债券	29296.52	11
对其他存款性公司债权	9485.48	3	国外负债	5284.49	2
对其他金融性公司债权	11255.51	4	政府存款	34274.82	12
对非金融性部门债权	24.99	0	自有资金	219.75	0
其他资产	6420.62	2	其他负债	8572.34	3
总资产合计	274612.12	100	总负债合计	274612.12	100

注 此表为2011年5月统计结果。

中国目前实行结售汇制度，中国企业出口挣到的外汇，到商业银行去兑换成人民币，中国直接引进的外资也需要先到商业银行兑换成人民币才能进行经营活动，商业银行将吸收的外汇再拿到中央银行兑换出人民币，这就等于增加了商业银行的准备金，或者说增加了基础货币，再通过货币创造乘数的放大效应，使中国的货币供给量以更大的幅度被动增加。从中央银行的资产负债表可以看出，中国人民银行所持资产中外汇占款达到81%，构成中央银行的主要成分，这笔高额的外汇占款迫使央行增发货币，这是中国近些年来基础货币不断增长的主要途径。

【案例13-2】

中国人民银行决定，从2011年6月20日起，上调存款类金融机构人民币存款准备金率0.5个百分点。此次上调存款准备金率后，大型银行存款准备金率高达21.5%，再创历史新高点。中小金融机构的存款准备金率也将高达18%。这是中国央行自2010年以来第12次提高存款准备金率，也是2011年第6次上调存款准备金率。上一次调整时间是在5月18日。

（资料来源：http://www.sina.com.cn，2011年6月14日，21世纪经济报道）

【案例分析】

调整法定准备金率是中央银行的一项重要的政策工具，上调法定准备金率，使货币创造乘数下降，降低商业银行创造货币的能力，从而达到降低货币总供给的目的。

第三节 货币供求均衡

一、货币均衡的含义

从理论意义上讲，货币均衡是指在一定时期内货币供给量与国民经济正常发展所需的货币需求量基本相适应的货币流通状态。

用公式表示为：$M_s = M_d$，公式左边表示货币供给量，右边表示货币需求量。如果该式不相等，称为货币失衡。

对货币均衡的含义不能从精确的数学等式上去理解，在现实经济社会中，正确理解货币均衡需要把握如下几点：

（1）在现实生活中，因为影响货币需求和货币供给的因素非常复杂，且是不断变化的，所以，货币需求和货币供给是不断变化的，两者静态的均衡是暂时的，常态则是两者不断的相互作用，由失衡到均衡，再由均衡到失衡这种连续的变化调整过程。

（2）追求两者绝对的相等是不现实的。实际上货币需求和货币供给本身很难精确测量，在实际工作中，主要通过物价的波动，商品和货币能否顺利转化等经济生活现象间接的判断两者是否均衡，但是由于经济体所具有的自我适应功能，货币供给与货币需求在一定范围内的偏离，并不一定会造成货币贬值、物价上涨或相反的经济现象。所以货币均衡允许货币需求和货币供给在一定区间范围内存在偏差。

（3）货币均衡不能简单地理解为货币需求和货币供给两者自身相适应，应放置到社会总需求和社会总供给的视角中去观察，货币均衡是为社会总供求的平衡服务的，货币均衡的最终表现形式也通过社会总供求的平衡来体现。关于这一点，下面有更详细的阐释。

二、货币均衡与全社会总供求平衡

社会总需求，通常是指在一定时期内社会的全部购买支出。在现代市场经济条件下，任何需求都表现为有货币支付能力的需求，任何购买行为都是通过支付货币来实现，所以，在一定时期内，社会的货币收支流量就构成当期社会总需求，货币供给量增加，可以用于购买的货币就增加，社会总需求就增加。

社会总供给是指一定时期内整个社会可供销售的商品和劳务的总和。商品和劳务在市场上出售，是为了实现其价值，在现代经济体中该价值是用货币来衡量的价格来体现的，商品和劳务能否在市场上顺利实现其价值，关键取决于能否获得相当的货币量，所以，社会总供给构成了现实的货币需求。

货币供求与社会总供求的关系可以用本章的费雪方程式（13-2）来衡量。

$$MV = PY$$

公式右边是用货币表示的社会所提供的商品和劳务价值总量，也可以说是整个社会用货币来衡量的总供给的价值，那么也就是这些商品和劳务价值要顺利实现的话，所需要的货币需求量。公式左边是货币流通量，是货币要顺利转化为商品和劳务，所形成的社会总需求。

可以用图 13-1 来表示总供求平衡与货币均衡之间的关系。

图 13-2 表明总供求平衡是货币市场均衡和商品市场均衡的统一，图中包括了四层含义：

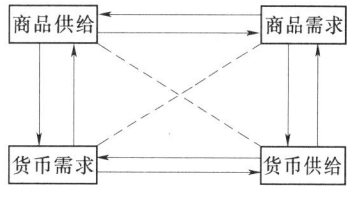

图 13-2 社会总供求平衡示意图

（1）商品的供给决定了一定时期的货币需求。因为在市场经济条件下，任何商品都需要通过与货币的交换实现其价值，有多少商品供给，就必然需要相应的货币量与之对应。

（2）货币的需求决定了货币的供给。就货币的供求关系而言，客观经济过程的货币需求是基本的前提条件，货币的供给必须以货币的需求为基础，中央银行控制货币供应量的目的，就是要使货币供应与货币需求相适应，以维持货币的均衡。

（3）货币的供给形成对商品的需求，因为任何需求只有通过货币的支付才能得以实现，在货币周转速度不变的情况下，一定时期的货币供应水平就决定了当前的社会需求水平。

（4）商品的需求必须与商品的供应保持平衡，这是宏观经济平衡的出发点和复归点。这其中，货币均衡是整个宏观经济平衡的关键。如果货币供求不平衡，整个宏观经济的均衡就不可能实现。

三、货币均衡实现的条件

本部分用一个简单的模型来说明货币均衡的条件，以便更好的理解货币均衡及实现的条件。

图 13-3 纵坐标为名义利率，横坐标为货币数量，L 为货币需求曲线，根据前面介绍的货币需求理论，名义利率是持有货币的机会成本，利率越高，货币需求越少，货币需求曲线应该向下倾斜。当名义利率为 r_1 时，公众的货币需求为 M_1。当收入增加，或者人们持有货币的倾向增加等，能够使货币需求曲线向右移动，如图 13-3 所示的那样，货币需求曲线由 L_1 平移到 L_2，在利率保持不变的情况下，公众的货币需求增加为 M_2。

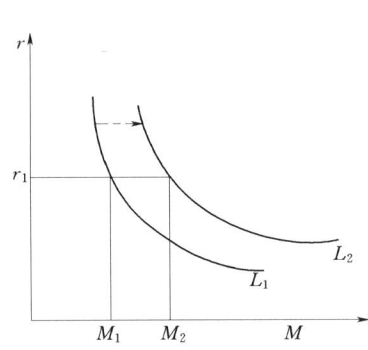

图 13-3 货币需求曲线

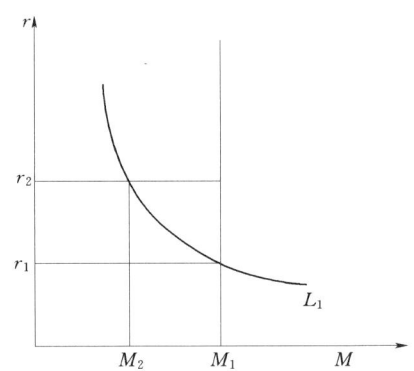

图 13-4 货币供求均衡示意图

为了简单起见，假设货币供给量与利率无关，由中央银行控制，那么货币供给曲线是一条竖线。货币供求均衡示意图见图 13-4。

当利率为 r_2 时，货币需求是 M_2，货币供给是 M_1，货币需求是公众希望持有的货币数量，货币供给是公众实际持有的货币数量，在 r_2 的利率水平上，说明公众希望持有的货币数量小于实际持有的货币数量，换句话说，在金融资产组合中，持有的货币量太多了，这样，公众为了获得最佳的金融资产投资组合，就要改变当前的金融资产结构，将过多的货币转化为有价证券，从而减少实际持有的货币数量，使之趋向于希望持有的货币数量，整个社会做出的这种转化的愿望和努力，会使证券价格上升，货币的价格下降——即市场利率下降，随着市场利率的下调，社会公众意愿货币持有量与实际持有量的矛盾逐渐缓解，最终，利率下调到 r_1 时，达到货币需求和货币供给的均衡状态。

所以，在现代市场经济条件下，货币需求和货币供给是自动实现的，当然，这是以健全的利率机制和发达的金融市场为基本前提。发展中国家由于大多缺乏利率机制发挥作用的基础，金融市场发育不成熟，在很大程度上需要货币当局采取多种调控手段，才能实现预期的经济目标，本书第十四章对此有更详细的说明。另外，国家财政收支状况、国际收支状况等也是影响货币均衡的重要因素。

第四节 通货膨胀和通货紧缩

货币供求失衡的主要表现就是会导致通货膨胀和通货紧缩问题。本节具体分析通货膨胀和通货紧缩的相关概念、衡量指标，对经济社会造成的影响以及可以采取的治理措施。

一、通货膨胀

（一）通货膨胀的概念和测量

1. 通货膨胀的概念

通货膨胀是指一个经济体中商品和劳务的价格总水平持续上涨的现象。理解这个概念要把握三点：

（1）通货膨胀指的是商品和劳务的价格的上涨。股票价格、债券价格等的上涨不在此列。

（2）通货膨胀不是指个别商品的价格上涨，而是指价格总水平（又称为一般价格水平或平均几个水平）的上升。在通货膨胀时期，也不排除某些商品的价格会下降。

（3）通货膨胀是价格的一种持续上涨。如果是天气的原因或季节的原因造成价格暂时上升，不属于通货膨胀现象。

2. 通货膨胀的测量

现实中，一般用物价上涨幅度来衡量通货膨胀率的高低。物价上涨幅度又通过物价指数来反映。一般把基期物价指数定为100，根据一定的方法编制报告期的物价指数，如果报告期物价指数为105，则说明物价上涨了5%，或者说报告期与基期相比，通货膨胀率为5%。在媒体上听到"2011年5月价格同比上涨5.5%"，是说2011年5月的物价与2010年5月的物价相比，上涨了5.5%，如果2010年5月物价指数为120，则2011年5月的物价指数为120×（1+5.5%）=126.6%。还会听到"2011年5月份物价月环比上升0.5%"是说2011年5月的价格与2011年4月相比，上涨了0.5%。生活中，"同比"比"环比"用的频率较高，因为"同比"消除了季节性因素的影响，更能真实地反映物价的走势。各国常用以下几个指标表示物价变化。

（1）消费者价格指数（CPI）。消费者价格指数是由各国政府根据本国的主要食品、衣物和其他日用消费品的零售价格及其水、电、居住、交通、医疗、娱乐等服务费用加权平均计算出来的。消费者物价指数具有资料相对容易收集，能够及时灵活地反映居民日常生活成本变化的优点，所以在衡量通货膨胀时被多数国家所采用。缺点是消费品仅仅是社会最终产品的一部分，无法反映资本品和政府购买的价格变化。

（2）生产者价格指数（PPI）。生产者价格指数是根据大宗商品包括最终商品、中间产品及进口商品的加权平均批发价格编制的物价指数。由于大宗商品的交易主要是指原材料、零部件等工业品的交易，所以该指数反映了企业经营成本的变动，为广大企业所关注。该指数与CPI只包含最终消费品不同，还包括原材料和中间产品，这使得PPI成为表示一般价格水平变化的一个信号，被当作经济周期的指示性指标之一，受到政策制定者的密切关注。

（3）GDP平减指数。GDP平减指数是按报告期价格计算的GDP与按基期价格计算的 GDP 比值。该指数覆盖面广，包括了一国生产的各种最终产品（包括消费品、资本品及劳务）的价格变动情况，较全面地反映了一般物价水平的变动趋势。但是，编制该指数所需的资料的收集比较困难，一般一年只统计一次，不能及时反映物价变动程度和趋势。

（二）通货膨胀的类型

对于通货膨胀，可以依据不同的标准进行分类。

1. 按照价格上升的速度划分

按照价格上升的速度，可以大体分为三类通货膨胀：①温和的通货膨胀，又叫爬行的通货膨胀，指每年物价上升的比例在10%以内。许多国家都存在这种缓慢而逐步上升的通货膨胀。②奔腾的通货膨胀，指年通货膨胀在10%以上和100%以内。在这种通货膨胀背景下，货币流通速度提高，货币购买力下降，人们不愿保存货币，转而抢购商品，用以保值。③超级通货膨胀，指通货膨胀在100%以上。发生这种通货膨胀的社会，其货币完全失去信任，货币购买力猛降，各种正常的经济联系遭到破坏，以致货币体系和价格体系最后完全崩溃，最后往往造成社会动荡，政府更迭。

2. 按照人们的预期程度划分

这种划分对于讨论通货膨胀对经济社会造成的影响有重要意义。按照这种标准划分，通货膨胀有两种类型：一种为预期到的通货膨胀，当某一国家的物价水平年复一年地按5%的速度上升时，人们便会预计到，物价水平将以同一比例继续上升。这样经济体中的当事人会将这5%的通货膨胀率考虑进决策中。如劳动者期望老板实际工资（每年发的工资能买到的商品）每年上涨3%，那么在制定合同条款的时候，名义工资（老板给发的货币工资）就需要每年上涨8%才行。预期到的通货膨胀一般没有财富的再分配效应（政府仍然存在通货膨胀税）。另一种为未预期到的通货膨胀，即价格的上升速度超出人们的预料，或者人们根本没有想到价格会上涨。这种通货膨胀往往造成财富的再分配。

3. 按照通货膨胀形成的原因划分

（1）需求拉动型通货膨胀。这种观点认为由于总需求过度增长，从而使包括商品和劳务在内的总需求超过了按现行价格可得到的总供给，"太多的货币追求太少的商品"，因而引起物价上涨。如投资过于旺盛，或者消费需求强烈等，均会导致需求拉动型的通货膨胀。

（2）成本推动型通货膨胀。这种类型的通货膨胀是指生产成本提高，而企业仍保持原来的利润水平所导致的物价上涨。具体包括两个原因：①在不完全竞争的劳动力市场中，工会力量对工资提出过高要求；②在不完全竞争的产品市场中，具有垄断势力的企业谋取过高利润所导致的一般价格水平的上涨。在开放的经济条件下，生产所需要的进口原材料价格的上涨引起的物价上涨，也可以归为此类。

（3）混合型通货膨胀。一些学者认为，单纯用需求拉动或成本推动都不足以说明一般价格水平的持续上涨，应同时从需求和供给两个方面以及两者的相互影响来解释通货膨胀。

（4）结构型通货膨胀。这种类型的通货膨胀是指在没有需求拉动和成本推动的情况下，只有由于经济结构因素的变动，出现的一般价格水平持续上涨的现象。一个社会在经济发展过程中，有些部门日渐兴起，另一些部门逐渐衰落，需求增加的部门，产品价格和工资上涨；需求减少的部门，由于工资和价格的刚性，工资和商品价格并没有相应下跌，或者跌幅很小，从而引起物价总水平的上涨。

(三) 通货膨胀的社会成本

预期到的通货膨胀和未预期到的通货膨胀对经济社会的影响是有差别的，在本部分进行分类讨论。

1. 预期到的通货膨胀的成本

在通货膨胀时期，根据费雪效应，名义利率会上升，这会减少公众意愿持有的货币量，他们就必须更频繁地跑到银行去取款。例如，他们会一周两次各取100元，而不是每周一次取200元，这种来自减少货币持有量所带来的诸多不方便称为通货膨胀的鞋底成本。

通货膨胀时期，企业需要频繁地变更自己的报价，而改变报价是有成本的，如需要印制新的价目表，通知客户等，这些成本称为菜单成本。通货膨胀率越高，企业越需要频繁的变动价目表，菜单成本就越高。另外面临菜单成本的企业由于各种原因可能不能够及时调整价格，这会引起物价的相对变动，进而导致资源配置中的微观经济无效率。

与物价稳定时期相比，通货膨胀使经济主体（家庭和企业）消耗了无谓的时间和财力，鞋底成本和菜单成本对于某一个家庭或企业来讲看似成本不高，但通货膨胀时期整个社会造成的鞋底成本和菜单成本以及相关影响是不容忽视的。

通货膨胀会加重纳税人的负担。因为许多税则条款没有考虑通货膨胀的影响，如假设个人所得税的起征点为3000元，如一个人的名义工资由3000元涨到3300元，上涨10%，但同时物价也上涨了10%，实际工资没有变化，但却要缴纳以300元为应纳税所得额的税款。

货币是衡量经济交易的尺度，通货膨胀时期，这个尺度的长度一直在发生变化。如果2010年通过一项法律，1公斤等于1200克，而2011年又规定为1公斤等于1500克，人们在购买800克物品的时候还需要首先说明是哪一年的"800克"，会给人们的生活带来极大不方便，通货膨胀与此类似的影响是其给社会带来的另外一个成本。

2. 未预期到的通货膨胀的成本

未预期到的通货膨胀的影响比稳定的、可预期的通货膨胀的任何一种成本都更高，该类型的通货膨胀会对社会造成其他特殊影响。

(1) 社会财富的再分配效应。假如甲向乙借款1万元，一年后归还，而这段时间物价出人意料的上涨了一倍，那么一年后甲归还给乙的1万元相当于借时的一半的真实价值。所以未预期到的通货膨胀发生时，对债务人有利，对债权人不利。在现实生活中，政府往往是债务人，公众是债权人，所以，未预期到的通货膨胀对政府有利，对公众不利。

同样的道理，对于固定收入阶层的人群不利，对于靠资本利得取得收入的人有利。尤其对于靠救济金维持基本生活的人群会更是一种灾难。

(2) 资源配置扭曲效应。未预期到的通货膨胀通过如下途径会对资源配置造成极大损害。

1) 扭曲了生产要素、商品和劳务的相对价格，引起资源配置的低效和浪费。如在不确定性的通货膨胀时期，房地产被认为最能有效地保值，其价格上涨率较高，从而吸引大量财力、人力和物力的投入，结果往往是房地产的过度开发并导致大量房屋、土地的闲置浪费。

2) 在不确定性的环境下，助长投机并导致社会资源的浪费。由于投机利润大于生产利润，投机活动大大增加，大量的资源被用于囤积居奇，减少了可用于发展生产和技术革新方面的社会资源。

(四) 通货膨胀的治理

治理通货膨胀是一个十分复杂的问题，应针对通货膨胀形成的原因，采取有针对性的措施。从理论上讲，治理通货膨胀应从以下两方面入手。

1. 控制总需求

总需求增长过快往往是通货膨胀的首因，治理通货膨胀首先要控制总需求，使过度的需求降下来。这就要求实行紧缩的宏观经济政策。本书第十五章宏观经济调控部分有更详细的论述，本节只简单提一些主要的政策要点。

(1) 紧缩的货币政策。紧缩的货币政策的目的是压缩货币供给，通常包括：①通过公开市场业务，出售政府债券、发行央行票据，减少基础货币，相应减少货币存量；②提高法定准备金率，缩小货币创造乘数；③提高再贴现率，影响商业银行的借款成本，进而减少商业银行的准备金，实现降低货币供给的目的。

(2) 紧缩的财政政策。紧缩的财政政策的目的是直接降低社会总需求水平。基本内容是增加税收和减少政府支出。社会总需求包括四部分：消费、投资、政府购买和净出口。增加税收和减少转移支付可以降低消费需求，增税使企业的盈利能力下降，投资会减少，缩减政府购买也会直接使总需求下降。

(3) 紧缩的收入政策。该政策通过采取强制性或非强制性的手段，限制工资提高和垄断利润的获取，抑制成本推动造成的通货膨胀，包括工资管制和利润管制两方面。

2. 改善总供给

发展生产、增加供给，是稳定币值，消除通货膨胀的根本出路，可以参考的方法有：

(1) 政府减少失业津贴的支付，改善劳动条件、加强职业培训和职业教育、改进就业信息服务、调整财政支出结构和税收结构等，其目的是降低自然失业率，使总体经济恢复到正常状态。

(2) 有的学者认为过高的税率降低了劳动者的税后收入和工作意愿，降低了企业投资意愿，所以降低税率能够刺激经济增长和降低失业率，从而走出滞涨型的通货膨胀。

通货膨胀的治理牵涉到社会生活的方方面面，影响到各个产业部门、企业和社会各阶层的利益，一般要多管齐下才能奏效。

二、通货紧缩

(一) 通货紧缩的概念与分类

通货紧缩可以看成与通货膨胀相反的一种现象，指一般物价水平持续下跌。测量通货紧缩的方法与测量通货膨胀的方法相同，实践中主要采用消费者价格指数、生产者价格指数或 GDP 平减指数来衡量。不同的国家对于物价水平持续的时限，有的国家定为一年，有的国家为半年。国际清算银行提出的标准是：一国消费品价格连续两年下降可被视为通货紧缩。

第四节 通货膨胀和通货紧缩

各国历史上经历通货紧缩的时间有长有短，如英美两国1814～1849年经历长达35年的通货紧缩，我国1998～1999年物价总水平连续两年持续下降。现代的通货紧缩与经济衰退经常相伴而生，如日本20世纪80年代的通货紧缩和我国1998～1999年的通货紧缩，这称为衰退型通货紧缩；但两者并不完全一致，历史上出现过生产力的极大提高，商品增加的速度超过货币供给的速度，使物价下跌的情况，这种称为增长型的通货紧缩，如美国1866～1896年的通货紧缩就属于这种情况。

（二）通货紧缩的成因和治理

1. 通货紧缩形成的原因分析

尽管不同国家不同时期的通货紧缩有着不同的原因，但从国内外经济学家们关于通货紧缩的理论分析中，仍可以概括出引致通货紧缩发生的一般原因：

（1）一国的货币政策。一国政府采取大量减少货币供应，压缩政府开支以缩小赤字，使总需求下降过快，导致物价下跌，导致政策紧缩型的通缩紧缩。

（2）经济周期的变化。经济周期达到繁荣的高峰期后，生产能力大量过剩，供大于求，引起物价下跌，导致经济周期型的通货紧缩。

（3）生产力水平的提高和生产成本的降低。技术进步提高了生产率，放松管制和改善管理降低了生产成本，因而导致产品价格下降，出现成本压低型通货紧缩。

（4）本币高估和其他外部因素的冲击。一国实行盯住"强币"的汇率制度时，本币汇率高估，出口减少，进口扩大，加剧国内企业经营困难，形成外部冲击型的通货紧缩压力。

（5）供给结构不合理。由于前期经济中的盲目扩张和投资，造成了不合理的供给结构和过多的无效供给，一方面许多商品无法实现其价值，迫使价格下跌，另一方面大量的货币收入寻找不到合适的购买对象，减少了有效需求，导致结构型的通货紧缩。

（6）体制和制度因素。经济转型时期的经济体，面临教育、医疗、卫生和住房等方面的改革，面临国有企业"下岗分流"的压力，使家庭收入和开支面临很大的不确定性，收入预期下降，将来需要负担的支出预期上升，造成储蓄上升，消费需求下降，导致物价下跌，形成体制转轨型的通货紧缩。这可以部分解释我国1998～1999年间的情况。

2. 通货紧缩的危害和治理

当一个人钱包里揣着一定的钱去市场购买物品时发现，他所采购的商品的价格下降了，这对于他个人来讲固然是好事，但是，如果商品价格出现持续的下跌，对于整个社会来讲，往往不是好事情。除了由于技术进步等原因使得社会生产力极大提高导致的增长型的通货紧缩外，其他原因造成的通货紧缩往往与经济衰退相伴相生，会对经济产生较大的破坏力。如物价持续下跌，导致人们对经济前景的悲观预期，持币观望，使消费和投资进一步萎缩；物价的下跌会提高实际利率水平，加重债务人的负担，致使企业不敢贷款扩大投资，银行则难以找到盈利项目，经营效益下降。失业率上升，工人收入下降，生活陷入困境。

对于通货紧缩的治理，一般采取扩张型的宏观调控政策，包括扩张性的财政政策和扩张性的货币政策，主要目的是起到扩大总需求的作用。

扩张性的财政政策包括减少税收、增加政府购买、增加转移支付，通过发行公债增加政府投资等。扩张性的货币政策就是增加货币供给，降低利率水平，刺激消费和投资，促使总需求扩大。一般认为，在通货紧缩又伴有经济衰退时，实行扩张的货币政策会遇到"流动性陷阱"问题，治理通货紧缩应以扩张性的财政政策为主，扩张性的货币政策为辅。

【知识链接】

如何正确解读CPI

2006年某个网站与一个报刊搞了个简单的快速调查后，写了一份评论报道，大意是说：国家统计局多少多少年CPI涨得不多，而张大爷、李大妈认为水、电、煤气涨了许多，感到生活压力大，从而得出国家统计局CPI数据不准的结论。

现在分析一下该媒体所犯的错误。实际上该作者报道时犯了偷换了比较对象的逻辑错误，也就是用总指数与个体指数相比。实际上，价格统计表明：虽然中国2000年以来CPI的涨幅不高，但水、电、煤气价格却是大幅度上涨。而且，该作者把价格上涨与生活压力混为一谈也是错误的，因为价格上涨不是生活压力大的唯一原因。

所以，用户在使用价格指数时，一定要了解各种价格指数的内涵，正确地运用价格指数，以免发生误解。在实际使用中，如果要了解消费的商品、服务项目涨价了多少，就要看CPI的细项，比如关心自来水的价格涨了多少，就要看国家统计局公布的CPI中的水价涨了多少。

（资料来源：国家统计局网站，http://www.stats.gov.cn/tjzs/CPI/t20090219_402556794.htm）

【案例13-3】

世界历史上若干典型的恶性通货膨胀

第一次世界大战结束时，同盟国要求德国支付巨额赔款。这种支付引起德国财政赤字，德国最终通过大量发行货币来为赔款筹资。德国1922年1月到1924年12月爆发恶性通货膨胀，以一份报纸的价格为例：

1921年1月	0.3马克
1922年5月	1马克
1922年10月	8马克
1923年2月	100马克
1923年9月	1000马克
1923年10月1日	2000马克
1923年10月15日	12万马克
1923年10月29日	100万马克
1923年11月9日	500万马克
1923年11月17日	7000万马克

1923年年初，马克币值一度达到2.38美元，但是同年夏季，一个美国人能以7美元兑换到40亿马克。在危机最严重的时候，通货膨胀率每月上升2500%。工人们的工资一天要分两次支付，到了傍晚，一个面包的价格等于早上一幢房屋的价值。

国民党统治时期，1937年6月法币的发行额为14.1亿元，1945年8月为5569亿元，

1945 年底 10319 亿元，1946 年底为 37261 亿元，1947 年底 331885 亿元，1948 年 8 月 6636946 亿元。伴随着货币的超发，物价开始疯狂飙升，以 100 元法币所能购买到的商品观察：

1937 年	2 头黄牛
1945 年	2 个鸡蛋
1947 年	1 只煤球
1948 年 8 月	0.002416 两大米
1949 年 5 月	0.00245 粒米

【案例分析】

在信用货币条件下，大量超发货币会造成严重的通货膨胀问题。恶性通货膨胀将通货膨胀的各种危害推向极致，货币的内在价值甚至不及它本身纸价和印刷费用，对于人们的生活造成极大困难，往往造成社会动荡、政府更迭的后果。

习　　题

一、单项选择

1. 剑桥方程式中的 M 研究的是（　　）。
   A. 执行价值尺度职能的货币　　　　B. 执行流通手段职能的货币
   C. 执行价值储藏职能的货币　　　　D. 执行支付手段职能的货币
2. 费雪在交易方程式中假定（　　）。
   A. M 和 V 短期内稳定　　　　B. T 和 P 短期内稳定
   C. P 和 V 短期内稳定　　　　D. T 和 V 短期内稳定
3. 流通中的货币量一部分以现金形式存在，大部分的存在形式是（　　）。
   A. 存款货币　　　B. 储蓄存款　　　C. 活期存款　　　D. 流通货币
4. 货币供应量是反映银行资产负债表中某一时点上银行的（　　）。
   A. 资产总额　　　B. 负债总额　　　C. 存款总额　　　D. 债券总额

二、多项选择题

1. 货币创造乘数的大小与下列哪些因素有关。（　　）
   A. 法定准备金率　B. 超额准备金率　C. 现金存款比例　D. 市场利率
2. 在通货膨胀的财富再分配效应中受益的经济主体有哪些？（　　）
   A. 政府　　　　B. 债权人　　　C. 债务人　　　D. 固定收入人群
3. 凯恩斯认为，人们持有货币的动机有（　　）。
   A. 交易性动机式　B. 储藏性动机　　C. 预防性动机
   D. 投机性动机　　E. 投资性动机
4. 货币供给量是（　　）。
   A. 被财政部门、各个单位生产经营单位、家庭个人所持有的货币
   B. 由银行体系所供给的存款量与现金发行量
   C. 由银行体系所供给的存款量
   D. 由银行体系所供给的现金发行量

E. 由中央银行所供给的基础货币量

三、分析题

1. 分析当名义利率提高或收入增加时如何影响公众意愿的货币持有量。
2. 中央银行、商业银行和社会公众是如何分别影响货币供给量的?
3. 分析通货膨胀对经济会产生哪些影响。
4. 思考我国1998～1999年出现的通货紧缩现象形成的原因。

第十四章 国 际 金 融

本 章 导 语

本章着重介绍国际金融的一些基础知识：外汇与汇率是国际金融的核心问题之一，掌握有关外汇与汇率的基本知识，是研究整个国际金融问题的基础；国际收支是经济分析的主要工具，认真全面的对国际收支平衡表进行分析，对了解国内外经济状况，制定相应的措施具有极其重要的意义；在国际领域中，国际金融市场成为推动世界经济发展的主导因素，各方面的国际经济交往都离不开国际金融市场；国际金融机构在协调国际货币秩序、丰富国际金融市场业务活动及促进国际金融的稳定健康发展方面有很大的作用。

知识目标：
- 理解外汇、汇率的基本含义；掌握汇率的标价方法以及汇率的决定影响因素，了解我国现有的人民币汇率制度
- 了解国际收支的概念与结构，掌握国际收支平衡表的编制方法和主要内容以及分析方法、国际收支失衡的调节
- 了解国际金融市场的构成与类型，理解金融市场的功能
- 了解国际货币基金、世界银行、亚洲开发银行三个国际金融组织的资金来源及其主要业务活动

技能目标：
- 能解释外汇、汇率等基本概念
- 能够对我国现有的人民币汇率制度进行简要分析
- 能够分析国际收支失衡原因和对经济的影响
- 能够阐述国际金融市场的功能

案例导入：

中国经济安全核心是金融安全

在当前经济全球化进程中，大量的经济形态已经金融化，不仅包括资产，也包括负债。

自从中国加入 WTO 之后，中国在金融领域的开放程度非常明显。这种开放是不对等、不均衡的。

当前经济安全的主要矛盾是金融问题，如果对金融问题缺乏足够的认识，很可能引发经济甚至政治危机。当然，也应反对单纯为了维护国家安全，就提出金融锁国论，甚至全面的经济保护主义，必须在开放中把握平衡。

金融的一大特性就是不稳定，这与金融自由化相关，与资金的流动性相关，与金融市场的易变性和金融大鳄的贪婪性相关。

案例分析：

在经济全球化的今天，中国的各项经济要素都不可避免地与国际市场、世界经济息息相关，由此带来的经济安全问题日益凸显。中国现代国际关系研究院经济安全研究中心主任江涌接受《经济参考报》记者专访时表示，对当前中国的经济安全形势应当加以特别重视。金融是现代经济的核心，金融利益的竞争是国家博弈的核心，对当前中国经济安全影响最大的就是金融问题。由于制度建设滞后，权力缺乏有效约束与监督，造成一些金融利益集团与活跃在中国境内的境外利益集团联手，通过各种方式，越来越多、越来越深地介入中国经济决策，对中国经济安全形成威胁。

（资料来源：经济参考报 2011 年 7 月 1 日）

第一节 外汇与汇率

当一国对外发生经济往来时，使用的货币往往与一国内部使用的货币是不同的。当我国的某公司将人民币兑换成美元，并运用其发挥货币的职能，可以说该公司使用了外汇。

一、外汇与汇率的含义

（一）外汇的含义

对外汇的理解一般分为动态和静态两层含义。

1. 动态意义的外汇

动态意义的外汇，是指人们将一种货币兑换成另一种货币，清偿国际间债权债务关系的行为。这个意义上的外汇概念等同于国际结算。例如，美国的出口商与中国的进口商之间发生贸易往来，作为债权人的美国出口商可能要求对方以美元支付，这时，中国的进口商就需要将本身所持有的人民币通过金融机构兑换成美元完成支付，这一兑换过程称为动态的外汇。

2. 静态意义的外汇

静态意义的外汇又有广义和狭义之分：

广义的静态外汇是指一切用外币表示的资产。我国以及其他各国的外汇管理法令中一般沿用这一概念。如在中国，根据 1997 年 1 月 20 日发布的修改后的《中华人民共和国外汇管理条例》中规定，外汇是指：

（1）外国货币，包括钞票、铸币等。

（2）外币支付凭证，包括票据、银行存款凭证、邮政储蓄凭证等。

（3）外币有价证券，包括政府债券、公司债券、股票等。

（4）特别提款权、欧洲货币单位。

（5）其他外汇资产。

狭义的静态外汇是指以外币表示的可用于国际之间结算的支付手段。从这个意义上讲，只有存放在国外银行的外币资金，以及将对银行存款的索取权具体化了的外币票据才构成外汇，主要包括：银行汇票、支票、银行存款等。这就是通常意义上的外汇概念。

第一节 外汇与汇率

【案例 14-1】

我国美华机械进出口公司从英国某出口商处购买一套机器设备，双方约定用美元支付，这样美华机械进出口公司就需要用人民币向中国的外汇指定银行购买美元汇票，然后汇往英国清偿货款。

【案例分析】

上述交易中是把人民币兑换成美元的行为，也就是用一种货币兑换成另一种货币的过程。这种行为过程就是外汇最原始的概念，即外汇的动态概念——国际汇兑。现在人们一般所讲的以及本书中所涉及的"外汇"，则是将动态含义的国际汇兑静态化和物化。

（资料来源：刘金波.国际金融实务.北京：中国人民大学出版社，2009）

按照静态的含义，作为国际支付手段的外汇必须具备三性：可支付性、可获得性和可兑换性。可支付性是指在国际市场上普遍被接受的支付手段；可获得性是指在任何情况下都能够索偿的支付手段；可兑换性是指可兑换成任何国家货币或其他各种外汇资产的支付手段。

（二）汇率的概念及标价方法

汇率亦称"外汇汇价"，一国货币同另一国货币兑换的比率，是以一种货币表示另一种货币的价格。由于世界各国货币的名称不同，币值不一，所以一国货币对其他国家的货币要规定一个兑换率，即汇率，也称为汇价，或者说是两国货币间的比价。

【案例 14-2】

2006 年 3 月 2 日，一家美国公司要在英国投资，需要购入 500 万英镑，当日市场报价即期英镑对美元为：银行买入价 1.8311，银行卖出价 1.8343，该美国公司最终支付 917.15 万美元完成交易。

【案例分析】

在上述外汇买卖中，这家美国公司以 917.15 万美元购买了 500 万英镑，即用 1.8343 美元购买 1 英镑，实际这就是购买英镑的价格，也就是英镑对美元的汇率。

（资料来源：刘金波.国际金融实务.北京：中国人民大学出版社，2009）

由于两种不同的货币可以互相表示，所以本币与外币就有两种基本的汇率标价方法：一是直接标价法；二是间接标价法。20 世纪五六十年代以后，西方各国的跨国银行又普遍同时采用了"美元标价法"。

1. 直接标价法

它是以一定单位（1、100、1000、10000）的外国货币为标准来计算应付付出多少单位本国货币。例如，2011 年 6 月 30 日国家外汇管理局公布的人民币外汇汇率为：100USD＝647.16 CNY。在国际外汇市场上，世界上绝大多数国家，包括中国在内全都采用直接标价法。

在直接标价法下，一定单位的外国货币数额不变，换得的本国货币数额增多，说明外币的币值上升，本币的币值下降，称为外汇汇率上浮，本币汇率下浮。例如：

某日：USD1＝CNY7.9580

次日：USD1＝CNY7.9560

在直接标价法下，外币币值的上升或下跌的方向和汇率值的增加或减少的方向正好相同。

例如，我国人民币市场汇率为：

月初：USD1＝CNY7.9560

月末：USD1＝CNY7.9580

这说明美元市值上升，人民币市值下跌。

2. 间接标价法

它是以一定单位（如1个单位）的本国货币为标准，来计算应收若干单位的外汇货币。例如，1欧元＝0.9705美元。在国际外汇市场上，欧元、英镑、澳元等均为间接标价法。

在间接标价法下，一定单位的本国货币的数额不变，外国货币的数额随着本国货币币值的变化而变化。如果一定数额的本币能兑换的外币数额比前期少，这表明外币币值上升，本币币值下降，即外汇汇率上升。

例如，伦敦外汇市场汇率为：

月初：GBP1＝USD1.8115

月末：GBP1＝USD1.8010

这说明美元汇率升值，英镑汇率贬值。

3. 美元标价法

它是指以美元为标准来表示各国货币汇率的方法。目的是为了简化报价并广泛地比较各种货币的汇价。

例如，瑞士苏黎世某银行面对其他银行的询价，报出的各种货币汇价为：

USD1＝CHF5.5540

GBP1＝USD1.8332

USD1＝CAD1.1860

美元标价法与两种基本的标价方法并不矛盾。银行汇价挂牌时，标出美元与其他各种货币之间的比价，如果需要计算美元以外的两种货币之间的比价，必须通过各自货币与美元的比价进行套算。

二、汇率的决定及影响因素

（一）金本位制下汇率的决定与变动

金本位制度是以黄金为本位币的货币制度，包括金币、金块和金汇兑本位制。第一次世界大战前，盛行典型的金币本位制。

金本位制有以下特点：金币为本位币，自由铸造和熔化，金币与银行券自由兑换，金币作为世界货币自由输出入。各国规定了每一金铸币单位包含的黄金重量与成色，即含金量，货币间的比价以含金量来折算。

金本位制度中，汇率是由铸币平价来决定。铸币平价即为两国本位币的含金量之比。例如：1英镑铸币的含金量为113.0016格令，1美元铸币含金量为23.22格令，则铸币平价为113.0016÷23.22＝4.8665，即1英镑约折合4.8665美元。

如此规定的汇率可能出现波动，但波幅有一定界限。这个界限称为黄金输送点，黄金输送点等于铸币平价加上从一国输出或从另一国输入黄金需要支出的费用,包括包装、运输黄金的费用和运输保险费。如果汇率的波动使得两国间在进行国际结算时直接使用黄金比使用外汇更为合算,则贸易商宁可直接运送黄金。通过这一机制,汇率的波动可自动保持在一定范围内。

(二)纸币流通制度下汇率的决定

纸币作为价值符号是金属货币的取代物,在金属货币退出流通之后,执行流通手段和支付手段职能。这种职能是各国政府以法令形式赋予它并保证实施的。在纸币制度下,货币的实际价值并不一定等于其法定含金量,因为通货膨胀这种几乎不可避免的现象会使货币实际价值与其代表的名义价值相偏离。

用通货膨胀程度衡量的货币实际价值是货币对内价值,对内价值是决定对外价值(即汇率)的基础。对内价值具体体现于货币在国内的购买力高低,货币购买力用能表明通货膨胀程度的物价指数计算。货币的对内价值,即购买力的变化取决于流通中的货币量。

纸币制度下,两国货币之间的汇率取决于它们各自在国内所代表的实际价值,也就是说货币对内价值决定货币对外价值;而货币的对内价值又是用购买力来衡量的。因此,货币的购买力对比就成为纸币制度下汇率决定的基础。

(三)影响汇率变动的主要因素

作为一国货币对外价格的表现形式,汇率受到来自国内和国际因素的影响。同时,除了受到经济因素影响之外,还往往受到政治、社会因素的影响。因此,汇率的变动常常变幻不定,很难准确预测。现将常见的影响汇率变化的因素简述如下。

1. 国际收支状况

国际收支状况是决定汇率趋势的主导因素。国际收支是一国对外经济活动中的各种收支的总和。一般情况下,国际收支逆差表明外汇供不应求。在浮动汇率制下,市场供求决定汇率的变动,因此国际收支逆差将引起本币贬值,外币升值,即外汇汇率上升。反之,国际收支顺差则引起外汇汇率下降。要注意的是,一般情况下,国际收支变动决定汇率的中长期走势。注意,现在,美国的巨额贸易逆差(赤字)不断增加,美元却保持了较长期的强势,这是很特殊的情况,也因此是经济学家和市场人士经常讨论和研究的课题。

2. 国民收入

一般讲,国民收入增加,促使消费水平提高,对本币的需求也相应增加。如果货币供给不变,对本币的额外需求将提高本币价值,造成外汇贬值。当然,国民收入的变动引起汇率是贬或升,要取决于国民收入变动的原因。如果国民收入是因增加商品供给而提高,则在一个较长时间内该国货币的购买力得以加强,外汇汇率就会下跌。如果国民收入因扩大政府开支或扩大总需求而提高,在供给不变的情况下,超额的需求必然要通过扩大进口来满足,这就使外汇需求增加,外汇汇率就会上涨。

3. 通货膨胀率的高低

通货膨胀率的高低是影响汇率变化的基础。如果一国的货币发行过多,流通中的货币量超过了商品流通过程中的实际需求,就会造成通货膨胀。通货膨胀使一国的货币在国内购买力下降,使货币对内贬值,在其他条件不变的情况下,货币对内贬值,必然引起对外贬值。因为汇率是两国币值的对比，发行货币过多的国家，其单位货币所代表的价值量减少，因此在该国货币折算成外国货币时，就要付出比原来多的该国货币。

通货膨胀率的变动，将改变人们对货币的交易需求量，以及对债券收益、外币价值的预期。通货膨胀造成国内物价上涨，在汇率不变的情况下，出口亏损，进口有利。在外汇市场上，外国货币需求增加，本国货币需求减少，从而引起外汇汇率上升，本国货币对外贬值。相反，如果一国通货膨胀率降低，外汇汇率一般会下跌。

4. 财政收支

一国的财政收支状况对国际收支有很大影响。财政赤字扩大，将增加总需求，常常导致国际收支逆差及通货膨胀加剧，结果本币购买力下降，外汇需求增加，进而推动汇率上涨。当然，如果财政赤字扩大时，在货币政策方面辅之以严格控制货币量、提高利率的举措，反而会吸引外资流入，使本币升值，外汇汇率下跌。

5. 利率

利率在一定条件下对汇率的短期影响很大。利率对汇率的影响是通过不同国家的利率差异引起资金特别是短期资金的流动而起作用。在一般情况下，如果两国利率差异大于两国远期、即期汇率差异，资金便会由利率较低的国家流向利率较高的国家，从而有利于利率较高国家的国际收支。要注意的是，利率水平对汇率虽有一定的影响，但从决定汇率升降趋势的基本因素看，其作用是有限的，它只是在一定的条件下，对汇率的变动起暂时的影响。

6. 各国汇率政策和对市场的干预

各国汇率政策和对市场的干预，在一定程度上影响汇率的变动。在浮动汇率制下，各国央行都尽力协调各国间的货币政策和汇率政策，力图通过影响外汇市场中的供求关系来达到支持本国货币稳定的目的，中央银行影响外汇市场的主要手段是：调整本国的货币政策，通过利率变动影响汇率，直接干预外汇市场，对资本流动实行外汇管制。

7. 投机活动与市场心理预期

自1973年实行浮动汇率制以来，外汇市场的投机活动越演越烈，投机者往往拥有雄厚的实力，可以在外汇市场上推波助澜，使汇率的变动远远偏离其均衡水平。投机者常利用市场顺势对某一币种发动攻击，攻势之强使各国央行甚至西方七国央行联手干预外汇市场也难以阻挡。适当的投机活动有助于活跃外汇市场，但过度的投机活动则加剧了外汇市场的动荡，阻碍正常的外汇交易，歪曲外汇供求关系。

8. 政治与突发因素

由于资本首先具有追求安全的特性，因此，政治及突发性因素对外汇市场的影响是直接和迅速的，政治突发因素包括政局的稳定，政策的连续性，政府的外交政策以及战争、经济制裁和自然灾害等。另外，西方国家大选也会对外汇市场产生影响。政治与突发事件因其突发性及临时性，使市场难以预测，故容易对市场构成冲击波，一旦市场对消息作出反应并将其消化后，原有消息的影响力就大为削弱。

总之，影响汇率的因素是多种多样的，这些因素的关系错综复杂，有时这些因素同时起作用，有时个别因素起作用，有时甚至起互相抵消的作用，有时这个因素起主要作用另一因素起次要作用。但是从一段长时间来观察，汇率变化的规律是受国际收支的状况和通货膨胀所制约，因而是决定汇率变化的基本因素，利率因素和汇率政策只能起从属作用，即助长或削弱基本因素所起的作用。一国的财政货币政策对汇率的变动起着决定性的作用。一般情况下，各国的货币政策中，将汇率确定在一个适当的水平已成为政策目标之一，通常，中央银行运用三大政策工具来执行货币政策，即存款准备金政策、贴现政策和公开市场政策。投机活动只是在其他因素所决定的汇价基本趋势基础上起推波助澜的作用。

三、汇率制度

汇率制度，又称汇率安排，是一国货币当局对本国汇率变动的基本方式所做出的一系列安排或规定。传统上，按照汇率变动的幅度，汇率制度被分为两大类型：固定汇率制度和浮动汇率制度。

（一）固定汇率制度

所谓固定汇率制度，是指两国货币的比价基本固定，或者把两国汇率的波动严格限制在一定幅度之内的汇率制度。当汇率波动超过上下限时，货币当局或中央银行有义务进行干预。历史上出现的固定汇率制度分为金本位制下的固定汇率制度和布雷顿森林货币体系下的固定汇率制度。

1. 金本位制度下的固定汇率制度

在金本位制度下，铸币平价是决定汇率的基础，汇率的波动受到黄金输出入的自动调节，并且以黄金的输送点为界限。因此，汇率的变化幅度很小，汇率基本是固定的。有人称金本位制下固定汇率是长期固定的汇率制度。

金本位制度下的固定汇率制度特点是一种以美元为中心的国际货币体系。该体系的汇率制度安排，是钉住型的汇率制度。黄金成为两国汇率决定的实在的物质基础；汇率仅在铸币平价的上下各 6‰ 左右波动，幅度很小；汇率的稳定是自动而非依赖人为的措施来维持。

2. 布雷顿森林体系下的固定汇率制度

布雷顿森林体系下的固定汇率制也可以说是以美元为中心的固定汇率制。1944 年 7 月，在第二次世界大战即将胜利的前夕，二战中的 45 个同盟国在美国新罕布什尔州的布雷顿森林村召开了"联合和联盟国家国际货币金融会议"，通过了以美国财长助理怀特提出的怀特计划为基础的《国际货币基金协定》和《国际复兴开发银行协定》，总称布雷顿森林协定，从此开始了布雷顿森林体系。布雷顿森林体系建立了国际货币合作机构（1945 年 12 月成立了"国际货币基金组织"和"国际复兴开发银行"，后者又称"世界银行"），规定了各国必须遵守的汇率制度以及解决各国国际收支不平衡的措施，从而确定了以美元为中心的国际货币体系。

布雷顿森林体系下的汇率制度，概括起来就是美元与黄金挂钩，其他货币与美元挂钩的"双挂钩"制度。具体内容是：美国公布美元的含金量，1 美元的含金量为 0.888671 克，美元与黄金的兑换比例为 1 盎司黄金＝35 美元。其他货币按各自的含金量与美元挂钩，确定其与美元的汇率。这就意味着其他国家货币都钉住美元，美元成了各国货币围绕的中心。各国货币对美元的汇率只能在平价上下各 1% 的限度内波动，1971 年 12 月后调整为平价上下 2.25% 波动，超过这个限度，各国中央银行有义务在外汇市场上进行干预，以保持汇率的稳定。只有在一国的国际收支发生"根本性不平衡"时，才允许贬值或升值。各会员国如需变更平价，必须事先通知基金组织，如果变动的幅度在旧平价的10%以下，基金组织应无异议；若超过10%，须取得基金组织同意后才能变更。如果在基金组织反对的情况下，会员国擅自变更货币平价，基金组织有权停止该会员国向基金组织借款的权利。

综上所述，布雷顿森林体系下的固定汇率制，实质上是一种可调整的钉住汇率制，它兼有固定汇率与弹性汇率的特点，即在短期内汇率要保持稳定，这类似金本位制度下的固定汇率制；但它又允许在一国国际收支发生根本性不平衡时可以随时调整，这类似弹性汇率。

1971年8月15日，美国总统尼克松宣布美元贬值和美元停兑黄金，布雷顿森林体系开始崩溃，尽管1971年12月十国集团达成了《史密森协议》，宣布美元贬值，由1盎司黄金等于35美元调整到38美元，汇兑平价的幅度由1%扩大到2.5%，但到1973年2月，美元第二次贬值，欧洲国家及其他主要资本主义国家纷纷退出固定汇率制，固定汇率制彻底瓦解。

固定汇率制解体的原因主要是美元供求与黄金储备之间的矛盾造成的。货币间的汇兑平价只是战后初期世界经济形势的反映，美国依靠其雄厚的经济实力和黄金储备，高估美元，低估黄金，而随着日本与西欧经济复苏和迅速发展，美国的霸权地位不断下降，这一状况加剧了黄金供求状况恶化，特别是美国为发展国内经济及对付越南战争造成的国际收支逆差，又不断增加货币发行，这使美元远远低于金平价，使黄金官价越来越成为买方一厢情愿的价格。加之国际市场上投机者抓住固定汇率制的瓦解趋势推波助澜，大肆借美元对黄金下赌注，进一步增加了美元的超额供应和对黄金的超额需求，最终美国黄金储备面临枯竭的危机，不得不放弃美元金本位，导致固定汇率制彻底崩溃。

(二) 浮动汇率制度

所谓浮动汇率制度，是指一国政府不规定本币对外币的平价和上下波动的幅度，汇率由市场的外汇供求情况决定并任其自由涨落的汇率制度。当外币供过于求时，外币汇率下浮；当外币供不应求时，外币汇率上浮。浮动汇率制度是固定汇率制度崩溃以后，西方主要国家普遍实行的一种汇率制度。

一般讲，全球金融体系自1973年3月以后，以美元为中心的固定汇率制度就不复存在，而被浮动汇率制度所代替。

实行浮动汇率制度的国家大都是世界主要工业国，如美国、英国、德国、日本等，其他大多数国家和地区仍然实行钉住的汇率制度，其货币大都钉住美元、日元、法国法郎等。

在实行浮动汇率制后，各国原规定的货币法定含金量或与其他国家订立纸币的黄金平价，就不起任何作用了，因此，国家汇率体系趋向复杂化、市场化。

在浮动汇率制下，各国不再规定汇率上下波动的幅度，中央银行也不再承担维持波动上下限的义务，各国汇率是根据外汇市场中的外汇供求状况，自行浮动和调整的结果。同时，一国国际收支状况所引起的外汇供求变化是影响汇率变化的主要因素——国际收支顺

第一节 外汇与汇率

差的国家，外汇供给增加，外国货币价格下跌、汇率下浮；国际收支逆差的国家，对外汇的需求增加，外国货币价格上涨、汇率上浮。汇率上下波动是外汇市场的正常现象，一国货币汇率上浮，就是货币升值，下浮就是贬值。

应该说，浮动汇率制是对固定汇率制的进步。随着全球国际货币制度的不断改革，国际货币基金组织于1978年4月1日修改"国际货币基金组织"条文并正式生效，实行所谓"有管理的浮动汇率制"。由于新的汇率协议使各国在汇率制度的选择上具有很强的自由度，所以现在各国实行的汇率制度多种多样，有单独浮动、钉住浮动、弹性浮动、联合浮动等待。

（1）单独浮动。指一国货币不与其他任何货币固定汇率，其汇率根据市场外汇供求关系来决定，目前，包括美国、英国、德国、法国、日本等在内的三十多个国家实行单独浮动。

（2）钉住浮动。指一国货币与另一种货币保持固定汇率，随后者的浮动而浮动。一般地，通货不稳定的国家可以通过钉住一种稳定的货币来约束本国的通货膨胀，提高货币信誉。当然，采用钉住浮动方式，也会使本国的经济发展受制于被钉住国的经济状况，从而蒙受损失。目前全世界约有一百多个国家或地区采用钉住浮动方式。

（3）弹性浮动。指一国根据自身发展需要，对钉住汇率在一定弹性范围内可自由浮动，或按一整套经济指标对汇率进行调整，从而避免钉住浮动汇率的缺陷，获得外汇管理、货币政策方面更多的自主权。目前，巴西、智利、阿根廷、阿富汗、巴林等十几个国家采用弹性浮动方式。

（4）联合浮动。指国家集团对成员国内部货币实行固定汇率，对集团外货币则实行联合的浮动汇率。欧盟（欧共体）11国1979年成立了欧洲货币体系，设立了欧洲货币单位（ECU），各国货币与之挂钩建立汇兑平价，并构成平价网，各国货币的波动必须保持在规定的幅度之内，一旦超过汇率波动预警线，有关各国要共同干预外汇市场。1991年欧盟签定了《马斯赫特里特条约》，制定了欧洲货币一体化的进程表，1999年1月1日，欧元正式启动，欧洲货币一体化得以实现，欧盟这样的区域性的货币集团已经出现。

在全球经济一体化进程中，过去美元在国际金融的一统天下，正在向多极化发展，国际货币体系将向各国汇率自由浮动、国际储备多元化、金融自由化、国际化的趋势发展。

四、人民币汇率制度的演变

（一）1994年以前的人民币汇率形成机制

新中国成立以来至改革开放前，在传统的计划经济体制下，人民币汇率由国家实行严格的管理和控制。根据不同时期的经济发展需要，改革开放前我国的汇率体制经历了新中国成立初期的单一浮动汇率制（1949～1952年）、五六十年代的单一固定汇率制（1953～1972年）和布雷顿森林体系后以"一篮子货币"计算的单一浮动汇率制（1973～1980年）。

党的十一届三中全会以后，我国进入了向社会主义市场经济过渡的改革开放新时期。为鼓励外贸企业出口的积极性，我国的汇率体制从单一汇率制转为双重汇率制。经历了官方汇率与贸易外汇内部结算价并存（1981～1984年）和官方汇率与外汇调剂价格并存

(1985～1993年)两个汇率双轨制时期。其中,以外汇留成制为基础的外汇调剂市场的发展,对促进企业出口创汇、外商投资企业的外汇收支平衡和中央银行调节货币流通均起到了积极的作用。但随着我国改革开放的不断深入,官方汇率与外汇调剂价格并存的人民币双轨制的弊端逐渐显现出来。一方面多种汇率的并存,造成了外汇市场秩序混乱,助长了投机;另一方面,长期外汇黑市的存在不利于人民币汇率的稳定和人民币的信誉。外汇体制改革的迫切性日益突出。

(二)1994～2005年的人民币汇率形成机制

1993年11月,党的十四届三中全会通过的《中共中央关于建立社会主义市场经济体制若干问题的决定》要求,"改革外汇体制,建立以市场供求为基础的、有管理的浮动汇率制度和统一规范的外汇市场,逐步使人民币成为可兑换货币。"1993年12月,国务院正式颁布了《关于进一步改革外汇管理体制的通知》,采取了一系列重要措施,具体包括,实现人民币官方汇率和外汇调剂价格并轨;建立以市场供求为基础的、单一的、有管理的浮动汇率制;取消外汇留成,实行结售汇制度;建立全国统一的外汇交易市场等。

1994年1月1日,人民币官方汇率与外汇调剂价格正式并轨,我国开始实行以市场供求为基础的、单一的、有管理的浮动汇率制。企业和个人按规定向银行买卖外汇,银行进入银行间外汇市场进行交易,形成市场汇率。中央银行设定一定的汇率浮动范围,并通过调控市场保持人民币汇率稳定。

1997年以前,人民币汇率稳中有升,海内外对人民币的信心不断增强。但此后由于亚洲金融危机爆发,为防止亚洲周边国家和地区货币轮番贬值使危机深化,中国作为一个负责任的大国,主动收窄了人民币汇率浮动区间。随着亚洲金融危机的影响逐步减弱,近年来我国经济持续、平稳较快发展,经济体制改革不断深化,金融领域改革取得了新的进展,外汇管制进一步放宽,外汇市场建设的深度和广度不断拓展,为完善人民币汇率形成机制创造了条件。

党中央、国务院于2005年7月21日出台了完善人民币汇率形成机制改革。改革的内容是,人民币汇率不再盯住单一美元,而是按照我国对外经济发展的实际情况,选择若干种主要货币,赋予相应的权重,组成一个货币篮子。同时,根据国内外经济金融形势,以市场供求为基础,参考一篮子货币计算人民币多边汇率指数的变化,对人民币汇率进行管理和调节,维护人民币汇率在合理均衡水平上的基本稳定。

(三)2005年后人民币汇率形成机制

2005年7月建立的以市场供求为基础、参考一篮子货币进行调节、有管理的浮动汇率制度是按照党的十四届三中全会、十六届三中全会的精神,根据我国国情和发展战略作出的正确选择,是深化改革和对外开放、特别是加入WTO后适应新的发展和开放格局的必然要求,也是社会主义市场经济体制的重要组成部分,符合科学发展观的要求。实行有管理的浮动汇率制度是我国的既定政策。此次进一步推进人民币汇率形成机制改革仍是这一方针的继续。

2005年以来的汇改是成功的。2005年以来,人民币汇率形成机制改革按照主动性、渐进性、可控性原则以我为主有序推进,总体上对我国实体经济发挥了积极影响,为宏观调控创造了有利条件,也在应对国内外形势变化中起到了重要作用,取得了预期的效果。

一是促使企业提高技术水平，加大产品创新力度，提升核心竞争力，使出口保持了较强的整体竞争力。二是汇率浮动为推动产业升级和提高对外开放水平提供了动力和压力，促进了出口结构优化和外贸发展方式转变，有利于经济发展方式转变和全面协调可持续发展。三是企业主动适应汇率浮动的意识增强，应对人民币汇率变动和控制风险的能力提高，外汇市场得到培育和发展。四是向国际社会展示了我国促进全球经济平衡的努力。

（资料来源：人民银行网站　中央政府门户网站　www.gov.cn　2010年6月20日）

第二节　国　际　收　支

随着全球经济一体化的发展，各国之间的经济交往日益密切，逐渐产生了各种经济交往。以我国为例，2006年中国国家主席胡锦涛主席访问美国期间，签署了400亿美元订单，购买美国波音飞机、福特汽车整车以及微软公司软件；欧洲游客来华旅游人数增多，使得我国旅游创汇收入显著增加；某跨国公司在我国投资取得利润，年终利润汇回投资国国内，导致我国部分外汇资金外流；我国积极利用外商资金，目前世界500强企业大多在华创建子公司或分支机构；东南亚海啸发生后，我国向其进行人道主义援助，捐助了大量的资金和物资……由于以上经济交易发生，中国和有关国家间的经济交易的系统货币记录发生变化，这就是国际收支研究的范畴。

一、国际收支的含义

国际货币基金组织在其所编的《国际收支手册》中将广义的国际收支概念定义为："国际收支是一定时期的统计报表，它着重反映：①一国与其他国家之间商品、劳务和收入的交易；②该国货币、黄金、特别提款权以及对其他国家债权、债务的所有变化和其他变化；③无偿转移支付，以及根据会计处理的需要，平衡前两项没有相互抵消的交易和变化的对应记录"。目前世界各国一般都采用这一概念。

要全面准确地掌握国际收支的含义，需要把握以下几方面的特征：

（1）国际收支是一个流量概念，它与一定的报告期相对应。各国一般是以一年为报告期。根据统计学的定义，流量是一定时期内发生的变量变动的数值。国际收支一般是对一年内的交易进行总结，所以它是一个流量的概念。

（2）国际收支所反映的内容是以货币记录的经济交易。所谓经济交易是指经济价值从一个单位向另一个单位的转移，它包括：金融资产与商品和劳务之间的交换，商品和劳务的买卖；商品和劳务与商品和劳务之间的交换，即物物交换；金融资产与金融资产之间的交换；无偿的、单向的商品和劳务之间的转移，即一交易者向另一交易者提供了商品和劳务，但是没有得到任何补偿；无偿的、单向的金融资产的转移，即一交易者向另一交易者提供了金融资产，但是没有得到任何补偿。

（3）国际收支记录的经济交易必须是本国居民与非居民之间发生的经济交易，居民与非居民的划分是以居住地为标准进行的。在国际收支统计中，居民是指一个国家的经济领土内具有经济利益的经济单位和自然人，在一国居住超过一年以上的法人和自然人均属该国的居民，而不管该法人和自然人的注册地和国籍。但作为例外，一个国家的外交使节、驻外军事人员、出国留学和出国就医者，尽管在另一国居住一年以上，仍是本国居民，是居住国的非居民。此外,国际性机构(如 IMF 等)不是某一国的居民,而是任何一国的非居民。

二、国际收支平衡表

在一个报告期内,一国居民所从事的国际经济交易是大量的、多种多样的,要系统了解一国国际收支及其变化,必须要对它们进行收集和整理,并编制国际收支平衡表。编织国际收支平衡表也是为了反映一国对外经济的状况,便于政府采取措施,使对外经济朝着更健康的方向发展。

国际收支平衡表(Balance of International Payments,BPS)是按照复式簿记原理,以某一特定货币为计量单位,运用简明的表格形式总括地反映某一经济体(一般指某一国家或地区)在特定时期内与世界其他经济体间发生的全部经济交易。

各国或地区分析的目的不同,所编制的报表格式也就不一样。国际货币基金组织为使各国的国际收支平衡表具有可比性,对国际收支平衡表的概念、准则、惯例、分类方法以及标准构成等都作了统一的规定和说明。

(一)国际收支平衡表的主要内容

国际收支平衡表由于各类交易的情况不同,其编制内容也有所不同,但一般都包括三大部分,即经常项目、资本项目和平衡项目。这里的"项目"也称为"账户"。

(二)国际收支平衡表的编制原则

1. 居民原则

居民原则即国际收支平衡表主要记载的是居民与非居民之间的交易。

2. 计价原则

计价原则即国际收支原则上按成交时的市场价格来计价。

3. 权责发生制原则

一旦经济价值产生、改变、交换、转移或消失,交易就被记录下来,一旦所有权发生变更,债权债务就随之出现。

4. 复式计账原则

任何一笔交易要求同时作借方记录和贷方记录;一切收入项目或负债增加、资产减少的项目,都列入贷方;一切支出项目或资产增加、负债减少的项目都列入借方;借贷两方金额相等。如果交易属于单向转移,计账的项目只有一方,不能自动成双匹配,就要使用某个特种项目计账以符合复式计账的要求。

三、国际收支的调节

(一)国际收支失衡的原因和影响

根据前述国际收支平衡表编制原则和编制方法,发现表中借方总和与贷方总和是相等的,也就是说国际收支平衡表若编制正确,总是平衡的。但这一平衡是通过一系列经济和会计处理实现的,与国际收支平衡是不同的含义。国际收支平衡也称对外均衡,指国际收支,既没有顺差(盈余)也没有逆差(赤字)的状态,即:国际收支净额=净出口-净资本流出=0。国际收支不平衡会给本国经济的稳定和发展带来各种不利影响。引起国际收支失衡的原因很多,其中主要有以下几个。

第二节 国际收支

1. 失衡的原因

（1）结构性失衡。结构性失衡是为一国国内生产结构及相应要素配置未能及时调整或更新换代，导致不能适应国际市场的变化，引起本国国际收支不平衡。

（2）周期性失衡。周期性失衡与经济周期有关，是因经济周期性波动而使一国的总需求、进出口贸易和收入受到影响而引发的国际收支失衡情况。

（3）收入性失衡。收入性失衡是指一国国民收入发生变化会引起的国际收支不平衡。收入性失衡可理解为一定时期一国国民收入相对快速增长所导致，意味着进口消费或其他方面的国际支付增加超过出口增长而引起国际收支失衡。

（4）货币性失衡。货币性失衡是指因一国币值发生变动而引发的国际收支不平衡。当一国物价普遍上升或通胀严重时，产品出口成本提高，产品的国际竞争力下降，在其他条件不变的情况下，出口减少，与此同时，进口成本降低，进口增加，国际收支发生逆差。反之，就会出现顺差。

（5）政策性失衡。政策性失衡是指一国推出重要的经济政策或实施重大改革而引发的国际收支不平衡。

2. 失衡对经济的影响

国际收支失衡表现为国际收支顺差或国际收支逆差。国际收支平衡是相对的，失衡是绝对的。也就是说国际收支失衡是正常情况，但当国际收支长期的、大幅的逆差或顺差将会对一国经济带来负面影响。

（1）国际收支持续逆差对国内经济的影响。

1）导致外汇储备大量流失。储备的流失意味着该国金融实力甚至整个国力的下降，损害该国在国际上的声誉。

2）导致该国外汇短缺，造成外汇汇率上升，本币汇率下跌。一旦本币汇率过度下跌，会削弱本币在国际上的地位。导致该国货币信用的下降，国际资本大量外逃，引发货币危机。

3）使该国获取外汇的能力减弱，影响该国发展生产所需的生产资料的进口，使国民经济增长受到抑制，进而影响一国的国内财政以及人民的充分就业。

4）持续性逆差还可能使该国陷入债务危机。

（2）国际收支持续顺差对国内经济发展的影响。

1）持续顺差会破坏国内总需求与总供给的均衡，使总需求迅速大于总供给，冲击经济的正常增长。

2）持续顺差在外汇市场上表现为有大量的外汇供应，这就增加了外汇对本国货币的需求，导致外汇汇率下跌，本币汇率上升，提高了以外币表示的出口产品的价格，降低了以本币表示的进口产品的价格。导致在竞争激烈的国际市场上，其国内商品和劳务市场将会被占领。

3）持续顺差会使该国丧失获取国际金融组织优惠贷款的权力。

4）影响了其他国家经济发展，导致国际贸易摩擦。

5）一些资源型国家如果发生过度顺差，意味着国内资源的持续性开发，会给这些国家今后的经济发展带来隐患。

(二) 国际收支的调节政策

1. 外汇缓冲政策

外汇缓冲政策指一国运用官方储备的变动或临时向外筹借资金来抵消超额外汇需求或供给。通过这一政策来融通一次性或季节性的国际收支赤字，是一种既简便又有益的做法。它能够使本币汇率免受暂时性失衡所造成的无谓波动，有利于本国对外贸易和投资的顺利进行。

2. 财政和货币政策

当一国出现国际收支赤字而需要进行调整时，当局可以实行紧缩性的财政和货币政策。在财政政策方面，可供采用的措施主要是减少财政支出和提高税率，在货币政策方面，当局可以调高再贴现率，提高法定存款准备金比率，或在公开市场卖出政府债券，等等。这类政策适宜于用来纠正国际收支的周期性赤字。

3. 汇率政策

汇率政策指运用汇率的变动来消除国际收支赤字。一般而言，汇率的贬值可以改善国际收支的效果，而升值可以使国际收支恶化，因而汇率调整就是在发生逆差时实行本币贬值，在发生顺差时实行本币升值。

4. 直接管制

直接管制是指对国际经济交易直接采取严格的行政管制，包括外汇管制和贸易管制。外汇管制主要是对外汇实行统购统销，以控制进口用汇和出口结汇，现状资本流动，使外行供求基本平衡。贸易管制是通过关税、配额制度、许可证制度来控制进出口。运用直接管制来调节国际收支，具有极强的针对性，能对具体项目实行分类控制，减少调节代价，适用于结构性失衡的调节。其弊端是不利于社会福利，容易导致贸易摩擦。

四、我国的国际收支

(一) 我国国际收支特征

改革开放前，由于受传统计划经济的影响，我国一直只编制外汇收支平衡表，以反映对外贸易和非贸易的收支状况，但这个平衡表不能反映我国与外国资金往来的情况。当时，我国对外汇实行由国家集中管理、统一经营的方针，一切外汇买卖都通过国家指定的银行（中国银行）来进行。外汇收支实行"以收定支、收支平衡、略有结余"的原则，外汇收支规模很小，也没有利用外资，基本无流动资本，加之我国没有参加任何国际金融组织，因此，在1980年以前我国未曾编制国际收支统计报表。

改革开放以后，我国大力发展同世界各国的经济技术合作，积极引进外资，资本项目中的交易也日益国际化。随着经济的不断发展，我国国际收支的项目越来越丰富。因此，为了加强宏观管理与控制，有必要建立起一套适合我国实际需要的国际收支统计制度，编制出真正反映我国实际情况的国际收支平衡表，以全面、及时、准确地反映我国国际收支状况。此外，作为国际货币基金组织的成员国，我国要定期向该组织提供有关资料。国际收支统计资料是其中的一项。

1980年，我国开始试编制国际收支平衡表，1981年制订了国际收支统计制度，1984年又对其进行了修订。这次修订确立了我国国际收支统计体系的模式及方法。它在项目设立、分类等方面均依照国际货币基金组织制定的《国际收支手册》第四版的原则，具有国

第二节 国际收支

际可比性。1985年9月国家外汇管理局首次公布了我国1982~1984年的国际收支概览表。从1987年开始,每年定期公布上一年的国际收支状况。1994年开始实行国际收支统计申报制度。从此,我国的国际收支平衡表的统计和编制走上了正轨,并逐年对外公布。我国2010年国际收支平衡表见表14-1。

表14-1　　　　　　　　　中国国际收支平衡表（2010年）　　　　　　　单位：亿美元

项　目	行　次	差　额	贷　方	借　方
一、经常项目	1	3054	19468	16414
A. 货物和服务	2	2321	17526	15206
a. 货物	3	2542	15814	13272
b. 服务	4	-221	1712	1933
1. 运输	5	-290	342	633
2. 旅游	6	-91	458	549
3. 通信服务	7	1	12	11
4. 建筑服务	8	94	145	51
5. 保险服务	9	-140	17	158
6. 金融服务	10	-1	13	14
7. 计算机和信息服务	11	63	93	30
8. 专有权利使用费和特许费	12	-122	8	130
9. 咨询	13	77	228	151
10. 广告、宣传	14	8	29	20
11. 电影、音像	15	-2	1	4
12. 其他商业服务	16	184	356	172
13. 别处未提及的政府服务	17	-2	10	11
B. 收益	18	304	1446	1142
1. 职工报酬	19	122	136	15
2. 投资收益	20	182	1310	1128
C. 经常转移	21	429	495	66
1. 各级政府	22	-3	0	3
2. 其他部门	23	432	495	63
二、资本和金融项目	24	2260	11080	8820
A. 资本项目	25	46	48	2
B. 金融项目	26	2214	11032	8818
1. 直接投资	27	1249	2144	894
1.1 我国在外直接投资	28	-602	76	678
1.2 外国在华直接投资	29	1851	2068	217
2. 证券投资	30	240	636	395
2.1 资产	31	-76	268	345
2.1.1 股本证券	32	-84	115	199
2.1.2 债务证券	33	8	154	146
2.1.2.1（中）长期债券	34	19	128	110
2.1.2.2 货币市场工具	35	-11	25	36

续表

项　　目	行　次	差　额	贷　方	借　方
2.2 负债	36	317	368	51
2.2.1 股本证券	37	314	345	32
2.2.2 债务证券	38	3	22	19
2.2.2.1（中）长期债券	39	3	22	19
2.2.2.2 货币市场工具	40	0	0	0
3. 其他投资	41	724	8253	7528
3.1 资产	42	−1163	750	1912
3.1.1 贸易信贷	43	−616	5	621
长期	44	−43	0	43
短期	45	−573	4	578
3.1.2 贷款	46	−210	197	407
长期	47	−277	0	277
短期	48	66	197	131
3.1.3 货币和存款	49	−580	303	883
3.1.4 其他资产	50	244	245	1
长期	51	0	0	0
短期	52	244	245	1
3.2 负债	53	1887	7503	5616
3.2.1 贸易信贷	54	495	583	88
长期	55	35	41	6
短期	56	460	542	81
3.2.2 贷款	57	791	5860	5069
长期	58	100	264	163
短期	59	691	5596	4906
3.2.3 货币和存款	60	603	1038	435
3.2.4 其他负债	61	−3	22	25
长期	62	−4	1	5
短期	63	1	22	20
三、储备资产	64	−4717	0	4717
3.1 货币黄金	65	0	0	0
3.2 特别提款权	66	−1	0	1
3.3 在基金组织的储备头寸	67	−21	0	21
3.4 外汇	68	−4696	0	4696
3.5 其他债权	69	0	0	0
四、净误差与遗漏	70	−597	0	597

注　1. 本表计数采用四舍五入原则。
　　2. 从 2010 年三季度开始，按照国际标准，将外商投资企业归属外方的未分配利润和已分配未汇出利润同时记入国际收支平衡表中经常账户收益项目的借方和金融账户直接投资的贷方。2010 年各季度以及 2005～2009 年年度数据也按此方法进行了追溯调整。

（资料来源：国家外汇局）

第二节 国 际 收 支

(二) 我国国际收支平衡表的基本内容

1. 经常项目

根据第五版《国际收支手册》的解释:"经常项目是指货物、服务、收入和经常转移"。该项目在一国的国际收支中占据最基本、最重要的地位。

(1) 货物。货物有五种类型:一般商品、用于加工的货物、货物修理、各种运输工具在港口购买的货物、非货币黄金。根据国际收支的一般原则,所有权的变更是决定国际货物交易的范围和记载时间的原则。通常,出口货物所有权的变更时间,是出口商停止在其项目上把出口货物作为自己的实际资产(即出口商在其账上记为销售),并在金融项目内记上相应的一笔账。进口货物所有权的变更时间,则是进口商在自己账户上把进口货物作为自己的实际资产(即进口商在其账上记为购进),并在金融项目内记上相应的一笔账。这种做法的目的在于,促进编制国际收支货物项目和金融项目的一致性,以及出口国和进口国编制的货物项目的一致性。

(2) 服务。相对于商品的有形贸易来说,服务贸易属于无形贸易。服务共有11种类型:运输、旅游、通讯服务、建筑服务、保险服务、金融服务、计算机和信息服务、专有权利使用费和特许费、其他商业服务、有关个人服务及文化和娱乐服务、别处未提及的政府服务。

(3) 收入。收入包括居民与非居民之间的两大交易:一是职工报酬;二是投资收入。职工报酬,包括个人在非居民经济体为该经济体居民工作而得到的现金或实物形式的工资、薪水和福利。职工包括季节性工作的工人和其他短期工作(不足1年)的工人。在大使馆、领事馆或国际组织机构工作的当地职工,其得到的报酬也被视为这些机构驻地所在国的非居民向居民的支付。投资收入指居民与非居民之间有关金融资产与负债的收入与支出,包括有关直接投资、证券投资和其他投资所得收入与支出。

(4) 经常转移。转移,用来记载居民与非居民之间的不涉及经济价值回报的实际资源或金融产品的所有权变更,不管这种变更是自愿还是非自愿。经常转移包括所有非资本转移的转移项目,它直接影响可支配收入的水平,影响货物和服务的消费。经常转移分为两大类:各级政府转移和其他部门转移。各级政府转移,包括不同经济体政府间的国际合作或政府与国际组织之间的合作,如政府间的经济援助、捐赠、战争赔偿、国际组织向各国政府定期提供的转移;其他部门转移,包括个人之间、非政府机构之间或团体之间(或这两类组织之间)的转移项目,如侨汇、继承、捐赠、资助性汇款等。

2. 资本与金融项目

资本和金融项目,是指资本项目下的资本转移,非生产、非金融资产交易以及其他所有引起某一经济体对外资产和负债发生变化的金融项目。根据第五版《国际收支手册》的解释:"资本与金融项目是指:资本转移和收买或放弃非生产、非金融资产;金融资产与负债。"该项目分两大部分:资本项目与金融项目。

(1) 资本项目。资本项目反映资产在居民与非居民之间的转移,它由资本转移和非生产、非金融资产交易两部分组成。

(2) 金融项目。金融项目反映的是居民与非居民之间投资与借贷的增减变化,它由直接投资、证券投资、其他投资和储备资产四部分构成。

1）直接投资。直接投资是国际上长期资本流动的一种方式，是指一国的经济组织直接在国外采用各种形式，对工矿、商业、金融等企业进行的投资和利润再投资。通过这种投资方式，投资者对直接投资企业拥有经营管理的发言权。根据投资方向（即居民在国外的直接投资和非居民在报告经济体的直接投资）记录的直接投资的资本包括：股本资本、利润再投资和其他资本投资。

2）证券投资。证券投资又称间接投资，指在证券市场上购买他国政府发行的债券、企业发行的中长期债券以及股票所进行的投资。证券投资者以取得利息或股息为目的，投资者对企业不享有经营管理权。一国买入证券，就是资本输出；一国卖出证券，就是资本输入。证券投资项下设资产和负债两个条目，这两个条目分别包括股本证券和债务证券。其中，股本证券包括一切表明在所有债权人的债权得以清偿之后对公司型企业剩余资产拥有所有权的工具和凭证，如股票、参股或其他类似文件等。债务证券包括三类：一是长期债券、无抵押品的公司债券、中期债券等；二是货币市场工具或可转让的债务工具，包括短期国库券、商业票据和融资票据、银行承兑汇票、可转让的大额定期存单等；三是派生金融工具或二级金融工具，包括金融期货、期权、互换等。

3）其他投资。其他投资是一个剩余项目，它包括所有直接投资、证券投资或储备资产未包括的金融交易。其资产与负债按工具进行分类，包括贸易信贷、贷款（包括使用基金组织的信贷和贷款）、货币和存款以及其他资产和负债（如各种应收款和应付款）。

4）储备资产。储备资产是我国中央银行拥有的对外资产。它包括货币黄金、外汇资产、特别提款权、在基金组织中的储备头寸及其他债权。

货币黄金是一国货币当局作为储备而持有的黄金；外汇资产是指一国政府通过国际收支顺差或干预外汇市场等而形成的外汇储备；特别提款权是国际货币基金组织创设的记账单位，是按会员国份额比例无偿分配的"纸黄金"，它只能在国际货币基金组织范围内用于某些特定用途，如清偿与基金组织之间的债务、缴纳份额、以转账形式获取其他可兑换货币、作为支持本国货币汇率的基础等，未动用的特别提款权构成一国的国际储备资产；在基金组织中的储备头寸，包括储备档头寸和对国际货币基金组织形成的债权头寸等。

3. 错误与遗漏

虽然这一项目不是国际收支平衡表的标准组成部分，但各国编制的国际收支平衡表往往会设置误差和遗漏项目。

出现误差和遗漏项目的原因是：①编制国际收支平衡表的原始资料来自各个方面，在这些原始资料上，当事人出于各种原因，故意改变、伪造或压低某些项目的数字，造成资料失实或收集资料不齐；②由于某些交易项目属于跨年度性的，从而导致统计口径不一致；③短期资本的国际流动，由于其投机性非常强，流入流出异常迅速，且为了逃避外汇管制和其他官方限制，常采取隐蔽的形式，超越正常的收付渠道出入国境，因此很难得到其真实资料。

由于上述各种原因，官方统计所得到的经常项目、资本和金融项目两者之间实际上并不能真正达到平衡，从而导致国际收支平衡表的借方总额与贷方总额之间往往存在差额。因此，设立一个误差和遗漏项目，以此项目的数字来抵补前面所有项目借方和贷方之间的差额，从而使借贷双方最终达到平衡。当官方统计结果借方大于贷方时，两者之间的差额就记误差和遗漏项目的贷方，前面以"+"号标识；当官方统计结果贷方大于借方时，两者之间的差额就记误差和遗漏项目的借方，前面以"-"号标识。

第三节 国际金融市场

在国际领域中，国际金融市场显得十分重要，商品与劳务的国际性转移，资本的国际性转移、黄金输出入、外汇的买卖以至于国际货币体系运转等各方面的国际经济交往都离不开国际金融市场，国际金融市场上新的融资手段、投资机会和投资方式层出不穷，金融活动也凌驾于传统的实质经济之上，成为推动世界经济发展的主导因素。

一、国际金融市场的含义和构成

（一）国际金融市场的含义

国际金融市场是指资金在国际间进行流动或金融产品在国际间进行买卖和交换的场所。国际金融市场可以是有形的市场，它作为国际性金融资产交易的场所，往往是国际性金融机构聚集的城市或地区，也称为国际金融中心，它们已经遍布于北美、欧洲、亚太、中东和拉美及加勒比海地区，其中既有传统意义上的国际金融中心，也有新型的离岸金融中心。在这些金融中心，有相当数量的具体市场，如各国的证券交易所，交易非常活跃。另一方面，国际金融市场也可以是无形的，这个无形的市场由各国经营国际金融业务的机构，如银行、非银行金融机构或跨国公司构成，它们在国际范围内进行资金融通、有价证券买卖及其有关的国际金融业务活动，是通过电话、电传、计算机等现代化的通信设施相联系的网络体系来完成的。

（二）国际金融市场的构成

国际金融市场一般是按市场功能的不同来划分的。在广义上包括国际货币市场、国际资本市场、国际外汇市场、国际黄金市场以及金融衍生工具市场。

1. 国际货币市场和国际资本市场

从狭义的角度讲，国际金融市场就是国际资金借贷和融通的市场。根据融资期限长短划分，国际金融市场由国际货币市场和国际资本市场构成。

（1）国际货币市场。国际货币市场是资金融通业务和借贷期限在一年以下的短期资金市场。国际货币市场的主要功能是为政府、中央银行、工商企业及个人等参与货币市场交易的各方调节短期资金余缺，解决临时性资金周转困难。货币市场具有期限短、资金周转速度快、数额巨大、金融工具流动性强、有较强的货币性、价格波动小、投资风险较低等特征。

（2）国际资本市场。国际资本市场是指经营一年期以上的国际性中长期资金借贷和证券业务的国际金融市场。其主要功能有两个：一是提供一种使资本从剩余部门转移到短缺部门的机制，使资本在国际间进行优化配置；二是为已发行的证券提供充分流动性的二级市场，以保证市场的活力。国际资本市场与国际货币市场相比，其特征是期限较长，资产价格波动和投资风险较大。

2. 国际外汇市场

国际外汇市场是进行国际性货币兑换和外汇买卖的场所或交易网络，是国际金融市场的核心。外汇市场作为国际经济联系的纽带,集中反映了国际经济、世界金融及各国货币汇率变化的趋势,为促进国际贸易、信贷、投资及各种国际资金活动的实现提供了便利条件。随着现代通信技术和国际金融业的迅猛发展,外汇交易日益脱离实物经济。电子技术的广泛应用,现代化通信设施使世界各外汇市场的交易都可以通过电传、电报、计算机网络进行,从而形成全球统一市场。由于外汇市场的国际化和全球化,外汇市场动荡在各市场间迅速传递和扩张的可能性增强。

3. 国际黄金市场

国际黄金市场是世界各国集中进行黄金交易的场所,是国际金融市场的特殊组成部分。虽然随着国际金本位制的消亡以及信用货币制度的建立,黄金已退出货币流通领域,黄金市场逐渐在名义上成为一种贵金属商品市场,但由于黄金市场既是国家调节国际储备资产的重要手段,也是居民调整个人财富储藏形式的一种方式,黄金的保值、清偿功能的现实延续,使黄金在实质上仍然保留货币的作用,黄金市场仍然属于国际金融市场。

目前世界上有五大国际性黄金市场:伦敦、苏黎世、纽约、芝加哥和中国香港,它们都可以进行现货和期货交易,但各有侧重。如伦敦是历史最悠久也是最重要的现货市场;苏黎世黄金市场的交易也以现货交易为主,而且也是世界最重要的金币市场;纽约和芝加哥的黄金市场期货交易量巨大,是世界黄金期货交易的中心;中国香港黄金市场既有现货交易也有期货市场,但以期货交易为主。由于黄金交易方式和类型的不同,这五大黄金市场形成了两大黄金集团:伦敦—苏黎世集团,纽约、芝加哥—香港集团,其市场价格的形成及交易量的变化对世界上其他市场有很大影响。20世纪70年代以来,国际黄金市场发展很快,黄金期货市场发展迅猛,交易手段日益先进,市场规模进一步扩大,数量不断增加,全世界已经有大约40多个国际黄金市场,时差因素把分布在世界各地的黄金市场连为一体,基本上形成了一个24小时进行交易的全球性黄金市场。

【知识链接】

黄 金 投 资

目前,国际上的黄金投资可分为三大类:一类是实物黄金,包括金条、金币、黄金饰品等;一类是"纸黄金",不直接给实物,而是给一张凭证,靠黄金价格的涨跌获取收益;一类是期货黄金,它能做到黄金的套期保值。在我国,由于黄金期货还没有被准生,因此,居民的投资渠道主要就是实物黄金和"纸黄金"两大类。

纸黄金是指投资者按银行报价在账面上买卖"虚拟"黄金获取差价的一种投资方式,如中国银行的"黄金宝"、建设银行的"账户金"即属"纸黄金"范畴。作为现代黄金投资的一种主要形式,"纸黄金"具有流通速度快、变现能力强、交易费用低、进入门槛低等特点。

实物黄金则是指个人通过银行柜台购买金块、金条等实物黄金的交易方式,像招商银行的"高塞尔金"、农业银行的"招金"、中国银行的"奥运金"等都属实物黄金的范畴。

4. 金融衍生工具市场

金融衍生工具市场也称派生市场,是相对于商品市场、资本市场、证券市场等基础市场而言的。该市场交易的工具是金融衍生工具,它是当代金融创新最重要的成果之一。金融衍生工具是一种交易者为转嫁风险的双边合约,其价值取决于基础市场工具或资产的价格及其变化。金融衍生工具市场既包括标准化的交易所,也包括场外交易(柜台交易),即 OTC 交易。金融衍生工具市场主要有金融期货市场、期权市场、互换市场、远期合约市场等。金融衍生工具市场的出现导致了整个金融体系结构性的变革。

二、国际金融市场的类型

国际金融市场可以分为传统的国际金融市场和新型的国际金融市场。

(一) 传统的国际金融市场

传统的国际金融市场又称在岸金融市场,是从事市场所在国货币的国际借贷,并受市场所在国政府政策与法令管辖的金融市场。传统的国际金融市场是国际金融市场的起点,一般都是以本国雄厚的综合经济实力为后盾,依靠国内优良的金融服务和较完善的银行制度发展起来的。传统的国际金融市场与国内金融市场存在密切的内在联系,是在国内金融市场的基础上自然形成的,世界上一些主要的国际金融市场如早期英国的伦敦,两次世界大战前后美国的纽约及第二次世界大战后日本的东京等都是如此。国内金融市场是本国居民之间发生金融资产交易的场所,交易的对象一般是本国货币,空间范围也仅限于本国境内。当金融资产交易的主体扩大到非居民,交易范围超越国境之外,国际金融市场就逐步形成了。传统的国际金融市场之所以被冠以"在岸"名称,这个"岸"不是地理意义的概念,其主要特点是:

(1) 该市场要受到市场所在国法律和金融条例的管理和制约,各种限制较多,借贷成本较高。

(2) 交易活动是在市场所在国居民和非居民之间进行。

(3) 通常只经营所在国货币的信贷业务,本质上是一种资本输出的形式。因此,传统的国际金融市场还称不上真正意义上的国际金融市场。

(二) 新型的国际金融市场

新型的国际金融市场又称离岸金融市场或境外市场,是指非居民的境外货币存贷市场。"离岸"不是地理意义上的概念,而是指不受任何国家国内金融法规的制约和管制。因此,离岸金融市场有如下特征:

(1) 市场参与者是市场所在国的非居民,即交易关系是外国贷款人和外国借款人之间的关系。

(2) 交易的货币是市场所在国之外的货币,包括世界主要可自由兑换货币。

(3) 资金融通业务基本不受市场所在国及其他国家的政策法规约束。

离岸金融市场的产生主要是制度和政策推动的产物,它突破了国际金融市场首先必须是国内金融市场的限制,使国际金融市场不再限于少数发达国家的金融市场,而是向亚太地区、中东、拉美和全世界范围扩展。以上特征表明离岸金融市场是国际化的金融市场,是真正意义上的国际金融市场。欧洲货币市场作为离岸金融市场的总体,它的出现标志着这一新型的国际金融市场的诞生。

三、欧洲货币市场

(一) 欧洲货币和欧洲货币市场的含义

欧洲货币又称境外货币,是在货币发行国境外被存储和借贷的各种货币的总称。它并非指欧洲国家的货币,"欧洲"一词也不是地理意义上的概念,而被赋予了经济上的含义,是"境外"、"离岸"和"在货币所在国管辖之外"的意思。最早出现的欧洲货币是欧洲美元,即境外美元,后来扩展到欧洲英镑、欧洲日元、欧洲瑞士法郎等。货币名称之前被冠以"欧洲",是因为欧洲美元最初是在欧洲地区的银行交易的。

根据欧洲货币的含义,欧洲货币市场是指在一国境外进行该国货币存储与借贷的市场,它是离岸金融市场的核心组成部分。欧洲货币市场起源于20世纪50年代末的英国伦敦,其交易的货币是欧洲美元,因而也叫欧洲美元市场。后来逐渐发展到有欧洲其他国家的货币参加,如德国马克、法国法郎、瑞士法郎等,这些货币和美元一起形成范围广泛的欧洲货币市场。20世纪60年代末其地理范围又进一步扩展,出现了以新加坡为中心的欧洲美元市场。由于新加坡地处亚洲,又称亚洲美元市场。实际上,欧洲美元或亚洲美元,指的就是境外美元,即美国国境以外的美元。

由于国际金融市场实务的发展和多样化以及各国管理实践的差异,欧洲货币市场的内涵有所扩大。除严格意义的欧洲货币市场外,凡是境外货币的交易有时都被笼统地称为欧洲货币市场。显然,这是一种关于欧洲货币市场的广义定义。

(二)欧洲货币市场的产生和发展

1. 欧洲货币市场的产生

欧洲货币市场是以欧洲美元的出现而产生的。欧洲美元是指存放在美国境外银行的美元存款。第二次世界大战后,美国对西欧所提供的大量经济援助和军事援助,使大量的美元流入西欧。当时英国政府出于振兴战后经济和恢复英镑地位的考虑,准许伦敦的商业银行接受美元存款和办理美元信贷业务。另外,早在20世纪50年代初期,由于冷战期间东西方关系恶化,当时的苏联和一些东欧国家鉴于美国冻结了本国在美国的存款这一情况,便把它们持有的美元转存到美国境外的银行中去,多数存在伦敦,这就是最早的欧洲美元。于是首先在伦敦开始了以欧洲美元为主的外币交易,但数量不大。

2. 欧洲货币市场形成和发展的原因

(1)英镑危机。1957年发生英镑危机,英国政府为保卫英镑加强了外汇管制,禁止英国商业银行用英镑对英镑区以外的国家和地区进行贸易融资,致使英国商业银行纷纷转向经营美元,开始大量地吸收美元存款,利用美元存款贷给国际贸易商,这就使欧洲美元的数量大大增加。这样,一个在美国境外经营美元存放款业务的新兴欧洲美元市场,即后来的欧洲货币市场便形成了。

(2)美国国际收支逆差逐渐扩大。1958年以后,美国国际收支逆差逐渐扩大,对外负债逐年增加,获得国际收支盈余的国家将大量美元存放在西欧各国的银行,为欧洲美元市场提供了大量资金。同时,50年代末,西欧一些国家取消了外汇管制,恢复了货币的自由兑换和资本的自由流动,于是不但美元在欧洲可以自由买卖,而且欧洲的境外货币种类也大为增加。这就为欧洲货币市场的顺利发展铺平了道路。

(3)第二次世界大战后生产和资本的国际化发展。第二次世界大战后生产的国际化和资本的国际化发展,也是推动欧洲货币市场形成的重要原因。第二次世界大战后,国际贸易和国际直接投资迅猛发展,跨国公司和跨国银行的活动范围日益扩大,资本的国际化迅速发展。在跨国公司的经营活动中,一方面有大量的暂时闲置资金要获得收益,另一方面又要大量地筹集资金以满足国际经营和投资的需要。这就要求货币的国际化和金融市场的国际化,使资金可以在国际间灵活地运用和相互调拨,而不受一国政府的管制。这是欧洲货币市场产生和发展的最深厚的经济根源。

(4) 美国的跨国银行和跨国公司逃避金融管制。进入20世纪60年代,美国的国际收支逆差越来越大,美国为了平衡国际收支,采取了一系列限制资本外流的措施,如1963年7月实行的利息平衡税,规定美国购买国外有价证券所获得的高于本国证券利息的差额,必须作为税款上缴。1965年1月的"自动限制贷款计划"限制美国银行对外国人的贷款数额。1968年1月美国政府又对对外投资实行强制性控制。这些都使美元通过跨国公司和外国公司转向欧洲货币市场,以逃避管制。此外,美国联邦储备银行的"Q条例"对银行定期存款利率规定了上限,但此项措施不适用于境外银行,境外银行的利率水平完全随市场的供求而浮动,不受任何法规的管制。在60年代中期,市场利率上升后,大量存款便从美国银行提出,转存于欧洲货币市场。美国联邦储备银行的"Q条例"规定,美国商业银行对国外银行的负债必须缴纳存款准备金,而美国国外分行不受此项条例的约束,国外的欧洲美元不必缴纳任何存款准备金,这又使大量的国内存款变成欧洲美元存款,而美国的海外企业也不愿意将海外经营利润汇回国内,而投向欧洲货币市场。

(5) 西欧一些国家实行倒收利息政策。20世纪60年代末70年代初,由于投机性短期资本的冲击,联邦德国、瑞士等国曾采取对非居民存款不付利息,甚至倒收利息的限制性措施,导致大量资金涌向欧洲美元市场。有的国家为遏制通货膨胀,采取鼓励持有外币的措施,以减少本国货币的流通和供应,从而造成境外居民的本币户改成境外居民的外币户,助长了欧洲美元市场的扩大。

3. 推动欧洲货币市场继续扩张的新因素

20世纪70年代以后,一些新的因素推动欧洲货币市场继续扩张。

(1) 美国持续巨额的国际收支逆差。1971年美国宣布停止黄金与美元兑换,使各国中央银行及商业银行的美元大部分流入欧洲货币市场。

(2) 国际市场石油大幅提价。1973年后,石油输出国获得巨额盈余资金,即石油美元,石油美元大量地投入到欧洲货币市场生息获利,使欧洲货币市场存款总额急剧增加和市场规模迅速扩大。

(3) 跨国公司巨额资金的借贷活动。跨国公司巨额资金的借贷活动继续成为欧洲货币市场发展的推动力。

(4) 发展中国家和社会主义国家发展民族经济的需要。发展中国家和社会主义国家为发展民族经济,也到欧洲货币市场筹措资金。

进入20世纪80年代,欧洲货币市场的资产总额继续成倍增长。但从80年代中期到90年代初,欧洲货币市场的增长速度因金融自由化的影响稍有回落,到90年代中期以后,其增长规模又有所扩大。欧洲货币市场经过几十年的发展,已从开始的欧洲地区扩展到世界各地。分布在西欧、中美洲、中东、亚洲和美国等主要区域的离岸市场已有40多个,经营的币种已扩展到20多个可自由兑换货币。

（三）欧洲货币市场的经营特点

欧洲货币市场是一种完全国际化的金融市场。由于它经营的是境外货币，因此具有许多与国内金融市场和对外金融市场不同的经营特点。这些特点可归纳为以下几点：

(1) 市场范围广阔，不受地理限制，是由现代化网络联系形成的全球性的统一市场，但也存在着一些地理中心。

(2) 交易规模巨大，品种、币种繁多，有银行短期贷款，也有中长期贷款；有固定利率贷款，也有浮动利率贷款；有短期证券交易，也有长期证券交易等。

(3) 同外汇市场交易紧密地联系在一起。

(4) 由于是从事非居民的境外货币借贷，所受管制较少。

(5) 金融创新极其活跃。

(6) 有自己独特的利率结构。

(7) 手续简便，借款条件灵活。

四、离岸金融中心

欧洲货币市场与离岸金融中心同为经营境外货币市场，前者是境外货币市场的总称或概括，后者则是具体经营境外货币业务的一定地理区域，吸收并接受境外货币的储存，然后再向需求者贷放。根据业务对象、营运特点、境外货币的来源和贷放重点的不同，离岸金融中心分为以下四种类型。

（一）功能中心

功能中心主要指集中诸多外资银行和金融机构，从事具体存储、贷放、投资和融资业务的区域或城市，其中又分为两种：

(1) 集中性中心。离岸金融中心是内外融资业务混在一起的一种形式，金融市场对居民和非居民开放。伦敦和香港金融中心属于此类。

(2) 分离性中心。是限制外资银行和金融机构与居民往来的一种内外分离的形式，即只准非居民参与离岸金融业务，典型代表是新加坡和纽约的"国际银行设施"。

（二）名义中心

名义中心多集中在中美洲各地，如开曼、巴哈马和百慕大等，是国际银行和金融机构理想的逃税乐土。这些中心不经营具体融资业务，只从事借贷投资等业务的转账或注册等事务手续，所以国际上也把这种中心称为簿记中心。

（三）基金中心

基金中心主要吸收国际游资，然后贷放给本地区的资金需求者，以新加坡为中心的亚洲美元市场属于此种中心。它的资金来自世界各地，而贷放对象主要是东盟成员或临近的亚太地区国家。

（四）收放中心

与基金中心的功能相反，收放中心主要筹集本地区多余的境外货币，然后贷放给世界各地的资金需求者。

亚洲新兴的离岸金融中心巴林，主要吸收中东石油出口国的巨额石油美元，然后贷放给世界各地的资金需求者，同时它也通过设立在当地的外资银行与金融机构积极参与国际市场的各项金融业务。

第四节 国际金融机构

国际金融机构是指从事国际金融管理和国际金融活动的超国家性质的组织机构,能够在重大的国际经济金融事件中协调各国的行动;提供短期资金缓解国际收支逆差稳定汇率;提供长期资金促进各国经济发展。

一、国际清算银行

国际清算银行是根据1930年1月20日在荷兰海牙签订的海牙国际协定,于同年5月,由英国、法国、意大利、德国、比利时和日本六国的中央银行,以及代表美国银行界利益的摩根银行、纽约花旗银行和芝加哥花旗银行三大银行组成的银团共同联合创立,行址设在瑞士的巴塞尔。

国际清算银行成立之初的宗旨是处理第一次世界大战后德国赔款的支付和解决对德国的国际清算问题。1944年,根据布雷顿森林会议决议,该行应当关闭,但美国仍将它保留下来,作为国际货币基金组织和世界银行的附属机构。此后,该行的宗旨转变为增进各国中央银行间的合作,为国际金融业务提供额外的方便,同时充当国际清算的代理人或受托人。

国际清算银行的最高权力机构是股东大会,由认缴该行股金的各国中央银行代表组成,每年召开一次股东大会。董事会领导该行的日常业务。董事会下设银行部、货币经济部、秘书处和法律处。

国际清算银行的资金来源主要是会员国缴纳的股金,另外,还有向会员国中央银行的借款以及大量吸收客户的存款。其主要业务活动是:办理国际结算业务;办理各种银行业务,如存、贷款和贴现业务;买卖黄金、外汇和债券;办理黄金存款;商讨有关国际货币金融方面的重要问题。国际清算银行作为国际货币基金组织内的十国集团(代表发达国家利益)的活动中心,经常召集该集团成员和瑞士中央银行行长举行会议,会议于每月第一个周末在巴塞尔举行。

二、国际货币基金

国际货币基金组织,根据1944年7月在美国布雷顿森林召开的联合国货币金融会议上通过的"国际货币基金协定",于1945年12月正式成立,总部设在美国首都华盛顿,它是联合国的一个专门机构。

国际货币基金组织成立的宗旨是帮助会员国平衡国际收支,稳定汇率,促进国际贸易的发展。其主要任务是,通过向会员国提供短期资金,解决会员国国际收支暂时不平衡和外汇资金需要,以促进汇率的稳定和国际贸易的扩大。

按照"国际货币基金协定",凡是参加1944年布雷顿森林会议,并在协定上签字的国家,称为创始会员国。在此以后参加基金组织的国家称为其他会员国。两种会员国在法律上的权利和义务并无区别。国际货币基金组织成立之初,只有44个会员国,至1997年底,已发展到184个会员国。我国是创始会员国之一。

参加基金组织的每一个会员国都要认缴一定的基金份额。基金份额的确定,与会员国利益密切相关,因为会员国投票权的多寡和向基金组织取得贷款权利的多少取决于一国份额的大小。

国际货币基金组织的最高权力机构是理事会,由各会员国委派理事和副理事各1人组成。执行董事会是负责处理基金组织日常业务的机构,共由23人组成。

国际货币基金组织的资金来源,除会员国缴纳的份额以外,还有向会员国借入的款项和出售黄金所获得的收益。国际货币基金组织的主要业务是:发放各类贷款;商讨国际货币问题;提供技术援助;收集货币金融情报;与其他国际机构的往来。

国际货币基金组织于1980年4月17日正式恢复我国的合法席位。我国向基金组织委派理事、副理事和正、副执行董事。当时,我国在基金组织的份额为12亿特别提款权,后增至33.85亿特别提款权。

三、世界银行

世界银行又称"国际复兴开发银行",是1944年与国际货币基金组织同时成立的另一个国际金融机构,也属于联合国的一个专门机构。它于1946年6月开始营业,总行设在美国首都华盛顿。世界银行的宗旨是:通过提供和组织长期贷款和投资,解决会员国战后恢复和发展经济的资金需要。

根据协定,凡参加世界银行的国家必须是国际货币基金组织的会员国,但国际货币基金组织的会员国不一定都参加世界银行。世界银行建立之初,有39个会员国,到目前为止,已增至181个会员国。凡会员国均须认购世界银行的股份,认购额由申请国与世界银行协商,并经理事会批准。一般情况下,一国认购股份的多少是根据其经济和财政实力,并参照该国在基金组织缴纳份额的大小而定。世界银行会员国的投票权与认缴股本的数额成正比例。

世界银行的最高权力机构是理事会,由每一会员国委派理事和副理事各一名组成。理事会每年9月同国际货币基金组织联合举行年会。执行董事会是世界银行负责组织日常业务的机构,它由21人组成。

世界银行的资金来源除会员国缴纳的股份以外,还有向国际金融市场借款、出让债权和利润收入。其主要业务活动是提供贷款、技术援助和领导国际银团贷款。

我国是世界银行创始会员国之一。世界银行1980年5月5日正式恢复了我国的代表权。

我国向世界银行缴纳的股份大约占世界银行股金总额的三分之一。1987年底,我国政府与世界银行达成协议,共同开展对我国企业改革、财税、住宅、社会保险和农业方面的项目研究。

1981年,世界银行向中国提供第一笔贷款,用于支持中国的大学发展项目,截止到2006年6月30日,世界银行累计向中国提供贷款约405.34亿美元,支持了274个项目,其中75个项目仍在实施中。世界银行贷款项目涉及国民经济的各个部门,遍及中国的大多数省、直辖市、自治区,主要集中在交通、城市发展、能源和人力开发领域。交通项目着眼于将贫困内陆省区与经济蓬勃发展的沿海地区连接起来;城市项目着眼于城市交通、可持续供水和环境卫生,能源项目着眼于满足国家日益增长的电力需求。世界银行硬贷款与英国政府赠款相结合的创新机制使得对社会部门和贫困农村地区的贷款有所增加。

第四节 国际金融机构

四、其他国际金融组织

(一) 亚洲开发银行

亚洲开发银行（简称"亚行"，ADB）是亚洲和太平洋地区的区域性金融机构。它不是联合国下属机构，但它是联合国亚洲及太平洋经济社会委员会（联合国亚太经社会）赞助建立的机构，同联合国及其区域和专门机构有密切的联系。根据1963年12月在菲律宾首都马尼拉由联合国亚太经社会主持召开的第一届亚洲经济合作部长级会议的决议，1965年11月至12月在马尼拉召开的第二届会议通过了亚洲开发银行章程。章程于1966年8月22日生效，11月在东京召开首届理事会，宣告该行正式成立。同年12月19日正式营业，总部设在马尼拉。

亚行的宗旨是帮助发展中成员减少贫困，提高人民生活水平，以实现"没有贫困的亚太地区"这一终极目标。亚行主要通过开展政策对话、提供贷款、担保、技术援助和赠款等方式支持其成员在基础设施、能源、环保、教育和卫生等领域的发展。

亚行的组织机构主要有理事会和董事会。由所有成员代表组成的理事会是亚行最高权力和决策机构，负责接纳新成员、变动股本、选举董事和行长、修改章程等，通常每年举行一次会议，由亚行各成员派一名理事参加。行长是该行的合法代表，由理事会选举产生，任期5年，可连任。

亚行有来自亚洲和太平洋地区的区域成员，和来自欧洲和北美洲的非区域成员。亚行在成立之初只有33个成员，如今成员数量已增至67个，其中48个成员来自亚太地区。

截至2009年5月，日本和美国同为亚行最大股东，各持有15.571%的股份和拥有12.756%的投票权。1986年2月17日，亚行理事会通过决议，接纳中国为亚行成员国。同年3月10日中国正式为亚行成员，台湾以"中国台北"名义继续保留席位。中国是亚行第三大股东国，持股6.429%，拥有5.442%的投票权。在1987年4月举行的理事会第20届年会董事会改选中，中国当选为董事国并获得在董事会中单独的董事席位。同年7月1日，亚行中国董事办公室正式成立。1986年，中国政府指定中国人民银行为中国对亚行的官方联系机构和亚行在中国的保管银行，负责中国与亚行的联系及保管亚行所持有的人民币和在中国的其他资产。2000年6月16日，亚行驻中国代表处在北京成立。2008年8月，亚行董事会任命中国进出口银行副行长赵晓宇为亚行副行长。

亚行每年4月、5月在总部或成员国轮流举行年会。主要议题是探讨亚太地区的经济金融形势、发展趋势和面临的挑战，推动亚行作为地区性开发机构在促进本地区社会经济发展方面发挥作用。同时会议还将对亚行年度业务进行审议，并通过亚行年度报告、财务报告、外部审计报告、净收入分配报告、预算报告等。

亚行主要通过开展政策对话、提供贷款、担保、技术援助和赠款等方式支持其成员在基础设施、能源、环保、教育和卫生等领域的发展。

2008年，亚行共批准贷款105亿美元，同比增长5.3%；赠款项目总额达8.11亿美元，同比增长20.6%；技术援助总额达2.75亿美元。在亚行发放的贷款中，交通领域贷款最多，能源领域贷款次之。2008年，亚行主要的借款成员依次是印度、中国、印尼、菲律宾、越南和巴基斯坦。

(二) 欧洲投资银行

欧洲投资银行是在 1957 年 3 月 25 日，根据《欧洲共同体条约》（即罗马条约）的有关条款组成的欧洲金融机构。它的成员都是欧洲共同体的会员国，行址设在卢森堡。欧洲投资银行的宗旨是，为了欧洲共同体的利益，利用国际资本市场和共同体本身的资金，促进共同市场平衡而稳定地发展。该行的主要业务活动是，在非盈利的基础上，提供贷款和担保，以资助欠发达地区的发展项目，改造和使原有企业现代化以及开展新的活动。其资金来源主要是向欧洲货币市场借款。

(三) 国际开发协会

国际开发协会是世界银行的一个附属机构，成立于 1960 年 9 月，总部设在美国首都华盛顿，凡是世界银行会员国均可参加该机构。到目前为止，国际开发协会共有 160 个会员国。

国际开发协会的宗旨是，专门对较贫困的发展中国家提供条件极其优惠的贷款，加速这些国家的经济建设。国际开发协会每年与世界银行一起开年会。

国际开发协会的资金来源除会员国认缴的股本以外，还有各国政府向协会提供的补充资金、世界银行拨款和协会的业务收入。

我国在恢复世界银行合法席位的同时，也自然成为国际开发协会的会员国。

(四) 国际金融公司

国际金融公司也是世界银行的一个附属机构，1956 年 7 月成立。1957 年，它同联合国签订协定，成为联合国的一个专门机构。参加国际金融公司的会员国必须是世界银行的会员国。到目前为止，已有 174 个会员国。

国际金融公司的宗旨是，鼓励会员国（特别是不发达国家）私人企业的增长，以促进会员国经济的发展，从而补充世界银行的活动。

国际金融公司的资金来源主要是会员国缴纳的股金，其次是向世界银行和国际金融市场借款。其主要业务活动是对会员国的私人企业贷款，不需政府担保。

我国在恢复世界银行合法席位的同时，也成为国际金融公司的会员国。20 世纪 90 年代以来，我国与国际金融公司的业务联系不断密切，其资金已成为我国引进外资的一条重要渠道。

(五) 多边投资保证机构

多边投资保证机构是 1988 年新成立的世界银行附属机构。

多边投资保证机构共有 151 个会员国。其宗旨是，为发展中国家的外国私人投资提供政治风险和非商业风险的保险，并帮助发展中国家制定吸引外国资本直接投资的战略。

习 题

一、单项选择题

1. 严格地说，以下（ ）是外汇。
 A. 有价证券　　　B. 外币现钞　　　C. 黄金　　　D. 国外银行存款
2. 国际收支全面反映一国的对外（ ）关系。
 A. 政治　　　　　B. 经济　　　　　C. 军事　　　D. 文化科技

3. 国际收支平衡表按照（　　）原理进行统计记录。
   A. 单式记账　　　B. 复式记账　　　C. 增减记账　　　D. 收付记账
4. 在国际收支平衡表中，借方记录的是（　　）。
   A. 资产的增加和负债的增加　　　B. 资产的增加和负债的减少
   C. 资产的减少和负债的增加　　　D. 资产的减少和负债的减少
5. 一国的国际收支平衡表中，最基本、最重要的项目是（　　）。
   A. 经常账户　　　　　　　　　　B. 资本金融账户
   C. 净差错与遗漏　　　　　　　　D. 储备与相关项目
6. 直接标价法是（　　）。
   A. 以本币作为标准　　　　　　　B. 以外币作为标准
   C. 以欧元作为标准　　　　　　　D. 以美元作为标准
7. 在直接标价法下，如果一定单位的外国货币折成的本国货币数额增加，则说明（　　）。
   A. 外币币值上升，外币汇率上升　　B. 外币币值下降，外汇汇率下降
   C. 本币币值上升，外汇汇率上升　　D. 本币币值下降，外汇汇率下降
8. 世界黄金定价中心是（　　）。
   A. 香港　　　　B. 伦敦　　　　C. 新加坡　　　　D. 苏黎世
9. 下面四种提法中只有一种是正确的，正确的提法是（　　）。
   A. 国际金融公司是国际货币基金组织的附属机构
   B. 国际开发协会主要向发达国家提供贷款
   C. 世界银行的贷款对象只限于会员国
   D. 国际货币基金组织的贷款对象不仅仅是各会员国政府，还包括各会员国工商企业
10. 下列提法中不正确的是（　　）。
    A. 欧洲货币市场是当前世界最大的国际资金融通市场
    B. 欧洲债券市场是欧洲货币市场的一种长期借贷形式
    C. 欧洲美元可以在美国国内流通
    D. 短期信贷市场是欧洲货币市场的主要资金运用方式之一

二、多项选择题

1. 我国现行《外汇管理条例》中所指的外汇包括（　　）。
   A. 欧洲货币单位　　B. 外国货币　　C. 外币有价证券
   D. 外币支付凭证　　E. 特别提款权
2. 狭义的外汇是指（　　）。
   A. 外国货币　　　　B. 国外银行存款　　C. 汇票　　　　D. 政府债券
   E. 黄金　　　　　　F. 电汇凭证　　　　G. 支票　　　　H. 本票
3. 以下不正确的有（　　）。
   A. 美国在海外的子公司是美国的居民
   B. 外国在美国的子公司是美国的非居民
   C. 受雇在美国驻外使领馆工作的外交人员是美国的居民

D. 受雇在外国使领馆的本国工作雇员是本国的非居民

E. 联合国代表处是所在国的居民

4. 引起本国外汇支出的项目是（　　）。

A. 贷方项目　　　　B. 借方项目　　　C. 用"＋"号表示

D. 用"－"号表示　　E. 正号项目　　　F. 负号项目

5. 当国际收支的收入大于支出时，称为（　　）。

A. 顺差　　　B. 逆差　　　C. 赤字　　　D. 黑字　　　E. 红字

6. 经常账户包括（　　）项目。

A. 货物　　　　　B. 金融　　　　C. 服务　　　　D. 收入

E. 经常转移　　　F. 资本

7. 国际收支出现顺差会引起本国（　　）。

A. 本币汇率下降　B. 外汇储备增加　C. 国内经济萎缩　D. 国内通货膨胀

E. 利率上升　　　F. 失业人数增加　G. 国内资金紧张

8. 假设外国公司以机器设备形式在我国进行投资，如果人民币贬值，那么该投资商将会（　　）。

A. 增加投资额　　　B. 减少投资额　　　C. 保持不变

9. 假设外国公司以证券形式在我国进行投资，如果人民币升值，那么该投资商将会（　　）。

A. 抽逃资本、引起资本外流　　B. 增加投资额、引起外资流入　　C. 保持不变

10. 国际金融市场包括（　　）。

A. 货币市场　　　B. 资本市场　　　C. 外汇市场　　　D. 黄金市场

三、计算题

1. 某银行询问美元对新加坡元的汇价，你答复道："1.6403/1.6410"。请问，如果该银行想把美元卖给你，汇率是多少？

2. 某银行询问美元兑港元汇价，你答复道："1 美元＝7.8000/10 港元"，请问：

（1）该银行要向你买进美元，汇价是多少？

（2）如你要买进美元，应按什么汇率计算？

（3）如你要买进港元，又是什么汇率？

3. 如果你是 ABC 银行的交易员，客户向你询问澳元/美元汇价，你答复道："0.7685/90"。请问：

（1）如果客户想把澳元卖给你，汇率是多少？

（2）如果客户要买进澳元，汇率又是多少？

4. 如果你向中国银行询问美元/欧元的报价，回答是"1.2940/1.2960"，请问：

（1）中国银行以什么汇率向你买入美元，卖出欧元？

（2）如果你要买进美元，中国银行给你什么汇率？

（3）如果你要买进欧元，汇率又是多少？

5. 如果你是银行，客户向你询问美元兑瑞士法郎汇价，你答复道："1.4100/10"。请问：

(1) 如果客户要把瑞士法郎卖给你，汇率是多少？
(2) 你以什么汇价向客户卖出瑞士法郎？
(3) 如果客户要卖出美元，汇率又是多少？

四、分析题

金鑫公司是我国一家生产向美国出口休闲服装的厂家，其出口产品的人民币底价原来为每箱 8000 元，按照原来市场汇率 USDl＝CNY7.80，公司对外报价为 1025.64 美元。但是由于外汇市场供求变动，美元对人民币贬值，美元对人民币汇率变动为 USDl＝CNY6.83。金鑫公司若按照原来的美元报价，其最终的人民币收入势必减少。因此，公司经理决定提高每箱休闲服装的美元定价，以保证最终收入。

问题：
(1) 公司要把美元价格提高到多少，才能保证其人民币收入不受损失？
(2) 若公司为了保持在国际市场上的竞争力而维持美元价格不变，则在最终结汇时，公司每箱休闲服装要承担多少人民币损失？

提示：(1) 公司要把美元价格提高到 1171.30（8000/6.83）元人民币，才能保证其人民币收入不受损失。

(2) 若维持美元价格不变，公司每箱休闲服装要承担 994.88（8000－1025.64×6.83）元人民币的损失。由此案例可见，外汇及汇率和人们的经济生活密切相关。有必要了解与外汇、汇率相关的概念、原理和方法，从而更好地把握实际经济情况和现象。

五、思考题

1. 如何从动态、静态角度理解外汇的概念？
2. 试比较直接标价法和间接标价法。
3 请你自己收集最新的资料，谈谈我国国际收支的现状。
4. 简述国际金融市场的概念和构成。
5. 简述三个国际金融组织的宗旨及其成立背景及其与中国的关系。

第十五章　财政金融的宏观调控

本 章 导 语

宏观调控是指对国民经济的全局和整体进行的调节与控制，它是现代国家政府的主要职能之一。宏观调控最主要的目标是要实现社会总供给与社会总需求的基本平衡。而财政收支平衡、信贷收支平衡，则是实现社会总供求平衡的最重要条件。财政政策和货币政策是现代国家进行宏观调控最有力的两种工具。宏观调控除要遵循市场经济规律外，还要讲究艺术。财政政策和货币政策的协调配合，就是宏观调控艺术性的体现。本章主要介绍了宏观调控的具体手段和方法，并指出这些手段的优劣，以及从经济学的角度如何正确的使用这些方法。

知识目标：
- 了解宏观调控的概念、内容、必要性，掌握宏观调控的手段
- 掌握财政政策的目标以及财政政策工具
- 掌握货币政策的目标和手段
- 理解货币政策和财政政策相互配合的必要性和相互配合的方式

技能目标：
- 能利用财政金融宏观调控理论对我国目前的经济运行作简要分析

案例导入：

2010 年我国宏观调控的主要目标

调控政策从来就是有减法和加法两条线，而调控的最终结果取决于二者的共同作用。

今年以来政策的减法措施主要是三条线：一是为了防止房价的过快上涨而进行的房地产市场调控；二是为了防止经济过热和通胀而进行的地方融资平台的清理；三是为了配合调结构和实现节能减排目标而进行的对落后产能的淘汰和清理。政策的加法措施主要有二：一是为了使中国实现内生式复苏而出台的鼓励民间投资的新非公36条；二是为了实现调结构目标，未来有望出台的新兴产业鼓励政策。

信贷、利率、税收、行政手段等，都是为了实现这些政策目标而采取的手段。对于以上的紧缩措施，当前仍处于政策的观察期，说政策放松还为时尚早，因为宏观调控的目标还远没有达到。

今年宏观调控的目标主要有：防止通胀、避免经济过热、控制房地产价格过快上涨，以及中长期的目标——调结构。

第一，通胀的压力仍然很大。CPI自2月份开始已经连续3个月超过一年期存款利率，当前正在向3%逼近，未来通胀压力仍较大。

第二，从调控房地产价格来看，新国10条出台之后，房地产销售量有明显萎缩，但价格是涨多跌少，离调控的目标也还有很大的差距。在这种情况下，宏观调控的必要性仍然存在。

第三，在后危机时代，调结构势在必行。危机的出现，让中国依靠投资和出口的经济增长模式深受其害，中国下定决心进行结构调控。从2009年的中央经济工作会议到两会，以及可以预期到的"十二五"规划，调结构都是重头戏。此外，2010年作为"十一五"的收官之年，单位GDP能耗累计下降14.38%的实际值离20%的目标值仍有较大差距，淘汰落后产能压力仍非常大。

案例评析：

（1）有效地宏观调控并不是其中一个手段就能完成的，必须综合运用，在具体实践中不断丰富调控的内容和手段，更不能认为实行宏观调控就是行政手段。

（2）不要认为只有社会主义才有宏观调控资本主义国家同样存在着国家的宏观调控。计划和市场是发展社会经济的手段，和社会性质比没有必然的联系。例如：发生金融危机后，许多资本主义国家纷纷推出经济复苏计划，通过财政、金融、货币等手段复苏本国经济。

（3）不能片面地认为国家宏观调控越多社会经济就会发展得越好，市场经济条件下要充分地发挥市场配置资源的基础性作用。

第一节 宏观调控概述

在市场经济中，商品和服务的供应及需求是受价格规律及自由市场机制所影响的。市场经济带来经济增长，但会引发通货膨胀，而高潮后所跟随的衰退却使经济停滞甚至倒退，这种周期波动对社会资源及生产力都构成严重影响。所以宏观调控是着重以整体社会的经济运作，透过人为调节供应与需求，来达至计划经济之目标。

一、宏观调控及其发展

宏观调控是指国家从社会整体利益出发，为了实现经济总量的基本平衡和经济结构的优化，引导国民经济持续、健康、快速发展，对国民经济总体活动所进行的总体调节和控制。在理解这个概念时，要把握以下几个要点。

1. 宏观调控的主体是国家（主要是中央政府）

首先，政府是宏观分配的主体，这就决定了政府应该是宏观调控的主体。只要是实行市场经济的国家，只能是政府调控市场、市场引导企业。其次，政府的权威性决定政府必然是宏观调控的主宰者。政府对内代表人民大众的利益，对外显示国家的威严，是国内外事务的决策者。如果政府失去宏观调控的权利，国家就会造成各自为政、诸侯经济的局面。第三，政府雄厚的经济实力也使之有能力成为宏观调控的操纵者。

2. 宏观调控的客体是宏观经济

宏观经济是与微观经济相对应的概念，它是指国民经济的全局及关系国民经济全局的重大经济活动，是社会再生产的总量。它虽然不是国民经济的全部，却是国民经济中具有决定意义的重要部分。微观经济是国民经济的个体或局部，是社会再生产的个量。宏观经济与微观经济是对立的统一,宏观经济与微观经济的有机结合,对国民经济有决定性作用;宏观经济的协调发展是微观经济正常运行的前提;微观经济是宏观经济的基础,只有组织好微观经济,宏观经济的目标才能得以实现。政府对宏观经济的调控,就是对国民经济的全局及其重大经济活动进行调控。

3. 宏观调控的途径包括宏观调节和宏观控制两个方面

宏观调节是政府对社会供求总量及结构等重大经济活动进行调整,使国民经济运行等方面改变原有不适合的情况,以达到政府的要求。宏观控制是将社会供求总量及结构限制在一定的幅度内,以把握国民经济的运行,不使其任意超出范围。

二、宏观调控体系

(一) 什么是宏观调控体系

宏观调控体系是指为实现宏观经济调控目标而设置的由相互联系相互制约的各种调控手段组成的有机整体。

(二) 宏观调控的手段

具体来看,宏观调控手段包括经济手段、法规手段和文化手段。

1. 经济手段

经济手段主要包括经济计划(规划)、财政政策及货币政策。经济计划,是指对整个国民经济的未来发展过程所做的部署和安排,具体地说,是指为了实现宏观经济目标而对整体目标进行分解、计算并筹划人、财、物,拟定计划实施步骤和方法,并制定相应的政策、措施等一系列的管理活动。

2. 法规手段

法规手段是国家通过经济立法和司法调节经济活动的强制性手段,包括一系列关于经济活动的法律、法令、条例和规章制度。

3. 文化手段

文化对经济具有巨大的作用力。但是,同其他调控手段不同的是,文化手段作为一种特殊的调控手段,对传统有很大的继承性,表现出较强的稳定性,其对经济发挥作用的时间相对缓慢。这种手段必须贯穿于经济发展的始终。

(三) 宏观调控政策

国家对经济进行宏观调控的过程,也就是运用适当的调控机制与调控手段,把微观经济活动纳入宏观经济发展的目标,使社会进入理想运行状态的过程。这一过程要借助于完善的宏观调控政策体系来实现。

1. 产业政策

在宏观调控政策体系中,产业政策是国民经济发展的总政策,是一切经济政策的前提,它规定着国家生产力的发展总量和结构、存量和增量、组织和布局、技术和工艺等一切方面,是制定国民经济和社会发展计划的基础。产业政策的具体内容包括产品品种发展政策、技术工艺进步政策、企业组织结构调整、资源区域布局政策、能源交通规划方案和行业部门改造规划等。

2. 投资政策

这是产业政策的具体化实施政策。产业政策从总体上规划生产力发展的方向,投资政策则从增量投入的角度将产业结构和总量的发展优化。

3. 消费政策

这是国家指导、协调和保护消费者行为,调节消费的水平、规模和结构模式的政策。

4. 财政政策

这是国家控制和调节社会总产品、国民收入初次分配和再分配活动的主导政策。它直接作用于分配领域,间接制约和引导消费领域,是产业政策、投资政策和消费政策的实施方式和操作化形式。

【案例 15-1】

完善金融宏观调控监管体系

中国人民银行行长助理李东荣在 2011 年召开的"2011 中国金融高峰论坛"上表示,"十二五"时期,提高我国金融业核心竞争力必须继续全面推动我国金融创新工作,具体措施包括推进利率市场化改革和人民币汇率形成机制改革,积极稳妥推进综合经营试点,以及稳步推进资产证券化等。

李东荣说,近年来,央行努力在金融调控、金融改革、金融市场稳定和金融服务方面改革创新,取得明显成效。但目前我国金融体系仍存在一系列问题,金融运行中一些深层次矛盾还没有从根本上解决。因此,下一阶段必须继续全面推动我国金融创新工作,根本上提高我国金融业核心竞争力。

总结全球金融危机的教训,李东荣认为,我国金融创新应该遵循五个原则:一是金融创新要服务于实体经济发展;二是要正确处理好政府与市场关系,要尊重金融企业自主性、创造性,减少不必要的行政管制,同时明确政府主要是通过制度建设来实现对金融创新进行法制化、规范化管理;三是金融创新要强化风险意识,高度重视创新过程中的风险控制;四是要坚持借鉴国际经验、立足中国实际相结合原则;五是金融创新要依托科技进步,金融企业要紧跟科技创新步伐,推动各项金融创新。

李东荣说,"十二五"时期,央行将坚持以金融创新为动力,不断推动中国金融业持续发展,更好地支持和促进国民经济平稳发展。具体而言:一是要进一步完善金融宏观调控监管体系,构建逆周期金融宏观审慎制度管理框架,建立健全系统性金融风险防范预警体系、评估体系和处置机制,坚守不发生系统性金融风险的底线。二是通过金融机构建立健全现代金融企业制度,强化内部治理和风险管理,提高创新发展能力和国际竞争力,进一步健全和完善多元化的金融机构组织体系,特别是加快发展主要为三农、中小企业服务的金融机构,有计划、有步骤地推进利率市场化,推进人民币汇率形成机制改革。三是有序发展和创新金融产品和服务,积极稳妥推进综合经营试点,稳步推进资产证券化,推进金融期货等衍生品发展,促进创业股权投资健康发展,规范发展私募基金市场,推动适合中小企业特定的直接债务融资创新。四是按照统筹规划有序拓宽对外投资渠道,完善资本流入流出均衡管理;稳妥推动人民币跨境贸易投资,促进人民币离岸贸易发展。

【案例分析】

(1) 宏观调控主要是通过财政政策工具和货币政策工具来发挥效应。

（2）具体的财政政策和货币政策的落实还需依靠各级金融机构来操作。

（案例摘自腾讯财经：http://finance.qq.com/a/20110519/000580.htm）

三、宏观调控的功能

（一）宏观调控的目标

国家宏观调控的目标是促进经济增长、增加就业、稳定物价、保持国际收支平衡。

1. 促进经济增长

保持一定的经济增长速度，这是我国经济发展和宏观调控所要达到的一个重要目标。我国经济发展能否保持一个较快的速度，不仅是重大的经济问题，而且是重大的政治问题，它关系到我国综合国力的增强和人民生活水平的提高以及国家的长治久安。但是，为避免和防止大的经济波动起伏，经济增长速度又不能过快，因此要坚持适度原则。

2. 增加就业

充分就业是宏观经济政策的一个目标，它一般是指一切生产要素都有机会以自己愿意的报酬参与生产的状态，但由于测量各种经济资源的利用程度非常困难，因此，经济学家通常以失业情况作为衡量充分就业与否的尺度。"十六大"报告将就业问题明确纳入到了宏观调控的目标体系中，但根据我国的实际国情，并没有将我国的就业目标定为西方经济学所谓的"充分就业"，而是将就业目标定为"增加就业"。

3. 稳定物价

稳定物价是通货稳定、经济增长、比例协调的综合反映。为实现物价相对稳定，国家必须把财政赤字、通货增长量、总供需差额限制在一定限度之内，努力避免通货膨胀。同时，也要防止以物价持续下跌为特征的通货紧缩。价格稳定是指价格总水平的稳定，它是一个宏观经济概念，一般用价格指数来表示一般价格水平的变化。绝大多数国家采用消费价格指数。我国目前采用社会商品零售价格总指数和居民消费价格总指数（CPI）。

4. 保持国际收支平衡

国际收支平衡，是指一国各种国际往来的收入和支出的基本平衡。其中重要的是外汇收支差额和偿债率、负债率要适当。这就要求将外汇收支差额控制在合理的范围内。在利用外资时，掌握好借、用、还这三个环节，使外债规模同我国的经济实力和偿还能力相适应。

（二）宏观调控的必要性

1. 熨平"经济周期"需要实行宏观调控

市场经济在其运行中具有周期性，只有当社会生产在总量和结构上满足了社会需求时，经济过程才能正常进行下去，否则就会出现经济失衡和波动，造成经济资源的浪费或资源配置的低效率。市场调节虽然能自发地发挥作用并实现社会供给与社会需求在总量和结构上的平衡。但是，单纯依靠市场调节来恢复平衡，需要经过较长时间的波动并伴有社会劳动的巨大浪费，这就要求政府最大限度地运用各种手段熨平经济周期，以稳定经济。

2. 弥补"市场失灵"需要实行宏观调控

在市场经济条件下，市场对资源配置起着基础性作用，但市场不是万能的。由于市场存在失灵的现象，决定了不可能把一切资源配置问题完全交给市场去处理，在提供公共产品、纠正外部性和克服垄断现象等方面需要政府实施宏观调控，以弥补市场失灵。

3. 实现"公平分配"需要实行宏观调控

在市场经济条件下,市场分配以效率为原则,市场经济通过等价交换意义上的机会均等体现市场的公平性。这种公平有利于促进市场经济的效率,但同时也会带来社会的两极分化、贫富悬殊。如果任其发展,势必造成社会分配的严重不公,带来严重的社会问题。因此要求政府对市场调节的结果进行再一次高层次的调节,以实现收入分配的相对公平。

4. 我国具体国情决定需要实行宏观调控

我国目前正处于经济转型期,与发达的市场经济国家相比,我国的市场还是一个发育不足的市场。同时,我国是一个发展中国家,资金和资源相对短缺,地区和部门之间的经济发展很不均衡。在这种情况下,要促进社会主义市场经济体制的深入发展,要保证经济发展战略目标的实现,更需要政府在资源配置、收入分配、稳定经济等方面加强宏观调控。

第二节 财 政 政 策

财政政策是指一国政府为实现一定的宏观经济目标而调整财政收支规模和收支平衡的指导原则及其相应的措施。财政政策贯穿于财政工作的全过程,体现在收入、支出、预算平衡和国家债务等各个方面。因此,财政政策是有税收政策、支出政策、预算平衡政策、国债政策等构成的一个完整的政策体系。在市场经济条件下,财政功能的正常发挥主要取决于财政政策的适当运用。财政政策运用得当,就可以保证经济的持续、稳定、协调发展,财政政策运用失当,会引起经济失衡和波动。

一、财政政策的类型

一国实施的财政政策有很多,财政政策功能各异,从不同的角度,财政政策有不同的分类,通常有以下几种。

(一)按财政政策对总需求影响不同分

按财政政策对总需求影响不同,可以将财政政策分为三种不同的类型,即扩张性财政政策、紧缩性财政政策和均衡性财政政策。

1. 扩张性财政政策

扩张性财政政策是指通过财政分配活动来增加和刺激社会总需求。在国民经济存在总需求不足时,通过扩张性财政政策使总需求与总供给的差额缩小以致平衡;如果总需求与总供给原来就是平衡的,扩张性财政政策就会使总需求超过总供给。扩张性财政政策的载体主要有减税(降低税率)和增加财政支出规模。一般来说,减税可以增加民间的可支配收入,在财政支出规模不变的情况下,也可以扩大社会总需求。同时,减税的种类和方式不同,其扩张效应也不同。流转税的减税在增加需求的同时,对供给的刺激作用更大,所以它的扩张效应主要表现在供给方面。所得税尤其是个人所得税的减税主要在于增加人们的可支配收入,它的扩张效应体现在需求方面。财政支出是社会总需求的直接构成因素,财政支出规模的扩大会直接增加总需求。在减税与增加支出并举的情况下,扩张性财政政策一般会导致财政赤字。从这个意义上说,扩张性财政政策等同于赤字财政政策。

2. 紧缩性财政政策

紧缩性财政政策是指通过财政分配活动来减少和抑制总需求。在国民经济已出现总需求过旺的情况下，通过紧缩性财政政策消除通货膨胀缺口，达到供求平衡；如果总供求原来就是平衡的，紧缩性财政政策会造成有效需求不足。实现紧缩性财政政策目标手段主要是增税（提高税率）和减少财政支出。增加税收可以减少民间的可支配收入，降低人们的消费需求；减少财政支出可以降低政府的消费需求和投资需求。所以，无论增税还是减支，都具有减少和抑制社会总需求的效应。如果在一定经济状态下，增税与减支同时并举，财政盈余就有可能出现。在一定程度上说，紧缩性财政政策等同于盈余财政政策。

3. 均衡性财政政策

均衡性财政政策是指财政的分配活动对社会总需求的影响保持中性。财政的收支活动既不会产生扩张效应，也不会产生紧缩效应。在一般情况下，这种政策要求财政收支要保持平衡。但是，使预算收支平衡的政策并不等于均衡性财政政策。

（二）按财政政策具有调节经济周期的作用划分

根据财政政策具有调节经济周期的作用来划分，可分为自动稳定的财政政策和相机抉择的财政政策。

1. 自动稳定的财政政策

自动稳定的财政政策指在国民经济中无需经常变动政府政策而有助于经济自动趋向稳定的因素。财政政策中的自动稳定是指一些财政支出和税收制度就具有某种自动调整经济的灵活性，可以自动配合需求管理，减缓总需求的摇摆性，从而有助于经济的稳定。在社会经济生活中，通常具有自动稳定作用的因素包括：个人和公司所得税、失业补助和其他福利转移支付、农产品维持价格以及公司储蓄和家庭储蓄等。财政的这种自动稳定经济的功能主要通过下述三项制度得到发挥：

（1）政府税收的自动变化。政府税收的自动变化包括个人所得税和个人所得税的累进所得税自动稳定作用。在经济萧条时，个人和企业利润降低，符合纳税条件的个人和企业数量减少，因而税基相对缩小，使用的累进税率将下降，税收自动减少。因税收的减少幅度大于个人收入和企业利润的下降幅度，税收便会产生一种推力，防止个人消费和企业投资的过度下降，从而起到反经济衰退的作用。在经济过热时期，其作用机理正好相反。

（2）政府支出的自动变化。当经济出现衰退与萧条时，失业增加，符合救济条件的人数增多，失业救济和其他社会福利开支就会相应增加，这样就可以抑制人们收入特别是可支配收入的下降，进而抑制消费需求的下降。当经济繁荣时，失业人数减少，失业救济和其他福利费支出也会自然减少，从而抑制可支配收入和消费的增长。

（3）农产品价格维持制度。经济萧条时，国民收入下降，农产品价格下降，政府依照农产品价格维持制度，按支持价格收购农产品，可使农民收入和消费维持在一定水平上。经济繁荣时，国民收入水平上升，农产品价格上升，这时政府减少对农产品的收购并抛售农产品，限制农产品价格上升，也就抑制农民收入的增长，从而也就减少了总需求的增加量。

2. 相机决策的财政政策

相机决策的财政政策意味着某些财政政策本身没有自动稳定的作用，需要借助外力才

第二节 财政政策

能对经济产生调节作用。一般来说，这种政策是指政府根据一定时期的经济社会状况，主动灵活选择不同类型的反经济周期的财政政策工具，干预经济运行行为，实现财政政策目标。在20世纪30年代的世界经济危机中，美国实施的罗斯福—霍普金斯计划（1929～1933年）、日本实施的时局匡救政策（1932年）等，都是相机抉择财政政策选择的范例。相机抉择财政政策具体包括汲水政策和补偿政策。汲水政策是指经济萧条时期进行公共投资，以增加社会有效需求，使经济恢复活力的政策。汲水政策有四个特点：①它是以市场经济所具有的自发机制为前提，是一种诱导经济恢复的政策；②它以扩大公共投资规模为手段，启动和活跃社会投资；③财政投资规模具有有限性，即只要社会投资恢复活力，经济实现自主增长，政府就不再投资或缩小投资规模。补偿政策是指政府有意识的从当时经济状况反方向反经济风向调节经济景气变动的财政政策，以实现稳定经济波动的目的。在经济萧条时期，为缓解通货紧缩影响，政府通过增加支出，减少收入政策来增加投资和消费需求，增加社会有效需求，刺激经济增长；反之，经济繁荣时期，为抑制通货膨胀，政府通过财政增加收入、减少支出等政策来抑制和减少社会过剩需求。

相机抉择的财政政策主要内容是：当总需求小于总供给时，采用扩张性财政政策，扩大总需求，反经济衰退；当总需求大于总供给时，采用紧缩性财政政策，抑制总需求，反通货膨胀；在总供求基本平衡时，实行中性财政政策，主要发挥市场机制的作用。

【知识链接】

汲 水 政 策

从字面上看，这种政策就是水泵里缺水时不能吸进地下水，需要注入少许引水以恢复抽取地下水的能力。按照汉森的财政理论，汲水政策是对付经济波动的财政政策，是在经济萧条时靠付出一定数额的公共投资使经济自动恢复其活力的政策。

【知识链接】

霍 普 金 斯

哈里·劳埃德·霍普金斯（Harry Lloyd Hopkins，1890～1946年），1890年8月17日出生在美国衣阿华州的苏城，美国政治家。第二次世界大战时期美国总统的特别助理，有"影子总统"之称，曾经帮助罗斯福总统实施新政，成功地把美国从大萧条中解救出来。

霍普金斯幼年时期得过伤寒症，从此以后，他长期体弱多病，在学校里有"瘦皮猴"之称。1912年。霍普金斯进入以学术空气浓厚而著称的格林尼达学院。大学毕业之后，霍普金斯到新泽西州邦德布鲁克的贫苦儿童夏令营当管理员。1914年，霍普金斯当上了纽约市社会赈济局儿童福利部的执行秘书。第一次世界大战时期，霍普金斯加入红十字会组织。1924年，霍普金斯出任纽约结核病防治协会的执行理事。1932年，霍普金斯出任纽约州临时紧急救济署主任，他在任内所表现出的卓越的办事能力给州长罗斯福留下了深刻的印象。

1933年，罗斯福就任美国总统。是年5月，霍普金斯进入联邦政府，出任联邦紧急救济署署长，成为罗斯福推行新政的骨干之一。10月，霍普金斯主持筹建了公共工程管理局（后改为公共工程建设局），用"以工代赈"法出色地执行了罗斯福新政的救济计划。1939年，霍普金斯被罗斯福任命为商务部长。

1939年9月，纳粹德国突袭波兰，挑起第二次世界大战，世界面临法西斯的严重威胁，英法被迫向德国宣战，进行"虚张声势"的"奇怪战争"。此时，孤立主义在美国盛行。霍普金斯像其他许多自由派人士一样，是不容置疑的和平主义者，倾向孤立主义。但随着形势的飞跃发展，法西斯战争威胁的日益严重，在罗斯福的影响下，霍普金斯终于改变态度，转而支持罗斯福的积极干预政策。

1940年5月10日，霍普金斯应罗斯福总统之邀，住进白宫。战争期间，霍普金斯曾充任军火分配委员会主席、战时生产委员会成员、总统的苏联条约起草委员会主席、总统关于租借法案的总顾问等虽不显赫但却极其重要的职务，是罗斯福文稿的主要撰写人，实乃白宫的第二号人物。奇怪而有趣的是，这位美国政府中的第二号重要人物，在第二次世界大战的最紧要时刻"却没有一个合法的正式职位"，因为当时并无"总统特别助理"之类的编制职位。

1941年1月，霍普金斯作为罗斯福的私人代表出访正在与希特勒鏖战的英国，帮助罗斯福了解丘吉尔及英国的情况，协调罗斯福与丘吉尔的关系。同年6月，希特勒法西斯突然进攻苏联，苏德战争爆发，苏联处境十分险恶。7月底，霍普金斯受罗斯福总统派遣，出访莫斯科，以研究和商讨对苏联的战争物资援助问题。在飞赴莫斯科的途中，霍普金斯鸟瞰几百英里密密麻麻的森林，开始对苏联的未来感到放心了。因为他相信，希特勒即使拿出德国所有的装甲师，也无法突破像这样的地区。霍普金斯代表罗斯福总统向斯大林表示"今天世界要做的最重要的事情是打败希特勒和希特勒主义"，"总统和我们政府决心在尽量做得到的最快时间内，向苏联提供一切可能的援助"。

回国之后，霍普金斯驳斥了英、美国内一部分人对苏联的贬斥，坚定了罗斯福"苏军必胜"的信心。霍普金斯说道："俄国军队的表现的确使我们的全体军人都显得有点逊色。盎格鲁—撒克逊人正在痛苦地承认，除了他们自己之外，会打仗的人有的是哩。"

1941年8月，霍普金斯陪同罗斯福和英国首相丘吉尔在纽芬兰的阿金夏港进行战时的第一次会晤，参与制订"大西洋宪章"。"大西洋宪章"宣称两国不追求领土扩张、也不愿有违背有关的民族之意愿的领土变更，尊重各民族选择自己政府形式的权利，并愿意设法恢复一切已横遭剥夺的民族的主权和自治权。该宪章奠定了反法西斯同盟的基础。

1943年1月，霍普金斯跟随罗斯福在摩洛哥西部港口城市卡萨布兰卡与丘吉尔举行重要会晤，以决定盟军1943年的作战方针。同年11月，罗斯福、丘吉尔和蒋介石在开罗举行会议，霍普金斯作为罗斯福的特别助理和美国代表团成员出席会议。会议签署中、美、英三国"开罗宣言"。

霍普金斯不仅是三大国首脑间的主要联络人，而且是三巨头会晤的积极促成者。霍普金斯特别主张罗斯福与斯大林直接会见，因为他在莫斯科的经历使他确信，除了与苏联的最高层打交道之外，不可能有什么真正自由的意见交换，与苏联的中下层会谈纯粹是浪费时间，徒劳无益。开罗会议结束后，霍普金斯随同罗斯福和丘吉尔直飞伊朗首都德黑兰，与斯大林举行战时的第一次三大国首脑会晤。德黑兰会议期间，霍普金斯作为罗斯福总统的亲密顾问和美国代表团的重要成员，参与讨论开辟欧洲第二战场问题、波兰边界问题、战后分割德国问题以及战后建立维持世界和平的国际组织等问题，坚决主张尽早实施"霸王"计划，开辟欧洲第二战场。

1945年2月。罗斯福、斯大林、丘吉尔在苏联克里米亚半岛的雅尔塔举行会议。霍普金斯自然是罗斯福不可缺的随员，他的作用任何人也无法替代。会议商讨如何处理战后德国和欧洲问题以及协同对日作战的问题，并决定成立联合国。

1945年4月，罗斯福总统因脑溢血去世之后，霍普金斯即成为杜鲁门总统的特别助理。5月，霍普金斯受杜鲁门总统之托最后一次访问苏联，处理三大国首脑波茨坦会晤的有关事宜。同年9月，霍普金斯最后一次赴华盛顿，接受杜鲁门颁发的优异服务勋章。嘉奖令称霍普金斯为解决战争面临的各种问题，表现了"洞察一切的判断力"——观察的深入敏锐以及在这种观察力后面的坚韧不拔、百折不挠的毅力。10月，牛津大学授予霍普金斯名誉法学博士学位，以表彰他"对同盟国事业所作的杰出贡献"。

1946年1月29日，体弱多病的霍普金斯与世长辞。

二、财政政策的工具

财政政策工具也称财政政策手段，是指国家为实现一定财政政策目标而采取的各种财政手段和措施，它主要包括收入政策工具、支出政策工具、国债和政府投资。收入政策工具主要是税收。支出政策工具分为购买性支出政策和转移性支出政策，其中，购买性支出政策又有公共工程支出政策和消费性支出政策之别。

（一）财政政策工具

1. 财政收入（主要是税收）

税收是国家凭借政治权力参与社会产品分配的重要形式，具有无偿性、强制性、固定性、权威性等特点。税收促进财政目标实现的方式即是灵活运用各种税制要素。

（1）适当设置税种和税目形成合理的税收体系，从而确定税收调节的范围和层次，使各种税种相互配合。

（2）确定税率，明确税收调节的数量界限，这是税收作为政策手段发挥导向作用的核心。

（3）规定必要的税收减免和加成。

因此，税收可以通过调整税率和增减税种来调节产业结构，实现资源的优化配置，可以通过累进的个人所得税、财产税等来调节个人收入和财富，实现公平分配。

2. 财政支出

财政支出是政府为满足公共需要的一般性支出（或称经常项目支出）。它包括购买性和转移性支出，这两类支出对国民经济的影响有不同之处。

购买性支出从最终用途看，行政管理支出、国防支出、文教科卫等财政支出是必不可少的社会公益性事业的开支，政府的投资能力和投资方向对社会经济结构的调整和经济的发展起着关键性的作用。

转移性支出是政府进行宏观调控和管理，特别是调节社会总供求平衡的重要工具。例如，社会保障支出和财政补贴在现代社会里发挥着"安全阀"和"润滑剂"的作用，在经济萧条失业增加时，政府增加社会保障支出和财政补贴，增加社会购买力，有助于恢复供求平衡；反之，则减少相应这两种支出，以免需求过旺。

3. 公债

公债是国家按照信用有偿的原则筹集财政资金的一种形式，同时也是实现宏观调控和财政政策的一个重要手段。公债对经济的调节作用主要体现在三种效应上：

（1）挤出效应。挤出效应即通过公债的发行，使民间部门的投资或消费资金减少，从而起到调节消费和投资的作用。

（2）货币效应。货币效应是指公债发行所引起的货币供求变动。它一方面可能使"潜在货币"变为现实流通货币，另一方面可能将存于民间的货币转移到政府或由中央银行购买公债而增加货币的投放。

（3）利率效应。这是指通过公债利率水平的调整以及对资本市场的供求变化来影响市场利率水平，从而对经济产生扩张或紧缩效应。

在现代信用条件下，公债的市场操作是沟通财政政策与货币政策的主要载体，通过公债的市场操作，可以协调两大政策体系。一方面，可以淡化赤字通胀的后果，公债的市场融资比直接的政府透支，对基础货币的变动影响小；另一方面，可以增加中央银行灵活调节货币供应的能力。因此，公债作为财政政策工具实施时，除了与其他财政政策手段协调外，还特别要与货币政策相协调。

4. 政府投资

政府投资是指财政用于资本项目的建设性支出，它最终将形成各种类型的固定资产。政府的投资项目主要是指那些具有自然垄断特征、外部效应大、产业关联度高，具有示范和诱导作用的基础性产业、公共设施，以及新兴的高科技主导产业。这种投资是经济增长的推动力，而且具有乘数作用。

【知识链接】

投 资 乘 数

关于投资乘数理论，普遍理解为：在有效需求不足，社会有一定数量的存货可以被利用的情况下，投入一笔投资可以带来数倍于这笔投资的国民收入的增加，因而投资乘数理论是关于投资变化和国民收入变化关系的理论。

（二）财政政策工具特性

1. 税收政策

税收政策是通过增税和减税两个方面来发挥对经济周期的调节作用的，具有如下特点：

（1）需要经过一定的法律程序，决策时滞较长。一国政府的税收增减都是通过调整税法来实现的，而税法是需要经过一定的政治程序才能通过、付诸实施的。

（2）对于政府来说减税容易增税难，增税易遭到纳税人的反对。

（3）税收直接影响人们的可支配收入，而且是无偿的永久性的影响。当政府以增加税收的办法来弥补财政赤字时，实质是将资金从个人或企业手中转移到政府手中，如果政府所扩大的支出效率不高或无效益时，对需求的抑制作用将是双重的。

（4）政府的减税政策是通过增加居民的可支配收入实现的，而这又依赖于居民的边际消费倾向,对于政府来说是不确定因素。

2. 公共工程支出政策

政府人为地扩大公共工程支出,更多地承担民间不愿意或在萧条年份不愿意投资的工程,可以扩大总需求,有助于经济复苏。公共工程支出政策具有如下特点:

(1) 积累性强。公共工程支出政策的结果往往是形成若干公共投资项目,可供居民长时期消费,具有积累性质,容易受到注重财政生产性的国家的青睐。

(2) 效率低下的可能性大。由于投资于公共工程的目的是刺激经济解决就业问题,决策往往比较仓促,公共工程本身是否必要就成了问题。

(3) 时滞长。一个工程的建设期间少则一两年,多则几年、十几年甚至是几十年,往往是用在劳动力和原材料上的开支还没有花出去之前,经济的形势就有可能变化了,使财政政策由逆调节变成顺调节,加大了经济波动的不稳定。

(4) 公共工程政策是中央政府动用地方性政策工具来调节经济,有可能打破原有的均衡,形成地区间新的不平衡。

公共工程是一种地方性公共品,本应由地方政府投资。中央政府为调节经济刺激需求在某些特定的地方建设某些公共工程,实质是用全国的资金为某些地方供给公共品,负担了本该由该地方政府支出的建设项目,结果是各地方争项目、争投资,增大了投资的风险,并会出现新的苦乐不均现象。因此,公共工程政策工具一定要与政府间财政转移支付政策协调配合。

3. 政府消耗性支付政策

政府消耗性支付政策是指政府直接购买劳务和消费品并用于当期,如增加政府雇员,提高雇员工资,扩大办公设备的购买等。这一政策手段具有如下特点:

(1) 与公共工程支出政策相比,其时滞短。

(2) 与转移支出政策相比,其公平性差。如增加政府雇员工资与增加失业人员的救济金相比,前者会扩大就业者与无业者之间的收入差距;如果同时同比例提高二者的收入,对需求的影响就取决于他们的边际消费倾向。就单个消费者来说,其边际消费倾向与他的个人偏好相关;就消费者群体来说,则要从其年龄、职业、社会环境等方面入手分析。

(3) 这一政策的效率取决于政府工作的效率。如政府是否有必要设置那么多的机构,雇用那么多的人员,政府雇员的工资是否已经足够的高,办公设施是否已经足够的好等。

(4) 政府雇员工资变动对劳动力市场有重要的影响。一是因为"熟练技术人员(医生、工程师等)较之高级行政人员和管理人员更有可能移民,因为前者享有广泛得多的海外市场。"二是任何部门劳动者工资的提高都会不同程度地提高整个社会的平均工资水平,特别是政府雇员工资的提高对社会有着强烈的示范作用,也相当于提高了最低工资水平线,出于降低成本的考虑,理性的企业宁可减少雇佣工人的数量,对扩大就业有一定的负面影响。

(5) 消耗性支出特别是政府雇员提高工资的资金来源应该是税收,避免用政府举债收入,这是由政府活动本身是向社会提供公共服务的特性决定的。

4. 转移支付政策

转移支付政策是通过政府为企业、个人或下级政府提供无偿资金援助，以调节社会分配和生产的政策。如对居民的补助，对企业的投资补助、限价补助、进出口补助等，都会直接促进企业生产发展或保证企业利润的提高。这一政策具有如下特点：

（1）对国民收入分配的影响功能较强。转移支出本身具有直接影响国民收入分配的功能，政府增加对低收入者的支出，可缩小贫富之间的差距。

（2）转移支付政策对需求的扩张作用更大。低收入者的边际消费倾向要比高收入者的边际消费倾向大，增加对低收入者的财政补贴支出，对社会总需要的刺激作用更大。

（3）积累性差。转移支付资金转化为积累资金的可能性要比上述两项支出政策要小，其用于消费的部分将更大。

（4）对需求的影响与受益者的层次关系重大。如从年龄结构看，通常年轻人的边际消费倾向最大，中年人其次，老年人的边际消费倾向最低。

财政支出政策还以倍数扩张的乘数效应对经济产生影响，政府应根据不同情况选择不同组合的支出政策。同时也需要与税收政策等密切配合，发挥出较好的政策效果。

5. 公债政策

公债发行是财政部门的重要事项，但发行公债要对金融状况造成一定的影响甚至是重大的冲击。在公债的如何发行、何时发行、发行条件等问题上，需要注意如下因素：首先是社会资金供求状况，特别是社会闲置资金对公债的需求；其次是金融状况，如信贷规模、利率、金融市场的完善程度等；再次是政府的应债能力，特别是在社会对国债需求空间较大的情况下，更要避免出现政府债务负担过重的局面。公债本身是一种直接信用，可以避免间接信用过度所导致的金融风险。

三、财政政策效应

财政政策效应，即财政政策作用的结果，既有积极的一面，也有消极的一面，对于政策是高效还是低效，一般可用政策成本与政策效益的对比分析来进行评价。财政政策效应包含两方面的涵义：①财政政策对社会经济活动产生的有效作用；②在财政政策的有效作用下，社会经济作出的反应。

（一）乘数效应

乘数效应包括正反两个方面。当政府投资或公共支出扩大、税收减少时，对国民收入有加倍扩大的作用，从而产生宏观经济的扩张效应。当政府投资或公共支出削减、税收增加时，对国民收入有加倍收缩的作用，从而产生宏观经济的紧缩效应。

1. 投资或公共支出乘数效应

它是指投资或政府公共支出变动引起的社会总需求变动对国民收入增加或减少的影响程度。一个部门或企业的投资支出会转化为其他部门的收入，这个部门把得到的收入在扣除储蓄后用于消费或投资，又会转化为另外一个部门的收入。如此循环下去，就会导致国民收入以投资或支出的倍数递增。以上道理同样适用于投资的减少。投资的减少将导致国民收入以投资的倍数递减。公共支出乘数的作用原理与投资乘数相同。

2. 税收乘数效应

它是指税收的增加或减少对国民收入减少或增加的程度。由于增加了税收，消费和投资需求就会下降。一个部门收入的下降又会引起另一个部门收入的下降，如此循环下去，国民收入就会以税收增加的倍数下降，这时税收乘数为负值。相反，由于减少了税收，使私人消费和投资增加，从而通过乘数影响国民收入增加更多，这时税收乘数为正值。一般来说，税收乘数小于投资乘数和政府公共支出乘数。

3. 预算平衡乘数效应

预算平衡乘数效应，指的是这样一种情况：当政府支出的扩大与税收的增加相等时，国民收入的扩大正好等于政府支出的扩大量或税收的增加量，当政府支出减少与税收的减少相等时，国民收入的缩小正好等于政府支出的减少量或税收的减少量。

（二）奖抑效应

奖抑效应主要是指政府通过财政补贴、各种奖惩措施，优惠政策对国民经济的某些地区、部门、行业、产品及某种经济行为予以鼓励、扶持或者限制、惩罚而产生的有效影响。

（三）货币效应

1. 货币效应直接影响货币流通

表现为政府投资、公共支出、财政补贴等本身形成一部分社会货币购买力，从而对货币流通形成直接影响，产生货币效应。

2. 公债政策的货币效应

财政政策的货币效应主要体现在公债上。公债政策的货币效应又取决于公债认购的对象和资金来源。如果中央银行用纸币购买公债，这无异于纸币发行，从而产生通货膨胀效应；如果商业银行购买公债，且可以用公债作为准备金而增加贷款的话，也会导致货币发行，从而使流通中的货币增加等。

（四）挤出效应

所谓"挤出效应"，是指由于政府通过向企业、居民和商业银行借款来实行扩张性政策，而引起利率上升，或引起对有限信贷资金的竞争，导致民间部门投资减少。它将使政府扩张性财政支出的效应部分地甚至全部地被抵消。

【案例 15-2】

扩张性的财政政策会产生挤出效应吗？

挤出效应并不是在政府实行扩张性财政政策调节时必然要发生的。具体到中国近年来实行积极财政政策的实践来看，依据对经济运行各项指标的分析，在我国出现挤出效应的观点尚得不到有力的证据支持。这可以从增发国债对以下三个方面的影响来考察。

一、增发国债对利率的影响

我国自 1996 年 5 月以来，名义利率多次下调，但实际利率是上升的，这并不是财政扩张带来的结果。由于中国尚未实行名义利率的市场化，积极财政政策不会影响名义利率的升降。实际利率的上升主要是因为物价水平下降，而中央银行出于种种考虑没有及时随物价变动调整名义利率所致，进一步看，价格水平下降也不是财政扩张的结果，相反，积极财政政策在一定程度上抑制了物价水平的下降。

二、增发国债对借贷资金量的影响

增发国债没有与民间竞争有限的资金。几年来商业银行的超额准备率超过70%，存在较大的存贷差额。商业银行近年的资金过剩主要是风险意识增强、企业投资收益较低、预期不好及产业政策调整的缘故，而且这种过剩是在满足了政府借款需求之后的过剩。

从实际经济运行看，民间投资主要受到民间资本的边际产出或利润率和公共投资影响，民间资本边际产出上升会引起民间投资规模的增加。如果公共资本投向竞争领域，即与民间资本的生产可以相互替代，增加公共投资就很可能挤出民间投资。积极财政政策的投资领域主要是生态环境保护、高速公路、铁路、供水和机场、粮库、农村电网等基础设施，属于社会公共支出领域，对民间投资不会形成挤出效应。相反，基础设施建设还可以改善民间投资的外部环境，提高民间资本的边际生产力，推动民间投资。

三、财政支出对居民消费的影响

政府支出与居民消费具有替代关系，即财政增加政府购买支出可能挤出居民消费。但这要通过对财政支出结构进行具体分析才能确定。某项财政支出如招待费，的确是私人消费的替代品；公共设施支出则是私人消费的互补品；还有一些公共支出既是私人消费的替代品又是互补品，比如国家用于食品和药品检验的支出，既减少了私人的检疫支出，又可增加私人对食品和医药的支出。有关部门通过财政购买支出和居民消费关系的计量模型分析发现，我国财政购买支出与居民消费总体是互补关系，扩大政府支出对需求总体上具有扩张效应。

【案例分析】

挤出效应在政府实行扩张性财政政策调节时是否会发生，主要取决于公众投资对利率的敏感性。如果公众对利率不是很敏感，那么，当政府实施扩张性的财政政策时，挤出效应就会很小，即政府投资挤出的私人投资很少；反之，如果公众对利率很敏感，即利率的微小变化就会引起私人投资的巨大变化，这样当政府实施扩张性的财政政策时，挤出效应就会很大。

第三节 货币政策

货币政策是国家宏观调控的重要手段之一。中央银行作为一国最高的金融管理机关，其主要的职能就是制定并贯彻执行国家的货币政策，以达到稳定货币和发展经济之目的。所谓货币政策，是指中央银行为实现既定的经济目标而采取的关于调节和控制货币供应量以及货币流通组织管理的各种政策与措施的总和。货币政策的内容主要包括货币政策目标和实现这些目标所运用的工具或手段。

一、货币政策的类型

不论货币当局是独立制定货币政策还是非独立制定货币政策，但货币政策都归纳为以下类型。

（一）扩张性货币政策

在社会有效需求不足，生产要素大量闲置，商品大量积压，失业率居高不下，市场明显疲软，国民经济增长停滞或低速徘徊的情况下，中央银行应采取扩张性货币政策以刺激经济增长。扩张性货币政策主要表现为扩大信贷规模，降低利率，降低存款准备金率和再贴现率,在公开市场上回购有价证券。这样做的目的是给市场提供更多的货币流通量,使得企业生产投资所需资金更容易获得且资金使用成本较低。这样企业有了更多的生产资金且资金成本又较低,促使企业扩大生产规模,更新生产设备,提高生产效率,可以赚取更多的利润,利润多了也可以惠及劳动者例如工资上涨,福利增多等。同样,企业扩大生产规模就必然要增加用工,提高社会就业率,这样消费者手中就有了更多的消费资金,通过生产资金和消费资金规模的扩大以刺激社会总需求的扩大,使得经济恢复增长,最终达到繁荣的局面。

如果再考虑进出口贸易或者说是汇率,则可适度调高汇率以达到本币与外币相比有所贬值,以利出口。由于本币贬值,出口商品具有更多的竞争力,国外市场的需求量大幅度提高以弥补国内需求不足,也促进生产企业商品产量增加,追求更大的生产规模。商品出口增加,换回大量外汇,为了稳定币值,央行可能在公开市场上回购有价证券,结果是增加商业银行的超额存款准备金,使商业银行有了更多的可贷资金,通过商业银行向货币市场投入了更多的货币流通量。

采用扩张性货币政策要适度、适时,以避免信贷投放的过度、过久的扩张,引发通货膨胀,还要注意与财政政策及其他宏观调控政策配合。那么现在给扩张性货币政策下个定义即扩张性货币政策是货币政策的一种,通过提高货币供应增长速度或货币流通量来刺激总需求,在这种政策下,取得信贷资金更为容易,利息率会降低。

(二)紧缩性货币政策

在社会总需求过高,经济增长过热,通货膨胀压力趋强的情况下,投资和消费明显过热时,中央银行应采取紧缩性的货币政策。紧缩性货币政策的主要措施是紧缩名义货币供应量,适当提高商业银行贷款利率和中央银行再贷款利率;上浮中央银行再贴现利率及商业银行存款利率,适当控制再贷款和再贴现的总量;在公开市场上大量出售有价证券,以便回笼货币资金;这些措施的目的就是减少货币流通量,使过热的经济增长降温,减少过高的社会总需求,减轻通货膨胀压力。同时在进出口贸易上,可以调低汇率,使外币与本币相比有所贬值,以利扩大进口,增加国内的有效供给。同上所述,紧缩性货币政策也是货币政策的一种,就是要降低货币流通速度,减少货币市场上的货币流通量,达到抑制总需求的目的。

(三)中性货币政策

当社会总供求基本平衡,物价稳定,经济增长以正常速度递增时,中央银行应采取中性货币政策。中性的货币政策表现为货币投放量适度,基本上能够满足经济发展和消费的需求。利率和汇率基本不变,存款准备金和央行再贴现率维持正常水平,即不调高也不降低。

二、货币政策的工具

货币政策工具是中央银行为达到货币政策目标而采取的调控手段。根据《中国人民银行法》第三条规定,我国货币政策最终目标为"保持货币币值的稳定,并以此促进经济的增长。"货币政策工具主要有三类:一般性货币政策工具、选择性货币政策工具和其他货币政策工具。

一般货币政策工具是指传统的、经常运用的、能对整体经济运行发生影响作用的工具，即通常所说的三大法宝：再贴现政策、存款准备金政策和公开市场业务。

（一）再贴现政策

1. 再贴现政策含义

再贴现政策是中央银行最早拥有的货币政策工具。再贴现是指商业银行或其他金融机构将贴现所获得的未到期票据，向中央银行转让。对中央银行来说，再贴现是买进商业银行持有的票据，流出现实货币，扩大货币供应量。对商业银行来说，再贴现是出让已贴现的票据，解决一时资金短缺。整个再贴现过程，实际上就是商业银行和中央银行之间的票据买卖和资金让渡的过程。所谓再贴现政策，就是中央银行通过制订或调整再贴现利率来干预和影响市场利率及货币市场的供应和需求，从而调节市场货币供应量的一种金融政策。

2. 再贴现政策的分类

一般来说，再贴现政策可以分为两类：

（1）长期的再贴现政策，这又包括二种：一是"抑制政策"，即中央银行较长期地采取再贴现率高于市场利率的政策，提高再贴现成本，从而抑制资金需求，收缩银根，减少市场的货币供应量；二是"扶持政策"，即中央银行较长期地采取再贴现率低于市场利率的政策，以放宽贴现条件，降低再贴现成本，从而刺激资金需求，放松银根，增加市场的货币供应量。

（2）短期的再贴现政策，即中央银行根据市场的资金供求状况，随时制订高于或低于市场利率的再贴现率，以影响商业银行借入资金的成本和超额准备金，影响市场利率，从而调节市场的资金供求。

3. 再贴现政策的内容

（1）规定再贴现票据的种类。商业银行可以拿客户借款时提供的票据来办理再贴现，或者以中央银行同意接受的其他抵押品作保证而申请贷款。可用作抵押品的通常是政府债券，以及经审查合格的商业票据。中央银行若公开挂牌，规定某些行业的票据可优先办理再贴现，这种情况表明了中央银行的资金意向，旨在扶植某些行业的发展。

（2）规定再贴现业务的对象。各国中央银行根据本国的不同情况，对此有不同的规定。许多国家允许商业银行和金融机构办理再贴现，但也有一些国家对贴现对象有比较严格的限制。如美国联邦储备系统的再贴现业务只限在会员银行之间进行，英格兰银行的贴现对象只是英国十一家贴现商行持有的一级证券或银行汇票。

（3）再贴现率的决定。这个问题关系到中央银行的货币政策，所以必须谨慎行事，决定的过程也比较复杂。早期曾出现过各地中央银行自行决定再贴现率的情况，后来随着西方国家中全国性的金融市场的出现和统一的市场利率的形成，各地采取不同的贴现率在实践中已经行不通了。更重要的是，为了贯彻中央银行的货币政策，也要求再贴现率必须统一。因此，现在各国的再贴现率一般由中央银行决策机构统一确定。

（4）再贴现业务管理。对再贴现业务的管理是再贴现政策的一个重要组成部分。对于商业银行来说，办理再贴现是中央银行给予的一种优待，使商业银行能够应付一时的准备金不足。但商业银行可能滥用贴现之便套利，如用贴现而来的资金从事有价证券、房地产或商品的投机和买卖。中央银行为避免此等事情发生，必须对再贴现业务进行管理，包括审查银行的贴现申请、了解商业银行贷款的用途和性质等。

4. 再贴现政策的局限性

尽管再贴现政策能够调节货币的需求与供给，但该政策也存在着某些局限性：

(1) 从控制货币供应量来看，再贴现政策并不是一个理想的控制工具。首先，中央银行处于被动地位。商业银行是否愿意到中央银行申请贴现，或者贴现多少，决定于商业银行，如果商业银行可以通过其他途径筹措资金，而不依赖于再贴现，则中央银行就不能有效地控制货币供应量。其次，增加对中央银行的压力。如商业银行依赖于中央银行再贴现，这就增加了对中央银行的压力，从而削弱控制货币供应量的能力。再次，再贴现率高低有一定限度，而在经济繁荣或经济萧条时期，再贴现率无论高低，都无法限制或阻止商业银行向中央银行再贴现或借款，这也使中央银行难以有效地控制货币供应量。

(2) 不能改变利率的结构，只能影响利率水平。即使影响利率水平，也必须具备两个假定条件：一是中央银行能随时准备按其规定的再贴现率自由地提供贷款，以此来调整对商业银行的放款量；二是商业银行为了尽可能地增加利润，愿意从中央银行借款。当市场利率高于再贴现率，而利差足以弥补承担的风险和放款管理费用时，商业银行就向中央银行借款然后再放出去；当市场利率高于再贴现率的利差，不足以弥补上述费用时，商业银行就从市场上收回放款，并偿还其向中央银行的借款，也只有在这样的条件下，中央银行的再贴现率才能支配市场利率。然而，实际情况往往并非完全如此。

(3) 再贴现政策缺乏弹性。一方面，再贴现率的随时调整，通常会引起市场利率的经常性波动，这会使企业或商业银行无所适从；另一方面，再贴现率不随时调整，又不宜于中央银行灵活地调节市场货币供应量，因此，再贴现政策的弹性是很小的。

上述缺点决定了再贴政策并不是十分理想的货币政策工具。

(二) 存款准备金政策

1. 存款准备金政策的含义

存款准备金政策是指中央银行对商业银行的存款等债务规定存款准备金比率，强制性地要求商业银行按此准备率上缴存款准备金；并通过调整存款准备比率以增加或减少商业银行的超额准备，促使信用扩张或收缩，从而达到调节货币供应量的目的。

2. 存款准备金政策的内容

(1) 规定存款准备金制度适用对象。存款准备制度一般适用于商业银行和其他金融机构，但各国规定的缴存对象不尽一致。美国规定所有拥有交易存款的机构（不论其是否为会员银行）都必须缴存准备金，但对非会员银行适当降低准备金比率，并允许其有一个为期八年的准备时间，即每年积存八分之一的准备金，八年后存满金额。英国规定所有银行必须保持"合格的准备资产"对"合格的负债"的最低准备资产比率，日本银行制定的存款准备金制度适用对象是银行（包括在日本的外国银行）、长期信用银行、外汇银行、存款余额超过1200亿日元的信用金库、农林中央金库等。

(2) 规定存款准备金计提范围。存款准备金计提范围指的是银行的各种负债，主要是各种存款。美国把应提存准备金的存款分为三类：第一类为交易存款账户，包括支票账户、可转让支付命令账户、可支付股息的合作股权支票账户。自动转账或付款账户以及可用电话指示或预先授权付款的账户；第二类为定期存款，包括个人、企业或政府机关的定期存款；第三类是"欧洲货币负债"，指美国居民从美国金融机构海外分支行所借的款项，以及美国金融机构出售金融资产给海外分支行或其本身的国际银行设施所得的款项。英国的"合格的负债"则专指银行的净存款，不包括外汇存款中两年以上的存款。与此相反，日本将外汇存款也列入计提范围。

（3）规定可作为存款准备资产的项目。作为存款准备的资产一般只能是商业银行的库存现金和在中央银行的存款。但有的国家对此要求不那么严格。如英国和法国将一些具有高度流动性的资产（包括国库券、地方政府债券、可在中央银行贴现商业票据等）也列入存款准备金的项目。存入中央银行的准备金一般是无息的。

（4）规定存款准备率和允许变动幅度。各国对法定存款准备率均有严格的规定，但在具体做法上差别很大，目前许多国家对不同类别的存款都规定不同的存款准备率。存款的期限越短，其流动性越强，所以应规定较高的准备比率；反之，对期限较长的存款，存款准备率可相应低一些。不少国家还对不同规模和不同地区的银行规定不同的准备比率。一般说来，银行经营规模较大，所处地区的经济环境较好，规定的准备率就比较高；反之则较低。也有国家采取统一的准备比率。中央银行还对法定存款准备规定允许变动的范围，中央银行可在这一规定范围内改变准备比率。有的国家则规定存款准备率的最高限度。

（5）规定准备金计提的方法。这里包含着两项内容：一是如何确定应提准备金的存款金额。目前多数国家的中央银行较普遍地采用按平均存款金额提取准备金的办法，即在调整时间（如旬或月）内按商业银行逐日存款全额的平均额计算应缴数额。在调整期内，商业银行不必持续不变地符合准备比率，只要期内的平均数额能达到应缴数额即可。二是如何确定计提准备金的时间。即应提存的准备金是以何时的平均存款余额为基准。这个问题的关键在于两者之间要不要存在时差。目前理论界对此看法不一，各国的做法也大相径庭，以美国为例，联储规定交易存款的准备金有两天的时差，其他存款的准备金有两周的时差。也就是说，应提存的准备金是以两周前 14 天的平均存款余额为基准计算的。这种做法的好处在于，商业银行若发现准备金不足，可以有相当时间设法调整。但也有学者认为这种做法对于货币供应量控制的精确度不利。

3. 存款准备金政策的局限性

（1）存款准备金政策缺乏弹性。一般而言，存款准备金比率的调整所带来的效果较强烈，中央银行难以确定调整准备率的时机和调整的幅度，因而法定存款准备率不宜随时调整，不能作为中央银行每天控制货币供应状况的工具；中央银行提高准备金比率时，没有足够超额准备金的商业银行必然或被迫出售其流动性资产，或增加向中央银行的借款，或者是立即收回放出的款项等，这些措施都会增加中央银行的工作压力，所以，中央银行一般不经常予以变动，并且许多国家的中央银行在提高准备率之前，往往会事先通知商业银行，这样会使得这项货币政策工具效果平稳一些。

（2）存款准备率有固定化倾向。由于存款准备金政策对商业银行的超额准备金、货币乘数及社会货币供应量均有较强烈的震动，存款准备率的调整，对整个经济和社会大众的心理预期等，都会产生显著的影响，因而客观上促使存款准备率有固定化倾向。

（3）存款准备金政策对各类银行或各地区银行的影响不一致。因为超额准备金并不是平均分布在各家银行，各地区的经济发展程度不同，银行大小规模有差别，各家银行在某一时点上所持有的超额准备金参差不齐。因此，中央银行调整准备率时，对各家银行的影响也就不尽相同，往往是对大银行有利，而对小银行不利甚至导致小银行破产。

由于存款准备金政策存在着局限性，有些学者提出了改革的意见。有人主张经常在极小的幅度内变动法定准备率；有人建议对存款准备给予利息，通过变动利率以控制货币供给量；有人认为可改变为对资产的法定准备率，以控制信用；有人设想存款准备率制定后不再改动，而以公开市场活动代替此种工具的变动。目前有些国家已采取较低的法定准备率，而控制可变动的流动能力准备率（或称流动比率，即流动资产对存款的比率）。

（三）公开市场业务

1. 公开市场业务的含义

公开市场业务是货币政策工具之一，指的是中央银行在金融市场上买卖政府债券来控制货币供给和利率的政策行为，是目前多数发达国家（更准确地说是大多数市场经济国家）中央银行控制货币供给量的重要和常用的工具。

2. 公开市场业务作用过程

当经济处于过热时，中央银行卖出政府债券回笼货币，使货币流通量减少，导致利息率上升，促使投资减少，达到压缩社会总需求的目的；当经济处于增长过慢、投资锐减不景气的状态时，中央银行买进政府债券，把货币投放市场，使货币流通量增加，导致利息率下降，从而刺激投资增长，使总需求扩大。

3. 公开市场业务的优点

（1）比其他工具更有效。公开市场业务可以通过买卖有价证券把商业银行的准备金控制得当，这方面的作用较之其他工具更为有效。

（2）公开市场业务能进行主动性操作。公开市场业务能够进行主动性的操作，使其效果无论在质上或在量上均达到中央银行预期达到的目标，而不像再贴现率政策那样，处于被动地位。

（3）公开市场业务可以小规模、小步骤操作。公开市场业务可以按较小的规模和较小的步骤操作，使中央银行能够准确地调整准备金，且不会像存款准备率政策那样，产生过于猛烈的影响。

（4）公开市场业务可以经常、连续操作。公开市场业务可以进行经常性、连续性的操作，具有较强的伸缩性，因而是中央银行进行日常调整的比较理想的工具。

（5）公开市场业务有逆转性。公开市场业务具有很强的逆转性，能够根据市场情况的突然变化，迅速作反方向的操作。

4. 公开市场业务局限性

（1）影响较弱。公开市场业务因操作较为细微，所以对大众预期的影响和对商业银行的强制影响均较弱。

（2）预告性效果不大。公开市场的随时发生和持续不断，使其预告性效果不大。

（3）市场其他因素会减轻或抵消公开市场业务的影响力。各种市场因素的存在，以及各种民间债券的增减变动，可能减轻或抵消公开市场业务的影响力。

（4）业务开展需银行和公众配合。公开市场业务的开展在一定程度上需要商业银行和社会公众的配合，因为交易的成立要取决于双方的意愿。

三、货币政策效应

货币政策效应是指货币政策的实施对社会经济活动产生的影响，包括货币政策的数量效应和时间效应。

（一）货币政策的数量效应

货币政策的数量效应是指通过使用货币政策工具来调整流通中的货币量。例如，2008年7月以来，面对国际金融危机加剧、国内通胀压力减缓等情况，中国人民银行调整金融宏观调控措施，连续三次下调存贷款基准利率，两次下调存款准备金率，取消对商业银行信贷规划的约束，并引导商业银行扩大贷款总量。2008年11月5日，国务院常务会议根据世界经济金融危机日趋严峻的形势，要求实行积极的财政政策和适度宽松的货币政策，确定了进一步扩大内需、促进经济增长的十项措施。这些政策造成的直接后果是流通领域的货币量增加，通货膨胀现象严重，尤其是进入2011年以来，我国CPI屡创新高。2010年12月3日，中共中央政治局召开会议提出，2011年我国将实施积极的财政政策和稳健的货币政策。从具体的货币政策工具的使用上来看，2011年以来我国连续6次调整存款准备金率：大型金融机构的存款准备金率从2011年1月20日的18.5%调整到2011年6月20日得21.5%，中小金融机构从15%调整到18%。金融机构一年期存贷款基准利率也上调了三次，每次分别上调0.25个百分点，其他各档次存贷款基准利率相应调整。这一系列动作用意很明显，就是希望通过货币政策的传导机制，使流通中的货币量达到一个合理的水平。

（二）货币政策时滞效应

货币政策时滞是指从需要采取货币政策行动的情况出现，经过制定政策过程，直至政策部分乃至全部发挥效力的时间间隔。

货币政策时滞可以分为内部时滞和外部时滞两个阶段：

（1）内部时滞，指从需要采取政策行动的情况出现，直至货币当局采取该行动之间的一段时间。内部时滞的长短取决于货币当局对经济形势的把握程度、推行货币政策的主动程度，以及它的信息和决策系统运行效率的高低。这种时滞可以是短的，但实际上却往往很长。

（2）外部时滞，指从货币当局采取政策行动到国民收入发生变动的时滞分布。它指的并不是一个特定的时间间隔，而是指货币政策渐次发挥效力的一个时间分布序列。因此，对于某一项货币政策行动的外部时滞，一般只应说该政策行动在（比如）4个月后产生了30%的效应，12个月后产生了60%的效应，18个月后则全部产生效应。

（三）影响货币政策效应的主要因素

（1）货币政策时滞。
（2）货币流通速度。
（3）微观主体预期的抵消作用。

【案例15-3】

货币政策不会很快放松　但进一步紧缩空间已收窄

温家宝总理近期在英国访问时对我国经济的表述传递出诸多信息，包括货币和信贷供应恢复到正常水平；我国能够遏制通胀；2011年我国居民消费价格指数（CPI）涨幅控制在4%以下有困难，但控制在5%以下是可能做到的。对此，中国证券报认为，当前我国通胀压力不容小视，全年CPI涨幅可能在4.5%～5.0%之间。但物价上涨基础正在发生变化，本轮CPI涨幅顶部可能在6月或7月出现。如果这一判断成立，那么货币政策不会很快放松，但进一步紧缩的空间已收窄。随着国内、国际经济环境发生变化，宏观调控政策工具组合面临调整的可能性会加大。比如，财政政策工具的重要性可能会得到进一步的强调。

当前，通胀不仅是我国面临的问题，更是全球多个经济体在经历国际金融危机期间宽松政策后出现的世界性问题。3月以来，我国CPI月度涨幅已连续3个月位于5%的上方，6月已达6.4%。

值得注意的是，物价稳定的几个重要条件正在逐步显现。首先，由于实施稳健货币政策，物价上涨的货币基础正在改变。当前我国广义货币（M2）同比增速回落至15%左右，微观经济主体甚至已感受到从紧压力，这自然有助于缓解需求型通胀。其次，输入性通胀局面得到一定改善。由于欧美经济复苏势头慢于预期，近期大宗商品价格总体保持震荡整理态势，我国工业品购进价格涨幅出现一定回落。最后，在强有力的调控之下，大中城市房价涨幅正在逐步收敛。这尽管不直接拉低CPI，但有助于房租价格及居民通胀预期的稳定。

【案例分析】

货币政策适度紧缩用意明显，就是希望通过这些紧缩的措施，如调高存款准备金率，加息等，通过这些工具手段调整流通中的货币数量，使之达到一个合适的水平，进而消除由于过多的货币追逐相对较少的商品而引发的通货膨胀。但是货币政策存在一个时滞效应，其作用的发挥还有待时日。

（资料来源：中新网 2011-06-28 http://news.iqilu.com/caijing/20110628/496736.html）

第四节 财政政策与货币政策配合

一、财政政策与货币政策配合的必要性

市场经济运行的矛盾是由多种因素决定的，只有将各具特点的政策工具配合运用，才能强化其调控结果。财政政策和货币政策配合运用的必要性，首先在于财政与信贷之间存在着密切的联系。这就决定了当局在制定和实施货币政策时，不能不考虑对财政的影响；在制定和实施财政政策时，也不能不注意对银行信贷的作用。如果货币政策与财政政策各行其是，可能会出现"政策打架"，彼此抵消力量，从而减弱宏观调控的力度和作用。

财政政策与货币政策配合运用的必要性，还在于这两种政策在宏观调控中有各自的特点与作用，应当取长补短、相互补充。具体表现在以下方面。

（一）两种政策作用的机制不同

财政主要以无偿方式直接参与国民收入的分配，并对集中起来的那部分国民收入在全社会范围内进行再分配。因此，财政可以从收入与支出两个方向上影响社会需求的形成。相应地，财政政策可以通过对税收和政府支出两个方面进行调控，从而影响社会总需求。

而信贷是以有偿方式集中和使用资金的，主要是在资金盈余部门和资金短缺部门之间进行余缺的调剂。也就是说银行不可能像财政那样无偿的集中一部分国民收入进行再分配，直接去满足某种社会需要。这就决定了货币政策只能通过利率、货币供给和信贷规模等变动，间接地影响社会总需求。

（二）两种政策在调节社会需求方面的作用和力度不同

在实现扩张需求的目标时，财政政策作用更直接、更有力。例如，降低税率可直接鼓励投资，扩大支出则可促进有效需求的增加，而且立竿见影，时滞较短。相比较而言，在经济低迷的状态下，货币政策要实现扩张的目标显得比较困难。因为投资的积极性并非因调低利率就能调动起来的，个人消费也并非因物价走低、银根松动就能被刺激起来的。我国这几年为防止通货紧缩，主要靠实行积极地财政政策，拉动投资需求，促进经济增长。在实现紧缩的目标中，两者的作用则出现反方向的变化。对抑制过热的需求，货币政策可运用的工具较多，实施起来也比较灵活、比较及时。例如，紧缩银根，方方面面就紧张起来了，有的单位因资金周转困难而动弹不得，而财政政策却相反。例如，增税或减少福利支出，涉及各方面的利害关系，实施起来相当困难。在有些国家还要经过旷日持久的辩论，国会通过，总统签字，如此等等，时滞很长。

二、财政政策与货币政策配合的可能性

财政政策和货币政策在宏观调控经济中还存在着必然的内在联系，这些内在的、本质的联系是两者的协调配合成为可能。

（一）财政政策与货币政策调控的总体目标具有一致性

财政政策与货币政策在对国民经济进行调控的过程中，首先要确定自己的政策目标，但无论是财政政策，还是货币政策，其政策目标的确定必须依据国家既定的经济发展战略和客观经济环境，必须着眼于解决经济发展和社会稳定的关键性问题。目标确定依据的统一性，使两者在调控的总体目标上也具有某种共性，即通过调节社会总需求和社会总供给，实现经济发展和社会稳定。这种目标的一致性，使得中央政府可以积聚财政政策和货币政策的合力，达到预期调控目标。相反，如果两大政策目标不统一和不协调，必然造成政策效应的相悖，从而造成宏观经济运行的失控。

（二）财政政策与货币政策调控作用的表现形式都属于货币调控

货币政策通过调节和控制货币供给量作用于经济，自然属于货币调控。财政政策在本质上也是通过货币来发挥调控作用的。这是因为，财政收入本质上是一种货币的集中，而财政支出本质上是一种货币的运用，两者都是借助于货币的运动进行的，都是货币运动的效应，只不过财政政策与货币政策调节货币的主体和方法不同而已。这样，财政政策和货币政策可以形成一种互补，通过共同对货币的调节和控制，加强两者的调控力度。

三、财政政策与货币政策协调配合的方式

两种政策的配合方式，包含两方面的含义：一是主辅关系的确定，二是搭配方式的选择。

（一）主辅关系

财政政策与货币政策，究竟谁主谁辅，并非有意固定的模式。要根据当时社会供求总量和结构关系的具体情况来决定。其中有一个原则是：在一定时期内，对经济的均衡运行

第四节 财政政策与货币政策配合

影响最大、对防止经济非均衡的积极有效性最强的政策,因成为宏观调控中居主导地位的政策。在通货膨胀条件下,以货币政策为主、财政政策为辅;在通货紧缩条件下,以财政政策为主、货币政策为辅,就是根据该原则确定的。

(二) 搭配方式

财政政策与货币政策的搭配,通常有四种方式。

1. 紧的货币政策与紧的财政政策搭配,即"双紧"的政策

紧的货币政策是指通过提高法定准备率、提高利率来减少货币供给、紧缩银根,进而抑制需求,压缩支出规模。紧的财政政策是指通过增加税收、削减政府支出等,来限制投资与消费,限制社会总需求。这种政策组合作为紧急调控方式,适用于需求膨胀、经济过热、供给严重短缺、物价急剧上涨的情况。好处是,可以有效地制止需求膨胀和通货膨胀,但很可能会带来经济停滞、衰退的后果。所以,应慎重地加以采用,并要注意紧缩的力度。

2. 松的货币政策与松的财政政策搭配,即"双松"的政策

松的货币政策是指通过降低法定准备率、降低利率来增加货币供给,扩大信贷规模。松的财政政策是指通过减少税收和扩大政府支出规模,来扩大社会总需求,刺激经济增长。"双松"政策适用于有效需求严重不足的通货紧缩时期,但要注意运用时间不能过长,以防止引发经济过热和通货膨胀。

3. 松的货币政策与紧的财政政策搭配

松的货币政策在于保持经济适度增长,防止出现经济衰退。而紧的财政政策旨在抑制社会总需求,防止经济过热和出现通货膨胀。这种搭配方式运用的效应,应是在控制通货膨胀反弹的同时,又能保持适度的经济增长。

4. 紧的货币政策与松的财政政策搭配

紧的货币政策在于避免通货膨胀反弹或防止通货膨胀率过高。松的财政政策在于适度扩张需求,巩固治理通货紧缩的成果。这种搭配方式的运用,其效应是摆脱通货紧缩,保持经济适度增长,同时又避免出现通货膨胀。但长期运用此种政策组合会使财政赤字积累,增加通货膨胀的压力。

以上四种搭配方式可列成表,见表15-1。

表 15-1 财政政策与货币政策的搭配方式

	双松政策	双紧政策	紧财政、松货币	紧货币、松财政
经济背景	社会需求严重不足,生产资源大量过剩,缓解失业问题和刺激经济增长成为宏观调控首要目标	社会需求极度膨胀,社会总供给严重不足,物价急剧上涨,抑制通货膨胀为首要目标	财政支出增长较快,财政赤字过大,同时物价基本稳定,经济结构合理,但企业投资并不旺盛,促使经济较快增长成为主要目标	通货膨胀与经济增长趋缓以致停滞并存,产业结构和产品结构失衡,治理滞胀、刺激经济增长成为首要目标
具体政策	财政扩大支出,降低税率;与此同时,中央银行采取扩张性的货币政策,增加贷款供应,降低市场利率,以抵消财政政策的"挤出效应"	财政削减政府支出,提高税率;与此同时,中央银行减少货币供应,调高利率	财政削减政府支出,提高税率;中央银行采取扩张性的货币政策,增加货币供应,降低市场利率	中央银行回笼货币,紧缩货币供应,同时实施减税和增加财政支出,利用财政杠杆调节产业结构和产品结构

应当指出"双紧"或"双松"政策,是在总量严重失衡,出现经济货币危机,或在出现较严重的通货膨胀或通货紧缩的条件下,方采用的一种政策组合。对该种政策组合要慎用、少用,避免引起经济大起大落,对经济、社会的稳定不利。在社会总供求基本平衡或失衡不太严重的条件下,多采用"一松一紧"的政策组合,主要解决结构调整问题。当"松"、"紧"搭配合理,力度又把握得较适当,这是宏观调控的一种很高的艺术和技巧,需要在实践中不断地继续探索。

习　　题

一、单项选择题

1. 在调节货币和信用时,中央银行处于被动地位的工具是（　　）。
   A. 公开市场业务　　B. 再贴现政策　　C. 法定存款准备金政策　　D. 利率管制
2. 在中央银行的货币政策工具中,最具有弹性和灵活性的是（　　）。
   A. 公开市场业务　　B. 再贴现政策　　C. 存款准备金政策　　D. 消费信用控制
3. 中央银行为达到特定的经济目标而采取的各种控制、调节货币供应量、或信用量的方针、政策、措施的总称是（　　）。
   A. 信贷政策　　B. 货币政策工具　　C. 货币政策　　D. 货币政策目标
4. 货币政策的制定者和执行者是（　　）。
   A. 中央政府　　B. 商业银行　　C. 财政部　　D. 中央银行
5. 扩张性货币政策的主要措施之一是（　　）。
   A. 提高法定准备金率　　　　　　B. 提高商业银行存贷款利率
   C. 降低再贴现利率　　　　　　　D. 公开市场上卖出证券
6. 物价稳定的前提或实质是（　　）。
   A. 经济增长　　B. 充分就业　　C. 币值稳定　　D. 国际收支平衡
7. 中央银行宏观调控经常采用的是（　　）。
   A. 一般性货币政策工具　　　　　B. 行政性货币政策工具
   C. 选择性货币政策工具　　　　　D. 直接性货币政策工具
8. 扩张性财政政策的典型方式是（　　）。
   A. 增加税收收入　　B. 减少财政支出　　C. 用赤字扩大需求　　D. 减少国债发行
9. 实施紧缩的财政政策,一般采用的措施是（　　）。
   A. 增加税负或增加支出　　　　　B. 增加税负或压缩支出
   C. 降低税负或增加支出　　　　　D. 降低税负或压缩支出
10. 目前,越来越多的国家都把（　　）作为其宏观调控的首要目标,甚至是唯一目标。
    A. 稳定物价　　B. 经济增长　　C. 充分就业　　D. 国际收支平衡

二、多项选择题

1. 宏观调控的目标一般可以归纳为（　　）。
   A. 稳定物价　　B. 经济增长　　C. 充分就业　　D. 国际收支平衡
2. 扩张性财政政策是各国常用的宏观调控手段之一,下列选项中,（　　）反映了扩张的财政政策所引发的必然结果。

  A. 财政收入增加 B. 财政支出增加 C. 财政赤字增加 D. 社会总需求增加

3. 一般的货币政策工具包括（ ）。

  A. 存款准备金率 B. 再贴现 C. 优惠利率 D. 公开市场业务

4. 调控社会总需求的两大支柱政策是（ ）。

  A. 财政政策 B. 货币政策 C. 收入政策 D. 产业政策

5. 财政政策工具包括（ ）。

  A. 国家预算 B. 购买性支出 C. 国债 D. 税收

三、简答题

1. 简述财政政策和货币政策的工具。
2. 简述财政政策和货币政策的类型。
3. 简述宏观调控的目标。
4. 试述财政政策与货币政策配合的方式。

四、分析题

  材料：据新华社信息，国家统计局近日发布的数据显示，4月中国工业生产、社会消费品零售总额和固定资产投资仍然保持平稳增长，但环比增长势头有所下降，预计未来几个月的增速将会放缓。与此同时，中国物价、信贷增长仍维持高位。专家认为，面对尚在复苏的经济以及可能出现的通胀形势，国家的宏观调控政策或将陷入两难局面。

  提问：材料中提到经济尚在复苏通胀预期却不断加大，农产品价格上涨明显，直接影响到了一部分低收入群体的基本生活，使得国家调控政策陷入两难，同学们认为现在我们综合运用什么样的手段呢？

（1）分析当前我国的经济形势。

（2）分析当前政府出台的各项经济政策的目的。

参 考 文 献

[1] 邓子基. 财政学. 2版. 北京：中国人民大学出版社，2010.
[2] 李红霞，赵仑. 财政学. 2版. 北京：中国财政经济出版社，2010.
[3] 倪成伟. 财政与金融. 北京：高等教育出版社，2009.
[4] 牛淑珍. 财政学案例. 上海：复旦大学出版社，2008.
[5] 孙文基. 财政与金融概论. 北京：经济管理出版社，2009.
[6] 陈洪. 财政学. 6版. 北京：中国人民大学出版社，2009.
[7] 盖锐，高彦彬. 财政学. 北京：中国林业出版社，北京大学出版社，2007.
[8] 张馨. 财政学. 北京：科学出版社，2006.
[9] 罗宏斌，洪源. 财政学. 长沙：湖南人民出版社，2009.
[10] 岳松，陈昌龙. 财政与税收. 北京：清华大学出版社，北京交通大学出版社，2010.
[11] 刘同旭. 财政与金融. 北京：中国财政经济出版社，2009.
[12] 操良利. 财政与金融. 四川：西南交通大学出版社，2009.
[13] 郑煜，孙晓华. 财政与金融. 北京：清华大学出版社，2008.
[14] 刘邦驰，王国清. 财政与金融. 四川：西南财经大学出版社，2007.
[15] 郭金刚，姜月香. 金融学. 北京：财经科学出版社，2010.
[16] 王永泉. 财政与金融. 北京：北京师范大学出版社，2008.
[17] 严成根，王晓庆. 财政与金融. 2版. 合肥：中国科学技术大学出版社，2009.
[18] 倪信琦. 财政与金融. 北京：中国金融出版社，2005.
[19] 宋玮. 金融学概论. 2版. 北京：中国人民大学出版社，2007.
[20] 刘澄，曹辉. 金融学教程. 北京：中国人民大学出版社，2008.
[21] 孙伍琴. 不同金融结构下的金融功能比较研究. 复旦大学博士学位论文，2003.
[22] [美]. 兹维. 博迪，罗伯特. C，莫顿. 金融学. 北京：中国人民大学出版社，2000.
[23] 殷剑峰. 金融系统的功能、结构和经济增长. 中国社会科学院研究生院博士学位论文，2003.
[24] 刘刚. 发展金融学框架研究. 辽宁大学博士学位论文，2006.
[25] [美]迈克尔·G·哈吉米可拉齐斯、卡马·G·哈吉米可拉齐斯著，聂丹译. 货币银行与金融市场. 上海：上海人民出版社，2003.
[26] 蔡宗朝. 商业银行中间业务与表外业务的对比分析. 财经界（学术版），2010（2）.
[27] 杨长江，张波，王一富. 金融学教程. 上海：复旦大学出版社，2004.
[28] 曹龙骐. 金融学案例与分析. 北京：高等教育出版社，2005.
[29] 刘金波. 国际金融实务. 北京：中国人民大学出版社，2009.
[30] 鲁丹萍. 国际金融. 北京：清华大学出版社，2007.
[31] 张伟芹. 金融基础. 北京：中国人民大学出版社，2009.
[32] 朱耀明，宗刚. 财政与金融. 北京：高等教育出版社，2010.
[33] N·格里高利·曼昆. 宏观经济学. 北京：中国人民大学出版社，2005.
[34] 梁东黎. 宏观经济学. 南京：南京大学出版社，2000.
[35] 曹龙骐. 金融学. 北京：高等教育出版社，2010.

[36] 吴艳华，任丽萍．财政与金融．北京：清华大学出版社，2010．
[37] 朱耀明．财政与金融．5版．北京：高等教育出版社，2010．
[38] 李鹰．财政与金融．北京：冶金工业出版社，2009．
[39] 金实．我最想要的金融学．北京：九州出版社，2010．
[40] 高鸿业．西方经济学．5版．北京：中国人民大学出版社，2011．
[41] 张强，乔海曙，段进．金融学．北京：高等教育出版社，2007．
[42] 黄霜林，周铁．国际金融简明教程．武汉：武汉理工大学出版社，2009．